나만의 여행을 찾다보면 빛나는 순간을 발견한다.

잠깐 시간을 좀 멈춰봐.
잠깐 일상을 떠나 인생의 추억을 남겨보자.
후회없는 여행이 되도록
순간이 영원하도록
Dreams come true.

Right here.
세상 저 끝까지 가보게

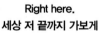

프랑스

파리 | 328

독일

Intro

최근에 서유럽에서 관광객들이 가장 많이 찾는 유럽 여행지는 스페인, 프랑스이고 독일은 유럽에서 뜨고 있는 여행지이다. 스페인은 유럽의 관광대국으로 부상하고 있고, 프랑스는 전통적인 관광대국이다. 스페인은 기독교와 이슬람교를 동시에 알 수 있는 여행지이자 비가 오지 않는 일수가 높아 쾌적하게 휴양할 수 있는 나라이기도 하다. 프랑스의 예술의 나라로 파리의 에펠탑을 비롯해 곳곳에 예술의 흔적을 찾아 여행할 수 있다.

스페인과 프랑스는 관광객이 여행을 해도 현지인에게 수입으로 귀결되지 않으면서 관광객을 반대하는 '오버투어리즘'이 늘어나고 있기도 하다. 호텔에서 숙박을 하는 과거의 여행방식은 현지인의 생활을 보호해주었지만, 에어비엔비로 대표되는 현지의 아파트나 집을 숙박으로 대여해 주는 여행방식으로 변화하면서 현지인들은 집을 대여하고 싶어도 할 수 없게 되면서 변두리로 쫓겨나는 상황이 불만이다.

스페인, 프랑스, 독일의 유럽 3개국 여행을 할 때, 어느 나라의 어느 공항으로 입국해 여행을 시작하느냐가 고민이 된다. 가장 먼저 유럽에서 여행하면 생각나는 나라인 스페인으로 입국하는 것을 생각할 수 있다. 아니면 유럽에서 가장 많은 항공기가 취항하고 있는 독일의 프랑크푸르트로 입국하거나 출국하는 것도 좋은 방법이다.

최근에는 저가항공으로 도시 간 이동을 거리에 상관없이 하기도 하며, 자동차를 렌트해 여행하는 여행자가 늘어나기 때문에 이동하기가 쉬운 장점을 바탕으로 여행하기도 한다. 그래서 스페인, 프랑스, 독일은 전통적인 기차를 바탕으로 여행하는 방식에서 벗어나 여행하기에도 적합한 여행지이다.

스페인 · 프랑스 · 독일
여행 일정

―――

최근에 서유럽에서 관광객들이 가장 많이 찾는 유럽 여행지는 스페인, 프랑스, 독일이다. 그런데 이때 위의 유럽 3개국 여행을 할 때, 어느 나라의 어느 공항으로 입국해 여행을 시작하느냐가 고민이 된다. 가장 먼저 유럽에서 여행하면 생각나는 나라인 스페인으로 입국하는 것을 생각할 수 있다. 아니면 유럽에서 가장 많은 항공기가 취항하고 있는 독일의 프랑크푸르트로 입국하거나 출국하는 것도 좋은 방법이다.

―――

루트 방법

루트 1
유럽에서 가장 노선이 많은 독일의 프랑크푸르트 공항으로 입국해 스페인의 마드리드나 바르셀로나로 나가거나 반대로 스페인으로 입국해 독일의 프랑크푸르트로 출국하는 거도 좋은 방법이다.

루트2
프랑스로 입국해 여행한다면 스페인으로 여행하거나 독일의 프랑크푸르트로 출국하는 것도 여행기간이 짧다면 생각해볼만한 여행루트이다.

10일

독일, 프랑스
독일 프랑크푸르트(2) → 하이델베르크 → 로텐부르크 → 뮌헨 → 퓌센 → 프랑스 스트라스부르 → 파리(2) → 지베르니

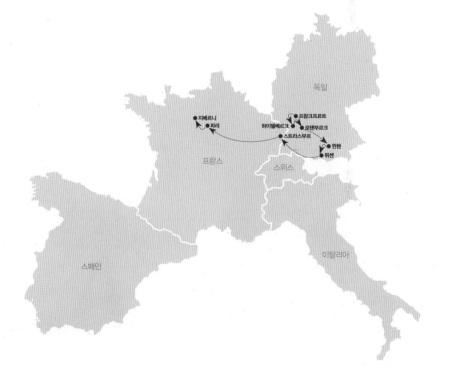

스페인, 프랑스
스페인 마드리드(2) → 톨레도 → 바르셀로나(2) → 몬세라트 → **프랑스** 모나코 → 니스 →
파리(2)

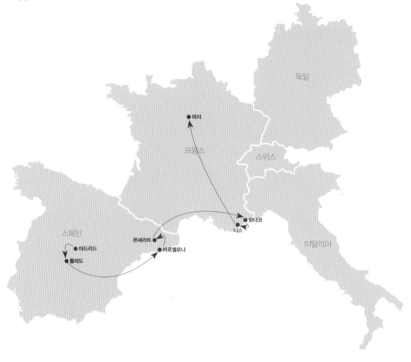

2주

독일, 프랑스

독일 프랑크푸르트(2) → 하이델베르크 → 로텐부르크 → 뮌헨 → 퓌센 → 슈트트가르트 → **프랑스** 스트라스부르 → 파리(2) → 베르사유 → 몽생미셸 → 지베르니 → 오베르 쉬르 우아즈

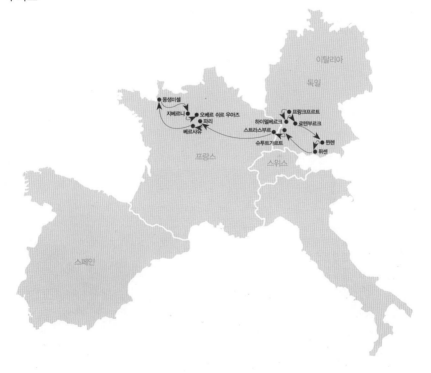

스페인, 프랑스

스페인 마드리드(2) → 톨레도 → 세고비아 → 바르셀로나(2) → 몬세라트 → **프랑스** 모나코 → 니스 → 베르사유 → 오베르 쉬르 우아즈 → 파리(2)

스페인, 프랑스, 독일
스페인 마드리드(2) → 톨레도 → 세고비아(야간기차or자동차로 이동) → **프랑스** 보르도 → 파리(2) → 베르사유 → 지베르니 → 오베르 쉬르 우아즈 → 스트라스부르 → **독일** 슈트트가르트 → 하이델베르크 → 프랑크푸르트(2)

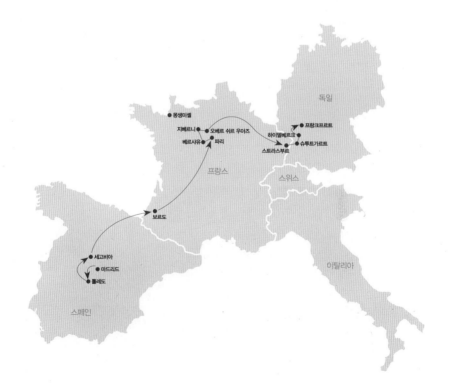

스페인, 프랑스, 독일

스페인 바르셀로나(2) → 몬세라트 → 마드리드(2) → 톨레도 → 세고비아(야간기차or자동차로 이동) → **프랑스** 보르도 → 파리(2) → 베르사유 → 스트라스부르 → **독일** 슈트트가르트 → 하이델베르크 → 프랑크푸르트

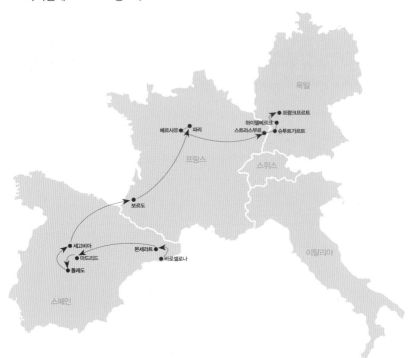

스페인, 프랑스, 독일

스페인 마드리드(2) → 톨레도 → 세고비아 → 바르셀로나(2) → 몬세라트 → **프랑스** 모나코 → 니스 → 베르사유 → 오베르 쉬르 우아즈 → 파리(2) → 스트라스부르 → **독일** 슈트트가르트 → 하이델베르크 → 뮌헨(2) → 퓌센 → 프랑크푸르트(2)

스페인, 프랑스, 독일

스페인 바르셀로나(2) – 몬세라트 – 마드리드(2) → 톨레도 → 세고비아(야간기차or자동차로 이동) → 프랑스 보르도 → 파리(2) → 베르사유 → 지베르니 → 오베르 쉬르 우아즈 → 스트라스부르 → **독일** 슈트트가르트 → 하이델베르크 → 프랑크푸르트(2) → 뮌헨(2) → 퓌센

Spain

스페인

Madrid | 마드리드

Barcelona | 바로셀로나

Sevilla | 세비아

Granada | 그라나다

Córdoba | 코르도바

Ronda | 론다

Spain

한눈에 보는 스페인

유럽의 서쪽에 있는 이베리아 반도에 위치한 스페인은 지브롤터 해협을 사이에 두고 아프리카와 마주하고 있다.

- ▶위치 | 마드리드 기준 북위 40.2°, 서경 3.7°
- ▶수도 | 마드리드
- ▶시차 | 우리나라 보다 8시간 느리다.
  3월 마지막 주 일요일~10월 마지막 주
  일요일까지 서머타임 실시로 7시간 느리다.
- ▶면적 | 504,030km² (한반도의 약 2.3배)
- ▶언어 | 스페인어(까스떼야노),
  지역 공용어(까딸란어,갈리시아어,바스크어)
- ▶인종 | 라틴족
- ▶종교 | 가톨릭 (77%)
- ▶전력 | 220V(대한민국과 동일)

노랑은 국토, 빨강은 국가를 지키기 위해 흘린 피, 그림은 이베리아 반도에 있던 다섯 왕국의 표지를 조합하였다.

국기의 시작

에스파냐 왕국(Reino de España)이 정식으로 붙여지고, 1843년 10월 13일 이사벨 2세가 군기(軍旗)로 사용한 이래 현재와 같은 국기가 사용되고 있다.

지형과 기후

험준한 산이 많고 따뜻한 이베리아 반도는 피레네
산맥이 남북으로 가로막아 자연스럽게 프랑스와 국
경을 형성하고 있다. 남부는 반도와 섬이 많아 해안
선이 복잡하고 북부는 고원으로 형성되어 있다.

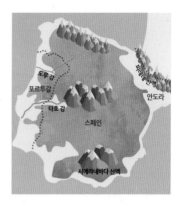

스페인은 대체로 여름에는 덥고 건조하며, 겨울에는
비교적 따뜻하고 비가 자주 내리는 지중해성 기후가
나타난다. 하지만 땅이 넓어 지역에 따라 다양한 기
후가 나타나고 있다. 지중해 연안인 스페인의 남동
부는 일 년 내내 따뜻하지만 마드리드 위쪽의 중부
지방은 더운 여름과 추운 겨울의 기온 차이가 크다.

전통 옷

스페인의 전통 옷은 색이 화려하고 정열적이어서 플라멩코로 유명한 안달루시아 지역의
옷이 가장 화려하다. 안달루시아 지역의 여성들은 치마 밑 부분과 소매에 물결 모양의 주
름 장식이 여러 겹 있는 드레스를 입는다. 드레스의 의상은 매우 다양하고 꽃, 점 등의 무
늬로 화려하게 장식되어 있다.
이 드레스는 일반인들도 입지만 지금은 플라멩코를 추는 무용수들이 입고 있다. 남성은 앞
여밈이 짧은 주름 장식이 달린 블라우스를 입고 다양한 색상의 짧은 윗옷이나 조끼를 입
고, 바지는 허리 부분이 몸에 붙는 형태에 검은색으로 치장되어 있다.

스페인 사계절

스페인은 전 국토에서 4계절이 뚜렷하며, 해안지역은 지중해성 기후를, 내륙 고원 지역은 대륙성 기후를 보인다. 하지만 스페인 사람들은 대체로 여름에는 덥고 건조하며, 겨울에는 비교적 따뜻하고 비가 자주 내리는 지중해성 기후가 나타난다고 말한다.

땅이 넓어 지역에 따라 다양한 기후가 나타나고 있다. 지중해 연안인 스페인의 남동부는 일 년 내내 따뜻하지만 마드리드 위쪽의 중부지방은 더운 여름과 추운 겨울의 기온 차이가 크다. 봄과 가을의 평균기온은 8~21°, 여름은 25~45°, 겨울은 0~12°를 나타낸다. 강수량은 지역적으로 알메리아주, 무르시아주는 300mm 이하로 건조하지만 스페인 북부의 바스크주, 갈리시아주는 멕시코 난류의 영향으로 800mm 이상 지역으로 편차를 보인다.

북부에는 겨울을 끝내고 꽃망울을 피우려는 풍경이 대한민국의 봄과 비슷하지만 봄과 가을에도 남부 안달루시아 지방은 지중해성 기후의 햇살이 강하고 건물에 비춰져 반짝이는 모습을 보여준다. 그래서 지중해의 파란색과 대비되도록 모든 벽이 하얀 색으로 칠해 있는 마을을 볼 수 있다. 지중해는 햇빛이 하루 종일 비치는 곳으로 히얀 색은 빛을 반사하여 집을 흰색으로 칠하면 진한 색으로 칠했을 때보다 시원해진다.

27

여름
Summer

서머 타임제가 시행되고 남부 스페인의 한여름에는 밤 10시가 넘어서 해가 지기도 한다. 그래서 한여름 폭염 때문에 낮잠을 자는 '시에스타Siesta'를 실시하여 오후에 문을 닫았다가 저녁에 다시 여는 가게도 많다. 일반적으로 점심은 오후 2시 이후, 저녁은 오후 8시 이후에 식당 영업을 시작한다.

기후가 만든 스페인의 낮잠 자는 시간 '시에스타'

남부 유럽은 거의 하루 종일 뜨거운 햇볕이 내리쬐는 지역이다. 특히 한낮에는 일하기가 힘들 정도로 매우 더워서 스페인 남부지방에는 점심 식사를 한 뒤에 2~3시간 정도 낮잠을 자는 풍습이 있다. 낮잠으로 원기를 회복한 뒤에 저녁까지 열심히 일하기 위한 것을 '시에스타'라고 부른다.

지중해성 기후를 가진 나라들은 대부분 시에스타가 있는데 시간은 조금씩 다르다. 그리스는 오후 2~4시, 이탈리아는 오후 1~3시, 스페인은 오후 1~4시 사이이다. 하지만 스페인은 시에스타 때문에 손해가 크다는 판단하에 공무원의 시에스타는 없애면서 농촌 지역을 제외하고 점차적으로 사라지고 있다.

겨울
Winter

북부의 바스크지방과 갈리시아 지방의 겨울은 비가 많이 오지만, 피레네 산맥에는 겨울에 눈이 많이 온다. 지중해성 기후를 나타내는 바르셀로나, 발렌시아 지방은 겨울에도 대한민국의 봄이나 가을 같은 기후를 나타내기 때문에 간단한 복장으로도 여행이 가능하다.

tvN 프로그램의 '윤Yoon식당' 촬영지였던 스페인 남서부 카나리아 제도는 아열대성 기후로 연중 온난 건조한 편이다. 연평균 기온은 22℃정도이며 겨울 1월 중 최저기온은 약 10℃ 정도이며, 9월 중 최고기온은 약 38℃이다.

▶ 기상청 : www.aemet.es

간단한 스페인 역사

스페인 사람들은 서유럽의 다른 나라들보다 피부색이 검고, 곱슬머리와 머리칼은 검은색이나 갈색이 많다. 아프리카와 유럽, 지중해 주변에서 건너온 사람들이 혼혈을 이루고 약 800년동안 이슬람 왕조의 지배를 받으면서 아랍 인종과도 섞여 살았기 때문이다.

기원 전 3000년 ~기원 후 411년

이베로족과 켈트족의 융합
이베로족이 기원전 3000년경 아프리카에서 건너왔다. 기원전 800년 경에는 중부 유럽에 살던 켈트족이 내려와 살았다. 그 뒤 기원전 500년경에 페니키아 인과 그리스 인들이 이베리아 반도에 도시를 건설했다. 이후 힘이 세진 로마가 이베리아 반도를 포함한 지중해 지역을 손에 넣었다. 이때부터 스페인 땅은 로마의 지배를 받게 되었다.

411년 ~711년

스페인 최초의 통일 왕국인 서고트 왕국
게르만족이 이동해 오면서 로마 제국의 힘은 약해졌다. 이때를 틈타 게르만족의 한 갈래인 서고트족은 이베리아 반도에 왕국을 세웠다. 하지만 711년 북아프리카에서 침입한 무어 인들에게 패해 서고트 왕국은 멸망하였다.

이슬람 왕조 800년

이슬람교를 믿는 무어 인들이 들어와 스페인 땅을 지배하기 시작했다. 남부 코르도바를 중심으로 독립 왕국인 '알안달루시아'를 건설했다. 무어 인들은 당시 유럽 문명보다 과학, 기술, 문화가 발달했다. 이때 상업과 수공업이 발달해 스페인문화에 스며들었다. 이슬람 왕조 때의 위대한 학자로 이븐 루시드가 있다. 그는 법학, 철학, 의학 등 여러 분야에서 그리스의 철학자 아리스토텔레스의 책들을 연구해 아랍어로 번역하고 유럽에 소개했다.

레콘키스타와 스페인 왕국의 통일

이슬람 왕조는 처음에는 이베리아 반도 대부분을 점령했다. 북쪽으로 밀려났던 스페인 왕국은 서서히 힘을 키워 다시 점령지를 넓혀갔는데 이를 국토 회복 운동, '레콘키스타'라고 부른다. 그 중심에 섰던 카스티야 왕국과 아라곤 왕국은 두 왕국을 통일하고 1492년에 마침내 이슬람 왕조를 무너뜨렸다. 이로써 스페인 통일 왕국이 태어났다.

대항해 시대

여러 왕국으로 나뉘어져 있던 스페인 왕국들이 합쳐지면서 카스티야 왕국의 이사벨 여왕과 아라곤 왕국의 페르난도 2세는 결혼을 통해 두 왕국을 통일시켰다. 그리고 이슬람 왕조를 몰아내고 스페인을 통일했다. 이후 콜럼버스의 아메리카 대륙 발견으로 엄청난 부와 영토를 얻게 되었고 유럽과 라틴 아메리카, 동남아시아에 이르는 넓은 영토를 확보했다. 그러나 필립 2세 때부터 영국, 프랑스와 여러 번의 전쟁을 거치면서 대부분의 식민지를 잃고 쇠퇴하기 시작했다.

무적함대, 대항해 시대

스페인은 이슬람 왕조를 몰아낸 뒤로 크게 발전해 나갔다. 콜럼버스가 아메리카 대륙을 발견하면서 대항해 시대가 펼쳐졌다. 아메리카 대륙 곳곳을 식민지로 삼으면서 한때는 세계 최강의 해군인 무적함대를 자랑하였다.

스페인이 통일을 이룰 무렵, 유럽은 난처한 상황이었다. 오스만 제국이 지중해를 가로막는 바람에 동양과 교류하던 교역로가 막혀 버렸다. 유럽인들은 바닷길을 개척하였는데 그 선두에 섰던 나라가 바로 포루투갈과 스페인이다. 스페인은 콜럼버스의 아메리카 발견으로 대항해 시대를 열어 나갔다.

스페인의 무적함대

스페인은 지중해를 통해 유럽을 공격해 오던 오스만 제국과 레판토 해전에서 싸워 크게 이겼다. 이로써 스페인 해군은 '무적함대'라고 불리게 되었다. 하지만 필리페 2세는 영국을 점령하기 위해서 나섰다가 크게 패배하고 말았다. 이 전쟁의 패배로 스페인의 힘은 약화되었고 대항해 시대의 주도권이 영국으로 넘어갔다.

아메리카를 발견한 콜럼버스

콜럼버스는 이탈리아 출신의 뱃사람으로 스페인의 이사벨 여왕에게 대서양 횡단을 지원해 달라고 청해 승낙을 받아냈다. 서쪽으로 항해한 끝에 육지를 발견했는데 인도라고 착각한 것이다. 실제로 도착한 곳은 중앙아메리카의 산살바도르 섬이었다. 콜럼버스는 유럽인으로는 처음으로 아메리카를 발견했지만, 죽을 때까지 이곳을 인도하고 생각하였다. 그래서 오늘날 콜럼버스가 도착했던 섬 주변을 서인도 제도라고 한다.

변화하는 유럽인들의 삶

스페인은 아메리카에 있던 나라들을 정복하고 엄청난 양의 금과 진귀한 물건들을 빼앗아 왔다. 또, 사탕수수 농장을 만들어 설탕을 생산했다. 유럽 여러 나라에 비싼 값으로 팔아 어마어마한 돈을 벌어들였다. 아메리카에서 고구마, 토마토, 카카오, 옥수수, 감자, 고추, 담배가 전해지면서 유럽인들의 삶도 변화하게 되었다.

812년 ~1975년

프랑코 독재시대

1812년 스페인 최초의 헌법을 만들어 절대 군주제가 입헌 군주제로 바뀌었다. 그 후 1873년에 왕이 다스리지 않는 최초의 공화국을 세웠다. 하지만 1936년 프랑코 장군이 군사 반란을 일으켜 스페인 내란이 일어났다. 1939년 프랑코 장군의 군대가 승리하고 이후, 1975년까지 36년동안 프랑코의 긴 독재가 이어졌다.

프란시스코 프랑코(1892~1975)

국민군의 지도자로 스페인 내란에서 승리한 후 정권을 잡았고, 세계 2차대전에서 파시스트 정부가 집권한 독일과 이탈리아를 도왔다. 죽을 때까지 스페인 정부의 총통을 지냈다.

1975년 ~현재

민주화의 성공과 발전, 금융위기

1975년 프랑코가 죽고나서 스페인은 입헌 군주제를 채택했다. 이후 정당 활동이 자유롭게 보장되었고 정치도 안정되었다. 1986년 유럽연합에 가입했고 1992년 바르셀로나 올림픽을 개최하여 성공을 거둔 후에 경제적으로 성공한 나라로 발돋움했지만 2008년 미국의 금융위기 이후에 스페인은 재정위기로 힘들어하고 있다.

스페인의 번영과 쇠퇴

스페인은 대항해 시대를 처음에 주도하여 유럽의 최강대국으로 발전하였다. 하지만 그에 비해 유럽의 강대국으로 발전하지 못하고 오히려 쇠퇴하였다. 여러 가지 이유가 있겠지만 대항해 시대를 주도해 많은 해외 식민지를 건설하였지만 오랜 시간 번영하지 못하고 쇠퇴하였다.

대항해 시대 해외로, 절대 왕정으로 발전한 스페인

유럽에서 가장 먼저 절대 왕정의 틀을 갖춘 나라는 스페인이었다. 스페인은 식민지에서 들여오는 엄청난 양의 금과 은을 바탕으로 유럽의 어느 나라보다 부유해졌다. 16세기 후반 필리페 2세때 네덜란드와 북부 이탈리아, 포르투갈과 많은 식민지까지 지배했다. 또한 무적함대라고 불리는 막강한 해군을 바탕으로 1571년, 오스만 제국과 붙은 레판토 해전에서 승리하면서 지중해의 서쪽과 대서양을 장악하였다. 하지만 필리페 2세는 식민지 약탈에만 힘을 쏟아서 국내 산업의 발달에 신경을 쓰지 않았다.

계속되는 전쟁과 왕실의 사치 때문에 나라 살림이 거의 파산 상태에 이르렀고, 네덜란드가 독립 전쟁을 일으켜 스페인의 지배에서 벗어나 독립하면서 흔들리더니 무적함대가 영국에 패하면서 휘청거렸다. 스페인의 필리페 2세가 가장 번영하였고, 짧은 시간 무너져 번영한 기간도 매우 짧았다.

가장 먼저 식민지를 개척한 스페인

스페인은 다른 유럽나라들보다 먼저 식민지를 건설하기 시작했다. 16세기 중반에 이미 아메리카 대륙의 중남부에 식민지를 건설하였는데 기후가 온화한 땅에서 스페인에서 들여온 말, 소, 양을 이용해 대규모 목장을 경영하였고 열대 해안 지역에서는 사탕수수와 담배를 길렀다.

원주민을 강제로 동원하여 아프리카 흑인을 노예로 데려와 일을 시켰다. 아메리카 대륙에 묻혀 있는 금과 은이 스페인이 가장 탐내는 것이었다. 볼리비아의 포토시에서 세계 최대의 은광을 개발하여 엄청난 양의 금과 은을 캐내 스페인으로 가지고 와 필립 2세는 강력한 무적함대를 구축할 수 있었다.

스페인이 쇠퇴한 이유?

스페인은 아메리카 대륙과의 무역을 독점하기 위해 스페인 상인들에게만 무역 허가장을 내주고 모든 수출과 수입은 세비야 항을 통해서만 이루어지도록 하여 16세기에 가장 부강한 나라가 될 수 있었다. 하지만 스페인은 식민지에서 가져온 금과 은을 왕실의 사치와 전쟁 자금으로 사용하여 스페인의 산업을 발전시키지 못했다.

이에 반해 영국은 해상 무역으로 국부를 늘리고 모직물 공업 등의 국내 산업을 육성하고 프랑스도 왕권을 강화하고 국내 산업 육성에 주력하여 스페인이 식민지에서 가져온 금과 은을 영국과 프랑스의 상품을 사는데 사용하도록 하였다. 산업이 발달한 나라들의 발전은 스페인을 쇠퇴의 길로 접어들게 했다.

스페인의 왕국의 탄생

프랑스와 영국에서 국왕의 힘이 강해지는 가운데, 이베리아 반도에서도 강력한 왕권이 등장했다. 이 지역은 8세기 초반 이슬람 제국을 지배했던 우마이야 왕조의 침략을 받은 이후 줄곧 이슬람 세력의 지배를 받았다. 그런데 10세기경부터 크리스트교 신자들이 카스티야 지역에 세운 카스티야 왕국이 1085년에 이슬람 세력의 요충지인 톨레도를 차지한 뒤 점차 영토를 넓혀 갔다.

크리스트교 세력은 이슬람 세력과 전쟁을 계속해 13세기에 이르자 남부의 그라나다 지역을 제외하고 잃었던 영토를 대부분 회복했다. 당시의 오랜 전쟁을 가리켜 크리스트교 세력은 '재정복 운동'이라고 한다.

특히 15세기 후반에 이베리아 반도의 양대 세력인 아라곤 왕국과 카스티야 왕국 사이의 커다란 변화가 생겼다. 아라곤 왕국의 왕 페르난도 5세와 카스티야 왕국의 여왕 이사벨 1세가 결혼함으로써 통일된 스페인 왕국이 탄생한 것이다. 마침내 1492년, 스페인 왕국이 이슬람 세력의 근거지였던 나스르 왕조를 함락시키면서 결집된 힘을 과시했다.

이로써 이베리아 반도에서 이슬람 세력은 완전히 물러나고, 이베리아 반도는 크리스트교 세력이 주름잡게 되었다.

재정복 운동

11~13세기까지 크리스트교 세력이 이슬람 세력을 이베리아 반도에서 몰아내기 위해 벌인 군사 원정이다. 이베리아 반도는 8세기에 이슬람 세력이 점령했고 이에 따라 반도 북쪽과 동쪽 변두리에 작은 왕국들을 이루었다. 그러나 11세기 경 이슬람의 후우마이야 왕조가 내부 분열을 겪자, 이 틈을 타 크리스트교 세력이 이슬람 세력을 몰아내기 시작했다.

나스르 왕조

아랍계 나스르족이 세운 왕조이다. 수도가 그라나다여서 그라나다 왕국이라고 부른다. 나스르 왕조는 이베리아 반도에서 이슬람 세력을 내쫓으려는 크리스트교 세력에 의해 1236년 코르도바가 점령당하자 점차 남쪽으로 후퇴했다. 그러나 나스르 왕조는 알함브라 궁전과 그라나다 대학을 중심으로 학문과 예술을 발전시켰다.

한편, 유럽에서 이슬람 세력을 몰아낸 페르난도 5세와 이사벨 1세는 왕의 세력을 키우는 일에 열중했다. 페르난도 5세와 이사벨 1세는 우선 여러 도시와 동맹을 맺고, 동맹 도시에 재판권과 경찰권을 넘겨줌으로써 귀족을 견제할 수 있는 세력을 만들었다. 또한 귀족들의 성을 빼앗고 그 대신 귀족을 군인이나 관료로 임명함으로써 귀족들이 독자적인 세력을 키울 수 없도록 했다. 귀족을 억압하며 국왕의 힘을 키운 스페인 왕국은 그 뒤 유럽의 강대국으로 도약했다. 특히 대서양 항로 개척에 나서서 많은 식민지를 개척했다.

이처럼 유럽 곳곳에서 기존의 봉건 사회는 무너져 내렸다. 또한 교황과 크리스트교라는 정신적 기둥마저 흔들렸다. 그 틈을 타서 나라마다 국왕의 힘은 더욱 커졌다. 유럽인들 사이에 국왕을 중심으로 한 국가의 국민이라는 국민 의식이 서서히 싹트게 되었다.

스페인 음식

스페인 사람들은 후추, 마늘, 고추, 생강 등 향이 강한 향신료를 음식에 많이 사용한다. 특히 다른 유럽인들과 다르게 마늘을 매우 좋아해서 요리에 자주 사용한다. 남유럽에서 국토가 가장 넓은 스페인은 각 지역마다 기후나 풍토, 문화가 조금씩 다르다. 그런 만큼 지역마다 특색 있는 요리들이 발달했다. 목축을 많이 하는 카스티야 지역은 양고기나 돼지고기를 이용한 육류 요리가 발달했다.

또한 스페인은 유럽 최대의 쌀 생산지이자, 지중해 연안에 있어서 다양한 해산물을 쉽게 구할 수 있는 발렌시아 지역은 쌀과 해산물을 주재료로 하는 파에야Paella가 발달했다. 날씨가 더운 안달루시아 지역은 차갑게 해서 먹는 수프인 가스파초를 많이 먹는다.

■ 하몽(Jamón)

돼지 뒷다리를 통째로 소금에 절여 훈연하거나 건조시킨 스페인의 전통 햄이다. 날 것을 소금에 재워 말린 고기로 쫄깃쫄깃하고 씹을수록 고소한 맛이 난다. 스페인 타베르나 문화에서 빼놓을 수 없는 별미이다. 하몽 중에서도 18개월 이상 도토리만 먹여 키운 흑돼지로 만든 이베리코 하몽Ibérico Jamón이 고급이다.

■ 플란(Flan)

계란의 노른자와 우유, 설탕을 섞어 만든 단맛이 나는 후식이다.

■ 보카디요(BocadilloJamón)

절반 크기의 바게트 사이에 하몽이나 초리소, 치즈, 야채 등을 넣은 스페인식의 샌드위치이다. 이름은 한 입에 먹을 수 있는 양을 의미하는 'Bocado'에서 유래하였다.

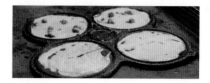

토르티야(Tortilla)

계란에 감자, 양파, 구운 피망, 햄 등을 넣어 만든 음식이다. 옥수수 가루로 만든 멕시코의 토르티야와는 다른 음식이다.

가스파초(Gapacho)

토마토, 피망, 오이, 양파, 빵, 올리브유 등으로 만든 안달루시아의 대표음식으로 태양이 강한 안달루시아에서 더운 여름을 이기기 위해 만든 차가운 스프이다.

코치니요(Cochinillo)

세고비아 지방의 대표적인 요리로 태어난 지 20일 정도 된 새끼 돼지를 오븐에 구운 음식이다.

초리소(Chorizo)

다진 돼지고기, 소금, 빨간 피망을 다져 만든 것을 순대처럼 넣어 만든다. 후추를 첨가하기도 한다.

살치차(Salchidcha)

초리소와 비슷한 이탈리아의 살라미^{Salami}와도 비슷하다. 햄과 돼지비계에 후추 열매를 섞어 창자에 채워 넣어 만든다. 소금에 어느 정도 올려놓아 간이 베게 한 다음, 건조시키기 위해 야외에 그냥 두거나 연기를 쏘여 보관한다.

파에야(Paella)

쌀에 해물이나 고기, 야채, 샤프란을 넣어 만든 스페인식 볶음밥으로 발렌치아 지방의 대표적인 요리이다. 해물이나 닭고기를 넣어 만든 걸쭉한 볶음밥으로 만들어 먹기도 하여 지역에 따라 약간씩 다른 맛을 낸다. 샤프란을 넣어 노란 빛이 나기도 하고 오징어 먹물을 넣어 검은 빛이 나기도 한다.

■ 피바다(Fabada)

콩을 이용한 일종의 전골 요리로 스페인의 북동쪽에 위치한 아스푸리아스 지방의 요리이다.

■ 바칼라오 알 라 비스카이나 (Bacalao a la vizcaina)

바스크식의 대구 요리로 대구, 마른 후추, 양파만으로 만든 바스크 지방의 대표요리이다.

■ 사르수엘라(Zarzuela)

생선과 해물을 주재료로 해 한 가지 소스만 넣어 만든 요리로 나중에는 과일과 고기, 가금류 등을 넣어 만드는 바르셀로나 지역의 대표적인 요리이다.

■ 소파 데 아호(Sopa de ajo)

빵, 마늘, 올리브기름, 피망만을 가지고 만드는 마늘 수프로 스페인 중앙에 위치한 카스티야 라만차 지방의 대표적인 요리이다.

■ 추로스(Churros)

밀가루에 베이킹 파우더를 넣어 반죽해 막대 모양으로 튀겨낸 음식을 초콜릿에 찍어 먹는다. 이를 추로스 콘 초콜라테Churros con chocolate라고 한다.
우리나라의 추로스보다 더 부드러우며, 초콜라테는 진하고 무겁다. 갓 구운 추로스를 초콜라테에 찍어 먹으면 간식으로 훌륭하다. 스페인 사람들은 아침식사로 먹는 경우가 많다.

■ 타파스(Tapas)

뚜껑이나 책 표지를 의미하는 단어인 타파스Tapas는 저렴한 가격에 다양한 음식을 맛볼 수 있는 스페인 대표 음식으로 사실은 와인이나 맥주와 함께 먹는 안주가 발전한 요리라 보면 된다.

끼니를 간단히 때우기에 제격으로, 대부분 카페나 바Bar에서는 스페인 사람들의 일상이 되어 버린 타파스Tapas를 판매한다. 치즈, 생선, 계란, 야채 요리, 카나페 등의 간단한 것에서 복잡한 요리까지 포함된다. 바스크 지방에서는 핀초스Pinchos라고 한다.

스페인 맥주

스페인은 국토가 넓고 다양한 기후를 가지면서 각 지방이 서로 달리 살아왔다. 그래서 맥주 브랜드에서도 다양하게 지방마다 특색이 있다. 주말에는 점심을 먹고 나서 친구들이나 가족끼리 1, 2, 3차를 맥주와 와인을 바Bar를 돌아다니면서 마시고 이야기를 나눈다. 그들에게는 이런 이야기를 나누는 즐거움이 매우 큰 행복의 요소이다. 그만큼 맥주는 스페인 사람들에게 중요하다고 할 수 있다.

■ 마호우(Mahou)

중부지방에서 주로 볼 수 있는 마호우Mahou는 마드리드에 본사를 둔 스페인 최고의 맥주 회사이다. 마드리드에서 1890년에 만들어진 맥주 회사로 패일 라거Pale lager 스타일의 맥주이다.

■ 마호우(Mahou)

1885년 말라가에서 만들어진 후에, 1890년, 필리핀으로 옮겼다. 그래서 필리핀 맥주라고 알고 있는 사람들도 있는 산 미구엘San Miguel은 말라가에 본사를 둔 스페인 안달루시아 맥주이다. 마호우 - 산미구엘mahou- san miguel 이라는 회사로 말라가와 필리핀에 지사를 두고 있는데 마호우와 같은 패일 라거Pale lager 스타일의 맥주이다.

■ 알함브라(Alhambra)

그라나다의 대표 맥주인 알함브라alhambra는 1925년 만들어진 그라나다 대표 맥주인 알함브라는 1990년대부터 경영난을 겪다가 2006년에 마호우Mahou가 인수하였다. 앰버 라거Amber lager 스타일의 맥주는 마호우와 조금 다른 맥주 맛을 즐길 수 있다.

■ 에스뜨레야 댐(Estrella Damm)

바르셀로나에 본사를 둔 맥주회사로 검정색의 띠를 두른 브랜드로 알려져 있다. 라거lager와 몰타doble malta 스타일의 맥주 맛이 특징이다.

■ 에스뜨레야 갈리시아 (Estrella Galicia)

저자가 산티아고 순례길을 많이 걸어서인지 가장 입에 맞는 맥주이다. 1906년에 갈리시아 주에서 만들어진 맥주는 현재, 스페인 북동부 지방에서 가장 인기가 많은 맥주이다.

■ 암바르(Ambar)

사라고사 대표맥주인 암바르는 라거 스타일의 맥주로 맛이 풍부하다는 평가를 받고 있다.

스페인 와인

스페인 와인은 쉽다. 이탈리아와 프랑스에 이어 세계 3대 와인생산국인 스페인, 프랑스 와인에 비해 포도의 질감이 그대로 드러나기 때문에 맛이 있다고 느끼는 경우가 많다. 스페인의 남부인 안달루시아 지방은 더운 지방이고 1년 내내 태양이 뜨겁게 달구기 때문에 대부분의 와이너리들은 북부의 라 리오하 지방에 서늘한 고원지대에 위치해 있다. 그래서 서늘한 지대에서 재배된 포도는 잘 익어 풍부한 포도맛과 동시에 좋은 산미가 있는 와인은 복잡하지 않고 높은 풍미를 느끼게 해준다.

스페인 와인의 역사

기원전 3~4천년, 로마제국의 통치 아래 포도가 재배되고 와인 양조가 시작되었다. 로마제국의 멸망한 이후 이슬람교를 믿는 무어 족이 통치하면서 와인은 거의 사라지기에 이르렀다. 국토 회복 운동으로 가톨릭 국가로 다시 성장하면서 와인이 다시 생산되기에 이르렀다. 16세기 중반, 영국 국왕 헨리 8세와 스페인 공주와의 결혼으로 당시 스페인 와인이 미국과 영국으로 수출량이 증가했으나, 두 사람이 이혼하면서 수출은 주춤하게 되었다. 그러다가 19세기 중반에 결정적인 스페인 와인을 다시 평가하는 계기를 맞게 되었다. 프랑스를

중심으로 퍼진 필록세라 균으로 유럽의 포도밭이 황폐화되었을 당시, 다행이 피해가 없던 스페인 북부의 라 리오하 지방이 대체 와인 생산지로 스페인 와인을 알리게 되었다. 스페인 와인은 인기를 끌면서 세계 시장으로 진출하기 시작하였다.

20세기 초, 결국 스페인에도 필록세라 균이 퍼지면, 스페인 내전과 1~2차 세계대전까지 겹치며 스페인 경제가 타격을 입으면서 와인도 동력을 잃었다. 이후 스페인 경제는 1950년대나 되어서야 안정을 되찾았고 1980년대부터 양질의 와인 생산과 함께 세계 3대 와인강국으로 올라서게 되었다.

■ 스페인 와인의 평가 체계

■ DO de Pago (Denominaci&oacuten de Pago)
개인의 소유한 포도원에서 생산된 와인에 붙여지는 등급으로 최근에 등급을 만들었다. 국제적으로 높은 호평을 받으면서 2009년까지 9개가 선정되어 있다.

■ DOC (Denominaci&oacuten de Origen Calificada)
DO보다 한 단계 높은 등급으로 좋은 품질의 와인으로 선정된 후, 같은 품질을 유지하면 선택이 된다. 1991년에 리오하^{Rioja}가 최초로 승급되고, 그 후 프리오랏^{Priorat}이 2003년에, 리베라 델 두에로^{Ribera del Duero}가 2008년에 승급되었다.

■ DO (Denominaci&oacuten de Origen)
스페인 와인 생산 지역의 2/3에 달하는 수많은 와인들이 대부분 속해 있는 등급이다. 콘세호 레굴라도르^{Consejo Regulador}라는 기관의 규제를 받아 선정이 된다.

■ VCPRD (Vino de Calidad Producido en Regi&oacuten Determinada)
DO 등급으로 승격되기 바로 이전 단계로 프랑스의 VDQS (Vin D&eacutelimité de Qualité Sup&eacuterieure)와 거의 흡사하다.

- VdIT (Vinos de la Tierra)

와인 라벨에 지역명을 표기하는데 세밀한 지역이 아닌 폭넓은 지역명을 넣어서 대중적인 와인을 선정할 때 선택하는 등급이다.

- VdM (Vino de Mesa)

'테이블 와인'이라고 부르는 특정된 포도원이나 양조장의 표기가 없으며 양조법과 포도의 블렌딩 또한 규제 받지 않은 저렴한 와인이다. 가격은 대부분 저렴한데 간혹 독특한 블렌딩으로 놀라운 맛이 탄생하는 경우도 있다.

와인 숙성에 따라 다른 표기
크리안자(Crianza)

레드 와인의 경우는 2년의 숙성을 거치는데, 오크통에서 적어도 6개월 이상을 보관해야 한다. 로제와 화이트 와인은 오크통 숙성 기간은 같지 만 전체 숙성 기간은 1년 이상이다.

리제르바(Reserva)

레드 와인은 1년 동안의 오크통 숙성을 합쳐 적어도 3년의 시간이 필요 하며, 로제와 화이트 와인은 6개월의 오크통 숙성과 더불어 2년 정도의 기간을 거친다.

그랑 리제르바(Gran Reserva)

레드 와인은 5년의 기간을 갖는데, 오크통에서 1년 6개월과 병에 넣은 후 3년을 거쳐야 한 다. 로제와 화이트 와인은 적어도 6개월 이상의 오크통 보관과 함께 4년의 숙성 기간을 거 친다.

스페인 대표 와인 품종
아이렌 (Air&eacuten)

스페인에서 가장 큰 재배 면적을 차지할 정도로 가장 대중적인 품종이다. 고원 지대에서 주로 생산되며, 알코올 도수가 높고 산화가 쉽게 되는 특성으로 인해 스페인산 브랜디 양 조의 기본 포도로도 사용되어 왔다. 중부의 라 만차La Mancha 지역의 주요 포도로, 레몬과 청 사과의 향이 살짝 감도는 단순하고 드라이한 화이트 와인으로 탄생된다.

가르나챠(Garnacha Tinta)

적 포도 중에 가장 재배 면적이 크고 수확량도 많다. 스페인의 동부, 서부, 북부 등 여러 곳 에서 재배되지만 수확량을 적게 한 곳에서 생산된 와인은 템프라니요Tempranillo 와 카리네 Cari&ntildeena와 섞어 양질의 퀴베를 만들어 내기도 한다. 컬트 와인처럼 진한 체리 향, 밝은

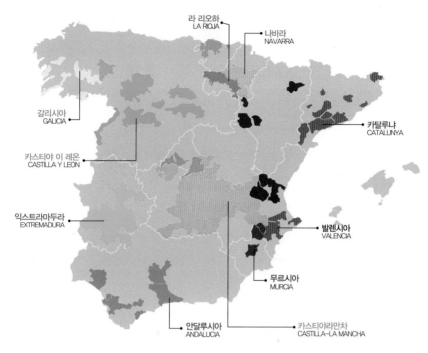

라 리오하
LA RIOJA

나바라
NAVARRA

갈리시아
GALICIA

카탈루냐
CATALUNYA

카스티야 이 레온
CASTILLA Y LEON

익스트라마두라
EXTREMADURA

발렌시아
VALENCIA

무르시아
MURCIA

안달루시아
ANDALUCIA

카스티야라만차
CASTILLA-LA MANCHA

레드 색, 벨벳처럼 부드럽고 풀 바디한 특성을 지니게 된다. 'DOC Priorat'이 대표적이다.

보발(Bobal)

한 때 사라졌다 최근에 다시 급부상한 포도로, 포도가 달리 익기 때문에 재배하기 매우 까다롭지만 수확이 좋을 때는 우아하면서 복합적인 특징을 가진 와인으로 만들어 진다. 높은 지대에서 보통 생산하여 산도가 높고 알코올이 낮다.

템프라니요 (Tempranillo)

스페인을 대표하는 품종이지만 지방마다 다른 이름으로 불리기도 한다. 라 리오하La Rioja 나 리베라 델 디에로Ribera del Diero 같은 스페인 북부의 추운 지역에서 잘 자란다. 알코올과 산도의 조화가 잘 어우러지는 포도로 오크통에서 숙성하면 풍부하고 복합적인 맛의 와인으로 탄생된다. 짙은 루비색과 체리 혹은 잘 익은 무화과의 향미를 내며 때론 너무 오래 오크통에서 숙성되어 동물의 가죽 향이 짙어 지기도 한다.

알바리뇨 (Albari & ntildeo)

가장 비싸고 맛있는 와인으로 탄생하는 품종으로 갈리시아Galicia 지방에서 주로 재배된다. 살구, 키위 같은 짙은 과일 향과 함께 꽃향기도 함께 들어 있으며, 리아스 바이하스 두 블랑코Rias Baixas DO Blanco 같은 여운이 긴 화이트 와인을 만든다.

스페인의 대표적인 축제

▦ 라스 파야스(Las Fallas)

라스 파야스는 스페인의 동부 발렌시아 지방에서 목수들의 수호성인 산 호세 주간인 3월 15~19일까지 행해지는 스페인 3대 축제 중의 하나로, 중세 때 목수들이 일을 마무리하고 남은 목재 부스러기들을 모아 태워 버린 데서 비롯되었다. 오늘날에는 목공예 기능인들이 축제 때 불에 태울 작품을 만들기 위해서 1년 내내 준비한다.

유명한 인물이나 사건을 상징하는 목조 건축물이나 인형들을 지상 4~5층 높이로 만들어 거리 곳곳에 전시한다. 축제의 마지막 날인 3월 15일 '산 호세San Jose'의 날에 모든 작품들을 일시에 불태우는데, 이는 한해에 쌓인 나쁜 일들과 낡은 것을 부수고, 새것을 창조하는 의미를 가진다. 오늘날 축제의 성격은 변화되어 정치, 사회적인 문제나 사건을 코믹하게 풍자하고 있다.

▦ 세마나 산타(Semana Santa)

세마나 산타는 성Santa 주간Semana이라고 하는데, 성지 주일 Domingo de Ranos부터 부활절 주일Domingo de Resurreccion까지 행해지는 가톨릭 축제로 예수의 수난과 죽음을 기리는 행렬이 이어진다. 세비야의 축제가 가장 화려하다고 알려져 있다.

▦ 4월의 축제(Feria de Abril)

4월의 축제는 스페인 남부 안달루시아 지방에 있는 세비야에서 세마나 산타가 끝나고 1주일 동안 열리는 축제이다. 축제 기간 동안에 플라멩코 옷이나 장식이 화려한 옷 등 전통적인 복장을 한 사람들을 쉽게 볼 수 있다. 정오가 되면 세비야 전통 스타일로 갖춰 입은 사람들이 말을 타고 행진을 한다.

▦ 산 페르민(San Fermin)

산 페르민은 스페인의 북동쪽에 자리한 팜플로나 시에서 매년 7월6일 정오부터 14일까지 열리는 축제이다. 3세기 말 팜플로나의 주교이자 수호 성지인 산 페르민을 기리는 축제이다. 이

축제의 하이라이트는 소몰이인데 이는 투우에 쓰일 소들을 투우장까지 달리게 하면서 목과 허리에 빨간 손수건과 띠를 두르고 하얀 옷을 입은 사람들이 이 투우들과 함께 투우장까지 달리는 축제 행사의 하나이다. 이들이 소와 함께 달리는 거리는 불과 900m 정도로 몇 분에 지나지 않는다.

▨ 라 토마티나(La Tomatina)

라 토마티나는 8월의 마지막 주 수요일, 발렌시아에서 서쪽으로 40㎞ 떨어진 인구 1만 명 남짓의 소도시인 부뇰Buñol에서 열리는 축제이다. 11시에 신호탄이 발사되면 100ton이 넘는 토마토가 트럭에서 쏟아져 나오면서 시작된다.

이 축제는 1944년 시민들이 시의회 의원들에게 토마토를 던지면서 항의해 자신들의 의사가 관철된 것을 기념하여 벌어진 축제이다. 축제가 끝나면 청소차들은 2시간 동안 토마토로 인해 붉게 물든 도시를 깨끗하게 청소한다.

▨ 인간 탑 쌓기(Castell-Torre humana)

인간 탑 쌓기는 발렌시아 지방의 춤에 그 기원을 두었다. 100~200명의 참가자들은 팀마다 독특한 셔츠를 입고 탑을 쌓는다. 이 축제는 주로 카탈루냐와 발렌시아 지방의 일부 마을에서 행해진다. 예전에는 전통 놀이로 1년에 한두 번 정도 열렸으나, 지금은 매월 거행된다.

연말 축제

스페인의 크리스마스 축제는 12월 22일 밤부터 시작하여 동방 박사가 예수의 탄생을 축하하기 위해서 예수를 방문했던 1월 6일까지 이어진다.

■ 새해 전야(Nochevieja)

많은 사람이 붉은 속옷을 입고 새해에 행운이 있기를 기원한다. 자정에 울리는 12번의 시계 종소리에 맞춰 포도 한 알씩, 모두 12알을 먹는다. 이른 행운의 '포도Las uvas de Suerte'라고 부르는 데, 12알을 시간 내에 모두 먹으면 새해에 행운이 온다고 믿는다.

■ 성탄절(Navidad)

12월 24일과 25일에는 아기 예수의 탄생을 기리기 위해서 마구간Belen을 만들어 온 가족이 모여 식사를 한다. 크리스마스 전통의 단 과자 투론Turron, 마사판Mazapan, 폴보론Polvoron, 작은 인형이 든 로스콘Roscon 빵을 먹는다.

■ 동방 박사의 날 (El Dia de los Reyes Magos)

1월 6일은 동방 박사들이 아기 예수에게 금, 향, 몰약을 선물한 날이다. 수십 대의 마차 행렬이 동방 박사의 행렬과 함께 사탕이나 선물을 나누어 주며 시내 일주를 한다.
스페인어 권에서는 성탄절에 아이들이 동방 박사들에게 받고 싶은 선물을 편지에 쓰고, 동방 박사로 분장한 어른들은 1월 5일 밤 잠자는 아이들에게 선물을 한다.

스페인의 유네스코 세계 유산

■ 톨레도 구시가지

톨레도는 과거 스페인의 중심지였던 도시로 서고트 왕국, 이슬람 왕국, 크리스트교 왕국의 수도로 번영을 누렸다. 고딕양식으로 지어진 톨레도 대성당과 이슬람과 고딕 양식이 혼합된 톨레도 성 등이 다양한 양식의 유적들이 남아 있다.

■ 그라나다의 알함브라

스페인의 남부 지방을 지배한 이슬람의 마지막 왕조가 지은 건축물로 그라나다를 대표하는 궁전이다. 그라나다를 한눈에 볼 수 있는 구릉 위해 세워진 알함브라는 궁전, 정원, 요새로 이루어져 있는데, 궁전의 장식이 매우 섬세하고 아름다워 이슬람 문화의 뛰어난 예술을 엿볼 수 있다.

■ 산티아고 데 콤포스텔라

스페인의 작은 도시이지만 우리에게는 산티아고 순례길의 마지막 종착지로 유명하다. 예수의 제자 중 한 명인 야곱이 크리스트교를 전파하려다 순교한 곳으로 알려져 있다. 10세기에 이곳에서 야곱의 유해가 발견된 뒤, 산티아고 데 콤포스텔라는 예루살렘과 로마에 이어 유럽의 3대 성지 순례지가 되었다. 여기에는 대성당, 수도원 등 중세 기대의 건물들이 많이 남아 있는데 특히 야곱을 기리며 세운 대성당이 가장 유명하다.

■ 알타미라 동굴

알타미라는 스페인 북부의 칸타브리아 주에 있는 동굴 유적으로 동굴 벽에는 들소와 매머드, 사슴 등 당시의 동물들이 생동감 있게 그려져 있다. 이 벽화를 통해 구석기 시대의 사냥 방법과 사용한 무기, 예술의 수준을 알 수 있다.

여행 추천 일정

스페인 여행에 대한 정보가 많을 것 같지만 부족하다는 것이 내가 내린 결론이다. 특히나 스페인 여행코스는 어떻게 여행계획을 세울까? 라는 걱정은 누구나 가지고 있다. 하지만 스페인 여행도 역시 유럽의 나라를 여행하는 것과 동일하게 도시를 중심으로 여행을 한다고 생각하면 여행계획을 세우는 데에 큰 문제는 없을 것이다.

1 먼저 지도를 보면서 입국하는 도시와 출국하는 도시를 항공권과 같이 연계하여 결정해야 한다. 스페인으로 여행을 계획하고 있다면 수도인 마드리드에서 카탈루냐의 바르셀로나로 나오는 여행을 하거나 반대로 바르셀로나에서 시작하여 마드리드로 나오는 똑같은 여행코스로 들어가고 나가는 도시만 바꾸는 방법이 있다. 대한항공은 마드리드로, 아시아나 항공은 바르셀로나로 직항을 운항하고 있으니 참고하면 좋다.

> **항공사 선택**
>
> 대한항공은 마드리드로, 아시아나 항공은 바르셀로나로 직항을 운항하고 있어서 직항으로 가려면 같은 항공사를 선택할 수 없다. 경유하는 항공사를 선택한다면 마드리드로 IN하고 바르셀로나로 OUT하거나 반대로 바르셀로나로 IN, 마드리드로 OUT하는 항공을 선택할 수 있다.

2 스페인의 이베리아 반도를 보면 배가 나온 사람의 배처럼 아래로 볼록 튀어 나온 형태의 국토 모양이다. 여행사의 패키지 여행코스나 많은 대한민국의 여행자들은 안달루시아 지방의 세비야, 그라나다. 코르도바, 론다를 여행하므로 스페인의 북부지방으로 여행하는 경우는 많지 않다.

3 바르셀로나에서 야간열차를 타고 안달루시아의 그라나다. 코르도바, 세비야를 여행하고 마드리드 근교의 톨레도를 거쳐 수도인 마드리드에서 대한민국으로 돌아가는 여행코스를 선택한다. 야간열차를 이용하므로 숙박비를 아낄 수 있고 여행일정도 짧은 기간에 하나의 도시라도 더 볼 수 있기 때문이다. 마드리드에서 근교의 톨레도를 여행하고 이어서 안달루시아 지방의 코르도바, 세비야, 론다, 그라나다 여행을 하고 바르셀로나로 이동한다. 시작하는 도시에 따라 여행하는 도시의 루트가 같지만 일정은 조금 다르게 된다.

4 입국 도시가 결정되었다면 여행기간을 결정해야 한다. 중점적으로 둘러보고 싶은 도시는 어디인지 확인해야 한다. 마드리드와 바르셀로나를 각각 2~3일로 여행하므로

나머지 기간을 확인하여 이동하는 도시를 결정해야 한다. 스페인의 안달루시아 지방의 도시를 얼마나 여행할지에 따라 여행기간이 길어지거나 짧아질 수 있다.

스페인의 대표적인 대도시인 마드리드와 바르셀로나를 중점적으로 여행하고 마드리드에서 근교인 톨레도와 세고비아를 여행하고 바르셀로나에서 근교의 몬세라트, 시체스, 헤로나 등의 도시를 여행하는 경우도 많다.

5 7~14일 정도의 기간이 스페인을 여행하는데 가장 기본적인 여행기간이다. 그래야 중요 도시들을 보며 여행할 수 있다. 물론 2주 이상의 기간이라면 스페인의 북부나 안달루시아 지방의 다른 도시까지 볼 수 있지만 개인적인 여행기간이 있기 때문에 각자의 여행시간을 고려해 결정하면 된다.

■ 바르셀로나 출발

카탈루냐 지방 집중 투어

바르셀로나 → 몬세라트 → 피케레스 → 지로나 → 시체스 → 바르셀로나

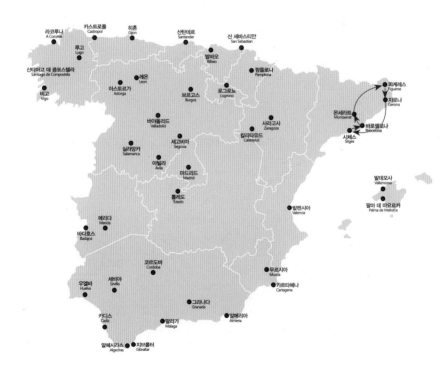

바르셀로나&북동부지방

바르셀로나 → 몬세라트 → 이동(1일) → 빌바오 → 산 세바스티안 → 바르셀로나

바르셀로나 & 마드리드 집중투어 / 8일

바르셀로나(2일) → 몬세라트 → 피케레스 → 지로나 → 시체스 → 마드리드(2일)

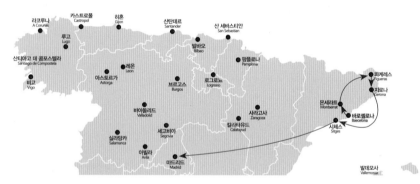

바르셀로나(2일) → 몬세라트 → 피케레스 → 시체스 → 톨레도 → 세고비아 → 마드리드(2일)

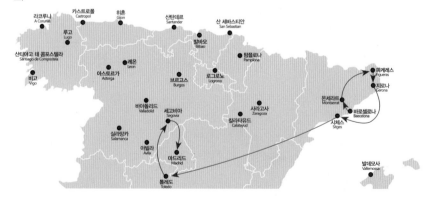

패키지 기본투어 / 9일
바르셀로나(2일) → 야간기차 → 그라나다 → 론다 → 세비야 → 코르도바 → 마드리드

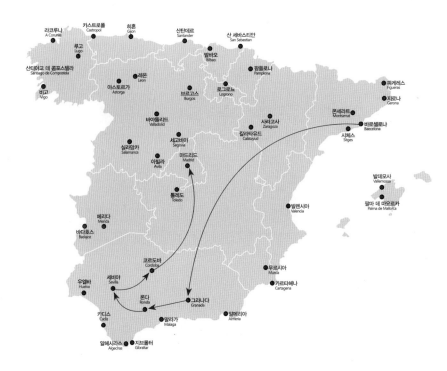

안달루시아 집중투어 / 14일(2주)

바르셀로나(2일) → 야간기차 → 그라나다 → 말라가 → 왕의 오솔길 → 론다 → 세비야 → 코르도바 → 톨레도 → 세고비아 → 마드리드

스페인 전체 투어 / 3주

바르셀로나(3일) → 몬세라트 → 야간기차 → 그라나다 → 말라가 → 왕의 오솔길 → 론다
→ 세비야 → 코르도바 → 톨레도 → 세고비아 → 팜플로나 → 산 세바스티안 → 빌바오
→ 마드리드(2일)

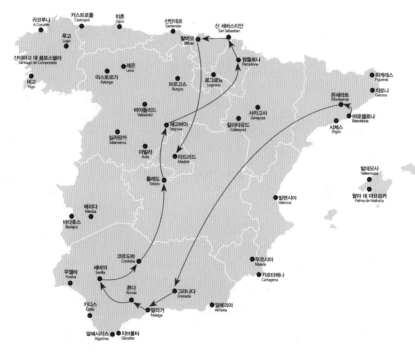

마드리드 출발

마드리드와 근교 집중 투어 / 6일
마드리드 → 톨레도 → 세고비아 → 살라망카 → 마드리드

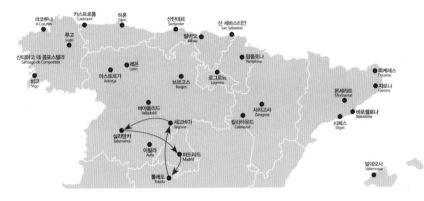

마드리드&안달루시아지방 패키지 투어 / 7일
마드리드 → 톨레도 → 세비야 → 그라나다 → 바르셀로나

**9일 마드리드
& 5일 산티아고 순례길(완주증 받기)**

마드리드(기차로 사리아 이동) → 사
리아 → 포르투마린 → 팔라스 데 레
이 → 멜리데 → 아르수아 → 산티아고
데 콤포스텔라 → 마드리드

마드리드 & 바르셀로나 집중투어

마드리드 → 세고비아 → 톨레도 → 몬세라트 → 피케레스 → 시체스 → 바르셀로나

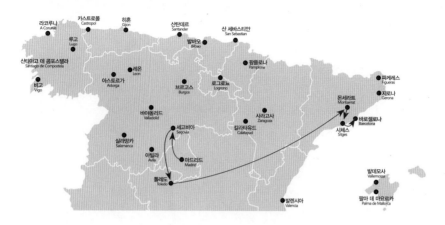

마드리드 & 북부 기본투어 / 10일

마드리드(2일) → 톨레도 → 부르고스 → 산 세바스티안 → 빌바오 → 레온 → 세고비아 → 마드리드

마드리드 & 북부 집중투어 / 14일

마드리드(2일) → 톨레도 → 부르고스 → 산 세바스티안 → 빌바오 → 레온 → 아스토르가 → 살라망카 → 세고비아 → 마드리드

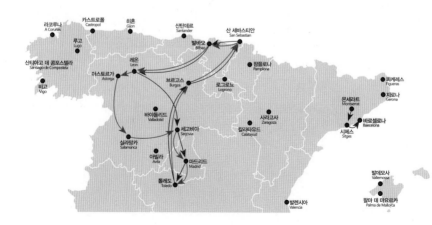

Madrid

마드리드

마드리드

MADRID

마드리드는 활기찬 분위기, 매혹적인 역사, 유명한 박물관과 아름다운 건축물들로 유럽에서 가장 인기가 있는 도시 중 하나이다. 마드리드는 스페인의 세련되면서도, 국제적이고, 정당 중심의 수도이다. 넓은 공원, 현대적인 시설, 카페테라스와 야외 예술을 즐기고, 도시의 궁전과 교회를 볼 수 있다. 현대의 마드리드는 유럽에서 상업적, 정치적으로 매우 중요한 도시가 되었다. 하지만 전통이 있는 스페인 문화는 거대한 건물, 박물관, 미술관 등이 줄지어 있는 도시 거리에서 가장 독보적인 요소이다.

마드리드 이름의 유래

마드리드라는 지명은 이슬람의 용감한 물이라는 뜻의 '마헤리드'라는 단어에서 유래되었
다. 마드리드의 역사는 유럽의 다른 도시에 비해 비교적 짧은 편인데 1561년 펠리페 2세가
톨레도로부터 마드리드로 거주지를 옮기고 난 후 1606년 정식 수도가 되었다.
18세기에는 합스부르크 왕가에 '마르가리타 공주'를 시집을 보내 혈맹을 맺기도 하였는데,
화가 벨라스케스가 마르가리따의 초상화를 그려 오스트리아로 보내기도 했다.

광장과 공원의 도시
마드리드의 풍경

18세기에 지어진 마요르 광장에서 식사를 하고 시청을 보면서 관광을 할 수 있다. 왕은 도시 외곽에 거주하지만 여행객들은 시내 중심에 있는 왕궁에서 화려하게 장식된 방과 인상적인 유품들을 관람할 수 있다. 인근의 완공되는 데 1세기가 걸린 알무데나 대성당은 꼭 가봐야 하는 곳이다. 상징적인 알칼라문은 놀라운 건축물과 정원, 연못으로 이루어진 인상적인 녹색지대인 엘 레티로 공원을 장식하고 있다. 카사 데 캄포는 더 큰 도시 공원이다.

저녁에는 마드리드 최고의 펍Pub과 클럽으로 둘러싸인 푸에르타 델 솔에 들러 늦게 식사를 할 수 있다. 자정 가까이에 현지 시민들과 어울려 타파스나 파에야를 싱그러운 상그리아와 현지 와인과 함께 즐겨보자. 마드리드는 유럽에서 가장 활기찬 도시 중 하나로 관광객의 마음을 훔치기에 충분하다.

마드리드 IN

예전에는 야간열차를 타고 바르셀로나 또는 파리에서 마드리드로 많이 들어왔는데 지금은 야간열차가 없어지고 주간열차만 운행하고 있다. 바르셀로나에서 출발하는 열차를 제외하면 대부분의 열차는 마드리드 차마르틴역Estación de Chamartín에 도착한다. 차마르틴역은 우리나라의 서울역이라고 보면 된다. 요즘은 저가항공을 타고 들어와 스페인만 여행하는 경우가 많아졌는데 이때

도 공항에서 가까운 차마르틴역을 많이 이용한다.

차마르틴역은 도심 중앙에서는 북쪽으로 떨어져 있는 편이지만 여행 안내소는 물론이고 환전소, 코인로커, 우체국, 전화국, 레스토랑, 슈퍼마켓 등 모든 편의시설이 갖추어져 있다. 근처에는 호텔이 많아 우리나라에서 이용하는 패키지여행의 호텔은 대부분 이곳에 위치한다.

세비야에서는 고속열차(AVE)를 이용해 들어올 수 있다. 파리에서 마드리드로 들어오는 경우, 일반 열차를 타고 들어오면 유럽의 다른 나라들과 스페인 철로의 궤도넓이가 달라 프랑스와 스페인의 국경역인 이룬lrun에서 열차를 갈아타야 한다.

파리에서 마드리드로 가는 방법

파리에서 마드리드나 바르셀로나를 가는 직통 야간열차가 없어졌다. 그러나 여러 군데를 정차했다가 가는 야간열차는 이용할 수 있다. 이 야간열차는 파리 오스텔리츠역에서 출발해 다음날 아침 국경역인 이룬에 도착한다. 이때 이룬에서 마드리드로 출발하는 열차로 갈아타면 된다.

리스본에서 마드리드로 가는 방법

리스본에서 야간열차를 이용해 들어올 경우, 리스본의 산타 아폴로니아역을 출발해 마드리드 차마르틴역에 도착한다.

세비야에서 마드리로 가는 방법

세비야에서는 시간마다 고속열차가 3시간 만에 마드리드 아토차역으로 들어간다. 아토차역과 차마르틴역, 노르테역은 모두 시내를 관통하는 국철로 연결되어 있다.(유레일패스 이용 가능)

배낭여행의 경우, 마드리드로 들어온 날 시내를 둘러보고, 당일에 야간기차나 저가항공으로 파리로 들어가기도 한다. 마드리드를 하루만에 둘러볼 예정이라면, 이동할 때 짐이 불편할 수 있으니 코인로커에 짐을 보관한 후 마드리드 시내를 둘러보도록 하자.

차마르틴역에 도착하면 기차에서 내린 후 플랫폼에서 오른쪽 아래로 내려가는 계단을 이용하여 지하철역으로 가자. 위쪽 계단으로 올라가게 되면 지하철역으로 내려갈 때 무거운 짐을 들고 긴 계단을 내려가야 한다.

차마르틴역

- ▶ **여행 안내소** | 월요일~금요일 08:00~20:00, 토요일 08:00~13:00
- ▶ **은행** | 08:00~22:00
- ▶ **코인로커** | 07:00~23:00, 크기별로 €5~5.50
- ▶ **교통** | M-8 Chamartín B-5, 14

아토차역

- ▶ **은행** | 08:30~22:00
- ▶ **코인로커** | 07:00~23:00, 크기별로 €5~5.50
- ▶ **교통** | 지하철 Atocha역 다음 정거장인 M-1 Atocha renfe에서 하차
  B-10, 19, 24, 26, 27, 32, 34, 37, 54, 57, 102, 112

시내 교통

10회권을 이용하여 버스와 지하철Metro을 하나의 티켓으로 이용할 수 있다. 1회권을 이용하는 것보다 10회권을 이용하는 것이 편리하다. 10회까지 사용하지 않을 예정이라면, 같이 온 일행과 함께 구입해 나누어 사용하는 것이 좋다.
▶티켓 요금 : 1회권 €1.90(Zone A), 10회권 €15

지하철

지하철은 12개의 노선이 운영되고 있으며, 06:00부터 새벽 01:30까지 운행하기 때문에 늦은 밤에도 지하철을 많이 이용한다. 지하철역과 국철역은 연결되어 있어 원하는 곳은 어디든지 이용할 수 있다. 지하철 티켓은 지하철매표소, 자동판매기 등에서 구입할 수 있다.

버스

버스는 06:00~24:00까지 운행하며, 00:00~05:15의 심야시간대에는 나이트 버스Buhos를 운행한다. 정류장마다 자세하게 노선 안내가 되어 있기 때문에 쉽게 이용 가능하다. 혼자서 버스를 기다리다 보면 그냥 지나치는 경우도 있으니 기다리는 버스가 보이면 손을 들어 표시해주는 것이 좋다. EMT(마드리드 지역 버스회사)의 사무소, 홈페이지 등에서 자세한 버스 노선도를 구할 수 있다.

택시

빈 택시인지는 표시등의 왼쪽 라이트에 녹색불이 켜져 있는 것으로 구분한다. 기본요금은 2유로로 비싸지 않지만 마드리드 시내는 교통 체증이 심해 택시요금이 많이 나오는 편이다. 기차역이나 공항에서는 대기수수료도 추가되어 가격이 비싸다.

마드리드
핵심 도보 여행

마드리드는 스페인의 수도지만 바르셀로나보다 작아서 하루만에 다 돌아볼 수 있다. 하지만 프라도 미술관과 국립 소피아 왕비 예술센터, 티센보르네미서 미술관을 본다면 3일도 모자란다.
미술관과 박물관을 따로 돌아보고 마드리드 시내는 1일 정도 따로 돌아보는 것이 좋다. 미술관과 시내를 하루에 함께 둘러보면 금방 피로해지기 쉬우니 시내와 미술관을 분리하여 여행하자. 1일 동안 알차게 둘러볼 수 있는 코스를 알아보자.

일정
솔 광장 → 산타아나 광장 → 마요르 광장 → 산 미구엘 시장 → 비야 광장 → 레알 왕궁 → 알무데나 대성당 → 비스티야스 정원

솔 광장, 루에르타 델 솔은 우리나라의 명동과 같은 곳으로 마드리드 시민들의 만남과 휴식의 장소다. 솔 광장에서 새해 불꽃놀이도 시작되는데 이때가 아니어도 언제나 사람들로 북적거리기 때문에 이곳에서는 소매치기를 항상 조심해야 한다. 또한 9개의 도로가 시작

되는 장소로, 중앙에는 시계탑이 있는 건물인 카사 데 코레오스 Casa de Correos 바닥에 9개의 도로가 이곳에서 시작된다는 의미의 0㎞가 적혀 있다. 푸에르타 델 솔은 '태양의 문'이라는 뜻인데 태양이 항상 비추는 곳에 사람들이 몰리듯 솔 광장에도 늘 많은 사람으로 붐빈다. 마드리드의 광장은 솔, 산타아나, 마요르 광장이 거의 붙어 있어서 구분하기가 쉽지 않다. 뿔처럼 높이 솟은 탑이 있는 건물과 가운데에 펠리페 3세의 기마상이 서 있는 장소가 마요르 광장이고, 곰 동상이 나오면 솔 광장이다.

산타아나 광장은 솔 광장에서 동쪽으로 내려가거나 마요르 광장에서 동쪽으로 직진하면 나온다. 1848년 이후에 지금과 같은 모습을 갖추게 되었다. 노천카페와 레스토랑들이 즐비해 점심이나 저녁을 즐기기에 좋은 광장이다. 호화 호텔인 메이어와 빅토리아 호텔이 있어 대중적인 느낌은 아니다.

매우 넓은 마요르 광장은 후안 고메스 데모라가 설계하여 1619년에 완성한 광장으로 마드리드의 상징이었다. 하지만 3차례의 화재로 대부분이 파괴되면서 솔 광장이 이 역할을 대신하였다. 1854년에 지금의 모습으로 탈바꿈하였으며, 마요르 광장에는 9개의 아치문이 있다. 그중 남쪽으로 향하는 쿠치예로스 문의 돌계단을 따라 가면 레스토랑과 술집들이 밀집되어 있어 다양한 먹거리를 즐길 수 있다. 우리나라의 강남역 같은 느낌이다.

산 미구엘 시장 Mercado de San Miguel은 특이한 외관을 자랑한다. 통유리로 된 외관을 보면 시장이라기보다는 식당을 연상케 한다. 마드리드에서 먹을 수 있는 모든 음식들을 먹어볼 수 있는 곳으로, 1835년부터 마드리드를 대표하는 시장으로 이름을 알렸다. 대표적으로는 오징어튀김 샌드위치가 유명하다. 시장이라고 싼 가격을 기대했다면 실망이 클 수도 있다.

솔 광장의 분수

마요르 광장

산 미구엘 시장

비야 광장과 오리엔테 광장은 마드리드 사람들이 가장 아름다운 광장으로 꼽는 곳이다. 비야 광장의 동쪽에는 15세기의 루하네스 저택^{Casa de los Lujanes}이, 남쪽에는 16세기 르네상스양식의 시스네로 저택^{Casa de Cisneros}이, 서쪽에는 17세기 합스부르크 왕조의 바로크양식인 비야 저택^{Casa de la Villa}이 있다. 이런 중세 건물들에 둘러싸여 있는 비야 광장은 밤에 더 운치 있게 즐길 수 있다.

산 미구엘 시장에서 왕립 극장으로 올라가면 오리엔테 광장이 나오고 레알 왕궁이 보인다. 왕궁은 공원과 함께 마드리드 사람들의 산소공급처 역할을 한다. 1931년까지 알폰소 13세가 살았던 궁으로 18세기에 화재로 소실되었으나 펠리페 5세가 화려하게 지으면서 지금에 이르렀다.

벨라스케스와 프란시스코 데 고야의 작품들과 화려한 시계들도 볼 수 있다. 왕궁을 보려면 적어도 1시간 이상은 소요되므로 하루의 마지막에 여유롭게 보는 것이 좋다.

왕궁 동쪽으로는 오리엔테 광장^{Plaza de Oriente}, 북쪽으로는 사바티니 정원^{Jardines de Sabatini}, 왕궁 정면에는 알무데나 대성당^{Catedral de la Almudena}이 있으며, 왕궁과 알무데나 대성당 사이로 아르메리아 광장^{Plaza de Armeria}이 있다.

오리엔테 광장 중심에는 펠리페 4세 기마상과 분수대가 자리하고 있으며, 주변에는 잘 가꾸어진 나무들과 스페인 왕국을 지배한 역대 국왕들의 동상이 있다. 이 광장에서는 거리의 음악가들이 펼치는 공연을 쉽게 볼 수 있다. 이탈리아 건축가 프란체스코 사바티니가 설계한 데서 이름 붙여진 사바티니 정원은 왕궁에 딸린 큰 정원으로 전형적인 프랑스양식이다. 왕궁이 베르사유 궁전을 본떠 만들었음을 확인할 수 있다.

왕궁과 마주보고 있는 알무데나 대성당은 약 1세기에 거쳐 완성되었다. 건물이 지어지는 동안 스페인 내전 등의 문제로 방치되었다가 다시 지어지면서 고딕양식에서 바로크양식으로 변경되어 지금의 모습이 되었다.

왕궁의 사바티니 정원

왕궁 외관 및 내부 모습

베스트 코스

프라도 미술관 → 티센보르네미서 미술관 → 국립 소피아 왕비 예술센터

국립 고고학 박물관 ← 콜론 광장 ← 시벨레스 광장

솔 광장 → 마요르 광장 → 레알 왕궁

그란비아 ← 스페인 광장

레티로 공원
Parque del Retiro

M−2 Retiro역에서 내리면 바로 초록의 물결이 넘실대는 마드리드 분위기를 만나게 된다. 1630년 펠리페 2세와 1868년 이사벨 2세가 왕궁의 정원을 시민들에게 돌려주기로 결정하면서 레티로 공원은 시민들에게 공개되었으며, 지금은 마드리드에서 가장 사랑받는 공원이 되었다.

공원의 핵심은 알폰소 12세의 동상이 세워진 레티로 연못이다. 이곳은 인공호수인데, 한가로이 유람선이나 카누를 타며 즐거운 시간을 갖기에 좋다. 남쪽에는 벨라스케스관Palacio de Velazquez과 크리스탈관Palacio de Cristal이 있다. 주말마다 다양한 공연이 열린다.

TIP

자세히 레티로 공원 알아보기

호숫가에서 휴식을 취하고, 풍경 좋은 정원을 거니며 마드리드의 가장 크고 유명한 공원에서 고귀한 동상과 건물을 감상하며 휴식을 취하는 시민들을 볼 수 있다. 레티로 공원은 마드리드에서 가장 유명한 공원 중 하나로 약 140ha 규모로 시내 중심에 있다. 한 때 왕족들의 휴가지로 대형 궁전이 있었으며 1860년대에야 일반인들에게 공개되었다.

공원 전역에는 동상과 기념비 등이 있으며 2개의 호수와 갤러리, 분수대 등이 있다. 일요일 오후 피크닉으로 인기가 좋으며, 사람이 많이 붐비는 곳에서는 거리 예술가들이 자신들의 재능을 뽐내는 공연도 보게 된다.

기억의 숲

무성한 나무와 꽃들 사이를 거닐면 풍경 좋은 정원과, 좀 더 야생적이면서 더욱 자연적인 지역 등도 돌아다녀보자. 로살레다 델 레티로를 거닐면 다채로운 장미의 향연도 만끽할 수 있다. "기억의 숲"은 2004년 마드리드의 테러 공격의 희생자들을 기리기 위해 만들어졌다.

레티로 연못

"아르헨티나 산책길"을 거니며 한때 왕궁의 내부에 있었던 동상들을 구경하고, 레티로 연못에서는 알폰소 12세 왕의 기념비도 있다. 반원형 구조의 돌기둥이 말에 탄 왕의 우화적인 동상들에 둘러싸여 있으므로 공원을 계속 돌아다니면서 더 많은 동상과 정원, 분수 등을 보면서 힐링을 하게 된다.

연못에서는 보트를 직접 빌릴 수도 있고, 신고전주의 양식의 벨라스케스 궁 또는 크리스탈 궁에 가면 각종 미술품도 볼 수 있다. 공원에 있는 17세기 궁전 중 유일하게 남아있는 건물인 카손 델 부엔 레티로로 둘러싸인 울타리가 있는 정원도 거닐다 보면, 한때 연회장 이였지만 현재는 프라도 박물관의 연구센터가 있다.

이동하는 방법

엘 레티로는 파세오 델 프라도나 시벨레스 광장에서 걸어서 갈 수 있다. 정문은 알칼라 문 바로 옆에 있지만, 공원은 레티로, 프린시페 데 베르가라, 이비사, 아토차 지하철역에서도 쉽게 이동할 수 있다.

티센보르네미서 미술관
Thyssen-Bornemisza Museum

프랑스나 이탈리아만 미술관을 관람해야 한다는 생각을 가진 관광객이 많지만 스페인의 마드리드에도 3일은 봐야 할 정도로 미술관과 박물관이 많다. 티센보르네미서 미술관, 프라도 미술관, 국립 소피아 왕비 예술센터가 삼각형 모양으로 위치해 있어 골든 트라이앵글이라 불린다.

3개의 미술관과 박물관만 관람해도 하루가 부족하다. 프라도 미술관 건너편에 있는 티센보르네미서 미술관은 M-2 Banco de Espana역에서 내리면 프라도 미술관보다 먼저 만나게 된다. 그래서 프라도 미술관으로 혼동하는 관광객들도 많다. 이 미술관은 19세기 초 네오클래식 양식 붉은색 건축물로, 아담하게 보이지만 상당히 크다.

1920년에 하인리히 남작이 모은 수집품부터 1960년대에 그의 아들인 보르네미서 남작이 모은 수집품까지 모아 1988년에 미술관으로 개관하며 시작되었다. 1993년에는 스페인 정부가 미술관을 매입하여 국립 미술관이 되었고, 13세기부터 지금까지의 회화 800점 이상을 전시하고 있다. 피카소, 달리 등의 현대미술과 16~18세기 이탈리아, 네덜란드 등의 회화도 감상할 수 있다.

아토차역, 프라도 미술관, 시벨레스 광장을 연결하는 도로로 연결되는 넵투노 광장 왼쪽의 붉은 건물이 티센보르네미서 미술관이다.

🏠 M-2 Banco de Espana　🕐화요일~일요일 10:00~19:00, 월요일, 1/1, 5/1, 12/25은 휴무　€상설전시 €12, 학생 €8

시벨레스 광장
Plaza de la Cibeles

반코 데 에스파냐Banco de Espana역에서 하차하여 시벨레스 광장에 들어서서 오른쪽 길을 따라가면 독립 광장Plaza de la Independencia과 알칼라 문Puerta de Alcala이 나온다. 여기서 계속 직진하면 콜론 광장Plaza de Colon이 나온다.

시벨레스 광장의 북쪽이 콜론 광장, 동쪽이 알칼라 문, 남쪽이 프라도 미술관이다. 솔 광장에서 동쪽으로 뻗은 알칼라 거리Calle de Alcala와 그란비아Gran Via의 합류지점으로, 중심에 대지와 풍요의 여신 시벨레스가 두 마리의 사자가 끄는 마차를 탄 조각과 분수가 있다. 이곳에서 멀지 않은 곳에 바다의 신 넵투노(포세이돈)가 한 손에는 삼치장을 들고 해마가 끄는 전차를 탄 분수가 있다. 시벨레스 분수와 비교하며 보는 재미가 쏠쏠하다.

자세히 시벨레스 광장 알아보기
마드리드에서 가장 중요한 도로의 교차로에 위치한 시벨레스 광장은 델 프라도, 카예 데 알칼라, 파세오 데 라 카스테야나의 중요한 교차로 3개가 만나는 곳에 있어서 가장 아름다

운 건물들을 볼 수 있다. 눈에 띄는 오래된 건물들로 둘러싸여 있으며, 중앙의 상징적인 분수대로 유명한 시벨레스 광장은 마드리드에서 가장 인상적이다.

섬세하게 장식된 외관을 보고, 우체국이나 시청으로 잘 알려진 시벨레스 궁전의 탑도 볼 수 있다. 20세기 초반에 지어져 스페인 우체국으로 이용되다가 2007년 새로운 시청이 되었다. 광장 맞은편에는 부에나비스타 궁전이 있다. 1770년대 완공된 이후 알바 공작부인이 거주하던 궁으로 이후에 국방부가 사용하고 있다. 카예 데 알칼라 거리를 건너 방코 데 에스파냐는 3층 높이에도 불구하고 블록 전체를 차지하고 있는 건물은 신기하다.

광장을 건너 바로 걸으면 1900년대에 완공된 개인 저택인 리나레스 궁이 나온다. 위풍당당하게 서있는 네오 바로크 양식의 건축물을 감상하고, 내부로 들어가 스페인과 미국의 문화적 관계 증진을 위한 기구, 카사 데 아메리카를 방문하면 여기에는 전시홀, 박물관, 서점, 레스토랑 등이 있다.

광장 중앙으로 가면 사자 한 쌍이 이끌고 있는 전차를 타고 있는 다산의 로마 여신 시벨레가 있는 시벨레스 분수를 볼 수 있다. 18세기 말 카를로스 3세 왕에 의해 의뢰되어 건축가 벤투라 로드리게스가 직경 32m, 높이 8m로 건축하였다.

마드리드 시청
Palacio de Cibeles

마드리드의 옛 시청 건물을 보거나 안으로 들어가 300여 년 동안 의원들이 도시의 행정을 담당했던 내부 모습도 볼 수 있다. 마드리드의 카사 델 아윤타미엔토는 도시의 시청으로 1696~2007년까지 운영되었다.

유명한 건축가 후안 고메스 데 모라에 의해 1640년대 설계되었지만 그가 죽은 후 1696년에야 완공되었다. 이 건물은 마드리드의 가장 오래된 지역인 로스 아우스트리아스에 있는 비야 광장에 있다.

광장을 돌아다니며 빌딩의 화려한 외관도 구경하고 광장 앞 알바로 데 바산 장군의 동상도 만나보자. 시청으로 들어가는 두 개의 별도의 입구가 있는 것을 발견할 것이다. 수 세기 동안 하나는 행정 구역으로 연결해 주며, 다른 하나는 건물의 반을 차지했던 감옥으로 이동시켜 주는 역할을 했다.

무료 가이드 투어

월요일 저녁에 방문하면 투어에 참가할 수 있다. 투어는 스페인어와 영어로 이루어지며, 관광객들에게 4개의 인상적인 방들을 소개시켜 준다. 총회의실의 천장을 덮고 있는 안토니오 팔로미노의 벽화를 보면 의원들의 좌석들이 있는 17~19세기 스타일의 섬세한 장식들로 꾸며져 있는 것을 알 수 있다.

이어서 크리스탈 아트리움으로 향해 스테인드글라스로 된 채광창이 도시의 문장과 알칼라문을 묘사하고 있는 것을 알 수 있다. 아트리움을 둘러보면 스페인 유명 작가들의 흉상도 볼 수 있다. 리셉션홀에는 수도원에서 몰수한 거대 샹들리에를 볼 수 있으며 프랑스에서 스페인으로 전해진 한 쌍의 꽃병과 기타 예술 작품들도 볼 수 있다. 투어는 수 세기 동안의 마드리드 도시 시장들의 초상화가 있는 카레타 홀에서 마무리된다.

전망대

전망대에서 바라본 광장의 모습

🌐 www.cateraldelaalmudena.es 🏠 Calla Bailen 10(왕궁 바로 옆)
🕘 9시 30분~20시 30분 (박물관 10~14시 30분 / 일요일 휴무)
€ 1€(기부금 입장 / 박물관 6€) 📞 915-422-200

알무데나 대성당
Catedral de la Almudena

입구를 통해 마드리드 유일한 성당의 매혹적인 내부로 걸어가면서 바로크 양식의 건축물을 감상할 수 있다. 알무데나 대성당Catedral de la Almudena은 스페인에서 가장 유명한 성당 중 하나이다. '알무데나Almudena'는 성벽이라는 아랍어로 성모상이 성벽 안에서 발견됐기 때문에 붙여졌다. 정통적인 성당의 평면도와 다양한 건축적 특성을 보유하고 있지만 현대적인 감각도 엿볼 수 있는 성당이다. 외부에 앉아 우뚝 솟은 외관을 감상하고 내부로 향해 네오고딕양식의 실내를 구경할 수 있다. 본당을 돌아다니면서 팝아트 스테인드글라스 창문, 다채로운 색감의 천장 벽화, 과거와 현재의 작가들의 작품을 모두 감상할 수 있다.

2004년 스페인 왕자 펠리페와 레티시아 오르티스 로카솔라노의 결혼식이 열렸던 성당의 넓은 복도를 걸으면 104m의 길이와 76m의 넓이의 거대한 성당을 구경하면서 왕실 행사의

104m의 길이와 76m의 넓이의 거대한 성당 ▲▲

◀네오고딕 양식과 바로크 양식의 혼합되어 있다.

화려함도 상상할 수 있다. 중앙 돔은 직경 20m로 도시의 멋진 전망을 위해 돔의 전망대로 이동하는 것이 좋다. 성당 착공 계획은 16세기에 시작되었지만 교황 요한 바오로 2세에 의해 축성된 해와 같은 1993년에서야 완공되었다. 성당 전면에 교황의 동상도 있다.

건축이 지연되는 과정을 통해 성당은 2가지 건축 양식을 띄는데, 외부는 신고전주의 양식으로 내부는 네오 고딕양식으로 건축되었다. 성당에서 가장 오래된 공간인 지하는 네오 고딕양식이지만 반면 외부는 주변 건축물인 왕궁의 신고전주의 양식을 따르기 위해 디자인되었다.

지하로 가면 16세기의 성모 마리아 알무데나^{Almudena}의 이미지를 볼 수 있다. 트랜셉트의 서쪽으로 향하면 15세기 제단의 모습도 볼 수 있다. 성당 내 박물관에 들리면 성직자 의복 및 기타 유물 등도 전시되어 성당의 역사와 마드리드 교구에 대해 자세히 알 수 있다.

추에카 지구
Chueca

추에카^{Chueca} 전철역 앞에는 커다란 건물들로 둘러싸인 추에카^{Chueca} 광장이 자리하고 있다. 추에카 Chueca는 19세기 작곡가 페데리코 추에카^{Pederico Chueca}의 이름을 따 명명되었다. 추에카는 오페라와 산문을 결합한 사르수엘라 장르 전문 작곡가였다. 광장의 널찍한 규모는 추에카의 넉넉한 마음씨를 상징하는 듯하다.

카페에 앉아 책을 읽거나, 저녁에는 바에 들러 칵테일을 즐기기 때문에 후엔카랄 거리와 호르탈레자 거리는 저녁부터 동이 틀 때까지 밝은 불빛과 사람들로 가득하다. 거리와 상점에서는 독특한 의상들을 구경할 수 있는데, 고급 브랜드에서부터 개성 있는 보헤미아 풍 의상까지 다양하다. 중앙 광장과 거리에는 각국의 요리를 즐길 수 레스토랑이 즐비하다. 마드리드의 아방가르드적 면이 돋보이는 이곳에는 수많은 성소수자 상점과 바가 늘어서 있다. 게이 프라이드 퍼레이드도 이곳에서 개최되고 있다.

게이 프라이드 축제

마드리드 구시가지 북쪽의 세련된 추에카 지구는 마드리드의 성소수자 구역으로 유명하다. 수많은 성소수자 상점과 바가 늘어서 있는 이곳은 게이 프라이드 축제가 열리는 곳이기도 하다. 추에카의 진보적이고 세련된 분위기는 구시가지의 전원적인 분위기와 대비를 이룬다.

매년 6월이나 7월에는 게이 프라이드 축제가 개최된다. 축제 때가 되면 화려한 의상과 색색의 깃발, 춤과 노래가 거리를 가득 채운다. 추에카의 자유롭고 다채로운 분위기를 완벽하게 드러내는 게이 프라이드 축제는 이제 추에카 지구를 상징하게 되었다.

알칼라 문
Puerta de Alcalá

한때 마드리드의 동쪽 경계였지만, 오늘날은 스페인 대도시의 상징이 된 위풍당당한 알칼라 문은 아마 마드리드의 오래된 도시 문 중 가장 유명할 것이다. 1559년에 세워진 기존 문의 장엄한 교체를 위해 1770년대 초 카를로스 3세 왕이 건설을 의뢰했다. 많은 길 중 하나의 코너에 우뚝 서있는 우아한 신고전주의식 건축물은 사자의 머리로 장식된 2개의 아치와 뿔 부조가 돋보이는 2개의 더 작은 사각형 문이 있다.

저명한 건축가 '프란시스코 사바티니'에 의해 설계되었고, 프리즈 부조와 로베르트 데 미켈과 프란시스코 구티에레스 등의 조각상으로 장식되었다. 비록 한 때는 이곳이 도시의 동쪽 경계를 의미하는 곳이었지만, 현재는 마드리드 시내의 중심부에 위치하며, 알칼라 데 에나레스 길에 있다. 동쪽을 장식한 돌기둥과 왕립 문장을 볼 수 있는데, 문에는 카를로스 3세 왕을 기리기 위해 'Rege Carolo III Anno MDCCLXXVIII'라고 적혀져 있다. 문의 위쪽에서는 다양한 종류의 우화 동상이 인상적이다.

1800년대 초 인근에서 폭발된 대포로 인해 훼손된 벽돌을 가까이서 살펴보면 문 주변의 작지만 깨끗한 정원을 거닐거나 멀리서 구경해도 좋다. 문에 가까이 다가가기는 많은 차량이 지나가기 때문에 힘들다.

알칼라 문은 푸에르타 델 솔에서 카예 데 알칼라를 따라 동쪽에 있다. 엘 레티로 공원이나 레티로 지하철역 바로 옆에 있다.

콜론 광장
Plaza de Colón

콜론역(M-4)에서 내리면 콜럼버스를 기념하기 위해 만든 콜론 광장이 있다. 콜럼버스 동상이 높은 기둥 위에 서 있는데 웅장한 멋이 있다. 밑에는 항해일지를 새긴 돌로 된 기념물이 있다. 차량들이 지나가는 광장이라 대륙을 발견했을 때의 분위기는 없지만 콜럼버스가 스페인 역사에서 얼마나 중요한지를 알 수 있는 광장이다.

국립 고고학 박물관
Museo Arqueológico Nacional

국립 고고학 박물관은 무료로 관람할 수 있으니 부담없이 둘러보자. 특히 알타미라 동굴벽화를 보러 가는 박물관으로 유명하며, 전시된 벽화는 복제품이지만 볼 만한 가치가 있다. 들어가서 왼쪽 지하로 내려가는 길에 벽화를 볼 수 있다. 구석기 시대부터 15세기까지의 페니키아, 카르타고, 이베리아, 로마, 서고트, 기독교, 이슬람교 등의 유물과 자료들이 연대순으로 전시되어 있다.

⌂ 세라노역(M-4)
⊙ 화요일~토요일 09:30~20:00, 일요일 · 공휴일 09:30~15:00휴무 : 월요일, 1/1, 1/6, 5/1, 12/24~25, 12/31

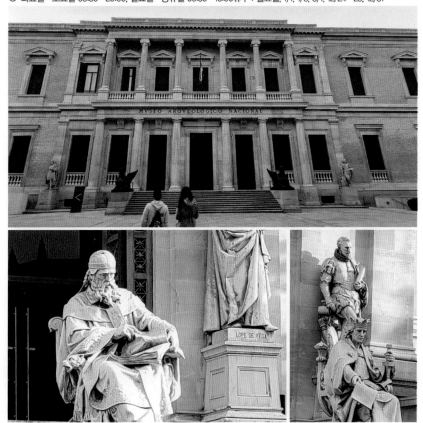

대표적인
마드리드 광장 Best 5

솔 광장(Puerta del Sol)

'태양의 문'이라는 뜻을 가지고 있는 솔 광장은 마드리드의 중심지역이다. 여기에서부터 9개의 도로가 뻗어나가며, 지하철도 3개 노선(M-1, 2, 3호선)이 교차하고 있다. 태양이 새겨진 성문이 있었다고 전해지지만 지금은 없다. 많은 이가 약속 장소로 이용하고 있어 항상 붐비며, 새해맞이 행사도 솔 광장에서 진행할 정도다.

광장 앞에는 시계탑이 있는 마드리드 의회 건물이 있고, 건너편에는 마드리드 최고의 백화점인 엘 코르테 잉글레스El Corte Ingles와 많은 상점이 있는 번화가 쁘레시아도스Preciados 거리가 있다. 솔 광장에서 마요르 거리Calle Mayor를 따라 10분 정도 걸으면 왼쪽으로 마요르 광장이 나온다.

마드리드에서 수천 명의 사람들이 저녁 시간을 즐기기 전 만남의 장소로, 집회의 모임 장소로, 관광객이 마드리드 관광을 시작하는 장소로 북적거린다. '태양의 문'이라는 뜻의 솔 광장Puerta del Sol은 마드리드의 심장부에 있다. 한 때 도시의 동쪽 경계에 위치했을 때, 중세 문은 그 이름의 유래대로 떠오르는 태양으로 장식되었다. 현재, 이곳은 도시의 주요 행사가 열리는 광장으로 정치적 집회에서부터 새해 축하 행사까지 다양하게 열린다.

광장을 거니며, 웅대한 옛 건물을 구경하고, 상징적인 동상과 함께 마드리드 시민들의 일상을 관찰할 수 있다. 광장 중앙에는 도시의 수많은 건축과 공공시설의 설립을 개시했던 카를로스 3세 왕의 동상이 있다. 솔 광장은 부티크 숍, 바, 레스토랑으로 북적거리는 거리로 둘러싸여 있다. 그래서 방향을 정하고 관광을 시작하는 것이 좋다. 도시 중심부에 위치하여 현지인과 관광객 모두가 모여 다음의 행선지를 정하고 하루 일정을 계획해야 길을 잃지 않을 수 있다.

광장의 특징

카사 데 코레오스
1760년대 지어진 붉은색과 베이지색의 이 건물은 수 세기 동안 도시의 우체국으로 이용되었다. 이후 내무부가 되었고, 프랑코 시절에는 경찰 본부가 되었다. 지금은 마드리드 지역 대통령 위원회에서 사용하고 있다.

곰 동상
광장의 동쪽에는 마드리드에서 가장 유명한 곰과 마드론 나무 일화를 담은 동상이 있다. 이는 도시의 상징이며 모든 택시 문의 문장을 이루기도 한다. 한때 분수대가 있던 장소를 나타내는 마리블랑카 동상 복제품도 있다.

12월 31일 축제
모든 스페인 사람들이 새해 전야를 카운트다운하기 위해 바라보는 시계탑도 있다. 새해 자정이 되면 포도 12알을 먹는 것은 이곳의 전통이다. 건물 앞에서 킬로메트레 세로 명판은 스페인의 6개 국가적 길의 중심을 표시한다.

마요르 광장(Plaza Mayor)

마드리드의 공식 행사나 시장, 투우, 종교재판 등이 이루어졌던 광장으로, 지금은 많은 사람들이 오가며 일요일에는 우표 · 화폐시장이 열리는 광장이다. 중앙에는 펠리페 3세의 기마상이 있으며, 1617~1619년에 완성되었다. 하지만 여러 번의 화재로 1854년에 현재의 모습이 만들어졌다.
광장 중앙의 지암 볼로냐와 피에트로 타카에 의해 탄생한 말을 타고 있는 '펠리페 3세 왕 동상'은 마요르 광장의 상징이다. 1616년에 주조되어 19세기 복원기간 동안 마요르 광장으로 옮겨졌다.

광장은 시장에서부터 공공 행사, 투우와 사형집행까지 모든 것을 볼 수 있는 장소였다. 현재, 거리 공연과, 예술가들, 수많은 상점들이 즐비해 있다. 마요르 광장은 마드리드에서 가장 유명한 공공 광장이다. 자갈이 깔린 마당 거리는 세련된 레스토랑, 부티크 숍, 바Bar, 카페Cafe로 둘러싸여 있다. 펠리페 2세 왕이 공공 광장으로 의뢰하기 전인 16세기에 이곳은 아주 복잡한 시장 거리였다. 건축가 후안 고메스 데 모라의 감독 하에 1619년 완공된 광장은 1790년에 오늘날의 모습을 한 광장이 완공되기까지 3번의 화재를 경험했다.

광장을 거니며, 분위기에 취하고, 우아한 건축물들을 보고, 마드리드에서 가장 비싼 거주지역도 구경하고, 카사 데 라 파나데리아의 아름다운 외부 벽화도 볼 수 있다. 한때 빵집들이 모여 있던 곳이기도 했던 마요르 광장은 관광안내센터로 이용되고 있다.
예술가들이 자신들의 작품을 팔며, 거리 공연가와 음악가들이 자신의 재능을 뽐내는 모습도 쉽게 볼 수 있다. 광장은 여전히 공식 행사와 기타 축제를 위한 장소로 사용된다. 때문에 방문하는 동안 행사가 있는지 확인하는 것도 도움이 된다. 산책로를 거니며 부티크 숍을 둘러 보기도 하고, 수많은 레스토랑과 카페에서 커피 한 잔에 스페인 음식도 즐길 수 있다.
마드리드의 로스 아우스트리파스 지구는 9개의 길을 따라 거닐 수 있는 곳이다. 마요르 광장은 시내 중심부에 있으며 시청과 왕궁 같은 관광지와도 가깝다.

위치_ 오페라, 푸에르타 델 솔 역 하차

90

스페인 광장(Plaza de España)

마드리드에서 가장 상징적인 고층 건물들을 구경하고 가장 중요한 광장에서 세르반테스의 기념비를 볼 수 있다. 스페인 광장은 마드리드에서 가장 바쁜 거리의 교차로에 위치한다. 북적이는 그란비아는 자동차, 트럭 및 버스들이 경적을 울리며 분주하게 돌아다니는 카예 데 라 프린세사와 만나게 된다. 이곳이 도시의 심장부에 있어도, 사람들은 이곳의 나무 그늘에 앉아 여유를 만끽한다는 사실을 알게 된다.

광장 중앙으로 향하면 희곡 작가이자 소설가인 미겔 데 세르반테스 사베드라의 기념비를 만날 수 있다. 문학 애호가라면 자신의 소설 속 인물들을 바라보며 서 있는 세르반테스의 동상 아래 청동으로 조각된 돈키호테와 그의 신하 산초 판사를 쉽게 알 수 있다. 양쪽에는 돈키호테의 진정한 사랑을 대표하는 인물들이 있다. 하나는 둘시네아 델 토보소이며 다른 하나는 알돈사 로렌소이다.

저녁에는 조명이 밝혀져 더욱 아름다운 대형 분수가 있는 광장 중앙으로 향해 보자. 공원 주변에 있는 수많은 나무 그늘에서 휴식과 여유를 만끽할 수 있다. 여름에는 음식과 기타 물품들을 파는 거리 상인과 수많은 레스토랑도 있다.
스페인 광장은 마드리드 중심부에 있으며 왕궁이나 그란비아에서 쉽게 걸어갈 수 있는 거리에 있다.

사진 포인트

스페인의 위대한 작가 세르반테스의 서거 300주년을 기념해 세운 동상과 돈키호테, 로시 난테, 산초의 동상이 있는 스페인 광장은 사진 찍기에 좋다. 동상 뒤에 있는 건물은 스페인 빌딩(Edificio España)이고 왼쪽에 있는 높은 건물이 마드리드 타워(Torre de Madrid)이다. 맨 위층에는 카페가 있어 마드리드 시내가 내려다보인다. 광장 북서쪽에는 대학가가 있어 학생들을 위한 각종 상점, 식당 등이 있다.

비야 광장(Plaza de la Villa)

마드리드 심장부에 자리한 예쁜 광장에 훌륭하게 보존된 옛 건물들이 테두리처럼 늘어선 비야 광장은 사랑스러운 작은 광장이다. 삼면을 17세기 건물들이 둘러싸고 있어 바로크 건축 양식이 돋보이는 마드리드만의 독특한 스타일을 한눈에 볼 수 있다. 시내에서 현존하는 가장 오래된 건물 몇 채가 평화로운 광장을 에워싸고 있다. 수백 년 동안 마드리드 정부의 중심역할을 해왔다.

광장에서 가장 큰 건물은 1645년에 지어진 카사 델라 비야^{Casa della Villa}이다. 벽돌과 석재로 만든 외관에 붙은 2개의 대칭되는 문을 눈여겨보자. 이 문들은 한때 시청과 교도소라는 2

92

가지 목적을 한꺼번에 수행한 건물의 출입문이었다. 건물 안에 들어서면 안토니오 팔로미노가 그린 아름다운 17세기 프레스코화를 볼 수 있고, 스테인드글라스로 장식한 천장은 실로 경탄이 절로 나올 정도이다. 마드리드 도시를 상징하는 문장 옆에 서 있는 여자로 묘사한 프란치스코 고야Goya의 유명한 회화 작품 마드리드시의 우화도 볼 수 있다.

카사 델라 비야Casa della Villa와 아치 하나로 연결되어 있는 건물이 카사 데 시스네로스이다. 시스네로스 추기경의 조카가 살기 위해 1537년에 지어진 집이다. 호화롭게 장식한 건물 외관을 살펴보면 초기 르네상스 시대 스페인 건축 양식인 플라테레스크 양식으로 지어진 건물 중 마드리드에 얼마 남지 않은 사례이다. 현재, 마드리드 시장의 관저로 사용하고 있다.

광장 맞은편에 시내에서 가장 오래된 건물 중 하나로 15세기 작품인 토레 데 로스 루하네스가 있다. 건물에 딸린 붉은 벽돌로 지은 무데하르 양식 탑을 잘 보면 1525년 파비아 전투 당시 프랑스 왕인 프랑수아 1세를 가둬 두고 감옥으로 썼다는 사실을 알 수 있다. 고딕 양식의 출입구 위에서 루하네스 문장을 찾아보자.

광장 한가운데에 선 조각상은 스페인의 아르마다 함선을 이끌고 영국 침략을 계획했던 해군 제독인 돈 알바로 데 바산을 기린 것이다. 19세기에 조각가 마리아노 벤리우레가 설계한 이 조각상은 새하얀 대리석 받침대 위에 3m 높이로 당당하게 서 있다.

🏠 Calle Mayor오페라 역 하차

그란비아 거리
Gran Vía Street

스페인 광장과 시벨레스 광장 사이에 자리 잡은 그란비아 거리 인근에는 여러 전철역이 있어서 쉽게 찾아갈 수 있다. M-3 10 Plaza de Espana역에서 내려 세르반테스의 동상을 바라보면서 오른쪽으로 고개 를 돌리면 보이는 곳이 바로 마드리드에서 가장 번화한 그란비아 거리다. 1910년부터 10 년에 걸쳐 구획 정리를 하면서 만들어진 그란비아 거리는 스페인 광장에서 시벨레스 광장까지 뻗어 있는 마드리드의 쇼핑 중심지다.

그란비아 거리를 경계로 좁은 길들이 모여 있는 구시가, 북동쪽의 길게 뻗은 길들이 모 여 있는 신시가로 나뉜다. 길의 양쪽에는 상점과 호텔, 레스토랑, 나이트클럽, 극장 등이 모여 있다.

그란 비아의 거리를 따라 늘어선 유서 깊은 건물 안에 자리 잡고 있는 세련된 부티크 상점과 유명 브랜드 상점들이 몰려 있다. H&M이나 리바이스와 같은 익숙한 브랜드는 물론, 개성 있는 부티크도 볼 수 있다. 스페인 브랜드 중에는 엘 코르테 잉글레스와 레알 마드리드가 유명하다.

그란 비아는 마드리드 쇼핑의 중심지이자 밤의 유흥이 살아나는 곳이다. 극장, 영화관, 바와 클럽으로도 가득한 그란 비아는 마드리드의 '잠들지 않는 거리'라 불린다. 낮에는 식사와 쇼핑을 즐기고, 밤이 되면 다음날 아침까지 쇼와 댄스를 즐기는 모습도 볼 수 있다.

간략한 그란 비아 역사

그란 비아는 마드리드의 북서쪽과 올드 타운을 연결하기 위해 설계되었다. 새로운 쇼핑 지구를 만들기 위해 4개의 거리, 수녀원 2곳, 시장 1곳이 철거되었다. 덕분에 설계자들은 당대의 최신 유행을 따라 멋스러운 대규모 건물을 설계할 수 있었다.

그란 비아 거리에서는 아르데코와 보자르와 같은 유명 양식뿐만 아니라 역사주의나 합리주의와 같이 덜 알려진 건축 양식도 볼 수 있다. 유명한 그라시 건물과 메트로폴리스 건물이 있다. 그라시 건물은 아름다운 원형 건물로서, 건물 꼭대기의 2개의 전망대가 무척 인상적이고, 메트로폴리스 건물은 꼭대기의 빅토리아 여신상으로 인해 쉽게 찾을 수 있다.

산 미구엘 시장
Mercado de San Miguel

마드리드의 유명 시장을 방문하여 신선한 농산물을 구입하고, 축제에 참여하거나 맛있는 타파스^{Tapas}를 맛보는 미식 문화의 중심지이다. 마드리드의 산 미구엘 시장^{Mercado de San Miguel}의 수많은 식료품점에서는 신선한 농산물을 판매하고 있다. 앉아서 먹을 수 있도록 의자와 테이블도 마련되어 있는 20세기 초반에 설계된 건물은 21세기 초입에 대규모 재건 작업을 거쳤다.

마드리드에서 가장 오래된 시장인 산 미구엘 시장^{Mercado de San Miguel}은 활기찬 분위기와 우아한 보자르 양식은 주민들과 관광객들을 모두 매료시킨다. 1916년에 문을 연 시장은 파리의 '레 알'을 본떠 설계됐다. 재건 작업을 거쳤지만, 건물의 기존 양식은 그대로 보존되었다. 또한 상인들과 방문객들을 위한 현대적인 편의시설도 더해졌다. 이곳에서는 에어컨을 사용하는 대신, 수분마다 한 번씩 공기 중으로 수분이 유입되도록 설계되었다.

🌐 www.mercadesanmiguel.es 🏠 Plaza de San Miguel(M 2, 5호선 Ópera 하차)
🕐 10~24시(일~수요일 / 목~토요일 새벽 2시까지)

시장의 풍경

철과 나무로 된 높은 지붕 아래에 일렬로 늘어서 있는 33개의 상점들을 둘러보면 장을 보러 나온 주민들과 인사를 나누고, 신선한 과일과 굴, 맛있는 햄을 구입한다. 해가 지면 중앙 시장에서는 많은 사람들이 타파스(tapas)와 음료를 곁들여 가벼운 식사를 즐긴다. 연어, 굴, 산양유 치즈 타파스는 신선하다. 타파스는 보통 적은 양으로 판매되며, 가격도 저렴하다.

현지 와인, 맥주, 또는 샹그리아와 같은 칵테일을 곁들여 타파스를 즐겨 보자. 또한 양념한 소시지인 초리조(chorizo), 계란 오믈렛인 또띠아(tortilla)와 같은 전통 음식을 추천한다. 시장 내의 서점에서는 스페인어로 된 요리책, 고급 부엌용품 상점에 들러 스페인 요리용품도 구입하는 관광객도 상당히 많다.

국립 소피아 예술 센터
Museo Nacional Centro de Arte Reina Sofía

스페인의 근, 현대 미술 작품을 중심으로 피카소, 달리, 미로, 타피에스, 로베르토 마타 등 1900년대 뛰어난 예술가들의 작품을 전시하고 있는 미술관이다. 스페인의 근대와 현대 예술작품 뿐만 아니라 세계적으로 훌륭한 작품들을 보유한 미술관은 예술 애호가라면 절대로 놓쳐서는 안 되는 곳이다. 국립 소피아 예술 센터는 세계에서 가장 유명한 현대 미술관으로 피카소, 달리와 같은 스페인 거장들의 상설 전시에 19세기부터 현대까지의 작품들을 다루고 있다. 여행객들에게 가장 인기 있는 작품은 파블로 피카소의 게르니카이다.

"20세기의 돌입(Irruption of the 20th Century)"
1900~1945년까지의 작품들이 전시되어 있다. 작품들은 근대로의 전환과 그 시기에 일어났던 대형 정치적, 사회적 변화에 대해 다루고 있다. 후안 그리스, 조르주 브라크, 호안 미로, 달리 등의 작품 등이 전시되어 있다.

"전쟁이 끝났나요(Is The War Over)"
분단된 세상 속 작품들로 추상화와 실존주의 작품들의 주제는 세계 2차 대전 이후 이데올
로기적 분열과 소비의 상승 등을 다루고 있다. 호르헤 오테이사, 장 뒤뷔페 및 기타 유명
작가들의 회화와 조각 등을 구경할 수 있다.

"반란에서 근현대주의(From Revolt to Postmodernity)"
성, 세계화, 예술의 본질과 같은 현대적이고 근대적인 주제를 다룬 예술 작품이 전시되어
있다. 루이스 고르디요, 자이 그룹과 같은 스페인 예술가들의 현대 작품을 비롯해 대륙에
서 일어나는 정치적 문제를 다룬 남미 작가의 작품들까지 전시되어 있다.

🌐 www.museoreinasofia.es 🏠 M-1 atocha, M-3 lavapies
🕐 월요일~토요일 10:00~21:00, 일요일 10:00~14:30
🎫 €9, 월·수·목·금요일 19:00 이후 무료, 토요일 14:30 이후 무료, 일요일 무료, 4/18, 5/18, 10/12, 12/6 무료

레알 왕궁
Palacio Real de Madrid

마드리드에서 가장 아름다운 장소로, 이탈리아 르네상스와 신고전주의양식을 혼합하여 만든 왕궁이다. '옥좌의 방', '황금의 방' 등 스페인 왕실의 화려한 방들을 구경하면서 프랑스나 다른 유럽의 왕궁과 비교할 수 있는 좋은 기회다.

1738~1764년에 펠리페 5세에 의해 2,800여 개의 방을 가진 커다란 왕궁으로 지어졌다. 그 중에 지금은 50여 개만 공개하고 있다. 150여 명을 동시 수용하는 연회장이 특히 아름답다. 이 연회장은 지금도 스페인 왕실에서 공식적인 행사에 사용한다. 왕궁 안에는 고야, 벨라스케스 등의 그림과 함께 2,500여 개에 달하는 15~16세기의 타피스트리(장식천), 200여 개에 이르는 시계 수집품, 왕궁 약재실, 메달 박물관, 음악 박물관, 무기 박물관, 마차 박물관 등이 있다. 꼭 관람해 볼 것을 추천한다.

캄포 델 모로(Campo del Moro)
왕궁 뒤편에 있는 공원으로 마드리드 시민이 많은 레티로 공원과는 달리 조용하여 휴식을 취하기에 좋다. 무성한 나무와 분수, 조각 들이 있고 왕궁도 내려다볼 수 있다.

왕궁 둘러보기
스페인 왕궁은 서유럽 최대의 궁전 중 하나이다. 궁전은 사치스러운 장식과 함께 3,400개 방에서 발견되는 가구, 그림, 무기, 갑옷, 장신구 등으로 구성된 엄청난 컬렉션으로 유명하

다. 오늘날의 건물은 1734년 같은 지역의 건물이 화재로 훼손된 후 1738년에 공사가 시작되었다. 스페인 왕가는 더 이상 궁전에 거주하지는 않는다.

내부
70개의 대형 계단을 올라 정교하게 장식된 연회실을 통과해 주거 공간으로 이동하면 카를로스 3세 왕의 지시 하에 완성된 것으로 유럽에서 가장 인상적인 것들이다. 그의 방에 들어가면 화려한 가구와 유명 걸작들도 만날 수 있다.

거실
지암바티스타 티에폴로의 훌륭한 벽화, 스페인의 영광을 비롯해 화려한 샹들리에, 거울, 태피스트리를 구경할 수 있다. 창병실Hall of Halberdiers에서는 또 다른 티에폴로의 작품을 만날 수 있고, 왕립 예배당Royal Chapel에는 우아한 대리석과 황금 장식을 감상할 수 있다. 왕립 도서관Royal Librady에서 희귀한 고서적과 문서 등을 구경하고 지도, 그림, 스트라디바리우스 바이올린 전시품도 볼 수 있다.

회화 갤러리(Painting Gallery)
벨라스케스, 카라바지오, 엘 그레코, 고야와 기타 작가들의 작품을 둘러볼 수 있고, 웅장한 왕립 무기고Royal Armories도 볼 수 있다. 수백 년 동안 스페인 왕과 그들의 가족들이 사용한 무기를 구경할 수 있다. 왕립 약국Royal Pharmacy에 가면 고대 의약품, 저장고, 장비 등이 전시되어 있다.

🌐 www.patrimonionacional.es 🏠 M-2, 5 Opera 💶 €13, 학생 €5, 가이드 투어 €9
🕐 4~9월, 월요일~토요일 10:00~20:00, 일요일·공휴일 09:00~15:00
　 10~3월, 월요일~토요일 10:00~18:00, 일요일·공휴일 09:00~14:00

전문점을 찾아가자!!!

감바스

소브리노 데 보틴(Sobrino de Botín)

1725년부터 영업을 시작하여 약 300년 동안 한 자리를 지키고 있는 식당이다. 세계에서 가장 오래된 레스토랑으로 기네스북에 올렸지만 헤밍웨이의 소설에 나왔던 음식점으로도 유명하다. 세계 여러 나라의 관광객들이 찾는 곳이므로 예약하지 않으면 무조건 대기를 하게 된다. 이 곳의 대표 메뉴는 새끼 돼지고기 구이인 코치니요 아사도^{Cochinillo Asado}인데 잡내가 살짝 나는 편이지만 부드럽고 짜지 않아 한국인 입맛에도 괜찮다. 한국인 여행자들에게는 감바스와 상그리아가 맛있는 것으로 소문났다.

🌐 www.botin.es   🏠 Cava de San Miguel, 17, 28005 Madrid (마요르 광장에서 약 150m)
🕐 13~16시, 20~24시   € 코치니요 아사도 25€   📞 0913-66-42-17

타파스

트리시클로(Triciclo)

본래 인근에 사는 현지인들에게 유명한 타파스 전문점이었으나, 2019년 미슐랭 가이드 빕 구르망(합리적인 가격에 훌륭한 음식을 제공하는 식당)에 선정되면서 선풍적인 인기를 끌고 있는 곳이다. 저녁 시간에는 대기가 기본이므로 예약하고 가는 것을 무조건 추천한다. 계절마다 메뉴가 바뀌기 때문에 직원 추천 메뉴로 주문하는 것이 좋으며, 양이 조금 적은 편이므로 식사를 하러 가기보다는 적당히 배부른 상태에서 술에 안주를 곁들이고 싶을 때 가는 것이 좋은 식당이다.

🌐 www.eltriciclo.es
🏠 Calle de Sta. María, 28, 28014 Madrid
   (1호선 Antón Martín역에서 약 300m)
🕐 13시 30분~16시, 20~23시 30분(월~목)
   금, 토요일 24시까지 / 일요일 13~16시까지
€ 타파스 18€   📞 0910-24-47-98

카사 루카스(Casa Lucas)

음식이 맛있고 직원들이 친절해 인기 있는 타파스 전문점이다. 인테리어는 밝고 깔끔해서 화사하지만, 내부는 테이블이 많지 않기 때문에 식사 시간에는 현지인들로 가득하게 붐빈다. 대부분의 메뉴가 짜지 않고 맛있어 한국인 입맛에도 좋다. 저렴한 타파스 전문점들에 비하면 타파스의 가격이 조금 더 높긴 하지만 그만큼 맛있는 편으로, 돈이 아까워지거나 실망하는 일은 없을 것이다.

🌐 www.casalucas.es 🏠 Calle de la Cava Baja, 30, 28005 Madrid(5호선 La latina역에서 약 300m)
🕐 13~15시 30분, 20~24시(일~화, 목) / 20~24시(수) / 13~16시, 20~새벽1시(금, 토)
💶 타파스 6€ 📞 0913-65-08-04

하몽

무세오 델 하몽(Museo del jamon)

단짠단짠의 완벽한 조화인 하몽 콘 멜론을 저렴하게 먹을 수 있는 체인점이다. 아침부터 밤까지 쉬지 않고 영업하여 언제든 방문하기 좋으며, 여기서는 sol역에서 가까운 지점을 안내한다. 1층은 서서 먹는 바르, 2층은 앉아서 먹는 레스토랑이 있다.

대부분의 메뉴가 가격이 저렴해 많은 현지인들이 찾으며, 맥주 한잔과 함께 가볍게 즐기고 나간다. 2층에서 식사 시 자리값 명목으로 가격이 1~2€ 정도 추가되나, 앉아서 편하게 먹을 수 있으므로 여행자에 따라 선택하자. 이는 어느 지점이나 공통 사항이다.

🌐 www.museodeljamon.com 🏠 Carrera de S. Jerónimo, 6, 28014 Madrid(1 · 2 · 3호선 sol역에서 약 100m)
🕐 9~23시 30분, 20~24시(월~목) / 9~새벽1시(금, 토) / 10~24시 30분(금, 토)
💶 하몽 콘 멜론 4.5€ 📞 0915-21-03-46

추로스

초콜라테리아 산 히네스(Chocolatería San Ginés)

1894년에 영업을 시작하여 100년 넘게 운영하고 있는 마드리드의 유명 추로스 전문점이다. 관광객뿐만 아니라 현지인들도 자주 찾는 곳으로 언제나 줄이 길게 서있지만, 회전율이 빠른 편이기 때문에 오래 기다리지 않는 편이다. 이곳에서는 다른 추로스 전문점과 다르게 포라스라고 부르는 뚱뚱한 추로스도 맛볼 수 있다. 추로스도 많이 주지만 초콜라떼의 양 또한 넉넉하게 주는 편이며 초콜라떼는 진하고 달달한 편이다.

🌐 www.chocolateriasangines.com
🏠 Pasadizo de San Ginés, 5, 28013 Madrid(1 · 2 · 3호선 sol역에서 약 100m)
🕐 8~23시30분 💶 추로스, 포라스 1.40€ / 초콜라테 4€ 📞 0913-65-65-46

빠에야

라 바라카(La Barraca)

1935년부터 영업하고 있는 빠에야 전문점으로 인테리어가 고풍스러운 곳이다. 오랫동안 현지인들의 식사를 담당해온 현지인 맛집으로 가족 식사를 오는 현지인들이 많은 편이다. 가격이 적진 않지만 그만큼 양이 많기 때문에 든든하고 맛있는 식사를 하고 싶을 때 추천하는 식당이다. 해산물이 맛있는 곳으로 해산물 빠에야가 가장 인기 있으며, 그 외의 메뉴 또한 해산물이 들어간 것을 고르는 것이 좋다. 기본적으로 동양인에 대한 이해가 있어 음식이 조금 덜 짜게 나오며, 직원들의 서비스도 좋은 편이다.

🌐 www.labarraca.es/la-carta
🏠 Calle de la Reina, 29, 28004 Madrid(1 · 5호선 Gran Vía역에서 약 300m)
🕐 13시 30분~16시 15분, 20시 30분~23시 45분 💶 빠에야 15.70€ / 초콜라테 4€ 📞 0915-32-71-54

메손
Mesón del Champiñón

tv N〈꽃보다 할배〉에 방송되면서 많은 한국인들이 방문하는 곳이다. 동굴 인테리어의 내부에는 왠지 모르게 귀여운 상형 문자로 장식이 돼있고, 외부 테라스 자리 또한 예쁘게 꾸며져 있어 어디서 식사해도 좋다.

가게 이름에 들어가 있는 참피뇬의 뜻은 버섯으로, 양송이 버섯 구이와 버섯 파스타는 이곳의 인기메뉴이므로 방문 시 꼭 시켜보자. 태블릿 메뉴판에 한국어 해석이 잘 돼있어 주문도 편한데다, 직원들도 친절하고 음식도 맛있는 편으로 만족도가 높은 식당이다.

`홈페이지` www.mesondelchampinon.com
`위치` Cava de San Miguel, 17, 28005 Madrid(마요르 광장에서 약 170m)
`시간` 12~새벽 2시까지(화~토 / 일, 월요일 새벽1시30분까지) `요금` 양송이 버섯구이 8€ `전화` 0915-59-67-90

카사 라브라
Casa Labra

1860년에 영업을 시작한 타파스 바로, 뜨거운 튀김에 시원한 맥주 한잔하기에 딱 좋은 곳이다. 겉은 바삭하고 속은 탱탱하며 적당히 짭짤한 대구 크로켓Tajada de bacalao이 인기메뉴다. 타파스는 계산대에서, 술은 바에서 따로 주문해야하므로 혼란스러워하지 말자.

언제나 단골인 현지인들로 가득 차 있지만 회전율이 빠른 편이므로 대기가 길지 않다. 앉아서 먹기는 거의 힘들어 서서 먹는 경우가 많다. 사람 많고 정신없는 분위기를 좋아하지 않는 여행자에겐 방문을 추천하지 않는다.

`홈페이지` www.casalabra.es
`위치` Calle de Tetuán, 12, 28013 Madrid (1·2·3호선 sol역에서 약 50m)
`시간` 11~15시 30분, 18~23시 `요금` 대구 크로켓 1.50€~ `전화` 0915-31-06-16

타베르나 알람브라
Taberna Alhambra

스페인 남부 안달루시아 지방의 전통처럼 술을 시키면 무료 타파스를 내어주는 곳이다. 직원들이 친절하고 서비스가 좋은 편이다. 음식이 뛰어나게 맛있는 것은 아니지만 대중적인 음식으로, 저렴한 가격에 양도 많은 편으로 현지인들도 자주 찾는다.

적당히 배가 부르지만 술 한 잔 하면서 가벼운 안주를 곁들이고 싶을 때 저렴하게 즐길 수 있는 곳으로 추천하는 식당이다. 식사를 한다면 고기류를 추천한다.

홈페이지 www.casalabra.es
위치 Calle de la Victoria, 9, 28012 Madrid(1 · 2 · 3호선 sol역에서 약 170m)
시간 11~새벽 1시   **요금** 맥주 · 클라라 · 와인 1.50€~, 타파스류 3.50€   **전화** 0915-21-07-08

라 마요르키나
La Mallorquina

100년 넘게 운영하고 있는 빵집으로 현지인들에게 인기 있는 곳이다. 대부분의 빵이 저렴하고 달달한 종류가 많다. 현지인들의 아침 식사 장소로 현지인들은 1층 바에서 서서 먹고 가는 경우가 많다.

언제나 많은 사람들로 붐비는 곳으로 편하게 앉아서 먹고 싶다면 테이블이 있는 2층을 추천한다. 현지인들은 크림이 들어간 패스츄리인 나폴리타나를 좋아하며, 한국인 여행자들에게는 크로와상 맛집으로 알려졌다.

홈페이지 www.pastelerialamallorquina.es
위치 Puerta del Sol, 8, 28013 Madrid(1 · 2 · 3호선 sol역에서 약 170m)
시간 8시 30분~14시, 17시 30분~21시(월~목) / 8시 30분~21시(금~일)   **요금** 빵류 1.70€~   **전화** 0915-21-12-01

아조티 델 시르쿨로
Azotea del Círculo

마드리드의 유명 루프탑 바로, 4€의 입장료를 따로 지불하는 독특한 곳이다. 높이는 6층밖에 되지 않지만 마드리드 시내가 한 눈에 보이는 곳이다. 마드리드의 하늘이 새파란 날에는 낮에도 가보고, 분위기 있게 시내를 수놓은 야경을 즐기기 위해 밤에 가도 좋다. 입장료 덕에 음료는 시키지 않아도 되지만 마드리드 시내의 풍경을 보다보면 한잔 걸치지 아니할 수가 없을 것이다. 다양한 음료와 술, 간단한 식사 종류와 디저트는 값이 조금 있지만 생각보다 맛이 괜찮은 편이다.

`홈페이지` www.circulobellasartes.com
`위치` Calle de Alcalá , 42, 28014 Madrid(2호선 Banco de España역에서 약 100m)
`시간` 12~새벽 1시 30분   `입장료` 4€, 음료류 3€   `전화` 0915-30-17-61

타코스 알 파스토
Takos Al Pastor

무려 1유로라는 저렴한 가격에 다양한 타코를 맛볼 수 있는 멕시코 타코 전문점이다. 부드럽고 쫄깃한 식감의 또띠야는 크기는 한 손에 들어오는 크기로, 작기는 하지만 재료가 듬뿍 들어가서 맛이 좋다.
다양한 멕시코 맥주나 음료 또한 먹어볼 수 있다는 것도 이곳의 장점이다. 매장 내부가 작아 언제나 젊은 현지인들로 매장 앞이 인산인해를 이루므로, 방문 시 대기할 것을 감수하고 찾아가야한다.

`홈페이지` www.facebook.com
`위치` Calle de Botoneras, 7, 28012 Madrid(마요르 광장에서 약 100m)
`시간` 13시 30분~24시(화~일 / 월요일 휴무)   `요금` 타코 1€~   `전화` 0636-63-21-77

레스토랑 알보라
Restaurante Álbora

고급 하몽 회사로 유명한 호셀리토Joselito에서 운영하는 레스토랑으로, 미슐랭 원스타 식당이다. 입에서 녹는 듯 한 최상급의 하몽을 맛 볼 수 있는 곳으로, 이곳의 하몽을 맛보면 다른 하몽은 실망하게 될 수 밖에 없으므로 마드리드를 떠나기 전 마지막으로 먹어보는 것을 추천한다. 단품과 코스 모두 만족도가 높은데, 미슐랭 레스토랑임에도 불구하고 코스 가격이 100유로가 넘어가지 않는 저렴한 가격이기 때문에 코스를 더 추천한다.

홈페이지 www.restaurantealbora.com
위치 Calle de Jorge Juan, 33, 28001 Madrid(마요르 광장에서 약 100m) **요금** 숏 테이스팅 코스 71€
시간 12시 30분~16시, 20시 30분~24시(월~토 / 일 12시 30분~17시) **전화** 0917-81-61-97

웍 투 워크
wok to walk

스페인 음식에 질렸을 때 찾아가기 좋은 아시아 누들 전문점이다. 영어 주문이 가능하여 주문에 큰 어려움이 없으며, 재료부터 소스까지 취향대로 주문하면 그 자리에서 즉시 조리해주어 따뜻하고 맛있는 음식을 먹을 수 있다. 볶음면과 볶음밥, 라멘 그리고 초밥에 마키까지 판매하며 가장 인기 있는 메뉴는 볶음면이다. 현지인들에게 인기 좋은 곳이지만 한국인 입맛에도 잘 맞아 많은 한국인 여행자들이 찾는 곳이다.

위치 Calle de Hortaleza, 7, 28004 Madrid(마요르 광장에서 약 100m)
시간 13~24시(토 13~새벽1시까지) **요금** 4.95€~ **전화** 0917-81-61-97

하몬(Jamón)이란?

하몬은 돼지의 뒷다리를 소금에 절여 숙성한 음식인데, 로마시대에도 기록이 남아있을 정도로 오래된 음식이다. 기원전 210년부터 시작되었다고 전해진다. 사람들은 앞다리를 숙성하면 안 되냐고 묻지만 팔레타^{Paleta}라는 다른 이름이 있기 때문에 하몬^{Jamón}과는 엄연히 다르다는 사실을 알아야 한다.

하몬(Jamón) 등급

하몬 이베리코^{Jamón ibérico}는 하몬을 만드는 돼지의 품종이 이베리코 돼지인 경우에 쓸 수 있다. 최상품인 하몬 이베리코 데 베요타^{Jamón ibérico de bellota}는 도토리만 먹여서 키웠다는 오해가 있는데 이는 사실과 다르다. 하몬 이베리코 데 베요타^{Jamón ibérico de bellota}는 몬타네라 라는 집중적으로 살을 찌우는 시기에 도토리나무가 있는 산에 풀어놓는다. 돼지들이 산을 자유로이 돌아다니면서 도토리를 주워 먹어서 살을 찌우기 때문에 근육의 량이 올라가면서 특유의 맛을 가지게 된다.

도토리를 먹여 키운 돼지는 전체 하몬 생산량의 3.3%만 차지할 정도로 가장 희귀하게 여겨진다. 이베리코 돼지가 아닌 경우 흔히 하몬 세라노 혹은 하몬 리제르바 라고도 불리는데 이는 보통의 돼지로 만든 것이다. 이베리코 및 이베리코 데 베요타 하몬은 발굽이 검은 것으로 구분할 수 있다.

Barcelona

바르셀로나

바로셀로나

BARCELONA

스페인에서 2번째로 큰 도시이자, 카탈루냐의 수도인 바르셀로나는 인구 250만의 해안 대도시이다. 바르셀로나는 훌륭한 건축물, 세계적인 박물관, 카탈루냐의 향기와 리듬이 넘치는 거리 등으로 가득하다.

바르셀로나의 구불구불한 거리에는 타파스tapas를 파는 바가 즐비하며, 도시 광장에는 전통 댄서의 안무가 관광객을 맞이한다. 모더니스트 건축가 안토니 가우디의 영향은 언덕 위의 공원에서부터 공공 건축에까지 스며들어 있다.

About

바르셀로나

제2의 도시

스페인 북동쪽에 자리 잡은 항구도시로 스페인 제2의 도시이다 스페인과 유럽을 잇는 통로가 되는 중요한 도시이다. 북으로는 높은 피레네 산맥이 유럽과 경계를 이루고 바다를 통해서는 프랑스, 이탈리아 등과 쉽게 이동이 가능하다. 일찍부터 무역을 통해 서유럽의 발달된 문물을 받아들여 발전했다.

스페인에서 가장 먼저 이루어진 산업혁명

1700년대 서유럽에서 산업 혁명이 일어나자 바르셀로나도 산업혁명을 시작했다. 거기에 프랑스 대혁명이 일어나 왕정이 공화정으로 바뀌자 바르셀로나 인들은 먼저 받아들여서 스페인에서 왕을 끌어내리고 공화정을 세우는 데 앞장섰다. 바르셀로나는 옛 전통에 얽매이지 않고 새로운 것을 자유롭게 받아들이는 분위기가 이때부터 형성되었다.

가우디로 먹고 사는 도시

바르셀로나 인들이 새로운 것을 추구하는 모습은 스페인이 자랑하는 건축가 가우디가 세운 건축물에서 가장 잘 느낄 수 있다. 사그라다 파밀리아 성당은 거대한 옥수수들이 하늘로 치솟은 모양으로 가까이 다가가면 사방이 반듯한 곳이 없고 온통 손으로 진흙을 주무른 듯 울퉁불퉁하다. 가까이 다가가면 모두 정성 들여 빚은 조각품이다.

가우디의 건축물은 모두 스페인의 아름다운 자연을 본떠 자연을 닮은 곡선을 많이 사용해 자유롭고 독창적인 건축물을 지었다.

스페인의 또 하나의 나라 카탈루냐

스페인은 오랫동안 여러 왕국으로 나뉘어 살아왔기 때문에 지역마다 특색이 강하다. 그 중에서도 바르셀로나가 있는 카탈루냐와 북쪽의 바스크는 스페인으로부터 독립을 요구할 정도로 독자성이 강하다.

바로셀로나 즐기기

바르셀로나는 걸어 다니기 위한 도시를 추구하면서 버스, 지하철, 자전거로 도시 구석구석을 다니는 여행자가 많기 때문에 편안한 신발을 챙겨서 걸어보자. 걷는 것이야말로 바르셀로나의 맛과 소리, 풍경을 제대로 즐길 수 있는 방법이다.

도시 중심부의 라스 람블라스 거리는 북쪽 카탈루냐 광장에서부터 항구까지 대로가 뻗어있다. 보도 양옆에는 레스토랑과 꽃 파는 가판, 기념품 가게들이 즐비하여 낮에는 거리의 예술가들이 가족 단위의 관광객들을 즐겁게 하며, 밤에는 바에 늦게까지 흥겨운 음주를 즐기는 사람들로 가득 차 있다. 라스 람블라스의 북쪽 고딕 지구에는 14세기 건물 바르셀로나 대성당에는 바르셀로나의 공동 수호 성녀인 에우랄리아의 유해가 보관되어 있다. 바르셀로나에는 50여 곳의 미술관이 있다. 피카소 미술관에서 스페인의 위대한 예술가인 피카소의 유년기 습작을 감상할 수 있다.

116

도시 중앙부에서 멀지 않은 곳에 있는 전망이 좋은 몬주익 언덕까지 케이블카를 타고 올라가 언덕 위 명소를 볼 수 있다.

네오 바로크 양식의 국립 고궁 앞 몬주익 매직 분수에서 더위를 식히고 스페인 민속촌인 포블레 에스파뇰에서 전통 예술과 음식을 즐긴다. 가우디의 환상적인 건축물을 연대순으로 감상할 수 있다. 가우디의 첫 작품인 카사 비센스에서 출발하여 가우디의 마지막 걸작인 사그라다 파밀리아(성 가족 교회)로, 구엘 공원의 모자이크 테라스에서 보이는 도시와 항구의 전경으로 마무리한다.

바르셀로나 IN

바르셀로나 역시 마드리드와 마찬가지로 직접 항공으로 들어가지 않으면 대부분 파리와 니스, 밀라노, 제네바 등에서 야간열차를 이용했지만 지금은 야간열차가 없어져 저가항공 부엘링을 타고 이동하는 경우가 많다.

바르셀로나에는 여러 개의 열차역이 있지만 산츠역Estació n Sants이 중앙역 역할을 하고 있다. 산츠역 도착 전에 빠세오 데 그라시아Paseo de Gracia에 정차하는데 산츠역인 줄 알고 내리는 사람이 많으니 주의하자. 산츠역 주변에는 가격이 저렴하고 시설이 좋은 호텔과 아파트, 다양한 편의시설이 있어 여행자들이 이용하기에 편리하다.

공항에서 시내 IN

공항은 서남쪽 바닷가에 있는데 시내와 그리 멀지 않다. 교통편은 철도 R2노선을 이용해 산츠역까지 바로 연결된다. 산츠역에서 공항 쪽으로는 05:43부터 22:16까지, 공항에서 산츠역 쪽으로는 06:13부터 23:40까지 운행되고 있다.

공항에서 산츠역까지는 약 20분 정도, 바르셀로나 한복판의 카탈루냐 광장까지는 23분이 소요된다. 공항 철도역은 터미널 A와 B 사이에 육교로 연결되어 있다. 바르셀로나 공항에서 스페인 광장, 카탈루냐 광장까지 공항버스Aerobus가 운행 중이며, 약 30분 정도 소요된다.(편도 €6.65)

산츠역

바르셀로나 대부분의 열차가 들어오고 나가는 현대적인 건물로 은행, 약국, 코인로커, 레스토랑, 슈퍼마켓, 여행 안내소, 화장실 등의 각종 편의시설이 있어서 매우 편리하다.

산츠역은 지상 1층, 지하 1층의 시설을 갖추고 있으며, 모든 열차의 플랫폼은 지하층에 위치해 있다. 열차에서 내리면 에스컬레이터를 이용해 1층으로 올라간다. 지하철인 메트로는 시내 곳곳으로 가기 편하게 연결되어 있다. 숙소로 이동하기 전, 역 곳곳에 있는 식당에서 아침식사를 해결할 수 있다. 역에서 나와 오른쪽 길 건너에 슈퍼마켓 '에끌라ESCLAT'가 있다.

시내 교통

지하철

바르셀로나의 지하철은 11개 노선으로 복잡하다. 대부분은 관광지와 편리하게 연결된다. 1
회권과 10회권, 2일권, 3일권 등으로 나눠져 있고, 관광객 대부분은 10회권을 버스와 같이
이용한다.

10회권은 T-10이라고 적혀 있다. 사용할 때마다 사용 시간이 찍히며 한 번만 75분 이내에
갈아탈 수 있다. 모든 티켓은 자동발매기에서 구입하는데 영어로도 설명되어 있어 쉽게 사
용할 수 있다. 자동발매기에 적힌 안내에 따라 티켓 종류를 잘 선택하면 된다.

▶요금

- 1회권 : Single €2
- 10회권 : T-10 €10.25
- 1일권 : T-Dia €7.95
- 2일권 : 2 Dies €13.80
- 3일권 : 3 Dies €19.50
- 홈페이지 : www.tmb.cat

▶지하철 운행 시간

- 월~목요일 : 05:00~23:00,
  L-2, 3, 5는 05:00~24:00
- 금, 토, 공휴일 전날 : 05:00~02:00
- 일요일 : 06:00~24:00

버스

티켓은 버스 안에서 운전기사에게 구입해도 된다. 10회권(T-10)을 샀다면 버스 안에 있는 펀칭기에 넣으면 사용 횟수가 자동 차감된다. 구엘 공원과 몬주익 언덕을 갈 때 주로 이용한다.

푸니쿨라(Funicular)

지하철 파랄 렐Palal-Hel역에서 몬주익 언덕까지 운행하는 등반열차로 지하철과 비슷하지만 승강장이 계단식으로 되어 있다.

▶ 운행시간 : 09:00~20:00 (10분 간격)

택시

다른 도시에 비해서는 비싸지 않지만 많이 막히는 시내에서는 되도록 이용하지 않는 것이 좋다. 기본요금은 1.9유로이며 1㎞마다 0.88유로씩 올라간다. 공항에서 탑승해 시내까지는 약 15~25유로 정도 나온다. 심야와 주말, 공휴일에는 할증요금이 적용되니 조심하자.

바로셀로나
베스트 코스

사그라다 파밀리아 성당 → 그라시아 거리 → 구엘 공원

카테드랄 ← 카탈루냐 음악당 ← 카탈루냐 광장

피카소 미술관 → 람블라스 거리 → 구엘 저택

스페인 광장 분수쇼 ← 벨 항구 ← 콜럼버스 기념탑

핵심 도보 여행

바로셀로나는 관광의 중심지인 카탈루냐 광장에서 항구까지 길게 뻗은 람블라스 거리를 중심으로 한 고딕 지구가 바둑판처럼 펼쳐져 있다. 핵심 관광지는 람블라스 거리와 고딕 지구에 몰려 있다. 대부분의 관광객은 20세기 천재 건축가 안토니오 가우디의 열정과 예술 혼이 담긴 건축물을 만나기 위해서 바로셀로나를 찾는다.

이 때문에 가우디 투어가 만들어졌을 정도다. 가우디 투어를 신청하여 돌아봐도 좋지만, 천천히 가우디의 작품을 중심으로 시내를 둘러보는 일정을 추천한다. 가장 멀리 떨어져 있는 구엘 공원을 시작으로 둘러보자.

일정(가우디 건축물 중심)
구엘 공원 → 사그라다 파말리아 성당 → 카사 밀라, 카사 바트요 → 카탈루냐 광장 → 람블라스 거리 → 스페인 광장

구엘 공원은 가우디의 독창적인 건축양식의 정수를 맛볼 수 있는 곳이다. 바르셀로나 시내 언덕 위에 있어 입구부터 둘러보면 1시간 정도 걸린다. 가우디의 후원자였던 구엘이 동경 하던 영국의 전원도시를 꿈꾸며 가우디의 설계에 맞춰 계획된 공동 주택지였다.

자금 문제로 계획은 중단되었지만, 자연과 조화된 가우디의 특징과 예술성을 잘 보여준다. 느긋하게 걸으면서 동화 속 공원 같은 구엘 공원을 여유롭게 감상할 것을 추천한다.

구엘 공원에 이어 가우디의 평생 역작이라 할 수 있는 사그라다 파밀리아 성당으로 발걸음을 옮겨보자. 사그라다 파밀리아 성당은 멀리서 보면 옥수수 모양의 종탑 12개가 하늘을 향해 높이 솟아 있다. 12개의 종탑은 예수의 12제자를 상징한다. 성당 지하에 가우디의 유해가 모셔져 있고, 성당 건축의 역사를 기록한 자료가 전시된 박물관이 있다. 아직 미완성의 상태지만 가우디는 사그라다 파밀리아 성당을 완성하기 위해 다른 작품을 거절하고 오직 이곳에만 매달리다 초라한 행색으로 죽음을 맞이했다. 이후 다른 건축가들에 의해 성당 건축 작업이 계속되고 있다.

카사밀라와 카사바트요는 서로 가까이에 위치하고 있다. 카사밀라는 가우디의 설계로 5년에 걸쳐 지어졌다. 곡선미를 강조하여 마치 파도가 치는 듯한 모습을 하고 있으며, 석회암으로 지어진 하얀색 건물이다. 카사바트요는 동화적인 요소가 많은 재미있는 건축물이다. 특히 다양한 색상의 타일로 모자이크를 하듯 치장한 건물 벽과 기이한 모습을 한 테라스가 인상 깊다.

이렇게 가우디 건축물을 중심으로 둘러본 후 바르셀로나 시내에서 가장 활기찬 카탈루냐 광장에서 잠시 쉬었다가 콜럼버스 기념탑이 있는 항구까지 둘러보면 시내를 거의 다 볼 수 있다. 특히 여름이면 스페인 광장에서 펼쳐지는 레이저 분수쇼가 환상적이다. 분수쇼는 밤 10시부터 시작된다.(목~일요일, 22~23시)

람블라스 거리
La Rambla

바르셀로나를 둘러보고 싶은 여행자들이 가장 먼저 만나게 되는 바르셀로나의 중심거리이다. 카탈루냐 광장Plaça de Catalunya에서 시작해 바다를 볼 수 있는 포트벨Port Vell까지 이어지는 보행자 거리는 바르셀로나 관광의 시작이자 핵심이다. 다만 소매치기가 많아서 항상 자신의 가방과 지갑을 잘 확인해야 한다.

람블라스 거리
Las Ramblas

카탈루냐 광장에서 콜럼버스 기념탑까지 이르는 바르셀로나의 중심 거리로 차량이 통제된 보행자 전용거리. 플라타너스 가로수를 양옆으로 두고 돌이 깔린 거리를 따라 거리 의 악사들과 무용수, 가짜 돈키호테 등과 꽃가게, 신문 가판대 들이 줄지어 있다. 또한 거리 양옆으로 다양한 레스토랑을 비롯하여 숙박시설, 선물가게와 부티크, 극장들이 즐비하다.
각양각색의 사람들과 주변의 진기한 풍경을 즐기면서 한가로이 거리를 따라 항구까지 내려가면 바르셀로나의 매력에 흠뻑 빠져든다. 람블라스 거리에 행위 예술가를 흉내내며 서 있는 인간 동상들의 사진을 찍으려면 모델료를 준비해 야 한다. 사진을 찍으면 동업자가 나타나 모델료를 달라고 한다.

개념잡기

람블라스 거리는 바르셀로나 중심부에 있는 거리를 가리키는데 밤낮에 관계없이, 1.2km에 이르는 거리와 주변은 걸어서 바르셀로나 분위기를 만끽하기 좋다. 중심가는 차 없는 거리로 운영되는데, 길 양옆에는 나무들이 줄지어서 있다. 중심가 양쪽으로 가지처럼 뻗어 나가는 거리에는 상점과 카페가 즐비하다. 레스토랑과 카페의 야외 테이블은 관광객과 현지인들로 가득하다. 음식점 사이사이에는 꽃 파는 노점상과 간이 기념품 가게, 각종 가게들이 산재해 있다.
람블라스 거리는 구 시가지를 두 구역으로 나눈다. 중심인 라 람블라(La Lambla)는 북쪽의 카탈루냐 광장과 남쪽의 벨 항구를 이어준다. 한편에는 중세풍의 고딕 쿼터가 다른 한편에는 다문화적인 분위기가 느껴지는 라발(Labal) 지역이 자리 잡고 있다.

※주의 : 시간에 관계없이 언제나 관광객으로 무척 붐비기 때문에 소매치기가 많으니 소지품을 잘 보관해야 한다.

카탈루냐 광장
Puente Nuevo Ronda

L-1, 3, 5, 국철 카탈루냐^{Catalunya}역에서 내려 계단을 올라오면 카탈루냐 광장을 만나게 된다. 람블라스 거리가 시작되는 중심가이며 분수가 있는 넓은 광장으로, 비둘기가 상당히 많다. 이 광장을 중심으로 북쪽으로는 그라시아 대로를 따라 신도시가 펼쳐지며, 남쪽으로는 그라시아 대로와 일직선으로 람블라스 거리와 그 옆에 고딕 지구가 있다.
광장 주변에는 은행, 사무실, 상가와 백화점 등이 있어 우리나라의 명동을 연상시킨다. 카탈루냐 광장에서는 거리 공연이 자주 이어지고, 광장 한쪽의 작은 공원 주변에서는 낮잠을 자는 사람들의 모습 등 자유로운 분위기의 바르셀로나를 만날 수 있다.

간략한 카탈루냐 개념과 역사

바르셀로나 만남의 장소로 유명한 카탈루냐 광장은 도시의 구시가지와 신시가지를 연결시켜 주며, 쇼핑, 기념비, 축제 공간으로 유명하다. 카탈루냐 광장은 바르셀로나 시내 중심부에 위치하여 상점들로 둘러싸여 있으며 곳곳에 기념비가 있다. 대형 광장은 구시가지(시우타트 벨라)와 19세기의 현대적인 엑샴플레 지역이 모여 있는 곳이기도 하다. 알폰소 12세 왕이 1927년 구시가지 성벽 문들이 있는 지역에 광장을 오픈했다.

쇼핑

쇼핑을 위해 바르셀로나에 오셨다면 카탈루냐 광장이 여행의 시작을 위한 이상적인 장소라는 것을 알 수 있다. 광장 주변에 있는 백화점을 구경하거나 바르셀로나에서 가장 중요한 쇼핑 거리를 따라 걸을 수 있다. 가로수가 늘어선 람블라스 거리는 도시 항구까지 뻗어 있는 산책길로 북적거리는 활동의 중심지이다. 고급 브랜드숍에서부터 독립 디자이너 부티크 숍까지 만날 수 있으며, 역사적인 건물, 타파스 바, 보케리아 시장도 구경할 수 있다.
반대쪽에 있는 파세이그 데 그라시아에는 엑샴플레 지역의 현대적인 훌륭한 건축물들이 즐비하다. 고급 패션 상점, 바, 레스토랑을 따라 가다보면 안토니 가우디의 가장 유명한 걸작, 카사 바트로 및 라 페드레라도 볼 수 있다. 포르탈 데 랑헬과 람블라 데 카탈루냐 거리에서 더욱 많은 쇼핑 상점들이 있다.

다양한 이벤트

카탈루냐 광장의 넓은 중앙 공간은 다양한 축제와 행사를 위해 사용된다. 매년 9월 11일, 카탈루냐 국경일에 열리는 무료 콘서트가 열린다. 광장에서는 바르셀로나의 수호성인을 기념하는 9월의 메르세 축제 기간 동안 다양한 라이브 음악 공연을 벌인다.

구엘 저택
Palau Güell

가우디 초기 건축물인 구엘 저택^{Palau Güell}은 거대한 돔 천장과 예술적인 세부 장식을 감상할 수 있다. 유리를 이용한 세부 장식은 자기와 철 세공, 빛과 공간을 사용하는 현대적 감각까지 가우디의 특징을 모두 갖추고 있다. 람블라스 거리에서 몇 걸음만 걸으면 구엘 저택을 찾을 수 있다.

가우디^{Gaudi}는 후원자이기도 했던 부유한 기업가, '에우세비 구엘^{Eusebi Güell}'을 위해 이 저택을 설계하였다. 구엘^{Güell}은 이 저택에서 19세기 후반부터 20세기 초반에 이르기까지 부인과 10명의 자녀와 함께 살았다.

건립 초기 상태로 복원된 후, 대중에게 공개되어 관람이 가능하다. 저택에서 주목해야 할 곳은 돔 천장이 있는 거대한 홀이다. 홀은 사교 모임 개최를 위해 설계되었다. 그의 가족들이 지냈던 방들은 천장 높이가 17m나 되는 홀이 펼쳐져 있다. 한 번에 200명 이하의 방문객만 입장할 수 있다. 줄을 서서 기다리는 사람들이 많기 때문에 오전에 일찍 방문하는 것이 좋다.

저택을 입장하면 구엘 일가의 말들이 살던 지하 마구간에서 시작한다. 버섯 모양의 기둥을 감상하고, 1층으로 가면 침실과 거실, 훌륭한 홀을 볼 수 있다. 가우디는 그가 설계하는 건물 면면에 예술적 장식을 가미하기 위해 화가와 장인들을 고용했는데 구엘 저택도 마찬가지이다. 고개를 돌려 화려한 색상의 깨진 타일과 조각상으로 장식된 기묘한 20개의 굴뚝이 있는 지붕을 감상하면 가난한 어린 시절을 딛고 자수성가한 구엘의 삶을 표현한 것이다.

🌐 www.palauguell.cat
🏠 Carrer Nou de la Rambla, 3–5(지하철 3호선 Liceu에서 도보 5분)
🕙 10~20시(11~3월은 17시 30분까지), 폐관 1시간 전까지 입장 가능, 매주 월요일 휴관, 12월 25~26일, 1월1~6일
💶 14€(18~25세 9€ / 10~17세 5€ / 9세 이하 무료 (오디오 가이드 포함 – 티켓에 40분 분량의 오디오 가이드 대여료가 포함되어 있다. 오디오 가이드는 각 방의 특색 과 가우디의 건축 기법에 대한 설명을 제공한다. 어린이들을 위해 특별히 제작된 20분짜리 오디오 가이드도 준비되어 있다.)
　무료입장일_ 매월 1번째 일요일, 4월 23일, 5월 21일, 9월11~24일, 12월 25일

포트 벨
Port Vell

람블라스 거리의 끝자락에 바다가 보이는 곳이 바르셀로나의 가장 주목할 항구인 포트 벨 Port Vell이다. 수천 년 동안 바르셀로나 항구는 도시를 형성하는 데 중요한 역할을 해왔다. 포트 벨Port Vell은 매일 수많은 사람들이 산책로를 따라 걷고 아이스크림을 먹고 바다 공기와 소리에서 바르셀로나의 새로운 분위기를 느낄 수 있다. 바르셀로나의 오래된 조선소에 위치한 해양 박물관에는 바르셀로나 역사상 가장 위대한 배가 박물관 안에 위치해 있는데, 옛 스페인 해군의 힘을 느낄 수 있는 실물을 볼 수 있다.

걷기도 하지만 자전거를 타고 뛰고, 그냥 앉아 앉아서 쉴 수 있는 포트 벨Port Vell의 '보드 워크Board Walk'는 고대 로마인들이 한때 바르치노Barcino의 어항을 따라 시장과 역을 설립 한 장소였다. 자전거 도로, 편안한 야자수, 벤치가 있는 넓은 열린 공간으로 요트가 항구를 감싸고 있다.

콜럼버스 기념비

포트 벨(Port Vell)에서 가장 눈길을 끄는 기념물은 크리스토퍼 콜럼버스(Christopher Columbus)의 거대한 동상이다. 카탈루냐어로는 콜럼버스를 '콜롬(Colóm)'이라고 부른다.

한때 항해한 바다를 향해 기념비는 콜럼버스가 그의 첫 여행에서 신세계로 돌아온 날의 꼬덕임을 거대한 기둥과 받침대 꼭대기에 콜럼버스(Colóm)를 묘사해 놓았다. 바르셀로나 항구가 돌아온 콜럼버스의 첫 번째 정류장이었기 때문에 도시의 특별한 순간이었을 것이다. 그 특별한 순간을 60m 높이에서 항구를 보면서 느낄 수 싶다면 콜럼버스 전망 탑(Mirador de Colom)에서 볼 수 있다. 기둥 안에 엘리베이터가 있고 상단에는 전망대가 있다.

마레마넘(Maremagnum)

바르셀로나에 있는 현재적인 펑키 건물은 포트 벨(Port Vell) 항구 한가운데에 위치한 상업 센터이다. 마레마넘(Maremagnum)에는 레스토랑, 스포츠 바, 칵테일 라운지, 커피숍 등이 있다. 특히 더운 여름에 차가운 에어컨에서 쉴 수 있는 멋진 장소이다. 특히 물이 내려다보이는 테라스는 항상 사람들이 앉아서 쉬는 것을 볼 수 있다.

케이블카

전 세계에서 가장 높은 공중 철탑으로 이어진 케이블카를 타고 바다 위와 항구를 보는 특별한 경험도 추천한다. 몬주익(Montjuïc)에서 출발하여 부두를 통해 관측소로 이동한 다음 항구를 건너 도착한다.

해양 박물관
Museu Martim

바르셀로나 항구에 위치한 해양 박물관은 14세기에 지어진 조선소에 자리 잡고 있다. 스페인의 18~19세기 해양 역사에 관련된 모형 선박과 회화, 연계 전시물이 있다. 선박 마니아들도 이곳을 좋아하지만 멋진 건축물로 인해 일반인도 즐겨 찾는다.

로얄 조선소는 1378년에 건립되었다. 중세 조선소 중 현존하는 가장 크고 완벽한 곳으로 원래 해군이 배를 만들고 보관하는 용도로 사용되었다. 아치형 석조 통로와 목재 기둥 등의 고딕 양식으로 지어져 있다. 네이브 중에는 길이 60m에 높이 9m에 달하는 것도 있다. 박물관의 주요 전시물은 1300년대에 조선소에서 만들어진 선박의 실물 크기 모형이다. 바르셀로나 역사상 가장 위대한 배가 박물관 안에 위치해 있는데, 상당히 자세한 실물 모형을 직접 볼 수 있어서, 무적함대였던 옛 스페인 해군의 힘을 느낄 수 있는 실물을 볼 수 있다. 천천히 선박 주위를 돌면서 크기에 감탄하고 붉은색과 금색의 장식을 보고, 14세기의 세계지도를 찬찬히 들여다보고 항구 도시 바르셀로나의 역사에 대해서도 알아보자.

박물관은 라 람블라 거리가 끝나는 곳에 크리스토퍼 콜럼버스 동상을 마주 보고 서 있다. 중심부에 위치해 있기 때문에 어디서든 쉽게 접근할 수 있지만 관광객은 대부분 람블라스 거리를 걸어서 이동한다.

🌐 www.mmb.cat 🏠 Av. de les Drassanes S/N Drassanes Reials, 08001
🕐 10~20시 📞 933-429-920

보케리아 시장
Mercat de la Boqueria

바르셀로나의 토속적인 음식 시장의 혈기 넘치고 다채로운 음식 가판대와 타파스 바를 구경
하면 식욕을 일깨운다. 바르셀로나에서 가장 인기 있는 관광 명소 중 한 곳인 보케리아 시장
Mercat de la Boqueria에서 선사하는 화려한 음식의 세계가 여러분의 입과 눈을 즐겁게 해준다.

13세기에 탄생한 보케리아 시장Mercat de la Boqueria은 바르셀로나의 구시가지 성벽 앞 야외 시
장으로 시작하여 현지 농부들이 자신들만의 노점상을 열고 과일과 채소 등을 팔았다. 오늘
날 대부분의 상점 주인의 조상들이 시장을 열었던 장본인들이다.
람블라스 거리를 걷다 보면 바르셀로나 최대의 전통시장인 보케리아 시장Mercat de la Boqueria
을 만나게 된다. 형형색색의 싱싱한 과일과 채소, 해산물 등이 여행자를 유혹한다. 보케리
아 시장은 오전 8시부터 오후 8시 30분 정도까지 영업한다. 문 닫는 시간은 상점마다 다를
수 있으며, 일요일은 쉬는 날이니 방문할 때 참고하자.

대형 철제문을 지나면 여러분은 다양한 볼거리와 함께 과일과 야채 가판대의 풍요로운 냄
새에 압도되게 된다. 신선한 아열대 과일을 고르거나 갓 짜낸 주스를 선택한 후 시장의 끝

🌐 www.boqueria   🏠 La Rambla, 89(L3 Liceu 역 하차)   🕐 8~20시30분 (일요일 휴무)

이 없어 보이는 골목길을 거닐면서 꼼꼼하게 채워진 올리브, 다채로운 색감의 고추, 장인 정신이 깃든 치즈 등이 풍부한 가판대를 구경할 수 있다. 고소한 빵 굽는 냄새와 절인 거대한 넓적 다리가 걸려 있는 하몽 상점이 흥미롭다. 아열대 과일, 올리브, 해산물, 베이커리, 타파스 바, 쿠킹 클래스 등 다양한 음식을 만날 수 있다.

가장 북적거리는 시간은 현지인과 관광객들이 다양한 타파스 바에 들리는 점심시간이다. 신선하게 양념된 음식들과 다양한 해산물 요리, 장작불에서 갓 구워낸 피자 등이 입맛을 돋운다.

바르셀로나에서 유명한 가로수 산책길인 라 람블라를 따라 중간 지점에 위치하여 걸어서 이동하는 것이 좋다. 카탈루냐 광장과 포르탈 데 라 파우 광장에서 모두 걸어서 10분 거리에 있다.

예삼플레 지구
Eixample

카탈루냐 광장에서 디아고날 역까지 이어지는 지구로 일대에는 바르셀로나 최고의 쇼핑 거리인 그라시아 거리가 있어 여행자들은 반드시 찾게 된다. 카탈루냐 광장을 기점으로 해안으로 이동하면 람블라스 거리가 이어진다.

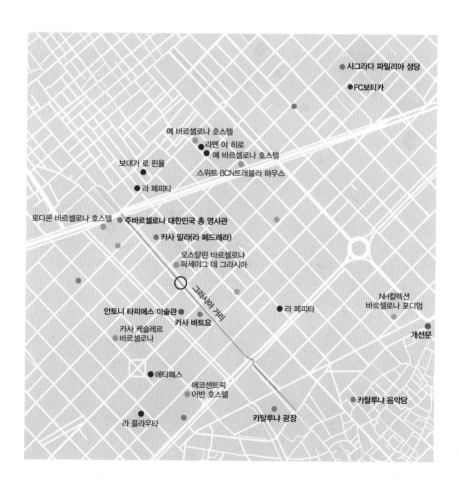

그라시아 거리
Passeig de Gràcia

그라시아 거리는 카탈루냐 광장에서 디아고날 거리까지 이어진다. 바르셀로나의 샹젤리제로 불리는 바르셀로나 최고의 쇼핑 거리이자, 가우디의 건축물을 비롯해 당시의 멋진 건축물을 볼 수 있는 곳이다. 대표적인 쇼핑과 상업지구이며 망고, 자라 등의 일반 브랜드부터 백화점, 명품을 파는 다양한 상점들이 자리 잡고 있다.

피카소 미술관, 카사밀라, 카사바트요가 있는 곳이기도 하다. 바르셀로나의 주요 건축물들이 모여 있어 카탈루냐 광장 방향부터 북쪽을 향해 걸어가면서 가우디의 작품을 자연스럽게 감상할 수 있다. 노천 레스토랑이 많아 따뜻한 햇볕 아래에서 먹음직스러운 음식도 즐기기 좋다.

모데르니스메(Modernisme)
19세기에 카탈루냐 지방의 자연을 바탕으로 건축물에 투영시키는 움직임이 발생하였다. 에샴블레 지구에 조성된 건물이 많은데, 대표적인 건출물로는 카사 밀라, 카사브트요, 카사 칼베트 등이 있다.

🏠 L2, 3, 4 Passeig de Gràcia / L3, 5 Diagonal / L1, 3 Catalunya 하차

🌐 www.lapedrera.com 🏠 Passeig de Gràcia 92(L3, 5 Diagonal 하차)
🕐 9~20시30분(11~2월 18시30분까지) / 야간개장 21~23시(11~2월 19~21시)
Ⓒ 23€(학생과 65세 이상 17€ / 7~12세 12€, 6세 이하 무료)

카사밀라
Casa Milà(La Pedrera)

전통적인 관습에 반하는 조각과 타일, 색채 등의 초현실적인 디자인은 가우디 건축의 전형적인 형태이다. 가우디에 의해 설계되어 1906~1912년까지 건설된 미술관이자 예술 공간인 카사밀라^Casa Milà^는 도심의 바로 북쪽인 에샴플레 지구에 있다. 1984년에 유네스코 세계유산으로 지정되었다.

곡선과 환상적인 조각, 지붕 위의 환기구와 같은 복잡한 세부 사항 하나하나까지, 내, 외부 모두 가우디의 특징적인 스타일 그대로 설계되었다. 현재, 전시를 위한 화랑 공간으로 운영되고 있는데, 가우디 양식의 전형을 보여주는 안뜰과 다락, 1층, 지붕 공간, 라 페드레라 주거 공간이 대중에게 공개되어 있다. 건물의 또 다른 이름인'라 페드레라^La Pedrera^'는 '채석장^The Quarry^'을 뜻한다. 건물의 거친 외관이 채석장을 닮아 있다. 건물은 개인용 주택으로 지어졌는데, 위의 몇 층에는 세를 놓았다고 한다.
엘리베이터를 타고 꼭대기로 올라가면 나선형 굴뚝과 같은 독특한 세세한 부분들과 주변 경관을 감상할 수 있다. 다락은 작은 미술관으로 운영되는데, 이곳에서 가우디 최고의 작품들을 만나볼 수 있다. 드로잉과 설계도, 영상을 감상해보자. 복원된 주거 공간은 건립 당시의 예술 작품과 가구로 채워져 있다. 문손잡이와 같은 세세한 부분까지 건물의 대부분은 건립 당시의 상태 그대로이다. 1층의 전시실에서 관람이 마무리된다. 이곳에는 스페인을 비롯한 각국 예술가들의 정기 전시가 열린다.

십자가와 장미꽃을 형상화해 만든 굴뚝과 환기구

옆에서 보면 십자가이지만 위에서 보면 장미 모양이 특징이다.

몽환적 분위기가 입구부터 느껴진다. 미 모양이 특징이다.

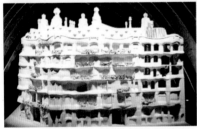

에스파이 가우디 카사밀라의 평면도와 모형이 전시되어 있다. 일부는 분양되기도 했다.

카사 바트요
Casa Batlló

20세기 초반에 가우디가 타일업계 바트요로부터 의뢰받아 설계하고 1904~1906년까지 건설한 카사 바트요Casa Batlló에는 곡선을 주축으로 밝은 색채와 같이 가우디만의 독특한 요소가 가미되어 있다. 가우디의 또 하나의 걸작인 카사 바트요는 가우디가 설계하여 미술관으로 운영되는 개인용 저택 두 군데 중 하나이다.

파사드Passad는 타원형 창문과 뼈 모양의 기둥, 다채로운 색상의 모자이크 등으로 꾸며져 모더니즘적인 요소를 뽐낸다. 초현실적인 디자인과 연한 청색은 고요한 바다를 떠올리게 한다. 가우디의 스타일에 충실한 이 건축물에선 직선이 보이지 않는다. 화려한 색의 지붕은 용의 등을 연상시킨다. 내부는 붙박이 벽난로, 아치형 천장, 스테인드글라스 등으로 원래의 상태와 같이 복원되었다. 수년간의 복원을 걸쳐 2002년 대중에게 공개된 카사 바트요Casa Batlló는 유네스코 세계유산으로 지정되었다. 실내에 가구는 없지만 모든 방은 바트요 일가가 살던 그대로 남아 있다.

바트요 일가가 살았던 노블 층Noble Floor과 햇살이 환하게 들어오는 안뜰에서 계단통을 통해 꼭대기 층과 옥상 테라스로 올라가 구경할 수 있다. 마지막으로 기념품 가게에서 책과 엽서 등 가우디와 관련된 기념품을 구입할 수 있도록 동선이 구성되어 있다.

플란타 노블레(Planta Noble) 2층에 있는 응접실, 다이닝 룸은 바트요 가족이 사용하던 집이다.

빛의 파티오(Patio de Luces)
계단을 올라가면 푸른색 타일로 장식한 중정인 파티오
가 나온다.

용의 옥상(Azotea del Dragon)
카탈루냐의 수호성인 산 조르디의 칼에 맞아 쓰러진 용의 모습을 담았다.

용의 머리뼈를
연상시키는 발코니

사그라다 파밀리아 성당
Temple Expiatori de la Sagrada Familia

가우디가 설계한 바르셀로나 중심부의 사그라
다 파밀리아 성당Temple Expiatori de la Sagrada Familia은
경이로운 건축물로 바르셀로나를 대표하는 건
축물이다. 줄을 서서 엘리베이터를 타고 첨탑
꼭대기에 가파른 나선 계단을 따라 올라가면 8
개의 높은 첨탑에서 도시 전체를 조망할 수 있
다. 가우디Gaudi는 비록 생전에 완성을 보지 못
하고 그는 눈을 감았지만 성당은 바르셀로나를
대표하는 상징적인 건축물이 되었다.

거대한 규모의 교회는 건축가 안토니오 가우디Gaudi가 설계했다. 도시의 거의 모든 곳에서
높이 솟은 여덟 개의 첨탑을 볼 수 있다. 매일 수천 명의 방문객이 건축물을 감상하고 첨탑
에서 도시의 전경을 감상할 수 있다면 평생 기억에 남을 것이다.

사그라다 파밀리아 성당Temple Expiatori de la Sagrada Familia은 어마어마한 설계도로 인해 지금도 공사가 진행 중이며 2020년대 후반까지는 공사가 계속될 예정이다. 교회 건축 프로젝트는 1882년에 착수되어, 1883년에 가우디Gaudi가 이어받았다. 가우디Gaudi는 말년을 교회 건립에 바쳤지만 교통사고로 완공 전에 세상을 떠났다. 사그라다 파밀리아 성당Temple Expiatori de la Sagrada Familia은 유네스코 세계유산으로 지정되어 있다.

내, 외부 디자인

가우디(Gaudi)는 아르누보와 고딕 양식을 결합하여 교회를 설계했다. 외관은 탑과 첨탑, 정교한 파사드로 이루어져 있다. 이를 정교한 모래성에 비유하는 이들이 많다. 다채로운 색상의 기둥은 나무로 된 차양과 같이 구성되어 내부를 장식했다. 천천히 신도 석(nave)를 걸으며 숲의 나무와 같이 구성된 기둥과 자연광, 천장의 세부 장식을 감상할 수 있다.

오디오 가이드

1시간 45분 분량의 오디오 가이드는 교회의 역사와 가우디에 대해 쉽게 설명해 준다. 어린이를 위해 특별 제작된 40분 분량의 오디오 가이드는 더욱 쉽고 재미있다. 시청각 전시실에서 교회의 역사에 관한 20분짜리 영상을 시청해보거나 지하 미술관도 추천한다.

지하 박물관

성당 지하의 예배당으로 내려가면 그의 유해가 모셔져 있고, 지하 박물관에는 성당의 건축 역사를 기록한 자료들을 전시해 놓았다. 구엘 공원 안에 있는 가우디가 살던 집에도 그의 유품과 그가 남긴 스케치 작품들이 남아 있다.

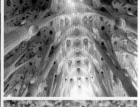

집중탐구

가우디의 최고 걸작인 사그라다 파밀리아 성당(Temple Expiatori de la Sagrada Familia)은 성당 역에서 하차해 멀리서 보면 옥수수 모양 같다고 느끼는 높은 기둥은 옥수수 모양인 8개의 탑이 인상적이다. 고딕 양식처럼 높은 첨탑이 있지만 날카로움이 없어 돌이 아니라 부드러운 진흙으로 만든 것 같다는 느낌을 준다.

탄생 파사드(Façana del Naixement)

중앙에 솟은 돔은 예수님을 표현하고, 3개의 현관은 생과 사, 부활을, 각 현관에 4개씩 서 있는 종탑은 모두 12개로 12사도를 나타낸다. 하늘을 향해 뻗은 12개의 첨탑으로 예수의 12 제자를 상징하고 있다. 성당에 있는 3개의 출입문은 동문은 '그리스도의 탄생', 서문은 '그 리스도의 영광과 부활'을, 남문은 '그리스도의 영광과 부활'을 상징하고 있다.

좌측
① 마리아와 요셉의 약혼
② 요셉과 예수
③ 로마 병상의 영아살해
④ 이집트로 피신

중앙
⑤ 수테고지
⑥ 마리아와 엘리사벳
⑦ 예수의 탄생
⑧ 천사들의 찬양
⑨ 동방 박사들의 경배
⑩ 목동들의 경배

우측
⑪ 아기 예수의 봉헌
⑫ 제사장과 토론하는 예수
⑬ 요셉과 마리아
⑭ 목수 일을 하는 예수
⑮ 성모의 대관식

수난 파사드(Façana de la Passió)

성당에 있는 3개의 출입문에는 의미가 있어서 가우디^{Gaudi}가 작업한 동쪽 파사드는 '그리스도의 탄생'을 주제로 부조가 조각되어 있고, 가우디 사후에 수비라치^{Josep Maria Subirachs}가 작업하여 2006년에 완성한 서쪽 파사드는 '그리스도의 수난과 죽음'을 주제로 하고 있다. 남쪽 문은 '그리스도의 영광과 부활'을 상징하며 마지막으로 건설 중에 있다.

최후의 만찬에서 시작해 십자가에 못 박혀 죽는 예수가 겪는 수난을 주제로 조각해 놓았다. 의미를 알고 성당을 보면 단순하게 만들어진 성당이 아니고 하나하나에 의미가 있다는 사실에 놀라게 된다.

② 유다의 배신

③ 십자가에 묶인 예수

④ 고민에 빠진 베드로

⑤ 고민에 빠진 빌라도

⑦ 십자가를 매고 골고다 언덕으로 올라가는 예수

149

내부

내부를 보지 않고 겉모습에 놀라 사진만 찍고 돌아서는 관광객도 상당수 있다. 하지만 가우디의 어린 시절에 숲 속에서 보는 하늘을 보면 내리쬐는 햇빛의 모습을 형상화하여 기존의 성당과는 다른 매력이 있다. 또한 성당 지하의 예배당으로 내려가면 그의 유해가 모셔져 있고, 지하 박물관에는 성당의 건축 역사를 기록한 자료들을 전시해 놓았다. 구엘 공원 안에 있는 가우디가 살던 집에도 그의 유품과 그가 남긴 스케치 작품들이 일부 남아 있다.

◀기둥들(Columna)
내부의 기둥들은 숲 속에서 햇빛이 들어오는 채광으로 자연을 옮겨놓은 것 같다.

▼천장의 모습
천장에서 햇빛이 내리쬐도록 설계되어 자연채광으로 실내를 최대한 밝게 해준다. 나뭇가지와 잎사귀, 꽃들이 기둥에 표시되어 있다.

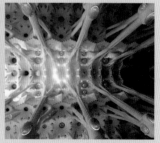

▲중앙 통로(Nave)
하얀색의 대리석 기둥들은 숲 속의 나무들에서 이어진 가지들이 천장을 받쳐주어 옥수수 모양의 첨탑들의 무게를 분산시켜주는 기능을 하고 있다.

◀복음서 저자의 상
천사는 마태오, 날개 달린 사자는 마르코, 날개 달린 암소는 루카, 독수리는 요한을 나타내는 상징이다.

◀스테인드글라스
가운데 좌우에는 스테인드글라스에서 다양한 색상이 자연의 채광으로 아름답다.

▲중앙 제단(Absis)
반원형 지성소인 앱스는 신부가 미사를 할 때 집전하는 재단이다. 십자가에 매달린 예수 위에 드리운 장식 덮개인 발다키노도 시선을 끌어당긴다.

사진으로 보는 사그라다 파밀리아 성당의
공사 변천사

스페인 여행을 2007년부터 해왔지만 처음에는 스페인 여행이 즐거움이 크지 않았다. 오히려 소매치기 많고 어수선한 스페인의 도시들이 여행의 즐거움을 반감시켜 다시는 스페인에 오지 않겠다고 생각했지만 2008년 사그라다 파밀리아 성당에 들어가 그 당시에 누군지도 모르는 가우디가 생전에 완성하지 못한 성당인데, 아직도 공사 중이라는 설명을 듣고 입장료가 아깝다는 생각을 했다.

당시에 내부에는 먼지가 풀풀 날리는 공사장의 분위기와 다르게 기둥과 스테인드클라스를 보면서 완전히 다른 분위기에 매료되면서 그날 일정을 중단하고 사그라다 파밀리아 성당에서 영어로 가이드 투어를 들으면서 하루를 보냈다. 그 이후 바르셀로나에 올 때 마다 해마다 조금씩 달라지는 사그라다 파밀리아 성당의 모습을 살펴보곤 했다.

2008년의 모습
먼지가 풀풀 날리는 공사장의 분위기에도 수많은 관광객이 성당을 둘러본다.

고딕지구
Gothic Quarter

구시가 지역은 람블라스 거리를 사이에 두고 양옆에 펼쳐져 있다. 옛날엔 성벽 안에 존재하였던 곳으로 700년 전의 고딕 시대 건물들에 둘러싸여 여전히 시간이 정지된 것 같은 느낌을 준다.

고딕 지구에는 대성당을 비롯하여 역사적인 고딕양식의 건축물들과 갤러리 등이 있으며, 다양한 볼거리와 쇼핑, 먹거리 등을 여행자에게 제공한다. 이곳의 좁은 골목들 사이를 걷다 보면 중세의 스페인 분위기를 느낄 수 있다. 고딕 지구의 좁은 길들은 람블라스 거리와 묘한 대조를 이룬다.

바르셀로나 대성당
Catedral de Barcelona

대성당은 라스 람블라스에서 조금만 걸으면 갈 수 있는 고딕 지구에 있다. 고딕 지구의 대표적 건축물인 대성당은 1298년에 건축을 시작하여 대부분이 1454년에 완성되었으나 현관 장식이 완성된 것은 1892년의 일이다. '라 세우Le Seu'라고도 부르는 성당은 바르셀로나의 수호 성녀인 '에울랄리아'의 이름에서 따온 것이다. 오랜 역사만큼 바르셀로나 시민들의 정신적 안식처로 자리하고 있다.

1200년대로 거슬러 올라가는 바르셀로나 대성당에는 바르셀로나 수호성인의 유해가 보존되어 있다. 바르셀로나 대성당은 13세기로 거슬러 올라가는 고전적인 고딕 양식 건물이다. 거대한 아치형 천장 밑에서 집행되는 전통 미사가 유명하다. 성당에는 1300년대부터 이어진 장식 예술이 전시되어 있으며 회랑, 안뜰에는 분수대와 거위를 볼 수 있고, 엘리베이터를 타고 성당 꼭대기로 올라가면 360도의 전망을 감상할 수 있다.

둘러보기

산타 루치아 예배당(Capilla de Santa Lucia) 쪽의 뜰에 고딕양식의 회랑으로 연결되어 있고, 회랑 주위에 박물관 살라 카피툴라(Sala Capitular)가, 지하에는 바르셀로나의 수호성녀 산 타 에울랄리아의 묘가 있다.

파사드(Pasad)는 1800년대에 아치와 조각을 더한 네오고딕 양식으로 개조되었다. 회랑은 작은 고딕 예배당으로 둘러싸여 있습니다. 회랑에는 나무와 분수대가 있다. 회랑 전시실 아래에는 미술관이 있다. 11세기까지 거슬러 올라가는 회화와 조각들로 이루어져 있다. 성당 앞 광장에서 간간히 오래된 성당물품이나 투우사의 옷 등을 파는 골동품 시장이 열리며, 일요일에는 카탈루냐 지방의 전통춤인 '사르다나'를 추기도 한다.

1298~1448년 사이에 지어진 대성당의 성가대석은 카탈루냐 최고의 고딕 양식으로 장식되었다. 조각이 장식된 캐노피, 기념적인 방패, 회화 부조 등을 감상해 보자. 성녀 에울랄리아의 지하 묘는 중앙 제단 아래에 있다. 성녀의 유해는 장식 석관 안에 보존되어 있다. 부활절에는 전통적인 '춤추는 달걀' 의식이 열리는데, 이때 성체 축일을 기념하여 '춤을 추도록' 분수대 위에 달걀 껍질을 놓아둔다.

피카소 미술관
Picasso Museum

바르셀로나 구시가지에 위치한 피카소 미술관에는 3,500점이 넘는 파블로 피카소의 작품을 보유하고 있다. 미술관에 전시된 회화, 데생, 조각과 도예는 유년기의 습작부터 주요 입체파 경향 작품까지를 모두 아우르는 전시를 보면 피카소의 삶과 재능을 보면서 감탄하게 된다.

화려한 전시와 유년기 데생으로 인해 미술관은 미술에 관심이 있는 사람뿐 아니라 어린이들에게도 인기가 많다. 매주 일요일 15시 이후와 매월 첫째 일요일은 무료입장이 가능하므로 자신의 요일을 잘 확인해 보자.

바르셀로나의 활기찬 구시가지에 위치한 다섯 채의 고딕 양식 성에 피카소 미술관이 자리잡고 있다. 이 중에는 13세기까지 거슬러 올라가는 성도 있다. 다섯 채의 성은 모두 연결되어 있으며, 작품들은 연대순으로 전시되어 있다.

바르셀로나에 피카소 박물관이 세워진 이유

피카소는 스페인 남부에서 태어나 어린 시절 가족과 함께 바르셀로나로 이주했다. 그는 유년기를 이곳에서 보냈고 1973년 작고할 때까지 바르셀로나와 각별한 관계를 유지했다. 피카소의 친구이자 비서인 아우메 사바르테스(Jaume Sabartés)와 피카소 본인은 그의 작품을 전시할 첫 번째 미술관을 바르셀로나에 세우기로 하였다.

관람하기

입구에서 가장 가까운 전시실에는 작가의 일생을 담은 전기와 유년기의 사진, 회화, 데생이 전시되어 있다. 4개의 전시실에서 1900~1901년까지의 파리 시절 작품과 1904년까지의 '청색 시대(Blue Period)'라 불리는 우울기의 작품, 그리고 〈라스 메니나스〉를 감상할 수 있다.

〈라스 메니나스〉는 디에고 벨라스케스의 유명한 동명 작품을 재해석한 58점의 연작으로 1957년에 완성되었다. 피카소는 친구, 아우메 사바르테스를 애도하는 뜻으로 이 연작을 미술관에 기증하였다. 아버지를 그린 초상화와 〈첫 영성체/1896〉, 1900년 작 〈포옹〉 등의 작품이 유명하다.

About 피카소

피카소는 20세기 입체주의 미술을 대표하는 화가로 스페인의 말라가에서 태어났다. 그는 어려서부터 그림 그리는 것을 좋아해서 14세 때 미술 학교에 입학했다. 피카소는 르노아르, 뭉크 등 유명화가들의 그림을 보며 열심히 공부했다. 그 뒤 1904년에 피카소는 프랑스 파리의 몽마르트로 가서 다른 화가들과 교류하며 작품 활동을 했다.

그리고 3년 뒤, 입체주의의 선구적인 작품 '아비뇽의 아가씨들'을 완성했다. 5명의 벌거벗은 여인들을 그린 이 그림은 다른 화가들이 그렸던 여인들의 모습과는 달랐다. 여인들의 얼굴은 정면인데 옆얼굴을 함께 그려 여인의 양쪽 눈이 삐뚤어져 있거나 코가 옆에서 본 것처럼 그려져 있었다.
피카소는 눈에 보이는 부분뿐만 아니라 눈에 보이지 않는 부분도 그려야 한다고 생각했는데, 이것이 입체주의의 특징이 되었다. 피카소는 이 양식을 더욱 발전시켜 미술계에 많은 영향을 주었다. 1973년에 세상을 떠날 때까지 게르니카. 우는 여인 등 많은 작품을 남겼다.

❶ 아비뇽의 처녀들   ❷우는 여인   ❸게르니카

카탈루냐 음악당
Palau de la Música Catalana

라스 람블라스 북쪽 라 리베라에 위치한 카탈루냐 음악당^{Palau de la Música Catalana}은 유네스코 세계유산으로 지정되어 있다. 카탈루냐 음악당^{Palau de la Música Catalana}은 장엄한 근대 건축물의 전형으로 내부의 청중석은 근대 건축 양식으로 멋지게 설계되었다. 낮에 음악당을 돌아보거나 저녁에 진행하는 공연을 즐겨볼 수도 있다. 이곳에서는 오페라, 고전 음악, 카탈루냐 전통 음악, 현대극 등이 모두 공연된다.

음악당은 오르페오 카탈라 합창단을 위해 1905~1908년까지 건설되었는데, 건축가 루이스 도메네크 이 몬타네르^{Lluís Domènech i Montaner}가 설계했다. 유명한 화가와 조각가, 스테인드글라스 장인과 모자이크 작가들이 건물 설계에 참여했다. 스테인드글라스 벽과 화려한 조각, 천장에 달린 물방울무늬 유리 장식 등으로 인해 이곳은 바르셀로나 최고의 명소 중 하나가 되었다.

🏠 Carrer del Palau de la Música, 4-6 C, L1, L4 Urquinaon 하차

ⓒ 20€(3주전 사전 예매시 16€+수수료 2€)   📞 +34-932-957-200

음악당 투어 (공연 시간 : 10, 11, 12, 13 , 15시)

55분이 소요되는 투어는 꽃무늬 타일로 장식된 아치형 통로의 로비에서 시작된다. 투어에서 두 번째로 발걸음을 멈추게 되는 곳은 연습실로 오르페오 카탈라 합창단이 여전히 이곳에서 연습을 한다고 알려준다. 철과 유리로 장식된 계단을 올라 루이스 밀렛(Lluís Millet) 홀로 가 보면 벽은 2층의 스테인드글라스로 되어 있으며 기둥은 화려한 꽃 모양으로 장식되어 있다.

투어의 꽃은 콘서트홀이다. 햇살 가득한 청중석에 앉아 화려한 색채에 몸을 맡겨볼 수 있는 이곳은 '장식 예술의 걸작'으로 여겨지기도 한다. 채광창 바로 밑에 서서 위를 올려다보면 곡면으로 된 유리 천장의 예술성에 감탄할 수밖에 없다. 건물의 각 면은 과일이나 꽃 모양, 혹은 보석으로 장식되어 있다.

바르셀로네타 해변
La Barceloneta

바르셀로나에서 가장 유명한 가로수가 우거진 산책길, 라 람블라에서 걸어서 20분 거리에 있는 바르셀로네타 해변La Barceloneta은 바르셀로나를 더욱 활기차게 만든다. 지중해의 따뜻한 물과 해양 스포츠, 해변 바와 나이트라이프가 환상적으로 조화된 바르셀로나에서 가장 인기 있는 도시 해변이다. 바르셀로나의 지중해 해안선을 따라 있는 바르셀로네타 해변La Barceloneta은 라 람블라에서도 걸어서 가까운 거리에 있다. 바르셀로네타 지역의 중심지로 현지인과 여행객 모두에게 전통적인 지중해식 분위기를 선사하는 장소이다.

바르셀로나에서 가장 사랑받는 해변이기 때문에 일광욕을 위해 최고의 장소를 찾으려면 일찍 도착해야 한다. 일광욕 의자와 파라솔을 대여할 수 있으며 샤워실과 탈의실도 마련되어 있다. 비치 발리볼장이 있어 운동을 좋아하는 사람들에게 안성맞춤이며, 따뜻한 지중해 바다는 수영과 윈드서핑, 카이트서핑을 즐기기에도 이상적이다. 해변을 지키는 인명 구조원들 덕분에 가족이 여행하기에도 좋다. 조깅, 사이클, 롤러블레이드를 즐기는 사람들에게도 인기가 많은 해변 산책길도 즐겨볼 것을 추천한다.

해변의 북쪽 끝에 있는 올림픽 항구에서의 나이트라이프도 관광객이 많이 찾는다. 원래 1992년 올림픽 경기를 위해 지어진 후 현재 바르셀로나에서 가장 인기 있는 바, 나이트클럽, 카지노 등이 있다.

🏠 L4 Barceloneta에서 하차

유명 조형물과 수족관
독일 작가인 레베카 호른의 작품으로 기울어진 탑 모양의 기념물인 오메나헤 아 라 베르셀로네타도 볼 수 있다. 멀리에는 스페인 북부 구겐하임 미술관을 설계한 프랭크 게리의 '황금 물고기(Peix Daurat)'라는 독특한 물고기 조각상이 해변을 더욱 아름답게 만든다.
바르셀로나 수족관에서 형형색색의 아열대 물고기를 구경하고 상어에게 먹이도 줄 수 있다. 여행으로 피곤하다면 바르셀로나 공원에서 수풀 속 그늘에서 더위를 식힐 수도 있다. 1761년에 지어진 카사 데 바르셀로나에서는 지역의 역사에 관한 전시도 열린다.

위치_ L4 Barceloneta에서 하차

고딕 지구에 있는
바르셀로나의 대표적인 광장들

레이알 광장(Plaça Reial)

1879년 바르셀로나 시의 공모전을 통해 가우디가 처음으로 만든 광장으로 가우디가 디자인한 가로등이 있어 유명해졌다. 관광객이 가장 많이 몰리는 람블라스 거리와 이어져있어 관광객들이 가장 많이 찾는다.

가로등 꼭대기에는 뱀과 전령의 신인 헤르메스가 표현되어 있다. 오래된 건물이 광장을 둘러싸고 있고, 키가 큰 야자수가 하늘을 향해 뻗어있어, 굉장히 이국적인 느낌을 준다. 레이알 광장Plaça Reial 근처에는 맛있는 식당이 많은 편이다. 야자수가 많아서 바르셀로나가 아닌 이국적인 정취를 느끼게 한다. 광장 가운데에 삼미신 분수Las Tres Gracias와 가우디가 1879년에 만들었다는 표시가 되어 있다.

🏠 M L3 Liceu 하차

피 광장(Plaça del Pi)

바르셀로나 대성당 앞에서 피카소와 달리도 초콜릿에 로스를 찍어 먹었다는 광장으로 주말마다 꿀과 초콜릿을 파는 시장이 비정기적으로 열리고, 푸드 마켓 등 다양한 이벤트가 열린다. 그래서 언제나 사람들이 모여드는 곳으로 1958년 광장을 조성하면서 소나무를 심게 되었고, 소나무라는 뜻의 카탈루냐어인 '피Pi(스페인어 Pino) 이름을 짓게 되었다.

🏠 M L4 Jaume 하차

🏠 M L4 Jaume 하차

왕의 광장(Plaça del Rei)

콜럼버스가 신대륙을 발견한 후, 이사벨 여왕과 페르난도 왕에게 보고를 한 광장으로도 알려져 있다. 한 쪽 벽으로 계단이 펼쳐져있어 낮 동안은 지나가다 잠깐 앉아서 쉴 수도 있다. 광장 바로 앞에 있는 카페에서 테이블에 쉬었다가 갈 수 있다.

커피 값도 많이 비싸지 않아서 테라스에 앉아 커피나 생맥주를 한 잔하며 여행의 피로를 풀기 좋다. 밤이 되면 노란 조명이 건물 구석구석을 비추면서 로맨틱한 풍경이 펼쳐지고 거리 공연이 열리기도 한다.

산 자우메 광장(Plaça de Sant Jaume)

시청과 주청이 마주보고 있는 커다란 광장에는 예부터 정치의 중심역할을 하였다. 지금도 바르셀로나 시청과 카탈루냐 주청이 마주보고 있어 각종 시위도 자주 열리고, 행사도 많이 있는 곳이다. 현재와 같은 모습으로 정비가 된 시기는 1823년 묘지가 있던 곳을 광장으로 만들면서부터이다. 광장이 조성되면서 상권이 형성되었다.

구시가지 골목골목을 헤매듯 걷다, 갑자기 탁 트인 넓은 산 자우메 광장Plaça de Sant Jaume을 만나면 가슴이 뻥 뚫리는 듯하다. 람블라스 거리나 보른 지구, 대성당 등으로 이동하기 좋은 산 자우메 광장은 젊은 남녀들의 데이트 장소로도 인기가 높다.

> **광장 바라보기**
>
> 산 자우메 광장(Plaça de Sant Jaume) 가장자리에는 코스타 커피(Costa Coffee)와, 팡앤 컴퍼니(Pang & Company)라는 체인 카페가 있는데, 두 카페 모두 이층에서 산 자우메 광장(Plaça de Sant Jaume)을 내려다 보는 자리가 좋다.

몬주익 지구
Montjuïc

바르셀로나의 서쪽에 해안에 있는 언덕으로 바르셀로나를 한눈에 볼 수 있는 전망대의 역할을 하고 있다. 유대인들이 중세 시대에 공동묘지로 사용하기 위해 모여들면서 산이라는 뜻의 '몬Mont', 유대인이라는 뜻의 '주익Juic'이라고 불렀다.

1929년 바르셀로나 만국 박람회에서 전시장을 만들기 위해 개발을 시작하였다. 그 이후 스페인의 경제발전이 더디면서 전망을 위해 찾는 장소로만 머물렀다. 하지만 1992년 바르셀로나 올림픽을 위해 경기장 공사를 시작으로 대대적인 혁신을 거듭해 지금에 이르렀다.

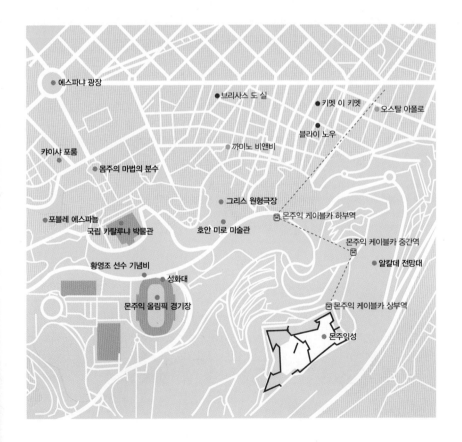

국립 카탈루냐 미술관
Museu Nacional d'Art de Catalunya

10~20세기에 걸친 방대한 카탈루냐의 예술 세계를 살펴볼 수 있는 가장 상징적인 박물관이다. 네오 바로크 양식의 국립 고궁은 현재 카탈루냐 국립 미술관으로 운영되고 있다.
국립 카탈루냐 미술관에는 카탈루냐 지역의 예술적 문화유산에 대해 연대기적으로 전시를 해 놓았다. 10세기 이상에 쌓인 작품들은 그림, 조각, 사진에서부터 판화에 이르기까지 아주 다양하다. 미술관은 박물관, 갤러리, 스포츠 경기장과 공원으로 유명한 언덕에 있는 몬주익Montjuic 성에 위치해 있다. 미술관의 임시 전시회에는 고대 동전 전시, 건축 자료 전시, 사진 저널, 가구, 홈 장식 전시 등 다양하여 항상 관람객들로 북적인다.

로마네스크 양식의 벽화와 나무 조각상, 고딕 패널 그림, 석조각상, 금속 작품 등뿐만 아니라 16~18세기에 걸친 위대한 르네상스, 바로크 시대 걸작들도 볼 수 있다. 엘 그레코, 티치아노, 프란시스코 데 수르바란의 작품들이 유명하다.

현대 미술 컬렉션에는 신고전주의, 아방가르드, 모더니즘, 노센티즘 시대 작품들이 전시되어 있다. 살바도르 달리, 마리아 포르투니, 안토니 가우디, 파블로 피카소 등과 같은 위대한 작가들의 모든 예술이 모여 있다. 사진을 좋아한다면 픽토 리얼리즘에서부터, 포토저널리즘, 네오리얼리즘에 이르는 6,500여 점의 다양한 사진전에 놀라게 될 것이다.
걸어서 15분 거리에 있는 스페인 광장에 대중 버스나 지하철역이 있다. 아니면 포트 벨에서 몬주익까지 케이블카로 찾는 관광객이 대부분이다.

🌐 www.mnac.cat 🏠 Palau Nacional Parc de Montjuic
🕐 10~18시(5~9월 20시까지), 일/공휴일 15시까지/월요일, 1/5, 5/1, 12/25 휴무)
💶 12€(한 달 내 2회 사용 가능 / 학생 30%할인 / 15세 이하 무료)
　무료입장(토요일 15시 이후, 매월 첫째 일요일, 5/18, 9/11일)

전능한 그리스도 산 클리멘트 성당에 있었던 12세기 벽화로 예수의 눈은 모든 것을 보고 두려워하지 않는다는 뜻이다. 왼손의 책은 세상의 빛이라는 뜻이다.

십자가를 든 예수 엘 그레코가 그린 독창적인 화법의 그림으로 영적인 세계를 표현하고 싶어 죽음을 넘어선 승리의 상징으로 그렸다.

큐피드와 프시케 18세기 고야가 그린 그림으로 큐피드가 정체를 숨기고 프시케를 찾아가는 신화를 에로틱하게 그린 작품이다.

에스파냐 광장
Plaça d'Espanya

중세 시대부터 공개 처형 장소로 활용되던 장소였지만 1929년, 바르셀로나 만국박람회를 위해 새롭게 광장을 조성하였다. 33m 높이의 분수는 가우디의 동료인 '호세 마리아 후홀'이 이베리아 반도를 둘러싼 바다와 스페인의 3대 강(에브로, 과달키비르, 타호)을 상징하는 의미로 설계하였다.

47m의 빨강색 벽돌로 세워진 베네치아 탑Torres Venecianes은 이탈리아 베네치아의 산마르코 성당의 종탑을 본떠 만들었다. 세계 3대 분수 쇼 중 하나인 마법의 분수쇼는 관광객을 끌어 모으면서 바르셀로나 여행에서 꼭 찾아가야 하는 광장으로 자리매김했다.

⌂ L3 Tarragona 역 하차

포블레 에스파뇰
Poble Espanyal

몬주익 언덕 위에 위치한 '스페인 마을'이라는 뜻의 포블레 에스파뇰^{Poble Espanyal}은 미술과 공예, 전통 음식점과 공연을 통해 스페인 문화를 볼 수 있는 장소이다. 포블레 에스파뇰 Poble Espanyal은 1920년대 후반, 스페인 건축물과 문화를 전시하기 위해 건립되었다. 사람들로 붐비는 광장과 좁은 골목들, 상점과 음식점과 나이트클럽이 즐비한 이곳은 오늘날 실제 마을과 같은 모습을 지니고 있다.

옥외 전시관인 이곳은 115 채가 넘는 건물로 이루어져 있다. 스페인 전역의 건축물에서 영향을 받아 건립되었다. 1929년 만국박람회를 위해 몬주익 언덕에 건립된 포블레 에스파뇰은 지금까지도 관광지로서의 명맥을 이어가고 있다.

40개의 공예 작업장에서는 직접 제작한 물건을 판매하는데, 유리 세공, 자수, 보석 세공, 판화 등의 전통 기법을 구경할 수 있다. 마을의 중앙 광장인 마야 광장에서는 음악과 춤 공연이 열린다. 매주 일요일, 마을에서는 퍼레이드와 인형극과 이야기꾼이 다양한 공연을 보여준다. 미술에 관심이 있다면 프랜 다우렐 미술관^{Fran Daurel Foundation}을 방문해 달리, 피카소, 미로를 비롯한 20세기 작품과 현대 미술 작품을 살펴보자.

🌐 www.poble-espanyol.com 🏠 Av. Francesc Ferrer I Guàrdia, 13, 150번 버스 타고 Poble Espanyal에서 하차
🕐 9〜24시(월요일 20시까지, 금요일 15시까지, 토요일 새벽 4시까지)

마법의 분수 쇼
Font Màgica

세계 3대 분수 쇼(라스베가스 벨라지오, 두바이 두바이 몰)로 유명한 에스파냐 광장에는 초당 약 2,600리터의 물이 3,620개의 배출구에서 52m까지 분출되며 4,700개의 조명으로 사람들을 사로잡는 분수 쇼이다.

카탈루냐 미술관 앞에서는 환상적인 분수 쇼가 매년 밤 9시부터 약 1시간가량 열린다.(4~5월 목~토 : 21~22시 / 6~9월 수~일 : 21시30분~22시30분 / 11~3월 목~토 : 20~21시) 한 번 치르는 데 꽤 많은 비용이 드는 이 분수 쇼는 광장을 울리며 퍼지는 음악에 맞춰 시원스럽게 춤을 추는 분수들과 화려한 레이저 조명, 주위의 환상적인 야경들이 만들어 낸다.

몬주익Montjuic 분수대에서 눈과 귀를 즐겁게 해주는 소리와 빛의 쇼는 평생의 추억에 남을 정도로 인상적이다. 여름밤의 더위를 식혀 주고 낭만적인 추억을 선사하는 바르셀로나의 분수 쇼는 놓치기에 아까운 볼거리이다. 바르셀로나에서 좀 더 색다른 경험과 낭만적인 밤을 느끼고 싶은 여행자들이 몰려든다.

분수 쇼를 보는 최고의 장소

① 카탈루냐 국립미술관의 계단
분수 쇼를 한눈에 담는 최고의 장소로 쇼가 시작되기 2시간 전부터 사람들은 기다린다. 특히 가방을 노리는 소매치기는 분수 쇼의 황홀한 기분을 망치는 주범이므로 항상 조심해야 한다.

② 아레나스 쇼핑몰 전망대(Arenas de Barcelona)
에스파냐 광장 건너편에 있는 쇼핑몰의 옥상 전망대로 가면 편하게 앉아서 분수 쇼를 관람할 수 있다. 하지만 음악소리가 들리지 않아 쇼의 황홀함은 반감된다.

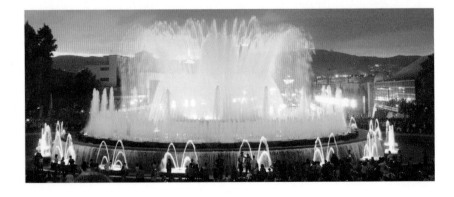

몬주익 언덕
Carretera de Montjuic

몬주익 언덕의 높이는 약 180m로 꼭대기에는 16세기에 지어진 몬주익 성^{Castell de Montjuic}이 자리 잡고 있다. 요새 주변을 돌며 바르셀로나의 전경을 감상하면서 쉬어가자.
항구를 내려다보고 있는 공원은 오래된 보루와 국립 미술관, 산책로로 이루어져 있다. 바르셀로나의 항구를 내려다보고 있는 몬주익 언덕^{Carretera de Montjuic}은 녹지와 미술관, 체육시설로 이루어져 있으며, 공원에서는 도시와 항구의 전경이 보인다. 언덕 꼭대기의 요새까지 케이블카를 타고 가거나, 자전거를 빌려 공원으로 갈 수 있다.

푸니쿨라타고 케이블카 이용하기
1. 지하철 L2, L3 Paral-lel에서 내려 연결된 통로로 푸니쿨라(Funicule de Montjuic)를 탑승한다.
2. 푸니쿨라에서 내리면 내려서 역 밖으로 나가 오른쪽에 있는 케이블카로 이동한다.
3. 케이블카를 탑승한 후 미라도르(Mirador)에서 내리면 몬주익 언덕에 도착한다.

푸니쿨라(Funicule de montjui)(소요시간 2분)
▶7시 30분~22시(10~4월 20시까지 / 토, 일, 공휴일은 9시부터 시작)
▶1회권 2.4€(T-10등의 교통카드 이용가능)

케이블카(Telefèric de Montjuic)
▶노선(왕복) Paral de Montjuic → Mirador → Castell de Montjuic
▶10~21시(6~9월 / 3~5월 19시까지 / 11~2월 18시까지
　겨울 점검 시 1달 정도 휴무)
▶8.4€(편도 / 왕복 12.7€ / 온라인 구매시 왕복 10% 할인
　T-10등의 교통카드 이용불가능)

미로 미술관
Fundasió Joan Miró

1975년에 개관한 미로 미술관Fundasió Joan Miró은 하얀 건물이 잔디밭의 조각들과 어울려 색채의 대비로 시선을 끌어당긴다. 하얀 건물위로 파란 하늘과도 대비가 된다. 미술관은 단순하고 직선적이며 선명한 색체를 표현한 미로의 작품전시뿐만 아니라 스페인의 신인 작가들을 발굴해 내는 역할을 하고 있다. 세미나, 비디오 상영, 음악회 등 다양한 문화공간으로 이용되도록 설계되었다.

전시된 미로의 작품들은 대개 1917~1970년대까지의 회화, 조각과 5,000여점의 드로잉, 동판화, 섬유작품 등이 있다. '공간 안의 외침과 나부', '아르누보 액자 속의 회화', '한밤중의 여자와 새들' 등이 유명하다. 내부는 자연광을 최대한 이용하도록 설계되었으며 전시 공간 간격도 넓게 고안되어 여유롭게 돌아볼 수 있다.

🌐 www.fmirobcn.org 🏠 버스 55번, 150번 Av Miramar-Fundació Joan, Miró 하차, L-3 ParaHel에서 푸니쿨라
🕐 10~19시(화~토요일 / 7~9월 20시까지 목요일 21시 30분까지, 일, 공휴일 14시 30분 월요일 휴관)
ⓔ €13(학생, 65세이상 €7 / 14세 이하 무료)

구엘 공원
Parc Güell

구엘 공원Parc Güell은 구엘 저택과 함께 가우디의 후원자였던 은행가 구엘Güell의 이름을 따서 지은 것이다. 구엘Güell은 평소에 영국의 전원도시를 동경했고 가우디의 설계로 언덕 지대에 세워졌다. 가우디가 설계한 구엘 공원Parc Güell은 1900~1914년 사이에 조성되었다.

바르셀로나 시민들이 가족끼리, 연인끼리 자주 찾는 이곳은 무료였다가 최근에 유료로 바뀌어 공적인 공원보다 관광지로 바뀌었다. 자연과 잘 조화된 가우디의 건축 특징을 오밀조밀하게 한곳에 모아 놓은 구엘 공원Parc Güell은 느긋하게 걸으면서 가우디의 건축적 특징과 그의 예술성을 느낄 수 있다.

바르셀로나에 익숙해지는 가장 좋은 방법은 도심 북쪽에 위치한 구엘 공원$^{Parc\ Güell}$ 꼭대기에서 도시 전체를 조망해보는 것이다. 공원은 언덕 꼭대기의 황홀한 경치, 과자집이 연상되는 진저브레드 스타일의 집과 지붕이 씐 산책로, 모자이크 타일과 같이 개성 넘치는 풍경으로 유명하다.

15ha에 달하는 공원은 원래 도시의 귀족층을 위한 주거 단지로 설계되었지만 지어진 집은 두 채뿐이다. 가우디가 그 중 한 채에 살았다. 가우디가 살던 집은 오늘날 대중에게 공개되어 가우디 박물관으로 운영되고 있다. 소정의 입장료를 내고 들어가 가우디가 직접 디자인한 가구와 작품에 대해 살펴볼 수 있다.

카사 비센스
Casa Vicens

가우디의 다른 건축물에 비해 유명하지도 관광객이 많지도 않지만 카사 비센스^{Casa Vicens}는 건축가 안토니 가우디가 맨 처음 설계한 개인용 주택이라는 점에서 의미를 찾을 수 있다. 수많은 관광객들이 사진을 찍고 파사드를 감상하기 위해 몰려들고 있다. 거리에 서서 가우디가 맨 처음 설계한 벽돌 건물의 색채를 감상해보자. 내부에는 입장할 수 없다.

카사 비센스^{Casa Vicens}는 바르셀로나 시내의 북쪽 그라시아^{Gracia}의 작고 조용한 거리에 있다. 1800년대 후반 처음 건설된 당시의 바닥 면적은 16m에 12m였다.

대부분이 벽돌로 이루어진 파사드에 윤기가 나는 녹색과 흰색 타일이 더해지고 꽃의 모티프도 가미되었고 대문은 야자나무의 모티프로 장식되었다. 건축에서는 작은 부분도 중시한 가우디는 어떠한 세세한 부분도 놓치지 않았다. 블라인드와 환기 구멍을 비롯한 세세한 부분들까지 모두 장식되었다. 발코니의 정밀한 철 구조물과 생생한 타일 색을 자세히 살펴볼 수 있다.

🌐 www.casavicens.org
🏠 Carrer de les Carolines, 20~26, 08012(Fontana 역에서 걸어서 2분 거리, 구엘 공원에서 멀지 않다.)
🕐 10~18시　📞 +34-932-711-064

특징
건물은 여러 측면에서 당시의 전통적인 건축 관습을 어기는 것이었다. 장식적인 측면은 과장되었으나 구조적인 설계 부분에서는 단순했다. 설계 당시 가우디는 갓 대학을 졸업한 상태였지만, 카사 비센스(Casa Vicens)에 그의 개성이 많이 녹아있다. 설계에는 자연을 상징하는 여러 요소들이 있으며, 색채와 질감의 대비도 뚜렷하다. 가우디는 라틴 아메리카와 아랍 문화에 동양적 색채를 가미했다.

주의사항
카사 비센스(Casa Vicens)의 구석구석까지 볼 수 있도록 밝은 낮에 방문하는 것이 좋다. 건물주는 관광객들이 집 밖에 서서 사진 찍는 것을 불편해하지 않지만, 담을 넘어가는 것은 안 된다.

스페인 요리 전문점

■ 타파스(Tapas)

퀴멧 이 퀴멧(Quimet & Quimet)

몬주익 지구에서 현지인들에게 인기 있는 바르로, 다양한 메뉴의 타파스가 맛있는데다 한국인 입맛에 잘 맞아 많은 한국인 여행자들이 방문하는 곳이다. 식당 자체가 작고 테이블도 몇 개 없어 협소한 편이지만 언제나 사람들로 북적인다.

직원과 눈을 마주쳤을 때 메뉴를 말해야 음식이 나오는 주문 방식이다. 주문 방식도 생소하고 사람이 많아 불편할 수 있지만, 현지 분위기를 제대로 느낄 수 있는 곳으로 여행자의 취향에 따라 방문하는 것을 추천한다. 타파스와 몬타디토는 연어나 새우가 들어간 것을 먹으면 실패할 수 가 없다.

🌐 www.quimetquimet.com 🏠 Carrer del Poeta Cabanyes, 25, 08004(몬주익 마법의 분수에서 약 1.5km)
🕐 12~16시, 18~22시(월~금 / 토, 일 휴무) ⓒ 타파스, 몬타디토류 3€~ 📞 0934-42-31-42

179

비니투스(VINITUS)

Olive 〈원나잇 푸드트립〉에서 개그맨 권혁수가 눈물을 흘릴 정도로 맛있게 먹는 모습이 방영되어 한국인 여행자들이 많이 찾는 타파스 전문점이다. 대부분의 요리가 맛이 좋은 곳으로, 한국인 여행자들이 꼭 시키는 요리는 권혁수가 먹은 꿀대구다.
현지 종업원들도 꿀대구라고 말해도 주문이 될 정도다. 비니투스는 본래 현지인들에게도 인기 있으며, 특히 다양하고 맛있는 와인을 취급하는 것으로 유명한 곳이다. 선택한 메뉴에 어울리는 와인을 추천받거나 상그리아라도 꼭 시켜보는 것을 추천한다.

🏠 C. del Consell de Cent, 333, 08007(카탈루냐 광장에서 약 550m)
🕐 12~24시(일~목 / 금, 토 새벽1시까지) 💶 타파스류 3€~ 📞 0933-63-21-27

세르베세리아 카탈라나(Cerveceria Catalana)

바르셀로나의 인기 타파스 레스토랑으로 현지인과 관광객 모두가 좋아하는 곳이다. 대부분의 메뉴가 크게 짜지 않고 맛이 좋은데다, 직원들도 친절하고 빠릿한 편으로 방문자들의 만족도도 높고 재방문율도 높은 식당이다.
아침부터 저녁까지 브레이크 타임 없이 운영하기 때문에 언제라도 방문할 수 있는 곳이지만, 딱히 식사 시간이 아니더라도 언제나 많은 사람들이 방문하기 때문에 언제 가도 대기할 가능성이 높은 편이다. 추천 메뉴는 튀김이나 생선이 들어간 타파스다.

🏠 C. de Mallorca, 236, 08008(카사 밀라에서 약 400m)
🕐 12~24시(일~목 / 금, 토 새벽1시까지)
💶 타파스류 3€~
📞 0932-16-03-68

시우다드 콘달(Ciudad Condal)

바르셀로나 현지인들이 사랑하는 타파스 전문점이다. 내부 외부 자리가 넉넉하게 있지만 식사 시간에는 대기가 꽤 길기 때문에 예약을 하는 것이 좋다. 저렴한 가격의 타파스 전문점에 비해 조금 더 가격은 있지만, 여러가지 메뉴가 대체로 맛이 좋은 편이다. 특히 해산물이 들어간 타파스나 요리는 맛있다. 직원들이 친절한 편이며 음식도 빨리, 정확하게 나오는 것도 장점인 곳이다. 바 자리도 있어 혼자 여행자도 부담 없이 방문할 수 있다.

🏠 teatro Liceu, al lado del gran, La Rambla, 51, 59, 08002(카탈루냐 광장에서 약 300m)
🕐 8시 30분~24시(월~목) / 금요일 새벽 1시까지 / 토요일 9~새벽1시까지 / 일요일 9시 시작
💶 타파스류 5€~   📞 0933-18-19-97

세르베세리아 엘 바소 데 오로(Cerveceria El Vaso de Oro)

현지인들이 사랑하는 타파스 바다. 현지 타파스 바의 시끌벅적하고 유쾌한 분위기를 즐겨보고 싶을 때 방문하는 것을 추천한다. 인기메뉴는 푸아그라 스테이크인데 호불호가 거의 갈리지 않을 정도로 평이 좋으므로, 이곳에 방문했다면 꼭 시켜보자.
신선하고 깊은 맛의 수제 맥주 또한 인기 있으니 맥주도 함께 곁들이자. 내부 인테리어가 바 형식으로 돼있기 때문에 3인 이상이 방문하면 다소 불편할 수도 있다.

🌐 www.vasodeoro.com   🏠 Carrer de Balboa, 6, 08003(카탈루냐 역사박물관에서 약 300m)
🕐 12~24시 💶 푸아그라 스테이크 25.52€, 맥주 2.75€~ 📞 0933-19-30-98

■ 빠에야(Paella)

타베르나 엘 그룹(Taverna El Glop)

한국인 여행자들에게 빠에야가 맛있기로 소문난 맛집으로 바르셀로나에 두 개의 지점이 더 있다. 빠에야는 주문 즉시 생쌀로 만들어내기 때문에 나오는 데까지 시간이 20분 이상 걸리며, 2인분부터 주문 가능하다. 먹물 빠에야와 해산물 빠에야가 가장 인기 있다. 한국인 입맛에 다소 짤 수도 있으므로 짠맛이 싫다면 씬 쌀, 뽀르파보르Sin sal, por favor라 말하며 부탁하자. 직원들이 대체로 친절한 편이며 음식 또한 맛이 좋아 방문자들의 만족도와 재방문율이 높은 곳이다.

🌐 www.elglop.com 🏠 Carrer de Sant Lluís, 24, 08012(카사 비센스에서 약 1km)
🕐 12시 30분~24시 ⓒ 빠에야 13,20€ 📞 0932-13-70-58

■ 추로스(Churros)

그랑 하 파야레사(Granja la pallaresa)

현지인들이 사랑하는 오래된 추로스 전문점으로 70년 넘게 운영 중인 곳이다. 언제나 많은 사람들로 매장이 북적한 곳으로 현지인들의 유서 깊은 추로스 전문점이 궁금하다면 추천하는 곳이다. 대부분의 추로스 전문점들이 초콜라떼에만 추로스를 찍어먹는 경우가 많고 또 한 가지 초콜라떼만 제공하지만, 이곳은 다양한 메뉴의 초콜라테와 크림을 제공한다는데에 장점이 있다. 가장 인기 있는 메뉴는 역시 추로스와 스페인식 초콜라떼이며, 엔사이마다Ensaimada라는 스페인식 페이스트리 빵도 인기가 좋은 편이다.

🏠 Carrer dels Banys Nous, 8, 08002
　　(바르셀로나 현대미술관에서 약 300m)
🕐 7~13시 30분, 15시 30분~20시 15분(월~금 / 수요일 휴무),
　　7~14시, 16~20시 30분(토요일 / 일 7~14시 30분, 16시 30분~20시 30분)
ⓒ 기본 추로스 100g 1,30€, 초콜라테 2€ 📞 0933-18-76-91

슈레리아(Xurreria)

테이크아웃 전문 추로스 전문점으로 현지인과 관광객에게 인기 있는 곳이다. 매장이 작기 때문에 찾아갈 때 꼼꼼히 살펴봐야 놓치지 않고 지나갈 수 있다. 추러스는 100g 단위로 구매할 수 있다는 것이 특이점이다. 슈레리아의 추러스는 한국에서 먹는 추러스와 가장 가까운 맛으로, 많은 한국인 여행자들이 방문한 덕에 한국어 메뉴판까지 생긴데다 주인이 약간의 한국어가 가능하다. 기본 추러스와 초콜렛을 입힌 추러스, 그리고 추러스 안에 초콜릿이 들어있는 추로스 세 가지 메뉴가 인기 있다.

🌐 www.elglop.com 🏠 Carrer dels Banys Nous, 8, 08002(바르셀로나 현대미술관에서 약 300m)
🕐 7~13시30분, 15시30분~20시15분(월~금 / 수요일 휴무)
　7~14시, 16~20시 30분(토요일 / 일 7~14시 30분, 16시 30분~20시 30분)
ⓔ 기본 추러스 100g 1.30€, 초콜라테 2€ 📞 0933-18-76-91

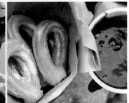

■ 해산물(Seafood)

라 파라데타(La paradeta)

신선하고 질 좋은 해산물을 직접 보고 고르고, 원하는 방식으로 주문해 즐길 수 있는 해산물 요리 전문점이다. 해산물은 시가로 판매하지만 저렴~보통 수준의 가격이며 낱개 또는 kg으로도 주문 가능하다. 계산 후에 번호표를 받고 번호를 부르면 가지러 가면 된다.
바르셀로나에만 여러 개 지점이 있으며, 상세 안내는 평이 가장 좋은 개선문 인근의 지점으로 안내한다. 추가 주문이 어려운 특성이 있으므로 처음 시킬 때 한 번에 시키는 것이 좋다. 어느 지점이던 현지인들과 여행자들이 많이 찾기 때문에 언제나 웨이팅이 있는 편으로, 오픈 전에 대기하는 것을 추천한다.

🌐 www.laparadeta.com 🏠 Carrer Comercial, 7, 08003(개선문에서 약 750m)
🕐 12~16시, 18~22시(월~금 / 토, 일 휴무) 📞 0934-68-19-39

엘 마그니피코
Cafés El Magnífico

흔한 동네 카페처럼 보이지만, 100년 넘게 대를 이어 운영하고 있는 바르셀로나의 유서 깊은 카페. 관광객보다 현지인들이 즐겨 찾는 카페로, 프랜차이즈 커피보다 깊은 맛의 커피향을 느낄 수 있어 인기가 좋은 곳이다. 세계 바리스타 대회 챔피언이었던 주인이 운영하는 곳으로, 원두 선별부터 로스팅까지 그의 손을 거치므로 믿고 먹을 수 있을 것이다. 직원들이 친절하고 커피 맛이 좋아 만족도와 재방문율 모두 높은 곳이다.

`홈페이지` www.cafeselmagnifico.com `위치` Carrer de l'Argenteria, 64, 08003(바르셀로나 현대미술관에서 약 300m)
`시간` 9〜14시, 17〜20시 / 토요일 9〜14시, 16시 30분〜20시 / 일요일 휴무 `요금` 커피류 1.5€
`전화` 0933-19-39-75

부보 본
Bubó Born

'힘든 하루 끝에 나에게 주는 작은 선물'이라는 모토를 갖고 있는 디저트 전문점이다. 고급스러운 매장의 쇼케이스 안에 가득 진열돼 있는 초코렛, 마카롱, 케이크, 베이커리류의 디저트들은 귀엽고 예쁘고 아기자기해 무엇을 골라야할지 걱정이 될 정도다. 부보는 특히 달달하고 맛있는 초콜릿으로 유명한 곳이다. 가장 인기 있고 유명한 메뉴는 사비나(XABINA)이므로 부보에 방문했을 때 사비나가 남아있다면 반드시 먹어보자.

`홈페이지` www.bubo.es `위치` Carrer de les Caputxes, 10, 08003(바르셀로나 역사박물관에서 약 400m)
`시간` 10〜14시, 17〜20시(월요일 휴무) `요금` 디저트류 2€〜
`전화` 0932-68-72-24

로캄볼레스크
Rocambolesc

'엘 세예르 데 칸 로카'라는 미슐랭 3스타 파인다이닝의 파티쉐였던 조르디가 운영하는 수제 아이스크림 전문점이다. 컵이나 콘에 담아주는 아이스크림과 사람 코, 손 모양 등 재미있고 신기한 모양의 하드까지 판매한다.
아이스크림은 다른 젤라또 전문점에 비해 조금 더 고급스러운 느낌으로 달콤하고 부드럽다. 다양한 토핑을 올려먹으면 보기에도 좋고 맛도 더 좋아지며, 추천 메뉴도 다양하게 선보이고 있으므로 고민이 될 때는 추천 메뉴를 선택해보는 것도 추천한다.

홈페이지 www.rocambolesc.com
위치 teatro Liceu, al lado del gran, La Rambla, 51, 59, 08002(리세우 대극장 입구 인근)
시간 12~23시(목~일) / 16~23시(수요일) / 월, 화 휴무   **요금** 아이스크림3.25€   **전화** 0937-43-11-25

핌팜버거
Pim Pam Burger

저렴한 가격에 한 끼를 해결할 수 있는 곳으로 현지인들에게 인기 있는 수제 햄버거 전문점이다. 샌드위치 프랜차이즈인 서브웨이처럼 야채와 원하는 소스를 넣어서 햄버거를 만들어주는데 양도 넉넉하게 주는 편이다. 두툼하고 촉촉한 패티는 약간 짠 편이기도 하다. 겉은 바삭하고 속은 촉촉한 겉바속촉의 감자튀김은 스몰 사이즈도 양도 많은 편이다. 햄버거는 1시부터 주문 가능하므로 방문 시 유의해두자.

홈페이지 www.pimpamburger.com   **위치** Carrer del Sabateret, 4, 08003(피카소 미술관에서 약 200m)
시간 12~24시   **요금** 핌팜버거 6.10€, 감자튀김 3€   **전화** 0933-15-20-93

파스티세리아 호프만
Pasteleria Hofmann

바르셀로나에서 크루아상 맛집으로 유명한 베이커리다. 겉은 바삭하지만 버터 가득 품은 속 빵이 겹겹이 떼어지면서 쫄깃한 식감을 내는 이곳의 크루아상은 오리지널부터 시작해 초코, 망고, 라즈베리 등 다양한 필링이 들어가지만 가장 인기 있는 메뉴는 마스카포네 치즈가 들어있는 크루아상이다. 늦게 방문하면 할수록 인기 있는 빵들이 소진되므로, 빵을 좋아하는 빵순이·빵돌이 여행자라면 시간을 내어 일찍 방문하는 것도 추천한다.

홈페이지 www.hofmann-bcn.com **위치** Carrer dels Flassaders, 44, 08003(피카소 미술관에서 약 250m)
시간 9~14시, 15시 30분~20시(일요일 9~14시 30분, 15시 30분~20시) **요금** 크루아상 2.50€~
전화 0932-68-82-21

파에야(Paella)란?

파에야(Paella)는 쌀과 고기, 해산물, 채소를 넣고 만든 스페인의 쌀 요리로 사프란이 들어가 특유의 노란색을 띤다. 아랍세계의 지배를 받던 중세시대에 쌀이 스페인으로 처음 유입되면서 파에야와 유사한 음식을 먹기 시작한 이후, 지금의 파에야 명칭은 19세기에 들어서부터 부르기 시작했다.

파에야의 기원
사람들이 많이 모이는 행사에서 쌀, 생선, 향신료를 넣은 요리를 만들어 먹은 것에서 유래했다는 설과, 왕족의 연회에서 남은 음식을 이용해 신하들이 오늘날의 파에야와 비슷한 음식을 만들어 먹은 것에서 시작되었다는 설이 있다.

파에야를 만드는 방법
빠에예라(Paellera)라는 넓은 팬에 고기를 먼저 볶다가 양파, 토마토, 마늘 등을 넣어 볶은 후 물을 부어 끓기 시작하면 쌀과 사프란(Saffron)을 함께 넣어 만든다. 쌀을 팬에 얇게 펴서 바닥은 눌어붙게 하고 위는 질척하지 않게 조리해야 파에야 특유의 맛이 우러난다.

Montserrat

몬세라트

몬세라트

MONTSERRAT

몬세라트(Montserrat)는 바르셀로나에서 기차로 북서쪽으로 1시간 거리에 있는 아름다운 베네
딕트 수도원이 있는 산악 휴양지이다. 몬세라트는 바르셀로나 근교에 있는 산으로 울퉁불퉁
근육질처럼 바위와 봉우리가 6만개나 이어진다.

몬세라트 IN

자동차

바르셀로나의 중심에서 약 70㎞ 떨어진 몬세라트는 자동차로 이동하려면 스페인에서 가장 아름다운 구불구불한 도로를 이동해야 하지만 도로 옆의 풍경을 정말 아름답다.

A2 고속도로에서 마르토렐Martorell 출구로 나온 다음 N II 국도에서 몬세라트Montserrat 교차로까지 이동하면 된다. 이동합니다. 고속도로에서 산의 독특한 모양을 볼 수 있어서 바르셀로나에서 투어로 몬세라트를 다녀오는 관광객이 많다.

기차

기차로 몬세라트까지 이동하는 데 약 1시간 30분이 소요된다. 몬세라트, 케이블카 또는 랙철도 "체레말레라Cremallera"를 오르는 2가지 방법이 있다.

플라카 에스파냐Plaça Espanya 지하철역에서 FGC(Ferrocarrils de la Generalitat)를 타고 만레사 Manresa 방향으로 R5 라인을 타고 이동하면 된다. 첫차는 08:36부터 매시간 출발한다.

케이블카

아에리 데 몬세라트Aeri de Montserrat역에서 내려서 탑승하거나, 랙 철도의 경우 '몬세라트수 도원Monistrol de Montserrat' 정류장에서 탑승하면 된다. 기다렸다가, 20분마다 랙 철도가 몬세 라트까지 운행되며 수도원으로 바로 연결된다. (€10 / 렉 철도 8.45€)

결합 티켓(Trans Montserrat / Tot Montserrat)
몬세라트 통합 교통권(Trans Montserrat(26.60 유로)와 Tot Montserrat (42.65 유로))의 합산 티켓은 바르셀로나에서 당일치기 여행으로 다녀올 수 있다. FCG, 카탈루냐 철도역, 플라사 데스파냐 및 카탈루냐 광장의 자동판매기에서 구입할 수 있다.
티켓에는 두 번의 지하철 타기, 몬세라트까지 기차를 타다 돌아오는 티켓이 있다. 케이블카(Aeri) 또는 랙 레일, 케이블카로 계속해서 시청하고 시청각 전시회에 입장하는 것이 포함된다. Tot Montserrat 티켓에는 박물관 입장권과 레스토랑 메뉴도 포함되어 있다.

두 가지 유형
케이블카 티켓 'Aeri(Montserrat-Aeri역)와 랙 철도 티켓 'Cremalla(다른 역 Monistrol에서 하차) de Montserrat'

몬세라트 수도원
Santa Maria de Montserrat Abbey

종교적으로 매우 중요할 뿐만 아니라 수도원을 둘러싼 자연은 숨이 막힐 정도로 아름답다. 이곳에는 아서 왕의 성배 전설에 등장하는 베네딕트의 산타 마리아 몬세라트 수도원이 있어서 기독교 성지로 알려져 있다. 가우디가 사그라다 파밀리아 성당과 카사밀라를 짓게 만든 영감을 주었다는 이야기가 전해지며 전 세계 관광객이 찾고 있다.

몬세라트Montserrat 산은 기독교 이전 시대부터 종교적 중요성을 가졌다. 그리스도를 숭배하는 사원이 로마인에 의해 세워졌다. 최초로 880년에 첫 번째 수도원이 건축되었다고 전해진다. 그들은 몬세라트에 다양한 암자를 지은 은자 승려였다. 수도원은 산타 마리아 1025의 암자를 확장하여 설립되었다. 12세기에 발견된 블랙 마돈나에 발견되면서 순례의 대상으로 전해지면서 수도원은 성장하였다.

콜럼버스를 비롯해 페르난도 왕과 이사벨라 여왕 등의 역사적으로 유명한 인물들이 몬세라트를 순례했다. 콜럼버스는 1493년 두 번째 신대륙으로 떠나면서 수도원에서 마지막으로 기도를 올렸다. 1811년 수도원은 나폴레옹 군대에 의해 대부분 파괴되었지만 베네딕토 수도원은 다시 재건되었다.
프랑코 독재 시대에 수도원은 저항을 하면서 수백 명의 박해가 가해졌고 20명 이상의 승려가 처형되기도 했다. 이 저항으로 수도원은 카탈루냐 사람들이 억압과의 싸움에 대한 중요한 상징으로 여겨지게 되었다.

기적의 주인공을 만나고 싶다면?
전설이 과한 측면은 있지만 지금도 찾는 기적의 주인공, 검은 성모상은 예배당에서 만날 수 있다. 성모상을 들고 있는 공에 손을 대고 소원을 빌면 이루어진다고 믿는다. 성모상을 보기 위해 여름에는 2시간 이상, 겨울에도 일찍 찾지 않으면 기다리는 줄을 서야 만날 수 있다. 성모상이 있는 예배당은 오픈 시간이 따로 정해져 있다.
▶ 홈페이지_ www.abadiamontserrat.net

모니스트롤 - 몬세라트 트레킹
Monistrol - Montserrat (Drecera dels Tres Quarts 경우)

여러 트레킹 코스가 있지만 가장 많이 다녀오는 트레킹 중 하나는 'La Drecera del Tres Quarts'를 경유하여 몬세라트^{Montserrat}로 가는 모니스트롤^{Monistrol}이다. 524m의 경사로 3.8㎞에 불과하지만 처음부터 끝까지 가파른 코스가 나온다. 트레킹이 끝날 때까지 1시간에서 1시간 45분이 소요된다.

산책을 즐기는 경우 카탈로니아 전체에서 가장 특이한 암석층의 웅장한 전망을 경험할 수 있는 산을 통과하는 흥미로운 산책도 있다. 케이블카를 타고 산 정상까지 올라갈 수 있으며 거기에서 카탈로니아 시골의 놀라운 전망을 감상 할 수 있는 다양한 산책로를 선택할 수 있다.

주차장에는 몇 개의 피크닉 테이블이 있으며 여기에서 트레킹이 시작된다. 왼쪽으로 이동해 평평하고 넓은 숲 트랙에 도달할 때까지 5분 정도 상당히 가파른 지형이 나타난다. 숲 트랙은 'Camí de les Aigües'라고 불리며 몬세라트까지 이어진다.

숲길은 첫 번째 표지판과 오른쪽으로 올라가는 또 다른 트레킹 코스를 찾을 때까지 숲 트랙을 계속 걸어가면 된다. 바위가 많고 가파르기도 하니 조심해야 한다. 절반정도의 길에 숲 지역이 있는데 화창한 날에는 아름다운 풍경이 기다리고 있다.

트레킹 정보
▶거리 : 3.5km(경사 : 550m)
▶표지판에 따라 1시간 45분 정도 소요 / 내 시간 50 분
▶자동차나 기차로 모니스트롤(Monistrol)에 도착한다. 마을을 지나 왼쪽으로 조금만 이동하면 주차 공간이 있다.

Sevilla

세비아

세비야

SEViLLA

플라멩코와 투우, 유럽 최고 건물들의 본고장인 안달루 시아 지방의 수도는 풍부한 역사, 종교, 삶에 대한 열정 으로 가득한 곳이다. 과달키비르 강 유역을 감싸는 안달 루시아의 도시 세비야는 역사적, 건축적, 문화적 보물들 이 넘쳐난다. 이곳을 구경하다 보면 어느 새 과달키비르 동쪽 유역에 있는 도시의 구 시가지에서 3개의 주요 문 화재를 만날 수 있다.

세비야 사람들은 부활절과 함께 이곳에서 펼쳐지는 2개 의 주요 축제에 표현하는 그들만의 열정으로 유명하다. 세마나 산타 데 세비야는 세계에서 가장 큰 종교 퍼레이 드이다. 페리아 데 아브릴은 일주일 내내 플라멩코와 축 제로 현지인들에게 큰 즐거움을 선사한다.

세비야 IN

안달루시아 지방에서 이동할 경우 버스를, 마드리드나 바르셀로나 등의 도시에서 이동할 경우에는 열차를 이용하는 것이 편리하다. 유럽 주변국가에서 이동할 경우 저가항공을 이용하기도 한다.

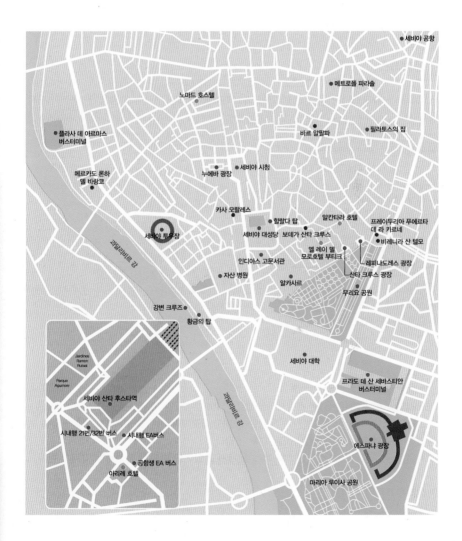

비행기

우리나라에서는 마드리드와 바르셀로나에서 내려 저가항공인 부엘링을 타고 세비야로 가야 한다. 다른 유럽 도시에서는 주로 라이언 에어나 이지젯을 이용해 세비야를 들어가는 항공편이 하루에도 여러 편 운항한다. 세비야 산 파블로 국제공항^{Sevilla Airport San Pablo/SVQ}은 세비야 도심에서 북쪽으로 약 10㎞ 정도 떨어져 있다.

▶ 공항 홈페이지 : www.arena.es

공항버스

공항에서 산타후스타 기차역 등을 거쳐 버스터미널이 있는 아르마스 광장^{Plaza de Armas}까지 운행한다.

▶ 운행시간 : 공항 출발 05:20〜01:15,
　　　　　　시내 출발 04:30〜00:30
▶ 소요시간 : 약 40분
▶ 요금 : 편도 €6

택시

일행이 많다면 공항과 시내간 거리가 멀지 않아 이용할 만하다.
▶ 소요시간 : 약 20분
▶ 요금 : 편도 €25〜

철도

마드리드(AVE로 2시간 30분 소요), 바로셀로나(AVE로 5시간 20분 소요), 코르도바, 말라가, 그라나다 등에서 세비야행 열차가 운행한다. 바르셀로나에서는 세비야까지 야간열차를 이용하여 숙박과 이동시간을 절약하는 경우가 많다.
고속열차만 운행하므로 스페인 철도패스를 가지고 있어도 반드시 좌석을 예약해야 한다.

▶ 산타후스타역
(Estación de Santa Justa)

세비야의 중심으로 산타후스타역에서 시내까지는 도보로 30분 정도 소요된다. 버스 C1, C2번을 타고 프라도 산 세바스티안Prado San Sebastian역에서 하차, 트램을 이용할 경우 콘스티투시온 거리에서 하차하면 된다.

버스

세비야까지는 마드리드에서 직접 오는 경우는 거의 없고, 안달루시아 지방에서 이동하는 버스 노선이 많다. 세비야에는 2개의 버스터미널이 있으므로 자신의 버스표를 잘 보고 버스터미널로 이동해야 한다. 안달루시아 지방의 단거리 노선은 산 세바스티안 터미널을, 마드리드나 바르셀로나처럼 장거리는 아르마스 터미널을 이용한다.

▶산 세바스티안 터미널(Estacioˊn de Autobuses Prado de San sebastian)
그라나다, 말라가, 코르도바 등 안달루시아 지방을 오가는 단거리 버스 노선을 운행한다. 터미널에서 시내까지는 걸어서 약 15분 정도 소요된다.

▶아르마스 터미널
(Estacioˊn de Autobuses Plaza de Armas)
마드리드, 바르셀로나, 발렌시아 등 뿐만 아니라 포르투갈의 리스본을 오가는 장거리 버스 노선이 있다. 시내까지는 도보로 약 20분 정도 소요된다.
대성당을 갈 경우, 버스 C4번을 타고 3번째 정거장인 푸에르타 데 예레즈Puerta de Jerez역이나 4번째 정거장인 프라도 데 산 세바스티안 버스터미널 앞에서 하차 후 걸어가면 된다.

세비야 둘러보기

구 시가지에 대부분의 주요 관광지가 몰려 있어 걸어서 둘러볼 수 있다. 세비야를 구경하는 것은 대중교통이 잘 마련되어 있어 편리하다. 특히 저렴하고 자주 운행되는 버스가 모든 주요 지역으로 이동해 준다. '세비시'라고 불리는 대중 자전거 프로그램을 통해 자전거를 대여한다면 더욱 여유롭고 낭만적으로 도시를 경험할 수도 있다.

다른 유럽 도시보다 인구 당 바Bar의 수가 많은 세비야는 진정한 파티 도시라 할 수 있다. 수많은 타파스 바 중 한 곳에 들러 즙이 많은 올리브와 맛있는 햄, 매운 소스와 함께 서비스되는 감자튀김, 파타타스 브라바스도 추천한다. 스페인에서 가장 큰 경기장 중 하나인 에스타디오 올림피코 데 라 카르투하에서 콘서트나 축구 경기도 감상해보자.

과달키비르 강(Rio Guadalquivir)
과달키비르라는 다소 어려운 이름의 강은 아랍어의 'Wadi al Kebir(큰 강)'에서 유래되었다고 한다. 안달루시아에서는 가장 큰 강으로 강가에 위치한 황금의 탑에 오르면 풍경이 한눈에 내려다보인다.
안달루시아를 관통하는 큰 줄기로 걷다 보면 발걸음이 자연스럽게 강가로 향해 있을 것이다. 낮게 뜬 해는 강을 황금빛으로 물들이고 있고, 평화롭고 느릿한 강가 풍경은 평화롭다. 노을빛에 젖어 천천히 카약을 즐기거나, 열정적으로 키스를 나누는 연인들, 자전거로 강변을 달리기도 한다.

스페인에서 4번째로 큰 도시로 우리에게는 플라멩코와 투우의 본고장으로 알려져 있다. 스페인의 대표화가 벨라스케스의 고향이기도 하다. 스페인을 대표하는 문화인 투우와 플라멩코를 보기 위해 해마다 많은 관광객이 이곳을 찾고 있다. 안달루시아 지방을 대표하는 도시로 오페라 〈카르멘〉, 〈세비야의 이발사〉, 〈피가로의 결혼〉의 무대이기도 하다.

세비야 베스트 코스

세비야의 구시가와 플라멩코를 직접 느껴보면 세비야의 매력에 푹 빠지게 된다. 지금부터 세비야의 매력을 느껴보자. 세비야는 시에스타(낮잠)로 중간 휴식을 갖는 곳이 많으니 관광 안내소에서 관광명소 입장 시간을 확인하자.

대성당

히랄다 탑

인디아스 고문서관

마리아 루이사 공원

세비야 대학

자선병원

스페인 광장

고고학 박물관

황금의 탑

마카레나 성당

필라토스의 저택

왕립 마에스트란사 투우장

고고학 박물관
Museo Arqueológico de Sevilla

스페인 광장에서 15분 정도 걸으면 아메리카 광장에 위치한 플라테레스코양식의 건물로 된 고고학 박물관을 볼 수 있다. 1929년 라틴 아메리카 박람회의 대회장으로 사용되었던 곳으로 구석기 시대부터 중세 시대까지 안달루시아 지방에 살았던 민족들의 문화와 역사를 보여주는 고고학 유물을 전시하고 있다.

기원전 5~3세기경 타르테소스족의 것으로 추정되는 황금 장신구 카람볼로 보물Tesoro del Carambolo과 스페인에서 가장 잘 보존된 헤르메스 상la Estatua de Harmes은 꼭 봐야 할 유물이다.

🕐 화~토요일 09:00~20:30
    (6~9월 초 09:00~15:30)
    일, 공휴일 09:00~17:00
    월요일, 1/1, 1/6, 12/24~25 휴무
€ 일반 €2.5, 학생 무료

황금의 탑
Torre del Oro

과달키비르Guadalquivir 강변에 세워진
정12각형의 탑으로 금색 도기 타일이
입혀져 황금의 탑으로 불린다. 강 건너
편에 있던 은의 탑과 쇠사슬을 연결해
적의 침입을 막고 배의 통행을 제한하
기 위해 세워졌다.
현재는 해양 박물관Museo Maritimo으로
사용되고 있다. 탑 꼭대기에 있는 전망
대로 올라가면 아름다운 과달키비르
강의 풍경을 감상할 수 있다.

🕐 10:00~14:00(토, 일 11:00~14:00), 월요일, 공휴일 휴무　€ 일반 €3, 학생 €2

마카레나 성당
Basílica de la Macarena

필라토스의 저택에서 걸어서 5분 정도 가
면 '눈물을 흘리는 성모'로 유명한 마카레
나 성당이 나온다.
희망의 성모la Virgen de la Esperanza에게 봉헌
된 성당으로 1941년 신바로크양식으로 지
어졌다. 성당 안에는 박물관, 보물실, 기
념품 가게 등이 있다.

🌐 www.hermandaddelamacarena.es
🏠 대성당에서 도보 30분, 필라토스의 저택에서 도보 5분
🕐 09:00~14:00, 17:00~21:00
€ 무료

왕립 마에스트란사 투우장
Real Maestranza de Caballería de Sevilla

스페인에서 가장 오래된 투우장으로 1761년부터 100여
년에 걸쳐 바로크양식으로 완성되었다. 세마나 산타
Semana Santa가 열리는 3월 말이나 4월 초를 기점으로
투우 경기가 시작되어 10월 중순까지 열린다. 투우 경
기가 없는 날에는 가이드 투어가 있어 경기장과 박물
관을 둘러볼 수 있다.

세마나 산타

스페인에서 가장 오래된 투우장으로 1761년부터 100여 년에 걸쳐
바로크양식으로 완성되었다. 세마나 산타(Semana Santa)가 열리
는 3월 말이나 4월 초를 기점으로 투우 경기가 시작되어 10월 중
순까지 열린다. 투우 경기가 없는 날에는 가이드 투어가 있어 경
기장과 박물관을 둘러볼 수 있다.

🌐 www.realmaestranza.com 🏠 대성당에서 도보 15분, 황금의 탑에서 도보 5분
🕐 11~4월 09:30~19:00, 5월, 10월 09:30~20:00, 6~9월 09:30~23:00, 투우 경기 있는 날 09:30~15:00
   12/25, 성 금요일 휴무
€ 일반 €9, 학생 €5

필라토스의 저택
Casa de Pilatos

15세기부터 짓기 시작해 약 50년 후에 완성된
세비야 명문 귀족의 저택이다. 스페인의 유명
한 건물들에서 이슬람 문화와 기독교 문화가
혼재된 모습을 볼 수 있다. 필라토스의 저택
역시 19세기 중반 무데하르-고딕, 르네상스,
로맨틱 등 다양한 양식이 혼합된 건물로 개조
되었다. 저택 안으로 들어가면 분수와 조각상,
안뜰, 화려한 문양으로 장식된 회랑과 천장 등
을 감상할 수 있다.

🌐 www.tundacionmedinaceli.org
🏠 대성당에서 도보 20분
🕐 11~3월 09:00~18:00, 4~10월 09:00~19:00
€ €9(1층만 €7)

세비야 미술관
Museo de Bellas Artes de Sevilla

아르미스 광장에서 걸어서 5분 정도면 수도원을 개축해 19세기 중반에 문을 연 세비야 미술관을 볼 수 있다. 큰 규모는 아니지만 세비야의 대표 화가인 무리요^{Murillo}, 수르바란 Zurbara´n 등의 작품을 전시하고 있다.

🌐 www.museosdeandalucia.es
🕐 화~토요일 10:00~20:30 (6~9월 초 09:00~15:30), 일, 공휴일 10:00~17:00, 월요일, 1/1, 5/1, 12/31 휴무
€ €2,5

세비야 대성당
Seville Cathedral

유럽여행에서 흔한 것이 성당이지만 세비야 대성당은 이탈리아 로마의 바티칸 대성당과 영국의 세인트폴 대성당 다음으로 3번째로 규모가 크기 때문에 관심이 생겨난다. 또한 유럽에서 가장 큰 고딕 양식의 성당에서 콜럼버스 무덤, 고야와 무리요의 예술 작품, 수많은 아름다운 건축물을 볼 수 있어서 매년 관광객의 발길이 끊어지지 않는다.

엄청난 규모의 세비야 대성당은 여러분에게 경이로운 시간을 선사할 것이다. 1400년 대 초, 부유한 의원회가 웅장한 성당을 지을 것을 의뢰했는데, 그 어마어마한 규모는 향후 방문객들이 성당 설립자들의 정신 상태에 의문을 가질 정도였다고 전해진다.

세비야 대성당 설명

1. 규모가 대단히 큰 성당답게 볼거리는 풍부하다. 남쪽 외관에 있는 산 크리스토발 문을 통해 입장해 리셉션을 통과해 오른쪽을 보면 황금빛으로 번쩍거리는 제단과 화려한 스테인드글라스도 관심을 끌지만, 탐험가 크리스토퍼 콜럼버스의 무덤이 인상적이다.
콜럼버스의 유언 때문에 미처 땅에 묻히지 못하고 공중에 들려 있는 콜럼버스의 무덤을 구경할 수 있다. 당시에 스페인을 정복했던 각각 다른 왕국을 대표하는 4명의 무덤지기 동상이 무덤을 짊어지고 있다.

2. 여기에서 중앙 본당으로 이동하면서 성당의 엄청난 규모에 또 한 번 놀라게 된다. 42m 높이의 왼쪽 지역은 대부분 비어있어 이곳의 규모를 더욱 더 실감할 수 있게 해준다. 복도로 눈을 돌리면 금으로 화려하게 장식된 섬세한 조각과 동상을 발견하게 된다. 계속해서 본당으로 이동하면 중앙 예배당이 나오며, 여기에서 세계에서 가장 크다고 여겨지는 거대한 고딕 양식의 제단을 만날 수 있다. 나무에 조각되고 금으로 장식된 천 여 명이 넘는 인물들로 묘사된 그리스도 삶의 45개 장면도 담겨 있다.

3. '사크리스타 마요르'와 '사크리스티아 데 로스 칼리세스'의 2개의 주요 성구 보관실도 중요하다. 이곳에는 은기 및 오래된 해골 등이 있으며, 페르난도가 도시를 정복했을 때, 유대인, 무어인 공동체가 선사한 열쇠 등이 보관되어 있으며, 고야의 걸작 후스타와 루피나 성녀도 감상할 수 있다.

4. 고풍스러운 건축물이 즐비한 세비야 시내 풍경은 유럽에서도 손꼽힐 정도로 아름답다. 물론 34층을 오르는 동안 숨이 턱 끝까지 차겠지만, 확실히 올라가볼 가치가 있다. 과달키비르 강의 동쪽 둑에 위치한 성당에서 내려다보는 세비야의 전경도 아름답다.

히랄다 탑
Giralda

비싼 입장료를 내고 세비야 성당을 찾는 관광객들의 목적은 따로 있다. 34층 높이의 히랄다^{Giralda} 탑 꼭대기에 올라가서 세비야의 전경을 보기 위해서다. 히랄다 탑의 내부 입장은 세비야 대성당을 통해 이어진다. 탑 상단까지 부드럽게 경사진 램프를 올라가게 된다.
10세기에 세계에서 가장 높은 종교 기념물이었던 이 미나레트는 세비야 대성당에서 가장 눈길을 끄는 종탑이다.

안달루시아 지방의 다른 성당들이 그렇듯 세비야 대성당 또한 8세기에 건설된 모스크 위에 지어졌다. 모스크의 흔적이 가장 뚜렷하게 남아 있는 곳이 세비야 대성당의 랜드 마크인 히랄다^{Giralda} 탑이다. 무슬림들의 기도 시간을 알리는 미나레트에 28개의 종을 달고 고딕식 지붕을 얹은 것이다.

간단한 히랄다 역사

히랄다(Giralda) 탑은 원래 현재 세비야 대성당이 있는 지역에 있던 모스크의 미나레트였다. 1184~1196 년 사이에 지어진 히랄다 탑은 12세기 스페인을 정복했던 모로코 베르베르 왕조인 알모하드조에 의해 건설된 3개의 주요 미나레트 중 하나였다. 다른 2개의 미나레트는 모로코의 라바트와 마라케시에 있다. 1248년 재정복 이후 기독교인들이 히랄다 탑을 자신들의 것으로 주장하고 이후 세비야 대성당의 종탑 이 되었다.

About 히랄다

탑은 대성당 위, 인근 옥상에 위치한다. 탑의 꼭대기에서 신앙을 대표하는 여인의 대형 청동 동상을 볼 수 있다. 실제로 16세기에 히랄다 탑에 첨가된 것으로 이로 인해 최근의 높이인 104m가 되었다. 탑의 아래쪽으로 향하면 로마 황제 아우구스투스에 관한 비문이 새겨진 돌을 찾을 수도 있다. 원래 미나레트 는 로마 유적의 유물을 사용하여 건설되었다.

전망

히랄다 탑의 정상에서 볼 수 있는 세비야의 탁 트인 전망이 압권이다. 알카사르 성과 스페인 광장과 같 은 유명 관광지와 세비야를 감상할 수 있을 뿐만 아니라 세비야 대성당의 상층에 있는 괴물 석상과 부 벽을 특별하게 감상할 수 있다. 히랄다 탑의 꼭대기에 오른 것이 처음 느끼는 보람이다. 탑 자체도 구경 할 가치가 크다. 섬세한 격자 세공과 조각은 간단하지만 매우 매력적인 아름다움을 선사한다.

알카사르
Royal Alcázar of Seville

스페인 왕족들에 의해 지금도 사용되고 있는 알카사르^{Alcazar}는 유럽에서 가장 눈에 띄는 건축 업적 중 하나이다.

세비야 대성당과 인접해 있는 성. 콜럼버스와 마젤란을 비롯한 유럽의 탐험가들이 자금을 원조받기 위해 스페인 국왕을 알현하던 곳으로 과달키비르 강의 동쪽 둑에 위치해 있다. 스페인이 세계를 쥐락펴락하던 대항해시대의 첫 포문을 연 역사적인 장소이다.

11세기의 무어 시대에서부터 오늘날 현대 시대까지 아우르는 스타일이 혼합된 건물과 정원으로 구성된 성이라고 할 수 있다. 기본적인 이슬람 양식에 고딕이나 르네상스 양식 등 다양한 요소와 결합해 고유한 아름다움을 만들어냈다.

미로같이 얽힌 수많은 방, 한눈에 들어오지 않을 정도의 거대한 규모를 뽐내는 이슬람식 정원, 은밀한 왕궁의 뒷얘기를 상상하게 만드는 지하 목욕탕까지, 지금도 알카사르^{Alcazar}의 일부는 스페인 왕실 가족들의 거처로 사용되고 있다.

감상하기

화려한 장식용 벽토 작업을 구경하고, 디자이너들이 완성한 기하학적 조화와 균형을 확인할 수 있다. 알카사르(Alcazar)의 평화로운 정원에 위치한 수영장과 분수 사이도 거닐면서 당시의 놀라운 건축 기술을 감상해 보자.

이곳에서 가장 아름다운 곳은 페드로 1세에 의해 14세기에 지어진 중앙 마당으로 들어가자마자 볼 수 있는 왕궁 중심부이다. 궁의 화려한 외관은 지브롤터 해협의 양쪽에서 온 최고의 장인들에 의해 완성되었다. 대리석 기둥 창문, 복잡한 장식 작업, 돌출 지붕은 모두 '무데하르'양식의 최고의 예를 보여주는 요소이다. 무데하르 양식은 기독교와 이슬람교 스타일을 융합하고 있다.

좁은 복도를 따라 성의 중앙 뜰에 들어서면 '처녀들의 정원'이라 알려진 곳에 도착하게 된다. 기독교 지도자에 의해 무어인 왕들에게 매년 100명의 처녀들이 제공되었다는 곳이다. 중앙에 있는 하경 정원은 더욱 멋진 회반죽 장식과 타일로 둘러싸여 있다.

그라나다의 알람브라에서 가져 온 회반죽 장식이 특징인 인형의 정원의 아치 내부에 있는 작은 두 개의 얼굴을 볼 수 있다. 대사의 방에서는 타일과 섬세한 회반죽 장식으로 꾸며진 말발굽 모양의 아치가 보인다. 정원에는 페드로의 정부였던 마리아 데 파디아의 욕조를 비롯해 다른 인공 연못이 더욱 고요한 분위기를 완성해 주는 곳이 있다.

인디아스 고문서관
Archivo de Indias

1572년 르네상스양식으로 지어졌다. 원래 스페인 식민지였던 인디아스와의 교역이 이루어지던 상품거래소로 사용되어 오다가, 1784년 카를로스 3세 때부터 신대륙 발견과 식민지 정책에 관한 모든 역사자료를 보관하는 고문서관으로 바뀌었다. 1987년 세계문화유산으로 지정되었다.

⏰ 09:00~17:00(일요일, 공휴일 10:00~14:00)   € 무료

세비야 대학
University of Seville

대성당 가까이에는 1757년, 바로크양식으로 지어진 왕립 담배공장Farica de Tabacos이 있다. 담배공장으로 지어졌으나 지금은 세비야 대학의 법학부 건물로 사용되고 있다.
비제의 오페라 〈카르멘Carman〉(1875)의 배경이 되기도 했던 곳으로 주인공 카르멘과 돈 호세 하사의 첫 만남이 이루어진 곳이 바로 담배공장 앞이다.

🏠 대성당에서 도보 7분
€ 무료

시간_ 대성당에서 도보 7분
요금_ 무료

마리아 루이사 공원
Parque de María Luisa

세비야 최대 규모의 공원으로 운하와 산책로, 박물관과 분수대, 유서 깊은 건물들로 이루어져 있다. 드넓은 마리아 루이사 공원에서 여유를 갖고 정원과 연못, 기념물과 유서 깊은 건물들을 감상하는 사람들을 볼 수 있다. 과거 왕궁에 속한 정원이었던 34Ha 넓이의 공원은 19세기 말, 인판타 마리아 루이사 페르난다Inpanta Maria Luisa Pernanda가 세비야에 유증한 것이다.

야자수와 소나무와 오렌지 나무가 늘어선 산책로를 따라 산책과 조깅을 즐기며 분수대와 정자를 보면서 쉴 수 있다. 마차를 타고 공원을 한 바퀴 도는 관광객과 연못가에 앉아 유유히 떠가는 백조와 오리를 구경하는 어린이들이 해맑은 웃음을 짓고 있다. 공원의 여러 기념물 중에는 사자 분수대가 특히 유명하다.

공원시설

에스파냐 플라자

공원 중앙의 벽돌 건물인 에스파냐 플라자는 1929년 스페인-아메리카 박람회를 위해 지어졌다. 곡면의 파사드는 르네상스 양식과 무어 양식을 혼합하여 제작되었다. 이 건물은 영화 〈아라비아의 로렌스〉, 〈스타워즈 에피소드 2 – 클론의 습격〉에도 등장하였다.

에스파냐 플라자의 열주 사이를 거닐면 타일로 장식된 벽감에 자기로 된 벤치가 놓여져 있는 데, 벽감은 각각 스페인의 여러 지방들을 상징한다. 배를 대여하여 에스파냐 플라자 앞을 흐르는 500m 길이의 운하를 둘러보는 것을 추천한다.

고고학 박물관

대중미술과 풍습 박물관에서 플라멩코 의상과 전통 의복을 구경할 수 있다. 박물관은 모두 공원 남쪽 끝, 아메리카 광장에 자리해 있다. 광장에는 비둘기들이 많이 살고 있어, '비둘기 광장'이라고도 불린다.

스페인 광장
Piazza di Spagna

마리아 루이사 공원 내에 위치한 스페인 광장은 세비야의 가장 인상적인 광장에서 분수대, 다리, 그림이 새겨진 세라믹 타일을 볼 수 있다. 역사적으로 지리적인 거점에 자연스럽게 생긴 광장이 아니라 1929년 라틴아메리카 박람회장으로 사용하기 위해 지은 건축물이 들어서고 광장이 만들어졌다. 아라비아의 로렌스와 스타워즈 I과 III와 같은 영화들이 모두 이곳에서 촬영되었지만, 우리에게는 배우 김태희가 CF에서 플라멩코를 춘 장소로 유명해졌다.

매력 포인트
스페인 광장은 1928년에 지어졌으며, 바로 다음 해에 이베로 아메리칸 전시회가 개최되었다. 다른 전시 건물과는 달리 주변을 둘러싼 곡선형 연못과 건물 외관을 전망할 수 있는 높은 탑과 아치로 구성되어 있다. 이러한 요소들이 스페인에 있는 이 광장을 더욱 매력적으로 완성해 준다.

90년 가까운 세월이 흘렀음에도 웅장하고 섬세해서 광장의 분수대를 바라보며 테라스를 걷는 동안 들뜨는 마음을 가라앉히기 어려울 것이다. 해가 완전히 지고, 조명이 켜지기 시작하면 스페인 광장의 진가가 제대로 드러나기 시작한다. 지금까지 당신이 본 광장에서 이렇게 야경이 아름다운 곳은 없었을 것이다.

반원 형태로 광장을 둘러싼 고풍스러운 건축물에 시선이 다가간다. 광장 주변의 카페에서 커피와 타파스를 즐기면서 연못과 분수 주변으로 불이 밝혀지는 저녁에 들러 아름다운 광장을 감상하는 것을 추천한다.

둘러보기

중앙의 비센테 트라베르 분수를 지나 스페인 광장의 화려한 다리 사이에 있는 곡선형의 운하를 거닐어 보자. 건물 외부의 반원형 길을 따라 가며 아르데코와 르네상스가 혼합된 화려한 색체의 세라믹 타일로 꾸며져 있다.

광장을 디자인한 아니발 곤살레스가 선보인 대칭의 아름다움은 곳곳에 보인다. 광장 중앙에는 비센테 트라베르 분수대가 있는데, 여기에는 곡선형의 외관 양쪽에 있는 2개의 높은 탑이 배경을 이루고 있다. 아름다운 연못의 반짝이는 물과 매력적인 곡선형의 다리가 아름답다.

광장의 아치 내에 있는 48개의 벤치는 서로 다른 타일로 이루어져 있으며, 스페인의 여러 지역을 묘사한 세라믹 타일로 만들어진 그림으로 꾸며져 있다. 건물 내부로 들어서면 코퍼 천장을 완성한 장인의 솜씨를 볼 수 있다.

라 브루닐다
La brunilda

세비야에서 한국인 입맛에 가장 맞는 음식점으로 공인된 타파스 바다. 오픈 시간에 맞추어 가도 웨이팅이 있을 정도로 유명하고 인기 있는 곳이기 때문에, 오랜 시간 기다리지 않고 싶다면 오픈 시간 전에 넉넉하게 도착해서 대기하는 것을 추천한다. 한국인 여행자들에게 가장 인기 있으며, 추천하는 메뉴로는 치즈 버섯 리조또와 송아지 스테이크다. 직원들은 친절한 편이며, 메뉴판에 있는 QR코드를 찍으면 한국어로 써 있는 메뉴판을 볼 수 있기 때문에 어렵지 않게 주문할 수 있다.

`홈페이지` www.labrunildatapas.com　`위치` Calle Galera, 5, 41002 Sevilla(세비야 시청에서 약 600m)
`시간` 13시 30분~16시, 21~24시(일요일 13시 30분~16시 / 월요일 휴무)　`요금` 치즈 버섯 리조또 5.8€
`전화` 0954-22-04-81

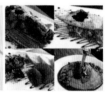

보데가 산타 크루즈
bodega santa cruz

저렴한 가격에 맛있는 타파스를 먹을 수 있는 맛집으로 현지인과 관광객 모두에게 인기 있는 곳이다. 입구나 바에 서서 타파스를 먹는 타파스 바의 분위기를 제대로 느낄 수 있는데, 특히 저녁 시간에 현지 타파스 바 분위기를 물씬 즐길 수 있다. 또한 오전이나 낮에 방문하는 것에 비해 더 다양한 메인 메뉴를 시킬 수 있으므로 저녁에 방문하는 것을 추천한다. 한국인 여행자들이 많이 방문하는 곳으로 약간의 한국어를 할 수 있는 직원이 있다. 베스트 메뉴를 추천받거나 가지 튀김 또는 명란 튀김을 시키면 매우 만족 할수 있을 것이다.

`홈페이지` www.facebook.com/BodegaSantaCruzSevilla
`위치` Calle Rodrigo Caro, 1, 41004 Sevilla(세비야 대성당에서 약 100m)
`시간` 8~24시(일~목) / 금, 토 8~24시 30분　`요금` 타파스류 1€~　`전화` 0954-21-86-18

라 아조티
La Azotea

라 아조티는 현지인들도 추천하는 타파스 바로, 미슐랭 가이드에도 꾸준히 소개되고 있는 곳이다. 대부분의 요리가 맛이 좋은데 특히 새우 요리나 연어 타르타르, 소고기 스테이크가 인기 있다. 많은 한국인 여행자들에게는 과일이 잔뜩 들어가 맛있게 먹을 수 있는 샹그리아 맛집으로 인정받은 곳이며, 틴토 데 베라노도 인기 있다. 세비야에만 3개 지점이 있으며 여기서는 세비야 대성당 인근에 있는 지점을 안내한다. 직원들이 친절한 편이며, 한국어 메뉴판이 있어 주문이 어렵지 않다.

홈페이지 www.laazoteasevilla.com 위치 Calle Mateos Gago, 8, 41004 Sevilla(세비야 대성당에서 약 100m)
시간 13시 30분~16시 30분, 20시 30분~24시 요금 메인요리 7€
전화 0954-21-58-78

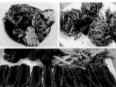

카사 라 비루다
casa la viuda

미슐랭 가이드에 꾸준히 소개되는 타파스 레스토랑으로 현지에서도 유명하다. 대부분의 메뉴가 한국인 입맛에 잘 맞아 많은 한국인 여행자들이 방문한 덕에 한국어 메뉴판이 준비돼있다. 가게 이름의 한국어 뜻이 '미망인의 집'이라는 뜻이라, 한국인 여행자들에게는 한국어 뜻으로 불리기도 한다. 생선 요리가 특히 맛있는 곳으로 대구 요리를 가장 추천하며, 이베리코도 호평이다. 외부 테라스에서 식사를 하면 걸인들이 구걸을 하거나 담배 냄새가 많이 나기 때문에 되도록 안에서 식사하는 것을 추천한다.

홈페이지 www.casalaviuda.es 위치 Calle Albareda, 2, 41001 Sevilla(세비야 시청에서 약 400m)
시간 12~16시 30분, 20시 30분~23시 50분 요금 메인요리 11€~
전화 0954-21-54-20

보데가 도스 데 마요

bodega dos de mayo

세비야 구시가에서 현지인들에게 인기 있는 타파스 레스토랑이다. 현지에서 유명한 타파스 음식점은 대부분 바인 경우가 많아 서서 먹는 문화가 없는 한국인의 정서상 테이블을 기다려야할 때도 있는데, 보데가 도스 데 마요는 규모가 큰 편이라 기다리지 않고도 앉아서 먹을 수 있을 때가 많다. 분위기 좋은 테라스에 앉고 싶거나 혹시 모를 웨이팅이 싫다면 식사 시간 전에 방문하는 것을 추천한다. 다양한 타파스 또한 한국인 입맛에도 잘 맞는 편인데, 튀김이나 생선이 들어간 타파스를 추천한다. 한국어 메뉴판이 있기 때문에 주문이 어렵지 않으며, 직원들도 친절한 편이다.

홈페이지 www.bodegadosdemayo.es 　위치 Pl. de la Gavidia, 6, 41002 Sevilla, 메트로폴 파라솔에서 약 600m
시간 12~16시 30분, 20~23시 50분 　요금 타파스 3€ 　전화 0954-90-86-47

에스라바

eslava

세비야 타파스 경연 대회에서 우승을 차지한 곳인데다 미슐랭 가이드에도 꾸준히 소개되는 타파스 전문점이다. 현지인들에게 매우 유명한 곳으로 오픈 후에는 금방 자리가 차는 편이다. 앉아서 편하게 먹고 싶다면 낮이든 저녁이든 오픈 시간 조금 전에 맞추어 방문하는 것이 좋다. 관광지와는 꽤 떨어져있지만 찾아가도 후회하지 않을 만큼 맛이 좋으며, 명성에 비해 가격 또한 저렴하여 더 인기가 좋다.

홈페이지 www.espacioeslava.com 　위치 Calle Eslava, 3, 41002 Sevilla(세비야 미술관에서 약 700m)
시간 12시 30분~17시, 19시 30분~24시(화~토 / 일요일 12시 30분~17시 / 월요일 휴무)
요금 타파스 2.9€~ 　전화 0954-91-54-82

카사 모랄레스
casa morales

무려 1850년에 영업을 시작해 170년의 역사를 갖고 있는 타파스 바다. 간판에는 카사 모랄레스라는 글자보다 HIJOS DE E. MORALES가 더 크게 써 있으므로 헷갈리지 말고 들어가자. 세비야 대성당 근처에서 나이가 있는 현지인들이 매우 사랑하는 타파스 바로, 가게의 전체적인 분위기나 현지인들의 모습이 과거 속으로 들어온 듯한 착각이 든다. 다만 규모가 작은 편이기 때문에 자리가 금방 차므로 오픈 시간에 맞추어 방문하는 것을 추천한다. 미트볼과 대구 요리가 한국인 입맛에 잘 맞는다.

홈페이지 www.facebook.com/bodegacasamorales
위치 Calle García de Vinuesa, 11, 41001 Sevilla(세비야 대성당 북문에서 약 50m)
시간 12~16시, 20~24시 / 일요일 12~16시) ｜ 요금 타파스 2€ ｜ 전화 0954-22-12-42

엘 코메르시오
El comercio

무려 100년동안 영업을 이어오고 있는 츄러스 전문점으로, 세비야에서 유명한 츄러스 맛집이다. tvN 〈더 짠내투어〉 스페인 세비야편의 혜진투어에도 소개됐다. 츄러스는 겉은 바삭하고 안은 쫀득하며, 무조건 달달한 초코라떼를 시켜 찍어먹는 것을 추천한다. 느끼함을 대비해 상큼한 오렌지 쥬스를 시키는 것도 매우 좋은 선택이다. 앞에서 주문을 한 후 음식을 가져와 자리에서 먹으면 된다.

홈페이지 www.barelcomercio.com ｜ 위치 Calle Lineros, 9, 41004 Sevilla(살바도르성당에서 약 100m)
시간 7시 30분~21시(월~금 / 토 8~21시 / 일요일 휴무) ｜ 요금 츄러스 2€ , 초코라떼 2.5€, 오렌지쥬스 2€~
전화 0670-82-90-53

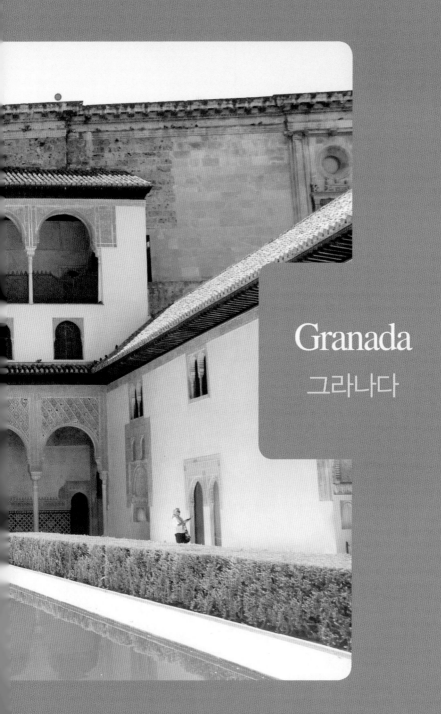

Granada
그라나다

그라나다

GRANADA

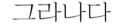

이슬람과 가톨릭 문화가 만나 어우러진 안달루시아의 그라나다는 알람브라 궁전으로 유명해지기 전까지는 조그만 마을에 불과했다. 알록달록한 꽃과 사이프러스Cyprus 나무, 볕이 잘 드는 곳에서 빛 꽃까지 오랜 시간 도시를 보면서 마을을 향유해야 하는 도시이다.

중세 건축물과 멋진 산, 스페인의 문화예술과 맛있는 음식이 어우러져 마법 같이 아름다운 자연과 문화를 선사하는 도시가 그라나다이다. 그라나다를 방문하여 오래된 건축물과 아름다운 산, 다채로운 음식과 예술을 경험할 수 있다.

그라나다의
자랑거리

건축은 그라나다 최고의 자랑거리이다. 유서 깊은 이슬람교 지구인 알바이신을 걸으며 수백 년 된 모스크와 회당을 느껴볼 수 있고 바로크 양식의 카르투하 수도원에서는 스페인의 바로크 정물화가 후안 산체스 코탄의 작품을 만나볼 수 있다.

예술 애호가라면 호세 게레로 센터에 들려 추상표현주의 화가 게레로의 회화를 감상해보자. 인근에는 페데리코 가르시아 로르카 박물관이 자리 잡고 있다. 세계적인 시인 로르코는 이곳 그라나다에서 나고 자랐다. 과학 공원에서 아이들과 함께 인터렉티브 전시를 관람하고, 플라네타륨과 나비 정원도 둘러보자.

그라나다는 건축, 예술뿐 아니라 요리도 유명한 도시이다. 음료를 주문하면 타파스^{tapas}가 곁들여져 나오는 경우도 많다. 라르가 광장에서 시작하는 파네데로스 거리나 엘비라 거리를 따라 늘어선 타파스 바는 반드시 찾아가 먹어봐야 하는 곳이다.

그라나다는 시에라네바다 산맥을 배경으로 제닐 강을 따라 자리 잡고 있다. 시에라네바다에서는 다양한 여름과 겨울 스포츠를 즐길 수 있다. 가장 높은 봉우리는 물아센으로, 높이가 3,478m에 이른다. 여름에는 인근의 코르도바와 세비야에 비해 시원한 기후를 자랑하는 산맥으로 트레킹을 떠날 수 있다. 겨울에는 1996년 FIS 알파인 월드 스키 챔피언십이 개최되기도 했던 스키장이 개장한다.그라나다는 알람브라 지구, 알바이신 지구, 사크로몬테 지구, 그란비아 데 콜론에서 볼거리가 있으며, 가운데에 이사벨 라 카톨리카 광장, 북쪽에는 누에바 광장과 3개의 언덕이, 남쪽에는 현대적인 신시가가 있다.

보통 1박 2일로 알바이신과 신시가에 있는 대성당, 카르투하 수도원 등은 1일 코스로 돌아보고 다음날 오전에 알람브라 궁전을 보는 경우가 일반적이다. 구시가에서는 이슬람 문화의 정취를 느낄 수 있다.

그라나다 IN

스페인 남부 안달루시아 지방의 도시 그라나다는 마드리드에서 기차로 5시간, 버스로는 7시간 정도 소요된다. 800년 이상 이슬람의 지배를 받은 이베리아 반도의 마지막 이슬람 왕국이 그라나다이다. 1492년, 이베리아 반도에서 이슬람 문명을 몰아내는 국토회복운동으로 이슬람 왕국은 사라졌다. 구시가 곳곳에 이슬람 문화의 흔적들이 남아 있어 이국적인 풍경을 보려 관광객이 끊임없이 그라나다를 방문한다.

이슬람 건축의 알람브라 궁전과 이슬람 사원이 있던 자리에 세워진 대성당은 그라나다에서 반드시 봐야 하는 곳이다.

비행기

마드리드나 바르셀로나에서 부엘링 등의 저가항공을 이용하면 그라나다까지 약 1시간 정도 걸린다. 그라나다 공항Federico Garcia Lorca Granada-Jaen Airport/GRX은 그라나다 도심에서 서북쪽으로 약 15㎞ 떨어져 있다.

▶공항 홈페이지 : www.granadaairport.com

공항버스

공항에서 시내로 가는 가장 편리한 수단은 공항버스다. 오토카 조세 골잘레Autocares Jose Gonzalez에서 운행하는데 그라나다 버스터미널Estacion de Autobuses de Granada, 그란비아Gran Via, 대성당Cathedral 등을 지나간다. 티켓은 미리 구입할 필요없이 운전기사에게 구입하면 된다.

▶운행시간 : 월요일~토요일 05:20~20:00
　　　　　　　일요일 06:25~20:00
▶소요시간 : 45분
▶요금 : €6

택시

공항에서 그라나다 시내까지 30유로 정도의 요금이 나오는데, 일행이 4명이라면 탈 만하다. 택시 승강장은 비행기가 도착하는 층에 있다.

철도

마드리드, 세비아, 코르도바, 말라가 등의 도시를 연결하는 열차는 많다. 그라나다 → 마드리드 구간과 그라나다 → 바르셀로나 구간은 주간열차와 야간열차가 운행되어 스페인 철도패스를 이용할 수 있지만 좌석을 반드시 예약해야 한다. 특히 여름 성수기의 세비야 → 그라나다 구간은 이용자가 많기 때문에 좌석 예약은 필수다.

버스

그라나다역에서 시내까지 걸어서 30분 정도 소요되는데, 시내버스를 이용하는 것이 좋다. 그라나다역 앞의 큰 길 콘스티투시온 거리Av. de la Constitucion에서 3, 4, 6, 9, 11번 시내버스를 타고 10분 정도 지나면 이사벨 라 카톨리카 광장Plaza de sable la Catolica에 도착한다. 걸어서 15분 정도면 이사벨 라 카톨리카 광장에서 알람브라 궁전까지 갈 수 있다.

스페인은 국토가 넓어 고속도로와 장거리 버스 노선이 발달해 있다. 그라나다는 그중에서도 안달루시아 지방을 오가는 노선이 발달해 있다. 그라나다와 마드리드, 바르셀로나, 코르도바, 세비야 등의 구간을 연결하는 버스는 ALSA에서 운행하고 있다.

그라나다 버스터미널Estacion de Autobuses de Granada에서 그라나다 시내 관광의 기점이 되는 그란비아Gran Via와 이사벨 라 카톨리카 광장Plaza de Isabelle la Catolica까지는 버스 3, 33번을 타고 약 15분 정도 소요된다.

▶ALSA 홈페이지 : www.alsa.es

그라나다의 구시가는 도보로도 충분히 돌아볼 수 있다. 기차역에서 시내, 시내에서 떨어진 사크로몬테로 이동할 때에는 버스를 이용하는 것이 좋다.

시내교통

티켓의 종류 및 요금

버스 티켓은 1회권과 충전식 교통카드인 보노부스Bonobus가 있는데 운전기사에게 직접 구입하거나 자동발매기를 이용하면 된다. 보노부스는 5유로, 10유로, 20유로로 충전할 수 있으며 구입 시 충전 금액에 보증금 2유로를 합해서 내야 한다. 여행이 끝나면 운전기사에게 반납하고 보증금을 돌려받자. 잔액은 돌려받을 수 없다. 보노부스는 여러 명이 사용해도 무관하며 2023년 기준으로 20유로를 충전하면 8회, 30유료를 충전하면 12회 탑승이 가능하다.

미니버스

알람브라 궁전, 알바이신, 사크로몬테 등의 언덕을 순회하는 빨간색 미니버스로 누에바 광장Plaza Nueva에서 출발한다. 요금은 일반 버스 요금과 동일하다.

승차권 종류	원어명	요금
1회권	Billete Ordinario	€2.5
보노부스	Bonobus	€10, €20, €30 (보증금 €2 별도)

▶운행 노선
30번 – 알람브라 궁전
31번 – 알바이신 지구
35번 – 사크로몬테

그라나다의
베스트 코스

낮에는 아름다운 알람브라 궁전에서의 산책을, 저녁에는 아랍풍 카페에 들러 다양한 아랍 차와 그들의 문화를 느껴보자. 알람브라 궁전은 하루 입장객을 제한하기 때문에 미리 예약하는 것이 좋다.

알람브라 궁전을 거닐며 영화로웠을 그라나다의 옛 모습을 머릿속에 그려보자. 특별한 루트를 짜지 않더라도 쉽게 둘러볼 수 있으니 주요 볼거리들을 체크해가며 천천히 돌아보자. 모든 관광이 끝났다면 칼데레리아 누에바 거리의 아랍풍 카페에서 차를 마시거나 플라멩코 공연을 보는 것도 좋다.

누에바 광장

대성당

알람브라 궁전

그라나다 파이브 센시즈

생 제르멩●

파스텔레리아
안달루시 누하일라●

플레이 그라나다●

보데가스
카스타네다●   누에바 광장●

오스탈 AMC 그라나다●

왕실 예배당●   바르 로스 디아만테스●

그라나다 대성당●

아랍 시장●   이사벨 라 카틀리카 광장●

추레리아 알람브라 카페●

바르 포에●

그라나다 시청 여행안내소●

푸에르타 레알●

타베르나 라 타나●

(산 니콜라스

다:

230

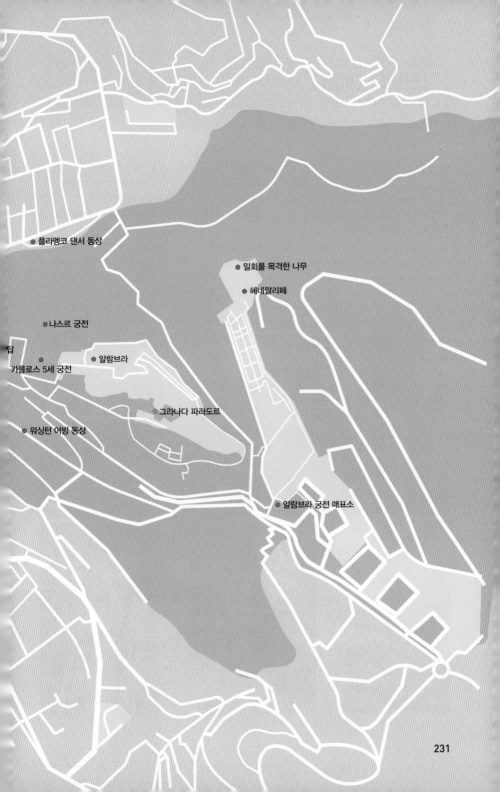

플라멩코 댄서 동상

밀회를 목격한 나무

헤네랄리페

나스르 궁전

탑
카를로스 5세 궁전

알람브라

그라나다 파라도르

워싱턴 어빙 동상

알람브라 궁전 매표소

231

그라나다 대성당
Catedral de Granada

원래 모스크가 있던 자리에 세운 성당으로 16세기부터 180여 년간 공사를 했지만, 탑 부분은 아직도 미완성이다. 성당 외벽에는 석상이 들어가야 할 빈 공간이 곳곳에 보인다.
성당은 800년에 걸친 이슬람교의 통치를 끝낸 그라나다 레콩키스타 직후 이사벨라 여왕의 명으로 건립되었다. 그라나다의 중앙 모스크 부지 위에서 16세기 초에 시작된 공사는 181년 후 준공됐다.
황금 예배당과 돔 형식의 천정, 신약 성서의 이야기가 그려진 스테인드글라스, 멀리서도 악보를 보고 오르간을 연주할 수 있도록 한 1m 이상의 악보, 진귀한 그림과 조각 작품 등 볼거리가 풍부하다.

내부 둘러보기

이사벨라 여왕의 묘

아름다운 예배당과 미술 컬렉션으로 유명한 스페인 르네상스 건축의 걸작인 그라나다 성당에는 스페인의 존경받는 여왕이 잠들어 있다. '성모 마리아 현현 성당'이라고도 불리는 그라나다 성당은 스페인 르네상스 건축의 걸작이다. 돔 천장 아래를 거닐며 조각과 회화와 예배당을 둘러본 뒤 스페인에서 가장 많은 사랑을 받은 군주들이 잠들어 있는 지하 묘를 보면 된다.

성당으로 들어가면 환하게 밝은 내부가 방문객을 맞이한다. 내벽이 새하얗게 만들어진 돌로 이루어져 있어 유난히 밝기가 환하다. 돔 천장을 덮고 있는 프레스코화와 스테인드글라스 창을 눈 여겨 봐야 하며, 제단과 예배당을 장식하는 회화 작품도 관광객의 시선을 사로잡는다.

로열 예배당

성당과 연결된 로열 예배당에는 이사벨라 여왕과 페르난도 왕 부부가 잠들어 있다. 교황 알렉산데르 6세는 가톨릭을 수호하고자 한 이들의 노력을 치하하여 '가톨릭 군주'라는 칭호를 내렸다. 고딕 양식으로 조각된 예배당의 입구를 먼저 구경해야 한다.

예배당에는 이사벨라 여왕이 수집한 스페인, 이탈리아, 플랑드르 예술가들의 작품이 전시되어 있다. 이사벨라 여왕의 홀과 왕관, 그리고 페르디난도 왕의 검이 유리 진열장 안에 보관되어 있다. 부부의 묘가 모셔져 있는 지하실에 들러보자.

돌로 조각된 아치문을 통해 박물관에 입장하면 조각과 태피스트리, 보석과 제의가 전시된 전시실이 펼쳐진다. 16~18세기까지의 종교 회화도 볼 수 있다.

🌐 www.catedraldegranada.com 🏠 Calle Gran Via de Colon, 5, 누에바 광장에서 도보 5분
🕐 10:45~13:15, 16:00~19:45 (겨울철시에스타 이후~18:45) / 일요일·공휴일 휴무

🌐 www.capillarealgranada.com

🕐 가을, 겨울 : 월요일~토요일 10:15~13:30, 15:30~18:30 / 일요일 11:00~13:30, 14:30~17:30
　　　　공휴일 11:00~13:30, 15:30~16:30
　봄, 여름 : 월요일~토요일 10:15~13:30, 14:00~19:30 / 일요일 11:00~13:30, 14:30~18:30
　　　　공휴일 11:00~13:30, 16:00~19:30, 1/1, 12/25, 성 금요일 휴무　€4€

왕실 예배당
Royal Chapel of Granada

스페인의 황금시대에 이사벨 여왕Queen Isabella과 그의 남편 페르난도King Ferdinand가
1505~1517년에 걸쳐 고딕양식으로 완성하였다. 내부는 화려한 조각들로 장식되어 있다.
기존의 다른 가톨릭 성당과는 문양이 조금씩 다른데 이슬람양식이 영향을 미쳤다고 한다.
여왕과 남편, 딸들의 묘가 안치되어 있다.

알카이세리아 거리
Alcaicería Distancia

그라나다는 도자기와 조각을 이어 붙여 만든 목 공예품인 타라세아taracea 등의 기념품이 유명하다. 기념품점은 누에바 광장과 비브 람블라 광장 주변에 있는데 과거 직물거래소였던 곳이 좁은 골목에 형성되었기 때문이다. 주로 아랍 상품을 파는 상점들이다.

🏠 대성당 옆

칼데레리아 누에바 거리 (아랍 거리)
Calderería Nueva Distancia

누에바 광장에서 알바이신을 오르는 입구에 형성된 아랍 거리로 아랍 기념품을 파는 상점과 카페, 레스토랑 등이 여행자들을 유혹하고 있다.

🏠 누에바 광장에서 도보 3분

알람브라 궁전
Alhambra

그라나다를 방문하는 이유는 대부분 알람브라 궁전을 보기 위해서라고 해도 과언이 아니다. 이곳의 이슬람 건축물은 현존하는 이슬람 건축물 중 최고로 유명하다. 스페인은 8세기부터 약 800년 동안 이슬람의 지배를 받았는데 알람브라는 스페인의 마지막 이슬람 왕국인 나스르 왕조Nasrid dynasty 의 궁전이었다.

아랍어로 '붉은 성'이라는 뜻이다. 13세기 나스르 왕조 시대에 세워졌으며, 14세기 후반에 완성되었지만 몇 차례의 전쟁을 겪으면서 파괴되고 방치되었다가 지금에 이르렀다. 현재 유네스코 세계문화유산으로 지정되어 관리 및 복구되고 있다.

인터넷으로 미리 예매를 해야 기다리지 않고 입장이 가능하다. 무작정 기다리다 가는 못 볼 가능성이 높다. 누에바 광장에서 15~20분 정도 걸어서 이동하거나 알람브라 미니버스 30, 32번을 타고 헤네랄리페역에서 내리면 된다. 알람브라 궁전은 크게 헤네랄리페Generalife, 카를로스 5세 궁전Palacio de Carlos V, 나스르 궁전, 알카사바 성채Alcazaba 순으로 둘러볼 수 있다. 박물관, 미술관, 정원, 성당 등도 있어 관람하는 데 많은 시간이 걸리기 때문에 간단한 먹거리나 음료 등을 미리 준비해 가는 것이 좋다.

🌐 www.alhambra-patronato.es, www.alhambra.org
📙 **티켓예매_** www.alhambra-tickets.es
🕐 11월~3월 15일 : 월요일~일요일 8:00~18:00,
📞 야간개장 : 금요일~토요일 8:00~21:30
　　3월 16일~10월 : 월요일~일요일 8:30~20:00,
　　야간개장 : 화요일~토요일 22:00~23:30
　　1/1, 12/25 휴무
　　통합티켓 €17

제대로

알람브라 궁전 관람하기

인터넷으로 예매하지 않았을 경우 오전 8시 전에는 도착해야 당일표를 구입할 수 있다. 특히 여름 성수기에는 관광객이 많이 몰리기 때문에 현장에서 구입을 못 할 수도 있다. 따라서 인터넷으로 미리 예매후 방문하는 게 좋다.

인터넷 티켓 구입 방법

1. 하루 관람객 수는 약 7천 명 정도로 제한한다. 성수기에는 티켓 예매 사이트에서 미리 예매하자(시내에 있는 BBVA 은행에서도 구입 가능).
2. 티켓은 3개월 전부터 예약이 가능하지만 관람 당일은 예약이 불가능하다. 인터넷 예약을 하려면 관람일과 인원을 선택하고 08:00~14:00 / 14:00~ 중에 방문시간을 선택하면 자동적으로 나스르 궁전의 관람 시간이 정해진다. 예매 내용을 한국에서 미리 출력하여 가져가는 것이 좋다. 현장 매표소에서 티켓으로 교환해도 되지만 예매티켓기에서 발권하는 것이 기다리지 않아 편리하다. 결제 시 반드시 신용카드를 준비하자.
3. 입장은 오후 2시를 기준으로 오전과 오후에 입장이 가능하다. 오전에 입장하면 오후 2시 이전에 나가야 한다. 나스르 궁전 입장은 30분 단위로 이뤄지며 티켓에 정해진 시간대에만 입장이 가능하다.

구경 순서

헤네랄리페 → 카를로스 5세 궁전 → 나스르 궁전 → 알카사바 → 석류의 문

헤네랄리페 · 카를로스 5세 궁전 · 나스르 궁전 · 석류의 문 · 알카사바

헤네랄리페(Generalife)

왕궁의 동쪽, 10분 거리에 있는 헤네랄리
페는 14세기에 세워진 왕의 여름 별궁이
다. 수로와 분수가 아름다워 대부분의 관
광객이 이곳에서 사진을 많이 찍는다. 정
원 안쪽에 있는 이슬람양식과 스페인양
식을 대표하는 아세키아 중정Patio de la
Acequia은 반드시 봐야 하는 포인트다.

카를로스 5세 궁전(Palacio de Carlos V)

16세기에 카를로스 5세가 르네상스양식
으로 지은 궁전으로 현재는 1층에 알람브
라 박물관Alhambra Museum, 2층 순수 예술
미술관Fine Art Museum으로 사용되고 있다.

나스르 궁전(Palacios Nasrid)

메수아르 궁, 코마레스 궁, 사자의 중정
등이 유명하다. 대사의 방, 두 자매의 방,
사자(使者)의 홀은 반드시 봐야 하는 곳
이므로 놓치지 말자.

① 메수아르(Mexuar) 궁

메수아르 방의 벽면과 천장이 아라비아 문양의 정교한 장식들로 둘러싸여 있는데, 카톨릭이 더 문화적으로 앞서 있다고 생각한 유럽사람들이 이슬람 문화에 대해 다시 생각하는 계기가 되었다고 한다. 안뜰의 작은 분수 정원, 알바이신의 전망을 내려다볼 수 있는 황금의 방은 꼭 보자.

② 코마레스(Comares) 궁

아라야네스 중정^{Patio de los Arrayanes}과 옛 성채인 코마레스의 탑^{Torre de Comares} 코마레스 궁의 볼거리이다. 탑 안쪽에는 각국 사절들의 알현 행사 등에 쓰였던 대사의 방^{Salon de Embajadores}이 있다. 이곳의 천장과 벽면은 모두 아라베스크 문양의 장식으로 꾸며져 있다. 코마레스의 탑에 있는 발코니에서 아름다운 사크로몬테 언덕과 알바이신 지구의 풍경을 조망할 수 있다.

③ 사자의 중정(Patio de los Leones)

중정의 내부는 왕을 제외한 남자들의 출입이 금지된 하렘이 있다. 나스르 왕궁 관람의 핵심으로 정원 중앙에는 12마리의 사자가 받치고 있는 사자의 분수가 있다. 중정 남쪽에 아벤세라헤스의 방^{Sala de las Abencerrajes}이, 중정 동쪽에는 왕의 방^{Sala de los Reyes}이, 중정 북쪽에는 종유석 장식으로 꾸며진 두 자매의 방이 있다.

④ 두 자매의 방(Sala de las Dos Hermanas)

사자의 중정 북쪽에 있는 두 자매의 방은 천장과 벽면 가득 화려한 종유석 장식으로 되어 있다.

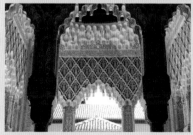

알함브라 궁전의 추억

알카사바 성에서 가장 높은 곳에 도착하면 그라나다 전체가 한눈에 들어온다. 높이와 시야를 확보하고 있어서 그라나다 왕국이 스페인에서 마지막까지 깃발을 지키고 있지 않았을까 하는 생각이 든다. 여행지에서 여행지의 역사를 상상할 수 있는 것은 여행자의 특권이다.

오후 2시 30분 정도인 시각에 알카사바 성 꼭대기에서 한 청년을 만났는데 무엇인가를 그리며 앉아있었다. 그는 5시 정도까지 있다가 갈 거라고 했다. 한나절 한 곳에 오래 머문 여행지는 오랜 시간이 지나도 또렷하게 추억으로 남아있을 것이다.

워싱턴 어빙의 방
3개월 이곳에 머물던 워싱턴 어빙은 '알함브라 이야기'를 썼고 덕분에 페허로 버려졌던 알함브라 궁전은 명소가 되었다. 이곳에서 시원하게 보이는 도시의 모습을 보니 워싱턴 어빙의 마음이 보일 것도 같다. 도시 어딘가에 아랍인이 숨겨놓았을 보물들이 있을 것만 같다.

나스리 궁에서 나오는 순간 긴 시간을 거슬러 시간여행을 다녀온 기분이었다. 궁 건물은 모두 인간을 중심으로 지어졌고 수많은 경구들은 그것을 보면서 스스로를 가다듬었을 왕들의 인간적인 자취를 느끼게 했다. 나스리 궁에서 나오니 물이 새롭게 보인다. 물소리가

들리기 시작하고 물에 비친 사람들의 모습도 함께 보인다. 이곳에 들어오는 물의 근원은 어디일까 궁금해지면서 알함브라 궁전의 추억으로 빠져들었다.

한때는 적을 막아내는 요새였지만 지금은 방어의 기능은 버린 지 오래전이다. 이곳은 나무와 분수가 어우러진 아름다운 정원이 되었다. 마치 새를 닮은 소리를 내는 분수가 발길을 멈추게 한다. 조그만 물 나오는 분수 시작점을 바라보게 하면서 발길을 떠나지 못하게 한다.

해자에서 가운데를 바라보면 보이는 조그만 건물이 바로 '나스리 궁'이다. 궁이라지만 왕의 권위를 나타내는 웅장한 문이 없어서인지 들어가는 마음이 편안하다.

재판의 방

이것은 가장 엄격했을 재판의 방이다. 입구에는 '유일한 정복자는 신이다'라는 문구가 씌여 있다. 책에서 본 경유를 찾으려 자세히 들여다보니 많은 것들이 보인다. 눈에 가장 많이 보이는 것은 계속 반복되는 기하학적인 무늬이다. 퍼즐을 맞춰보는 기분으로 오랫동안 들여다보게 한다. 재판은 4개의 기둥 안에서 이루어졌다고 한다. 이슬람 교리는 사람이나 동물의 형상을 나타내면 안 된다. 그래서 기하학적인 문양이 발전할 수밖에 없었을 것이다. 가운데의 반복된 경구들이 종교적인 신념을 고취했을 것 같다. 재판이 이루어졌던 방의 위에는 '들어와 요청해라. 정의를 찾는 데에 두려워하지 말라. 네가 여기서 정의를 발견할 것이다'라는 문구가 적혀 있다.

재판의 방 옆에는 맥쉬아르 기도실이 있다. 다른 방에 비해서 장식도 구조도 간결하다. 방에 들어섰을 때 그들이 맞이했을 경건함을 느낄 수 있다. 다른 방은 모두 남향인데 기도실의 창문은 이슬람의 성지인 메카를 향해 있다.

재판의 방을 지나 황금의 방으로 향한다. 정원에는 소리 없는 분수가 흐르고 있는데 마음을 차분하게 만들어 준다. 왕의 접견을 위해 대기하던 대기실인데 천장에 보이는 황금장식 때문에 황금의 방이라고 불렀다. 왕을 만나기 위해서 적지 않은 시간을 대기해야했다면 무슨 생각을 했을까? 그때마다 어디에도 다 보이는 것은 "유일한 정복자는 신이다"라는 경구였을 것이고 벽을 가득채운 문양이었을 것이다. 자세히 들여다보면 이 모든 공간에는 쉽게 지나칠 수 없는 정성이 담겨 있다. 황금의 방 처마에는 모두 나무로 만든 장식들로 붙여져 꾸며 있다. 목공들은 더 세심하게 만들기 위해 깎으면서 다듬었고 그것이 곧 깊은 신앙심을 드러내는 것이었다고 생각했다고 한다.

왼쪽 문을 지나면 새로운 세계가 펼쳐진다. 도금양의 정원이라고 하는 곳으로 정원 가득 신어진 도금양 나무는 손으로 비비면 독특한 향을 낸다. 시원하게 뻗는 물소리와 아름다운 정원이 기분을 상쾌하게 만들어준다. 정원의 기운데 물에 비친 육중한 꼬마레스 탑이 물 위에 떠 있는 것처럼 보인다. 물과 건축물이 빚어낸 아름다운 조화는 3세기 뒤 인도의 타지마할로 다시 탄생했다.

2층으로 올라가면 10개의 방이 있다. 2층의 벽 창문은 창살로 닫혀 있다. 방안의 모습이 벽으로 가려진 것을 보면 여인들이 거주한 공간으로 짐작하게 된다. 벽 한 면 한 면을 따로 떼어보면 그림 같아 눈을 뗄 수 없다.

왕의 정치 외교가 이루어졌던 대사의 방은 유난히 큰 규모와 화려한 장식에 눈길이 머문다. 또 한 번 시선이 멈추는 곳은 방이 비친 빛이다. 이 빛은 물에 반사되어 들어오는 데 방을 은은하고 아늑하게 한다. 사방에는 빛이 잘 들어오는 문이 있는데 시시각각으로 변하는 빛은 아마도 왕의 모습을 신비하게 만들지 않았을까 한다.

우주의 모습을 표현한 이 천장은 8천개 나무 조각을 칠하고 짜 맞췄는데 나스리 목공의 절정으로 평가받고 있다. 이곳에서 들을 수 있는 조용한 물소리, 화려한 장식은 은은한 빛은 모두 신과 왕에 대한 헌시이자 찬양이었다.

많은 방 입구에는 벽감들이 있다. 오는 손님에 대한 우호의 표시로 꽃병과 물병, 향수들을 놓아두었고 "적게 말하라, 평화로운 것이다"라는 경구를 새겨 놓았다고 전해진다. 이 문구를 잘 이해한다면 이들을 더 잘 이해할 것 같다. 시시각각 달라지는 빛도 나스리 궁을 신비롭게 한다. 문양과 경구를 주의 깊게 찾다보면 누구나 이곳에 빠지지 않을 수 없다.

도금양 정원을 지나 왕의 개인 공간인 '사자의 정원'으로 간다. 사자의 정원에서 가장 처음에 들어오는 것은 많은 기둥들이다. 좁은 공간에 많은 기둥을 세워서 만든 공간은 124개나 된다. 이렇게 많은 기둥을 세운 것은 이유가 있다. 이곳에 앉아서 물소리 흐르는 숲속에 온 듯한 기분을 갖기 위해서이다. 정원 한 가운데에는 커다란 분수가 있다. 12마리의 사자가 받치고 있다. 사장의 정원에도 다양한 문양과 경구들이 있다. 이런 경구들 속에서 왕은 백성들을 위한 선정을 다 잡았을 수 있다.

다시 한쪽으로 걸어서 아벤세라헤스 방으로 간다. 방의 가운데 분수와 높은 기둥으로 이어진다. 분수는 정원에 있어야 하는데 방에 있다. 지하에 있는 찬 불과 높은 창분에서 늘어온

더운 공기가 환기되어 에어컨 역할을 해서 한여름을 시원하게 만들었다. 이런 이곳에 비정하고 잔인한 이야기도 전해진다. 아벤세라헤스는 나스리 왕궁의 귀족가문 중 하나였다. 당시에 귀족간의 정쟁이 심했는데 아벤세라헤스의 한 귀족과 왕비가 사랑에 빠졌다고 밀고를 받은 왕은 아벤세라헤스의 귀족 32명을 이곳에 불러 모두 살해했고 그 피가 사자의 분수까지 흘렀다고 전해진다.

저 경구를 알고 본다면 감동도 배가 될 것이다. 그래서 알함브라 궁전에서는 경구를 분석하는 작업도 계속 이뤄지고 있다.

마지막으로 찾아간 방은 알함브라 궁에서 가장 화려하다는 '두 자매의 방'이다. 바닥에 깔린 2개의 커다란 대리석 때문에 이 방을 '두 자매의 방'이라고 부른다. 여자들이 사용할 방이라서일까 방 안의 문양도 곱고 우아하다. 레이스처럼 쳐진 장식 창문을 통해 들어온 은은한 빛, 경구들은 이 방의 주인들에게 어떤 의미가 되었을까?

이끼가 가득 낀 둥근 돔 형태의 이곳도 궁금했다. 지하 목욕탕이라고 한다. 천장에는 별모양을 뚫린 채광창이 있었는데 둥글고 두터운 지붕은 들어온 빛을 모두 간접 광으로 만들고 있었다. 습기를 이겨내야 하는 탓일까 내부에는 문양보다는 타일이 눈에 많이 띄었다. 벽 아래에만 타일을 붙이는 '다도타일링'이 여기서 유래되었다. 목욕탕 안에는 여러 공간이 있다. 이곳은 비밀의 공간이라고 할까? 작은 목소리로 벽에 말을 해서 반대편에서 잘 들리는 것을 보고 즐거워하는 연인들이 부럽다.

정원 쪽에 놓인 분수는 저마다 독특한 모양이다. 이 분수는 마치 숲속에 피어오른 큰 꽃을 닮았다. 격자모양의 나무 천장, 단순한 벽, 벽난로가 갑자기 달라진 분위기를 나타낸다. 나스리 궁을 접수한 후 스페인 왕들이 거주한 곳이다. 이슬람교리에 어긋나는 사람 형상 장식물도 눈에 띄인다.

알함브라 궁전 제대로 보기

알함브라는 자연이 만든 기념비라고 이야기한다. 알함브라를 이해하면 자연을 이해할 수 있다는 이야기이다. 하루의 시간이 바뀌고 순간이 바뀌고 계절이 바뀌듯 알함브라도 바뀐다. 빛을 따라 자연이 만드는 건축물과 정원이 보인다는 것이다. 이 알함브라 궁전을 이해하려면 구분이 되는 4개를 이해해야 한다.

1. 알카사바 성

방어목적으로 만들어졌다. 포도주의 문을 지나면 알카사바 성으로 간다. 이 문을 지나는 군사와 민간인이 포도주를 사고팔았기 때문에 포도주의 문이라고 불렀다고 한다. 알카사바 성은 군인들의 공간이다. 성을 보면 옛날 성을 공격하려는 사람들에게는 힘들고 방어를 하려는 사람에게는 쉬운 방법을 찾아 만든 사람들의 지혜가 엿보인다. 방어에 효과적인 것은 높이다. 성은 계속 오르막이다. 성에 오르면 보이는 전망은 관광객에게는 탁 트인 시원함을 주지만 그 옛날 병사들은 긴장 속에 성 밑을 바라보았을 것이다. 곳곳에는 병사들의 주거지 흔적도 고스란히 남아있다. 가운데를 중심으로 장교와 사병의 숙소가 나누어져 있다. 가운데 정원의 흔적이 돋보인다. 아직까지 튼튼한 성벽은 이곳의 적은 강수량이 준 선물이다.

알카사바 성에서 가장 높은 곳에 도착하면 그라나다 전체가 한눈에 들어온다. 높이와 시야를 확보하고 있어서 그라나다 왕국이 스페인에서 마지막까지 깃발을 지키고 있지 않았을까 하는 생각이 든다. 여행지에서 여행지의 역사를 상상할 수 있는 것은 여행자의 특권이다.

2. 나스리 궁

왕의 업무와 거처 공전이었던 나스리 궁이다.

3. 카를로스 5세 궁

그라나다를 점령한 이후에 카를로스 5세가 지은 궁이다. 로마제국 황제가 된 카를로스 5세가 기념으로 이곳을 방문하면서 지은 궁이다. 카를로스는 그라나다를 함락한 상징적인 의미로 궁을 지었다. 이 궁이 없었다면 알함브라 궁은 지금은 없었을지 모른다. 이 궁 덕분에 알함브라 궁전 전체가 왕실 유적으로 지정될 수 있었다. 승리의 역사가 패배의 역사를 빛내준 것 같다.

원형과 사각으로 만들어진 겉모습이 먼저 눈에 들어온다. 그 답은 궁으로 들어와 찾을 수 있다. 밖은 사각형인데 안은 원형이었던 것이다. 더 놀라운 것은 원형의 가운데에서 말하면 음향효과가 좋아서 마이크없이도 공연을 할 수 있다고 한다. 건축학적으로 원형을 둘러싼 기둥 위 돌은 쐐기돌을 끼워 만든 평보형의 건축물이다.

4. 헤네랄리페

왕의 여름 별궁이었던 곳이다.

246

알바이신
Albaicin

그라나다에서 가장 아름다운 전망을 자랑하는 언덕 위에 올라 시에라네바다 산맥을 배경으로 알함브라와 그라나다를 볼 수 있는 장소이다. 그라나다의 유서 깊은 무어인 지구인 알바이신에서 가장 높은 언덕에 오르면 성 니콜라스 전망대가 나온다. 전망대에 오르면 웅장한 알함브라 궁전과 그라나다 초원, 도시의 전경과 눈 덮인 시에라네바다 산맥이 한눈에 들어온다. 시간을 넉넉히 비우고 알바이신에 들러 아름다운 전망을 감상해야 한다.

성니콜라스 전망대는 그라나다를 방문하는 관광객이라면 모두 한 번씩은 거쳐 가는 곳으로, 전망 좋은 자리를 차지하려면 조금 기다렸다가 관광객이 나온 자리에 들어가야 할 수도 있다. 작은 석벽 옆, 알함브라와 산맥이 정면으로 보이는 지점에서 가장 아름다운 풍경을 볼 수 있다.

거리의 악사들과 플라멩코를 연주하는 기타 연주가들로 인해 언덕 위에는 항상 음악이 흐른다. 도시락을 준비해 오거나 인근 바에서 타파스tapas를 맛보며 레스토랑에 앉아 아름다운 경치를 감상하며 식사를 하는 것도 좋다. 수공예 상점에서는 다양한 공예품과 기념품을 볼 수 있다. 광장 뒤쪽으로는 16세기에 지어진 성 니콜라스 교회가 서 있다. 그라나다의 수호성인인 산 세실리오의 예배당에 가보자. 1세기에 기독교를 전파하러 온 그라나다의 1대 주교 산 세실리오의 예배당은 산 세실리오 골목이라 불리는 좁은 자갈길 위에 서 있다.

성 니콜라스 전망대는 사계절 내내 아침부터 저녁까지 사람들로 붐빈다. 해질 무렵, 시에라네바다 산맥 아래로 해가 떨어지며 알사비카 언덕 위의 알함브라 궁전이 황금빛으로 빛나는 모습을 카메라에 담을 수 있다. 소매치기가 많기로 유명한 장소인 만큼 소지품에 유의해야 한다.

알바이신에서 출발하여 구불거리는 자갈길을 걸어 올라가다 보면 성 니콜라스 전망대가 나오는 데 보통 걸어서 약 15~20분 정도 걸린다. 누에바 광장에서 버스를 타고 울퉁불퉁한 길을 달려 도착하는 방법도 있다.

알카사바
Alcazaba

알카사바는 9세기경에 세워진 알람브라 궁전에서 가장 오래된 곳이다. 서쪽 끝에 알람브라 궁전에서 제일 오래된 벨라의 탑Torre de la Vela에 오르면 알람브라 궁전 내부는 물론 알바이신 지구, 사크로몬테 언덕 등 그라나다 전체를 한눈에 감상할 수 있다.

사크로몬테
Sacromonte

알바이신 언덕에 정착한 집시들은 언덕에 구멍을 파 동굴집 쿠에바^{Cueva}을 만들어 살았다. 현재는 사크로몬테 쿠에바 박물관^{Museo Cuevas del Sacromonte}으로 사용되고 있으며 쿠에바 정착민들의 역사, 관습 등을 볼 수 있다. 알람브라 미니버스 31, 35번을 이용하여 누에바 광장으로 돌아갈 수 있다.

🌐 www.sacromontegranada.com
🕐 겨울(10월 15일~3월 14일 10:00~18:00/매일), 여름(3월 15일~10월 14일 10:00~20:00/매일)
  12월 25일과 1월 1일 에는 휴관합니다
€ 박물관 €5

올랄라 레스토랑
OHLALA Restaurant

누에바 광장 내에 위치한 스페인 브랜드 체인으로 스페인 어디서나 볼 수 있다. 피자, 파스타, 빠에야 등 다양한 스페인 음식을 13유로 정도로 맛볼 수 있다.

위치 누에바 광장 지점 : Plaza Nueva 2, 비브 람블라 광장 지점 : Bib Rambla 18
시간 11~23시

라 쿠에바 1900
LA CUEVA de 1900

누에바 광장에서 이사벨 광장 방향의 왼쪽으로 돌아가면 스페인 체인인 레스토랑이 나온다. 하몽과 스페인의 전통 소시지를 비롯한 다양한 요리를 10유로 정도의 가격으로 맛볼 수 있다.
하몽은 우리나라 사람들에게는 매우 짜게 느껴질 수 있다. 저염식의 하몽 이베리꼬가 그나마 먹기에 좋다.

홈페이지 www.lacuevade1900.es **위치** Reyes Catiolicos, 42
전화 958-22-93-27

바르 로스 디아멘테스
Bar los Diamantes

1942년에 영업을 시작한 타파스 전문점으로, 그라나다에만 4개 지점이 있을 정도로 현지에서 유명한 타파스 바다. 여기서는 누에바광장 맞은편에 위치한 본점을 안내한다. 모든 타파스를 반접시와 한접시 사이즈로 주문할 수 있기 때문에 다양한 타파스를 맛볼 수 있다는 장점이 있다. 특히 바르 로스 디아멘테스는 음료를 주문하면 랜덤한 종류의 타파스 한 접시를 무료로 준다. 가볍게 술 한잔에 안주 몇 개로만 입가심하고 싶을 때, 딱히 뭐가 먹고 싶지는 않아서 누군가가 정해주는 무언가가 먹고 싶은 기분일 때 방문해볼 곳으로 추천한다.

홈페이지 www.barlosdiamantes.com **위치** Plaza Nueva, 13, 18009 Granada(누에바 광장 맞은편)
시간 12시30분~24시 **요금** 타파스류 반접시 10€ **전화** 0958-07-53-13

카르멜라
Carmela

그라나다의 유명 맛집으로 현지인들에게 인기 있는 곳이다. 대부분의 메뉴가 한국인 입맛에도 잘 맞아 한국인 관광객 또한 많이 방문하는 곳이며, 직원들도 간단한 한국어를 구사할 수 있고 한국어 메뉴판도 있어 주문이 쉬운 편이다. 고기 요리가 맛있는 곳으로 닭, 돼지, 소고기 요리 중 하나만 시켜도 성공하는 맛집이다. 인종차별 후기가 거의 없을 정도로 직원들이 친절한 편이므로 걱정을 덜어두고 방문해도 되는 곳 중 하나다. 구글맵으로 음식점의 이름이 'La Auténtica Carmela'로 표시되므로 헷갈리지 말자.

홈페이지 www.restaurantescarmela.com **위치** Calle Colcha, 13, 18009 Granada(이사벨 라 카톨리카 광장에서 약 100m)
시간 8~24시(월~금 / 토, 일 9시부터 시작) **요금** 메인요리 7.5€~
전화 0958-22-57-94

바 라 리비에라
bar la riviera

음료를 시키면 타파스를 무료로 주는 현지인 인기 타파스 바다. 무조건 가야할 정도로 맛이 매우 뛰어난 편은 아닌데 고를 수 있는 무료 타파스의 종류가 무려 25가지나 되기 때문에 인기가 좋은 곳이다. 다양한 음료와 타파스를 저렴한 가격에 여러 개 맛볼 수 있으며, 시끌벅적한 현지 분위기를 제대로 느낄 수 있는 곳이다. 현지 타파스 바를 체험해보고 싶은 여행자에게 추천한다. 주의해야할 점은 음료 주문 시 타파스를 랜덤으로 주는 것이 아니다. 원하는 타파스를 정확히 정해서 주문해야 가져다주므로 하염없이 기다리지 말자.

홈페이지 www.es-la.facebook.com **위치** Calle Cetti Meriem, 7, 18010 Granada(누에바 광장에서 약 200m)
시간 12~24시 **요금** 음료 2€ **전화** 0933-19-39-75

엘라데리아 로스 이탈리아노스
Heladeria los italianos

이사벨 라 카톨리카광장 인근에서 아이스크림 케이크가 들어간 콘을 들고 다니는 사람들이 보이기 시작했다면 엘라데리아 로스 이탈리아노스가 주변에 있다는 신호다. 그라나다에서 가장 유명하고 인기 있는 아이스크림 맛집으로 공인된 엘라데리아 로스 이탈리아노스는 1936년부터 영업을 시작해 80여년동안 아이스크림을 만들고 있다. 이곳의 인기 메뉴는 바로 아이스크림케이크콘인 카사타와 타르타다. 카사타는 견과류와 과일, 타르타는 커피와 초콜릿 맛이 있다. 겨울철인 11월 중순부터 3월 중순까지는 영업을 쉬기 때문에 방문 예정이라면 시기를 잘 체크하자.

홈페이지 es-la.facebook.com **위치** Calle Gran Vía de Colón, 4, 18001 Granada(이사벨 라 카톨리카 광장에서 약 100m)
시간 10~24시 **요금** 카사타, 타르타 2,7€~ **전화** 0954-22-40-34

카페테리아 알람브라
Cafeteria-Alhambra

기본적으로는 피자나 파스타 등 유럽식 요리를 파는 식당이지만 츄러스가 가장 인기 있는 곳이다. 길고 통통한 츄러스는 5개가 나와 배가 부를 정도이며, 겉은 부서진다는 느낌이 들 정도로 바삭한데 안은 쫄깃하다. 초코라떼가 매우 단 편은 아니기 때문에, 단맛을 많이 좋아하지 않지만 초코라떼에 츄러스를 찍어먹는 경험을 해보고 싶은 여행자들에게 추천하는 곳이다. 식사시간대에는 직원들이 바빠서 불친절할 때가 많으므로, 기분좋게 먹고 나오고 싶다면 식사시간을 전후해 방문해보는 것을 권한다.

홈페이지 www.cafeteria-alhambra.com **위치** Plaza de Bib-Rambla, 27, 18001 Granada(비브람블라 광장 맞은편)
시간 8~21시 **요금** 츄러스 5개 2€, 초코라떼 2.4€ **전화** 0958-52-39-29

그라나다의
대표적인 광장 Best 2

1 누에바 광장(Plaza Nueva)

알함브라 궁전 바로 옆에 위치하고 있는 그라나다의 널찍한 중앙 광장은 도시의 유구한 역사를 보여주는 각종 기념물, 다양한 카페와 바로 유명하다. 유서 깊은 건물들과 야외 카페가 늘어서 있는 그라나다 중심지의 중앙 광장은 주민들과 관광객들이 모두 즐겨 찾는 곳이다. '신 광장'이라는 뜻의 이름과 달리 이곳은 그라나다에서 가장 오래된 지역이다. 광장은 16세기에 지상 공간을 확보하기 위해 다로Daro 강을 복개하며 탄생했다.

광장에 늘어선 멋스러운 건물들은 광장의 탄생과 동시에 건립된 북쪽의 레알 찬시예리아는 법원과 교도소로 사용됐다. 바로크와 르네상스 양식의 파사드가 아름다운 건물에는 오늘날 안달루시아 고등법원이 들어서 있다. 광장을 가로질러 산길이 난 산타 아나 교회로 향해 보자. 16세기에 모스크 부지 위에 건립된 교회에서는 종교 회화, 조각 작품, 여러 예배당을 볼 수 있다. 종탑과 모스크의 뾰족탑을 개조하여 만들어졌다.

누에바 광장 즐기기

그라나다에서는 스페인에서 가장 다양하고 질 좋은 타파스(Tapas)를 맛볼 수 있다. 타파스(Tapas)는 맥주와 와인에 곁들여 먹는 것이 정석이다. 광장의 여러 바와 카페에서도 그라나다 특유의 타파스를 즐길 수 있다. 야외 테라스에 앉아 타파스(Tapas)를 즐기며 그라나다의 스카이라인을 장식하고 있는 무어인들의 궁전 요새인 알함브라를 볼 수 있다. 알함브라 맞은편에는 유서 깊은 무어인 지구인 알바이신이 자리 잡고 있다.

그라나다를 찍은 수많은 사진에서 흔히 볼 수 있는 카레라 델 다로 거리도 누에바 광장에서 시작한다. 광장에서 시작하는 자갈길은 다로 강을 따라 길게 뻗어 있다. 돌다리로 된 거리를 걸으며 수백 년 된 궁전, 아름다운 교회와 오래된 주택을 보자. 누에바 광장에서 시작하는 또 다른 거리인 고메레즈 언덕길은 알함브라 궁전까지 이어진다.

2 비브 람블라 광장(Plaza Bib-rambla)

그라나다 성당에서 걸어서 5분이면 도착하는 거리에 위치하고 있다. 카페와 레스토랑, 꽃을 파는 행상들로 둘러싸인 그라나다 도심 속 광장에서는 과거 종교 재판과 투우 경기가 열렸다. 비브 람블라 광장Plaza Bib-rambla은 그라나다에서 가장 아름다운 광장 중 하나이다. 19세기 연립주택, 바와 카페, 상점들로 둘러싸인 비브 람블라 광장Plaza Bib-rambla은 지금과 같이 고요하고 즐거운 분위기를 지녔던 것은 아니다. 과거 마상 시합과 투우 경기가 열렸을 뿐 아니라, 스페인 종교 재판과 화형식이 거행되기도 했다.

구석 카페에 앉아 핫 초콜릿과 츄러스를 즐기며 아름다운 광장을 감상한다. 설탕을 입혀 튀긴 츄러스를 뜨거운 초콜릿에 찍어 먹는 것은 스페인 사람들의 전통적인 아침 식사이다. 중앙에는 4개의 동상이 물을 뿜어내고 있고 꼭대기에 넵튠 상이 서 있는 17세기 분수대가

자리하고 있다. 멋진 가로등도 흥미로워서 신화적 존재들이 정교하게 장식된 가로등은 하단이 말의 다리 모양으로 만들어졌다.

비브 람블라 광장 즐기기
해질 무렵 비브 람블라 광장(Plaza Bib-rambla)에서 식사를 즐기는 것도 좋다. 여름밤에는 야외 테라스 자리를 잡기가 특히 어려우니, 미리 예약을 하고 가는 것이 좋다. 거리의 악사들의 공연을 즐기며 맛있는 음식을 먹다 보면 시간 가는 줄을 모른다. 광장 안팎의 상점들도 늦은 시간까지 문을 연다.

꽃의 광장
꽃 행상인들이 많은 비브 람블라 광장(Plaza Bib-rambla)은 '꽃의 광장'이라고도 불린다. 향기로운 꽃과 화분, 허브와 관상목을 구경한다. 기념품을 구입할 예정이라면 광장 주변의 상점과 인근의 아랍 시장인 알카이세리아를 둘러본다. 과거 비단이 거래되는 장이었던 이곳에서는 거리 구석구석에서 아랍 식 수공예품, 민속 의상, 기념품과 음식을 볼 수 있다.

Cordoba

코르도바

코르도바

CORDOBA

따뜻한 지중해가 지닌 매력에 흥미로운 문화유산까지 가득한 코르도바에서 다채로운 역사와 마주하게 된다. 코르도바는 볼거리와 즐길 거리로 가득하지만 그저 길거리를 걷는 것만으로도 설렘 가득한 경험이 된다.

타파스 바가 줄지어 늘어선 광장과 꽃 장식이 한 폭의 그림 같은 좁은 골목을 돌아다녀보자. 스페인을 여행하는 관광객들이 안달루시아의 고대 수도인 코르도바를 간과하는 경우가 많은데 이슬람 문화의 화려함이 도시 전체에 녹아들어 매력이 흘러넘친다.

한눈에 코르도바 파악하기

역사를 통틀어 수많은 외부 세력이 흥하고 망하며 코르도바를 형성했다. 고고학 박물관에서 기원전 1세기 로마의 전초 기지에서 10~11세기에 무어 제국이 자리하기까지 도시의 발자취를 따라가 볼 수 있다. 칼라오라 탑 박물관에서는 안달루시아의 황금기를 들여다볼 수 있다.

천혜의 요새이자 정원인 코르도바 알카사르를 보면 다양한 역사적 영향을 확실히 알 수 있다. 13세기 궁전의 그늘 아래에서 아랍과 로마 시대의 폐허가 된 흔적을 찾을 수 있다.

코르도바 역사 지구를 거닐다 잠시 멈춰 서서 인상적인 로마교에서 사진을 남기고 다리 아래에서 중요한 건축물로 여겨지는 코르도바 이슬람 사원을 둘러보자. 붉은색과 흰색의 아치로 뒤덮여 장관을 이루는 이슬람 예배당을 둘러본 후 중앙에 위치한 기독교 성당을 방문하면 이슬람 문화와 기독교 문화를 동시에 느껴볼 수 있다.

코르도바의 외곽에 있는 비아나 궁전은 미로처럼 얽혀 있는 안뜰이 매력적인 곳이다. 좋지 않은 끝을 맞이한 메디나 아자하라의 폐허를 둘러보며 100년 동안 자리를 지킨 10세기 이슬람 도시의 모습을 감상할 수 있다.

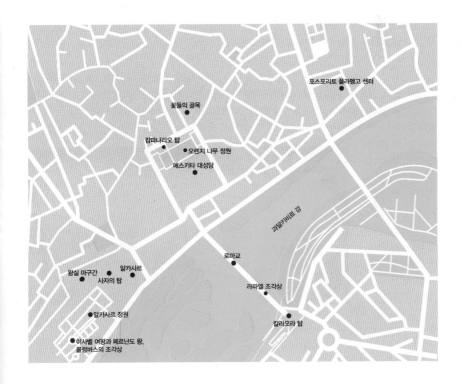

칼라오라 탑
Torre de la Calahorra

무어인이 코르도바를 점령한 시절 흰 사암으로 지어진 칼라오라 탑Torre de la Calahorra에서 아름다운 풍경을 볼 수 있다. 칼라오라 탑은 코르도바에서 가장 오래된 방어 건축물로, 인상적인 기념물이자 박물관이다. 고대 로마교를 건너 무어인들이 남긴 랜드마크를 구경한 뒤 코르도바의 다면적인 역사를 직접 느껴보자.

칼라오라 탑Torre de la Calahorra은 박물관으로 이용되기 전에 용도가 다양했는데, 무어인들이 12세기 말에 건물을 지었으나 거의 대부분은 1369년에 방어력을 높이기 위해 재건축되었다. 탑으로 들어가 1700년대에는 감옥으로, 19세기에는 여학교로 활용되기도 했다.

칼라오라 탑Torre de la Calahorra 꼭대기에 오르면 로마교 건너편에 위치한 메스키타 대성당의

모습을 볼 수 있
다. 이슬람 예배
당 한가운데에
기독교 성당이
서 있는 등 다양
한 종교적 건축
양식이 서로 충
돌하는 현장을
직접 보는 재미
도 쏠쏠하다.

🌐 www.torredelacalahorra.es 🏠 Puente Romano S/N
🕐 10~14시, 16시 30분~20시 30분 (10~4월 10~18시)
€ 5€(학생 3€) 📞 +34-957-293-929

알 안달루스 생활 박물관

9~13세기 사이에 안달루시아에 살던 사람들의 생활상을 재현하고 있다. 옛 사람들의 창의적이고 예술적인 생활상을 볼 수 있다. 박물관에는 코르도바 이슬람 사원-대성당이 처음 지어진 당시의 모습을 재현한 축소 모형도 전시되어 있다.

코르도바에서 이루어진 종교적 화합을 집중 조명하고 있는데, 코르도바 황금기에 기독교인, 이슬람교인, 유대교인들이 함께 평화롭게 살던 모습을 그린 멀티미디어 자료가 유익하다. 코르도바는 과학과 공학 기술도 앞서 나가서, 후에는 이 덕분에 안달루시아가 중세 유럽에서 매우 중요한 혁신 도시의 반열에 오르게 되었다.

포토 포인트
카메라를 들고 로만 브리지와 과달키비르 강을 배경으로 칼라오라 탑을 담아보는 것을 추천한다. 단순한 형태, 옅은 색상, 총안이 있는 지붕 등을 보면 어릴 적 해변에서 만들던 모래성이 떠오를 수도 있다.

로마교
Puente Romano

코르도바 역사 지구 한가운데를 흐르는 과달키비르 강을 가로지르는 로마교^{Puente Romano}는 로마 시대에 지어져 현재까지도 건재함을 자랑한다. 다리 중간에 멈추어 서서 한 폭의 그림 같은 코르도바 경치를 감상하게 된다.
다리 중간으로 가면 만나게 되는 구시가지의 전경과 오랜 시간 변함없이 이곳을 지키고 있는 고대 건축물은 많은 이들의 시선을 사로잡는다. 코르도바에서 유명한 많은 관광지를 이어주므로 한번쯤은 다리를 건너게 된다.

로마교^{Puente Romano} 위에서 한발 한발 내딛으며 발 아래로 숨 쉬는 역사를 느낄 수 있다. 1세기 아우구스투스 황제 통치 하에 로마인들이 건설한 다리는 무어인들이 918년에 더 넓게 만들어 지금에 이르게 되었다.

다리의 모습
로마교 북쪽 끝에 서 있는 16세기 기념물인 푸에르타 델 푸엔테(Puerta del Puente)도 꼭 봐야한다. 고전적인 개선문의 양쪽은 도리아 양식 기둥 4개로 장식되어 있다. 길이가 250m에 이르는 로마교는 밝은 사암 구조물로 프랑스식 쌓기 방식으로 지어졌다. 일정하지 않은 크기의 아치 16개가 강을 가로지르고 있다. 다리 한가운데에는 17세기에 만들어진 성 라파엘 조각상이 초에 둘러싸인 채 지나가는 이들을 굽어보고 있다.

중간의 풍경
중간 지점에 이르렀을 때 양 방향을 모두 살펴보면 남쪽 끝으로는 현재 박물관으로 사용 중인 칼라오라 탑의 중세 요새가 보이고, 북쪽으로는 코르도바 이슬람 사원이 위용을 뽐내며 서 있다. 사원은 다양한 건축 양식이 혼재되어 있는 종교 건축물로, 현재 중심에 성당이 있다.

야경
어둠이 내려앉을 무렵 이슬람 사원-대성당과 다리 모두에 불이 들어와 마치 마법과도 같은 로맨틱한 분위기가 조성된다.

알카사르
Alcázar de los Reyes Cristianos

여러 건축 양식이 한 성에 혼재되어 다양한 스페인 역사를 품고 있는 코르도바 알카사르에서 옛 건물과 현대식 정원, 분수대가 대조를 이루는 풍경을 감상해 보자. 기독교 왕들의 궁전이라고도 하는 코르도바 알카사르Alcázar는 과거 안달루시아를 거쳐 간 다른 시대의 특징이 고스란히 담겨 있는 성이다. 아름다운 정원으로 둘러싸인 13세기 요새의 땅에서 로마, 아랍, 서고트 시대 유적을 볼 수 있다.

13세기에 재단장된 코르도바 알카사르Alcázar의 궁전과 요새를 속속들이 살펴볼 필요가 있다. 칼리팔 궁전이 황폐해졌을 무렵, 1236년, 페르난도 3세가 코르도바를 점령했다. 이후 왕들이 알카사르Alcázar를 복원하며 현재, 볼 수 있는 것과 같은 요새화된 형태로 탈바꿈했다. 스페인 종교 재판의 중심지이자 20세기 감옥으로도 사용되기도 했다.
드넓은 코르도바 알카사르Alcázar의 부지를 산책하며 건물마다 특징이 모두 다른 점을 눈여겨봐야 한다. 4,100m²가 넘는 면적을 차지하고 있는 궁전은 모서리마다 탑이 인상적인 거대한 정사각형 형태를 취하고 있다.
코르도바 역사 지구에 위치한 기독교 왕들의 궁전은 칼라오라 탑과 코르도바 이슬람 사원-대성당에서 도보로 10분 정도 떨어져 있다. 근처까지 오는 많은 버스 중 하나를 타고 로마교 밑에서 하차한 후 구시가지의 정취를 느끼면서 성까지 걷는 것을 추천한다.

🌐 www.alcazarsevilla.org
🕒 9월 16일~6월 15일 : 8시 30분~20시 45분 / 6월 16일~9월 15일 : 15시까지(토 16시 30분까지
　　일 14시 30분까지 / 월요일 휴무)　€ 5€(학생 2.5€ / 13세 이하 무료), 목요일 : 18시 이후~ 무료입장

메스키타 대성당
Mezquita-Cathedral de Córdoba

예전에는 이슬람 사원이었지만 이슬람에 승리한 이사벨 여왕이 대성당으로 탈바꿈한 메스키타 대성당^{Mezquita-Cathedral de Córdoba}은 다양한 종교적 건축 양식이 혼합되어 아름다운 랜드마크로 재탄생했다. 메스키타 대성당^{Mezquita-Cathedral de Córdoba}은 스페인에서 손꼽히는 인상적인 종교 기념물로, 기독교와 이슬람교 건축 양식이 화려하게 만나고 있다. 가톨릭 성당으로 들어가 다채로운 색상을 자랑하는 수많은 아치로 장식된 복도, 오렌지 나무가 늘어서 있는 넓은 안뜰, 고딕 양식을 뽐내는 예배당을 볼 수 있다.

메스키타 대성당^{Mezquita-Cathedral de Córdoba}에서는 가만히 서 있는 것만으로도 코르도바 황금기를 체험하게 된다. 사원은 압드 알 라흐만이 통치하던 8세기 중 안달루시아가 유럽의 선구적이었던 시기에 지어졌다. 중심부로 향하면 르네상스 시대에 기독교 통치자가 세운 성당을 볼 수 있다. 코르도바 이슬람 사원 중심부에 자리한 성당은 건축하는 데 거의 250년이라는 세월이 걸렸는데, 사자와 독수리를 화려하게 조각하여 장식한 마호가니 설교단 등이 인상적이다.

안뜰에 있는 오렌지 정원부터 코르도바 이슬람 사원을 둘러보면 나무가 많이 심어진 매력 넘치는 광장은 54m 높이의 종탑 그늘 아래에 자리하고 있다. 14세기에 지어진 아치형 입구를 지나면 매표소를 찾을 수 있다. 탑에 올라 가장 먼저 보는 풍경은 이슬람교와 기독교 건축 양식이 섞여 있는 이슬람 사원의 모습이다.

'메스키타'는 이슬람사원이라는 뜻으로 코르도바 이슬람 사원에서 경건하게 예배당을 걷다 보면 많은 사람들이 모여서 예배를 드리는 장소답게 넓은 공간이 나타난다. 미나렛의 자리에 세운 캄파니리오 탑이 우뚝 솟아 있다. 수많은 신도들을 수용할 수 있는 수직이 아닌 수평 공간을 창조하기 위해 설계된 넓은 복도를 붉은색과 흰색의 아치가 덮고 있다.

🌐 www.mezquita-cathedraldecórdoba.es 🏠 Calle del Cardenal Herrero 1
🕐 10~19시(3~10월 / 11~2월 18시까지 / 일, 공휴일 8시 30분~11시 30분, 15~19시)
€ 10€(10~14세 5€ / 종탑 2€) 📞 +34-957-470-512

우마이야 왕조

8세기 초에 바그다드에서 왕권 경쟁에서 쫓겨난 우마이야 왕조는 더 아름답고 세련된 도시를 건설하고 싶었다. 당시의 건축과 과학기술은 이슬람 왕조가 가장 앞서 나갔기 때문에 도시 건설에 사용되면서 600여개의 이슬람 사원과 약 1000여개의 목욕탕이 지어졌고 가로등도 도로를 밝히게 되었다. 1236년 카스티야의 페르난도 3세가 레콩키스타 운동으로 회복하면서 코르도바는 기독교 도시로 변화하였다.

타베르나 루케
taberna luque

스페인 여행을 하며 식당의 불친절한 직원들 때문에 마음이 상하는 일이 많았다면 코르도바의 타베르나 루케는 꼭 방문해보자. 나이가 지긋한 주인 할아버지의 세심하고 친절한 서비스는 그동안 받았던 마음의 상처가 치유 받는 느낌이 들 정도로 기분이 좋아질 것이다. 다른 스페인 식당들에 비해 짠맛이 덜해 편안하게 먹을 수 있으며, 요리는 소고기 요리나 오징어 요리를 추천한다. 테이블이 적어서 웨이팅을 할 수 있는 확률이 높으므로 이전에 방문해 예약을 하거나, 영업 시작 전에 방문하는 것을 추천한다.

`위치` Calle Blanco Belmonte, 4, 14003 C□rdoba(메스키타 대성당 북서쪽문에서 약 400m)
`시간` 화~토 13~16시, 20~23시(일, 월 휴무) `요금` 메인요리 12€ `전화` 0699-80-65-60

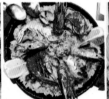

카사 페페 데 라 후데리아
Casa Pepe de La Judería

코르도바의 하늘이 파랗게 물든 날이라면 카사 페페 데 라 후데리아로 향하자. 카사 페페 데 라 후데리아는 현지인들이 사랑하는 맛집이자 코르도바 전통 음식점이다. 소소하면서도 싱그러운 유럽 분위기가 물씬 나는 옥상에서 코르도바 전통 음식을 먹어본다면 스페인 여행에서 잊지 못할 시간이 될 것이다. 맛과 분위기, 그리고 직원의 친절도도 좋아 현지 가이드도 추천하는 곳이다. 음식이 덜 짜기 때문에 한국인 입맛에도 좋으며, 소꼬리찜은 필수로 시키는 것을 추천한다.

`홈페이지` www.restaurantecasapepedelajuderia.com `시간` 월~목 13~16시, 21~23시, 금~일 13~16, 21~23시 30분
`위치` Calle Romero, 1, 14003 Córdoba(메스키타 대성당 북서쪽문에서 약 200m)
`요금` 커피류 1.5€ `전화` 0933-19-39-75

라 포사다 델 카발로 안다루즈
La Posada Del Caballo Andaluz

안달루시아 전통 음식점으로, 라이브로 연주되는 기타 소리와 함께 코르도바 가정식 요리를 맛볼 수 있는 곳이다. 현지인들이 가족 식사를 하기 위해 자주 찾는 골목 맛집으로 현지인들이 추천하는 음식점이다. 대부분의 요리가 맛있는 편인데, 친절한 직원들과 아늑한 분위기를 자랑한다. 많은 요리 중 특히 소고기 요리가 맛있는 곳이므로, 소고기 감자 스튜나 소꼬리찜은 꼭 주문하는 것을 추천한다. 메뉴판에 영어 표기가 잘 돼있기 때문에 주문이 어렵지 않다. 10€부터 시작하는 오늘의 추천메뉴 세트도 있어 고민 없는 식사를 원할 때 방문해도 좋은 곳이다.

| 홈페이지 | www.laposadadelcaballoandaluz.com | 위치 | Calle D San Basilio, 16, 14004 Córdoba(메스키타 대성당 남쪽에서 약 500m) |
| 시간 | 12시 30분~16시 30분, 20~23시 30분 | 요금 | 메인요리 6€ | 전화 | 0957-29-03-74 |

보데가스 캄포스
Bodegas campos

1908년부터 영업을 시작해 100여년이 넘게 한 자리를 지키면서 안달루시아 전통 음식을 내어오는 곳이다. 세계 각국의 유명인들이 방문하며, 현지인들과 현지 가이드, 그리고 외국의 스페인 가이드북에서도 빠짐없이 추천하는 곳이다. 코르도바에 방문했을 때 한번쯤 방문해 볼 만한 곳이다. 전체적으로 음식이 담백한 맛이기 때문에 그동안 스페인 음식의 짠맛에 고통 받았던 혀에게 휴식을 선물해주는 시간이 될 것이다.

| 홈페이지 | www.bodegascampos.com | 위치 | Calle Lineros, 32, 14002 Córdoba(메스키타 대성당 남쪽에서 약 700m) |
| 시간 | 13~16시, 20시 30분~23시 | 요금 | 메인요리 12€ | 전화 | 0957-49-75-00 |

Londa

론다

론다

LONDA

안달루시아의 산악 마을인 론다Londa에서 장대한 협곡 절벽에 지어진 역사적 건물들을 구경하는 재미는 쏠쏠하다. 투우, 역사적 건물, 아름다운 풍경 등으로 유명한 론다Londa는 안달루시아를 여행할 때 많은 사람들이 찾는 인기 관광지이다.

신석기 시대에 처음 사람이 살기 시작한 이곳은 역사적으로 켈트족, 로마족, 무어인들이 거쳐간 곳이기도 하다. 이곳의 매력적인 도시 풍경을 보면 각 문화의 영향이 그대로 남아 있다는 것을 알 수 있다. 가파른 경사, 하천이 흐르는 골짜기, 완만한 언덕에 둘러싸인 세라니아데 론다 지역에서 론다의 전체적인 모습을 살펴볼 수 있다.

론다 둘러보기

이슬람 양식의 구시가 라 시우다드와 신시가 엘 메르카디요를 연결하는 18세기 다리, 푸엔테 누에보에서 론다 여행을 시작한다. 다리에 서서 마을의 건물 옥상부터 120m 깊이의 바위투성이 타호 협곡까지 마을의 위, 아래를 전체적으로 살펴보자. 다리에서 협곡 중앙을 거쳐 강가 산책로까지 이어진 길도 볼 수 있다.

푸엔테 누에보에서 남쪽으로 이동해 라 시우다드의 분위기 있는 거리는 관광객의 마음을 여유롭게 만든다. 산타 마리아 라 마요르 등 건물이 즐비한 두케사 데 파르센트 광장과 같이 아름다운 광장도 볼 수 있다.

라라 박물관에는 특이한 전시물로 가득한 알라딘 창고와 성의 관문이었던 푸에르타 데 알모카바르와 비교적 보존이 잘 되어 있는 아랍 목욕탕도 유명하다. 푸엔테 누에보의 북쪽에는 엘 메르카디요의 주 광장인 스페인 광장이 있다.

어니스트 헤밍웨이가 자신의 소설 누구를 위하여 종은 울리나에서 모습을 묘사한 이후로 스페인 광장은 국제적 유명세를 타게 되었다. 스페인의 훌륭한 투우장 중 하나인 플라사 데 토로스와 론다 불링 박물관에서는 투우 관련 기념품도 볼 수 있다. 알데우엘라 전망대와 쿠엔카 정원에서 기억에 남을 만한 멋진 장관을 즐겨보자.

볼라 거리를 대표하는 집이라는 뜻의 '라 볼라'라고 부르는 카레테라 에스피넬에서 골동품 상점과 부티크, 서점, 의류점 등을 볼 수 있다. 카르멘 아벨라 광장 주변의 바Bar, 레스토랑에서 맛있는 타파스와 안달루시아 와인을 맛볼 수 있고 플라멩코 쇼도 볼 수 있다.

론다 IN

바위산에 자리한 론다는 헤밍웨이가 '세상에서 가장 로맨틱한 도시'라고 극찬한 작은 도시로 하루 정도 쉬어가기에 좋다. 론다로 갈 때는 기차와 버스를 이용하면 된다.

기차

론다로 들어가는 방법으로 기차를 가장 많이 이용한다. 마드리드에서는 하루 3회 운행되며, 세비야에서는 하루 5회 론다로 향하는 기차가 운행된다. 왕의 오솔길을 거쳐 론다로 올 경우에는 말라가에서 론다행 기차를 타고 엘 초로역에서 내려 왕의 오솔길을 걷고, 이어 론다로 이동하면 된다.

버스

마드리드에서 론다까지 직접 운행하는 버스는 없다. 같은 안달루시아 지방에 있는 말라가와 세비야 정도만 운행하고 있다.

택시

론다에서는 버스보다 택시를 이용하는 것이 편리하다. 세 명이 시내로 이동하는 데 5유로밖에 들지 않는다. 택시 요금이 저렴한 만큼 사람들이 많이 이용한다.

베스트 코스

론다의 버스터미널은 구시가 인근에 있어 걸어서 이동이 가능하지만 기차역은 구시가까지 도보로 30분 정도 소요된다. 기차역에서 내렸다면 버스나 택시를 타고 이동하는 게 편리하다.

알라메다 델 타호 공원에서 누에보 다리까지는 10분 정도면 갈 수 있기 때문에 웬만한 관광지는 걸어다니면서 보면 된다.

알라메다 델 타호 공원

투우장, 투우 박물관

스페인 광장

누에보 다리

누에보 다리
Puente Nuevo Ronda

인상적인 위용의 푸엔테 누에보에서 타호 협곡의 장관은 바라보면 론다의 도시 풍경과 잘 정리된 들판, 완만한 산이 빚어내는 조화로운 풍경이 장관이다. 푸엔테 누에보에 서면 다리를 중심으로 모든 방향에 펼쳐진 멋진 장관을 볼 수 있다.

18세기 인간에 의해 만들어진 뛰어난 건축 양식을 반드시 둘러봐야 할 장소이다. 푸엔테 누에보는 론다의 구시가와 신시가를 이으며 타호 협곡을 감상하기에 좋은 관광 포인트이다. 주변 안달루시아 전원 풍경과 함께 협곡 위로 펼쳐진 세상도 볼 수 있다.
42년 정도의 공사 기간을 거쳐 1793년에 완공된 푸엔테 누에보는 무어 양식이 남아 있는 라 시우다드와 현대적인 분위기의 엘 메르카디오 사이를 자유롭게 이동할 수 있도록 차량 통행이 허용되어 있다. 3개의 아치형 장식이 있는 다리는 높이가 98m, 길이는 66m 정도이다.

다리의 한 쪽에 서서 타호 협곡 벼랑 아래를 내려다보면 가장 깊은 곳은 다리 아래로 협곡의 깊이가 120m나 된다. 동쪽으로는 시에라 데 라스 니에베스 산의 봉우리가, 서쪽으로는 시에라 데 그라잘레마 지역이 보이는데 잘 정리된 들판 주변으로 아름다운 산의 모습이 인상적이다. 다리를 자세히 살펴보면 절벽 쪽으로 만들어져 있는 아치형 장식을 살펴보아야 한다. 협곡으로 내려가면 다리 정면의 모습도 볼 수 있다. 라 시우다드의 서쪽 끝에서부터 강둑을 따라 이어진 길을 걸어보면 까마귀나 휘파람새가 과달레빈 강 주변의 협곡 위로 날고 있는 모습을 종종 볼 수 있다.

타호협곡
El Tajo de Ronda

론다의 중심에는 인상적인 모습을 자랑하는 타호 협곡이 있다. 협곡은 무어 시대의 분위기가 그대로 남아 있는 구시가 라 시우다드와 신시가 엘 메르카디요 사이에 있다. 협곡의 장엄한 모습을 감상한 후 계곡 중심으로 걸으면 환상적인 풍경이 눈에 들어온다.

타호 협곡은 깊이가 약 120m이고 폭이 약 68m로, 시에라 데 라스 니에베스의 산에서 흘러나온 과달레빈 강의 지속적인 침식에 따라 형성되었다. 협곡의 어마어마한 크기는 적의 침공이 있을 때마다 큰 방어적 효력을 발휘하기도 했다.

풍경 포인트

타호 협곡의 가파른 절벽 아래로 펼쳐진 광경을 감상하고 과달레빈 강의 둑을 따라 거닐어 보면 역사적 다리에서 주변 풍경을 감상할 수 있다. 론다에 들어가거나 나가는 기차에서 창밖으로 보이는 아름다운 풍경을 볼 수도 있다.

론다의 두 시가지를 연결하는 푸엔테 누에보 다리에 서서 끝없이 펼쳐진 멋진 자연을 보고 강의 급경사면으로 눈을 돌리면 아찔함도 느낄 수 있다. 18세기에 만들어진 이 다리에서 절벽에 굳게 고정되어 있는 로마네스크 아치형 장식이 인상적이다.

쿠엔카 정원, 론다 전망대 등 경치 감상에 좋은 몇몇 포인트와 함께, 마을의 다른 역사적 다리인 푸엔테 아라베와 푸엔테 비에호에서도 멋진 풍경을 감상해보자. 맑은 날에 구역별로 풀이 가지런히 심어진 넓은 들판의 모습과 시에라 데 그라잘레마 산의 봉우리도 살펴보자.

기차타고 즐기기

알헤시라스에서 기차를 타고 협곡을 둘러보는 것도 좋다. 론다로 향하는 기차에서 창밖으로 보이는 안달루시아 마을과 아름다운 산을 감상할 수 있다. 기차는 연중 운행되며 90분 정도가 소요된다. 말라가에서 출발하는 기차도 비슷한 노선으로 운행된다.

플라자 데 토로스
Plaza de Toros

플라자 데 토로스의 정식 명칭은 플라사 데 토로스 데 라 레알 마에스트란사 데 카베렐리
아 데 론다로 매우 긴 이름을 가지고 있다. 시선을 사로잡는 경기장의 멋진 건축물과 칭송
받는 투우사의 동작에 눈이 간다. 전시관에서 역사적인 투우 물품을 구경하는 것도 놓치지
말자.

선구적인 투우사 페드로 로메로가 영광을 누리던 1700년대 후반에 건축된 플라사 데 토로
스는 스페인 초기 투우장 중 하나이다. 원형 경기장 안에는 2층으로 된 좌석이 있고 각 좌
석 앞에는 토스카나 양식 기둥에 의해 지지되는 아케이드가 있다. 이곳은 칭송받는 스페인
승마회인 레알 마에스트란사 데 카베렐리아 데 론다의 홈 경기장이기도 하다.

스페인에서 가장 오래되고 이름 높은 투우장, 플라자 데 토로스를 방문하면 내부에 있는
박물관에서 여러 투우 기념품도 볼 수 있다. 매년 9월에 열리는 일주일간 진행되는 축제
때에 직접 투우 경기를 관람할 수 있다.

세계에서 가장 큰 투우장의 중심에 서서 투우사에게 쏟아지는 수천 팬의 박수와 갈채를 받으며 투우를 펼치는 모습을 입구의 사진을 보면 상상할 수 있다. 경기장 안에는 유명한 투우사인 로메로 및 오르도녜스 투우 가문을 기념하는 곳도 있으며, 마구간, 패독, 투우가 드나드는 통로인 불펜도 살펴볼 수 있다. 경기장으로 나가기 전에 투우사들이 기도를 하는 예배실도 있다.

론다 불링 박물관

론다 불링 박물관에는 론다와 안달루시아의 투우 역사를 확인할 수 있다. 투우사 옷과 매우 오래된 화기, 세계적으로 유명한 예술가들의 그림, 투우를 즐기는 귀족의 인물화 등이 전시되어 있다. 론다 불링 박물관은 플라사 데 토로스 투우장 내에 마련된 여러 전시관으로 구성되어 있다.

박물관의 관련 의상과 기록, 황소 머리 장식, 여러 그림, 조각품 등을 통해 안달루시아 문화에서 투우가 차지하는 비중을 가늠해 볼 수 있다. 안토니오 오르도녜스와 페드로 로메로 등 유명한 투우사들이 입었던 의상도 전시되어 있다. 프란시스코 데 고야의 33개 판화 시리즈인 라 타우로마키아(투우 기술) 복제품도 확인하도록 전시되어 있다.

로열 하니스 컬렉션으로 이동하면 호화로운 마차 마구와 안장을 보고 놀라게 된다. 그 중 하나는 스페인의 여왕 이사벨라 2세가 사용했던 안장이다. 17~19세기에 사용되었던 290여 개의 화기 전시품도 인상적이다. 영국 왕족, 프랑스의 루이 14세, 나폴레옹 보나파르트, 스페인의 펠리페 4세 군에서 사용하던 총도 전시되어 있다.

이퀘스트리언 갤러리에는 스페인 순종 말의 사육과 승마술, 마술과 관련된 예술 작품을 볼 수 있다. 승마 학교의 학생들이 갤러리 옆 경기장에서 연습하는 광경도 즐겁다. 투우가 드나드는 통로인 불펜과 예배실, 마구간도 있으니 같이 둘러보면 좋다. 9월에 개최되는 페리아 고예스카에서 실제 투우 경기가 펼쳐진다.

동부 피요르
The East fjords

투우 기념품에서 시계, 마법 용품까지 신기하고 놀라운 것이 가득한 개인 박물관인 라라 박물관에는 세계 곳곳에서 수집된 골동품과 다양한 물건이 전시되어 있다. 특히 영화, 사진, 과학 기기, 무기와 관련된 다양한 전시물을 볼 수 있다. 라라 박물관은 우아한 카사 팔라시오 데 로스 콘데스 데 라스 콘퀴스타스의 여러 전시실로 구성되어 있다.

전시품은 후안 안토니오 라라 후라도가 개인적으로 수집한 것들이다. 수집가로서 그의 열정은 동전에 큰 관심을 보이던 10세 때부터 시작되었다고 한다. 그때부터 그는 다양한 관심사에 특이한 물건들을 수집하기 시작했다.

🌐 museolara.org 🏠 Calle Arminan 29 📞 952-871-263

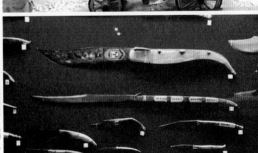

18~19세기의 시계들 중 하나는 스위스 시계로, 음력 표시가 장식으로 들어가 있다. 흔하지 않은 7연발 권총 등 다양한 권총과 음악 기기, 재봉틀, 전화, 타자기도 있다. 카메라, 촬영 장치, 펜과 파이프 등도 있다. 중세 시대 갑옷, 낭만적인 작은 조각상, 전통적인 산적 칼은 신기하다. 론다의 초기 정착민들이 만든 그릇과 고대 안달루시아 동전도 있어 상당한 수집 양인 것을 알 수 있다.

스페인 종교 재판실에는 범죄자의 의지를 꺾을 뿐만 아니라 이들을 죽이고 심문하는 데 사용된 여러 고문 도구가 가득하여 섬뜩하기도 하다. 잔인한 도구 중에는 교수형틀과 단두대, 고문대, 못이 꽂힌 의자 등도 있다. 독특한 외모의 요정, 늑대 인간, 인어, 마녀의 모형과 함께 박쥐 날개, 뱀, 두꺼비로 만들었다는 마법 묘약까지 신기한 마법에 대한 물품도 있다. 라라 박물관은 론다의 구시가인 라 시우다드에 있어 산타 마리아 라 마요르 교회에도 걸어서 이동이 가능하다.

산타 마리아 라 마요르 교회
Iglesia de Santa Maria la Mayor

산타 마리아 라 마요르 교회는 론다의 라 시우다드 지구에 아름다움을 더하는 빼어난 건축물이다. 교회는 한때 구시가지의 시청 광장이었던 두케사 데 파르센트 광장의 북쪽에 있었다. 완공에 200년 가까이 걸린 매력적인 산타 마리아 라 마요르 교회에서 다양한 건축 양식과 종교적 예술 작품이 관광객을 끌어 모으고 있다.

외관은 교회보다 일반적인 시청 건물의 모습과 더 비슷한 편이다. 아케이드 현관 위에는 각각 여러 기둥과 주두로 지탱되는 2개의 발코니가 있다. 펠리페 2세가 통치한 16세기 중반, 고위 관리는 발코니에서 투우와 축제를 관람했다. 왼쪽에는 돌로 된 시계탑이 있는데 맨 위에 8각형 종탑이 있다.

고딕 양식의 기둥과 아치형 구조물이 특징적인 신도석이 눈에 띈다. 시더우드와 호두로 제작된 르네상스 성가대석과 바로크 양식의 제단화도 눈길을 사로잡는다. 호세 데 라모스의 작품인 크리스토퍼 콜럼버스 벽화도 보인다. 몬타네스, 라 롤다나의 작품이라고 여겨지는 비르헨 델 마요르 돌로의 상징도 확인이 가능하다.

간략한 교회 역사

산타 마리아 라 마요르 교회는 1485년에 기반이 마련되었지만 1600년대 후반까지도 완전히 완성된 상태는 아니었다. 교회는 론다에서 과거 무어인 거주지 내 모스크가 있던 곳에 세워져 있는데, 이전에는 서고트 시대 교회와 로마 신전이 있었던 곳이다.

🏠 Plaza Duquesa de Parcent S/N, 29400
🕐 10~20시 📞 952-874-048

푸에르타 데 알모카바르
Puerta de Almocabar

13세기 요새의 입구였던 엄청난 규모의 푸에르타 데 알모카바르는 론다의 이전 방어 체계 유적이다. 푸에르타 데 알모카바르에서 인상 깊은 건축 양식의 옛 돌문은 무어 양식 흉벽 중 가장 대표적인 곳이다.

푸에르타 데 알모카바르는 1200년대에 마을 성채의 문으로 건설되었다. 반대쪽 광장에 있던 묘지를 참조해 아랍어로 '묘지'라는 뜻의 '알 마카비르Al Macavir'에서 이름을 따왔다. 문의 한 곳으로 들어가 조용한 뜰을 둘러보면서 바Bar에 앉아 타파스를 먹으며 쉬어가자. 푸에르타 데 알모카바르를 마주보고 있는 루에도 알라메다 광장 또한 탁 트인 전경을 자랑한다.

문은 옆에 2개의 반원형 탑이 있는 말 모양의 입구가 특징이다. 탑의 꼭대기에 올라 성곽을 따라 걸으며 도시의 전경과 함께 안달루시아 전원 풍경까지 볼 수 있다. 요새와 타호 협곡으로 론다가 난공불락의 도시였을 때를 상상해본다.

입구 옆에는 푸에르타 데 카를로스 V라는 또 다른 아치형 입구가 있다. 16세기 카를로스 5세에 의해 만들어졌다. 아치 위에는 이 스페인 왕의 문장이 있다. 문 옆에는 말을 위한 여물통도 있다.

🏠Plazuela Arquitecto Francisco Pons Sorolla 📞952-875-977

푸에트라 그란데
puerta grande

론다를 방문한 한국인 여행자라면 꼭 방문할 정도로 한국인에게 인기가 많은 곳이다. 많은 한국인이 방문한 덕에 한국어 메뉴판까지 생겨 주문이 쉬우며, 직원들은 간단한 한국어까지 구사할 정도다. 추천메뉴는 역시 소꼬리찜인 라보 데 토로다. 소스맛이 적당히 짜고 달달해 한국인 입맛에 최적화돼있어 절대 후회할 수 없는 메뉴다. 직원들이 매우 친절해 인종차별 걱정할 일이 없고, 입맛을 돋우는 에피타이저와 식후주까지 서비스로 제공하여 한국인 여행자들에게 인기가 더 좋다.

`홈페이지` www.restaurantepuertagrande.com `위치` Calle Nueva, 10, 29400 Ronda(에스파냐광장에서 약 50m)
`시간` 12~15시30분, 19~22시(월~금 / 토요일 12~15시 / 일요일 휴무) `요금` 소꼬리찜 17.9€
`전화` 0952-87-92-00

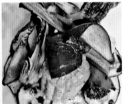

트라가타
Tragata

미슐랭 가이드에 꾸준히 소개되는 론다의 타파스 맛집으로, 현지인들과 관광객 모두에게 인기 있는 곳이다. 전통적인 스페인의 타파스를 내놓기 보다는 퓨전된 음식이 많은 편이라 한국인 입맛에도 잘 맞는다. 전반적으로 모든 요리가 맛있는 편인데 양이 좀 적은 편이다. 다양한 종류의 맛있는 타파스를 심플하고 고급스러운 플레이팅으로 경험해보고 싶은 여행자에게 방문을 추천한다.

`홈페이지` www.tragata.com `위치` Calle Nueva, 4, 29400 Ronda(토로스 레 론다 광장 맞은편)
`시간` 13시15분~15시45분, 20~23시(월요일 휴무) `요금` 타파스류 3€ `전화` 0952-87-72-09

파라도레스
Paradores

옛 시청 건물을 리모델링해 호텔로 사용하고 있는 론다 파라도르 호텔의 1층에 위치한 레스토랑이다. 파라도레스는 tvN 〈꽃보다 할배〉에 방영되기도 했으며, 누에보 다리의 전경을 보면서 식사할 수 있는 곳으로 인기가 좋다. 파라도레스는 4성급 호텔의 레스토랑이지만 생각보다 매우 비싼 편은 아니다. 카페를 겸하는 곳으로 식사를 하지 않고 커피나 케이크 같은 후식만 즐겨도 된다. 직원들의 친절도가 높지는 않은 편이기 때문에 친절도에 대한 기대는 없이 방문하는 것이 좋다.

홈페이지 www.parador.es **위치** Plaza España, s/n, 29400 Ronda(론다 파라도르 호텔 1층)
시간 13시 30분~16시, 20시 30분~23시 **요금** 메인요리 19.5€ **전화** 0952-87-75-00

알바카라 레스토랑
Albacara Restaurant

파라도레스와 똑같이 누에보 다리 전경을 감상하면서 식사할 수 있는 곳이다. 호텔 몬텔리리오 1층에 위치한 레스토랑으로 미슐랭 가이드에 꾸준히 소개되고 있다. 대부분의 요리가 맛이 괜찮은 편으로, 호텔 내에 위치한 레스토랑이지만 현지인들이 식사를 위해서 즐겨 찾는 음식점이기도 하며 관광객들도 많이 찾는다. 창가 자리에서 식사하고 싶다면 예약하는 것은 필수다. 직원들이 친절한 편이기 때문에 기분 좋게 식사할 수 있다. 식당은 겨울철인 1월~3월에 문을 닫기 때문에 방문 예정이라면 계절을 꼭 체크하자.

홈페이지 www.hotelmontelirio.com **위치** Plaza España, s/n, 29400 Ronda(론다 파라도르 호텔 1층)
시간 12~15시, 20~23시 **요금** 메인요리 17.95€ **전화** 0952-16-11-84

France

프랑스

France

한눈에 보는 프랑스

서유럽에서 국토의 면적이 가장 넓은 나라로 다양한 기후와 자연을 볼 수 있다. 북쪽의 평야지대부터 남쪽의 지중해와 하얀 모래가 펼쳐지는 해변, 중부에는 빙하에 뒤덮인 알프스 산맥도 있다.

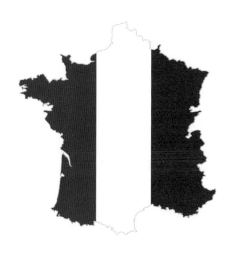

- ▶**수도** | 파리
- ▶**면적** | 5,490만 8,700㏊ (48위)
- ▶**인구** | 6,558만 4,514명 (22위)
- ▶**언어** | 프랑스어
- ▶**화폐** | 유로(€)
- ▶**GDP** | 38,625달러
- ▶**종교** | 가톨릭, 신교, 유대교, 이슬람교
- ▶**시차** | 7시간 느리다.(서머 타임 때는 8시간)

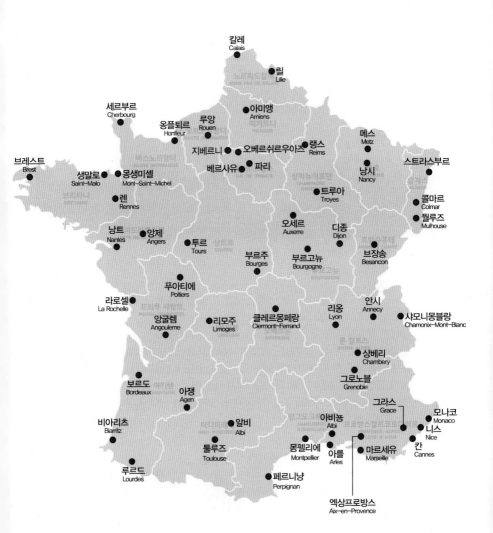

칼레
Calais

릴
Lille

세르부르
Cherbourg

아미앵
Amiens

옹플뢰르
Honfleur

루앙
Rouen

메스
Metz

브레스트
Brest

지베르니
오베르쉬르우아즈
랭스
Reims

낭시
Nancy

스트라스부르
Strasbourg

생말로
Saint-Malo

몽생미셸
Mont-Saint-Michel

베르사유
파리

콜마르
Colmar

뮐루즈
Mulhouse

렌
Rennes

트루아
Troyes

낭트
Nantes

앙제
Angers

오세르
Auxerre

디종
Dijon

브장송
Besancon

투르
Tours

부르주
Bourges

부르고뉴
Bourgogne

푸아티에
Poitiers

라로셸
La Rochelle

앙굴렘
Angouleme

리모주
Limoges

클레르몽페랑
Clermont-Ferrand

리옹
Lyon

안시
Annecy

샤모니몽블랑
Chamonix-Mont-Blanc

샹베리
Chambery

그로노블
Grenoble

보르도
Bordeaux

아쟁
Agen

그라스
Grace

모나코
Monaco

비아리츠
Biarritz

알비
Albi

아비뇽
Albi

니스
Nice

툴루즈
Toulouse

몽펠리에
Montpellier

아를
Arles

마르세유
Marseille

칸
Cannes

루르드
Lourdes

페르피냥
Perpignan

엑상프로방스
Aix-en-Provence

291

지리

국토의 면적이 약 55만㎢에 걸쳐 있는 프랑스는 북쪽에서 남쪽, 동쪽에서 서쪽으로 1,000㎞의 길이를 지닌다. 유럽에서 러시아와 우크라이나 다음으로 3번째로 큰 규모를 자랑한다.
또한 프랑스는 4곳의 해안선이 맞닿아 있다. 북해, 영불 해협, 대서양, 지중해로 해안선 총길이는 3,427㎞에 달한다. 북—동부 지역을 제외하고 영토는 바다로 둘러 싸여 있으며, 랭 Rhin, 쥐라Jura, 알프스Alpes, 피레네Pyrénées의 고루 형성된 산맥은 자연적인 국경지대를 이루고 있다.

기후

사계절을 지닌 프랑스는 일반적으로 연중 온화한 기후를 자랑한다. 유럽의 기후는 보통 해양성 · 대륙성 · 지중해성으로 나누어지는데, 프랑스에는 이 3가지 기후가 모두 나타나 지역마다 다양한 특징을 지닌다.
서부의 해양성 기후는 연중 강수량이 높으며, 대체적으로 온도가 낮다. 중부와 동부의 대륙성 기후는 겨울에 강한 추위와 여름에는 뜨거운 더위가 동반된다. 남 프랑스에는 지중해성 기후로 여름철 건조 기후와 열기가 뜨거워서 일조량이 많고, 일반적으로 10월~이듬해 4월까지는 습하며 온화한 기후를 가진다. 국경에 닿아 있는 산악 기후에는 강수량이 높으며, 연중 3~6개월 동안 눈이 내린다.

프랑스 사계절

프랑스는 서유럽에서 가장 국토가 넓은 나라가 프랑스이다. 국토가 넓은 만큼 프랑스에는 지구상의 모든 자연이 다 있다고 할 정도로 프랑스는 다양함을 가진 나라이다. 북쪽의 넓은 평야지대에서부터 깎아지른 듯한 절벽과 해안, 맑고 푸른 호수, 빙하에 뒤덮인 알프스 산맥, 사막에서나 볼 수 있는 모래 언덕, 하얀 모래가 끝없이 펼쳐진 해변과 푸르른 숲, 포도밭 등 프랑스에는 다양한 자연이 펼쳐져 있다.

프랑스는 전 국토에서 4계절이 뚜렷하며 남쪽의 해안지역은 지중해성 기후를, 내륙 지역은 대륙성 기후를 보인다. 하지만 프랑스 사람들은 프랑스의 날씨를 질문하면 남프랑스의 기후인 여름에는 덥고 건조하며, 겨울에는 따뜻하고 비가 내리는 지중해성 기후로 설명하곤 한다.

국토가 서유럽에서 가장 넓다보니 지역에 따라 다양한 기후가 나타난다. 지중해 연안인 프랑스의 남부는 1년 내내 따뜻하지만 프랑스 중남부의 리옹은 더운 여름과 추운 겨울의 기온 차이가 크다. 봄과 가을의 평균기온은 8°~21°, 여름은 25°~45°, 겨울은 0°~12°를 나타낸다. 강수량은 지역적으로 남부는 300㎜ 이하로 건조하지만 프랑스 북부는 멕시코 난류의 영향으로 800㎜ 이상 지역으로 편차를 보인다.

프랑스를 확실하게 이해하는 방법

■ 남 프랑스 한눈에 파악하기

남 프랑스는 마르세유를 중심으로 남부의 휴양지 도시들과 마르세유의 혼합된 문화에 대해 알면 이해가 쉬워진다. 프랑스에서 3번째로 큰 도시인 마르세유는 파리처럼 2개 구역으로 나뉜다. 멀리 웅장한 생장 요새Fort Saint-Jean가 어렴풋이 보이고 예스러운 마르세유 구항 있다. 마조La Major 대성당과 노트르담 듀몽의 외관을 보면 정교함에 감탄이 나온다. 칼랑키 국립공원Calanques National Park에서 석회암 절벽과 유입구를 볼 수 있다.

지중해의 해안 도시에서 북쪽으로 조금만 가면 매혹적인 요새 도시인 아비뇽이 있다. 아비뇽 성벽Avignon City Walls 안을 거닐고 아비뇽 성당을 둘러보자. 교황청을 보고 유명한 중세 아비뇽의 남아 있는 4개 아치를 보면 좋다. 근처의 엑상프로방스Aix-en-Provence의 예스러운 자갈길을 따라 거닐고, 아틀리에 드 세잔Atelier de Cézanne에서 프랑스에서 가장 위대한 예술가를 만날 수 있다.

동쪽으로 가면 항구 도시인 툴롱과 부유층, 유명인들이 일광욕을 하러 자주 오는 생트로페Saint-Tropez가 있다. 조금 더 가면 칸, 앙티브, 언덕 위에 있는 도자기 마을인 비오Bio에 도착

한다. 니스Nice는 예술가, 박물관, 프롬나드 데 장글레Promenade des Anglais라는 이름의 해안 도로, 콰이 드 에타 우니Quai des États Unis로 유명하다.

화창한 지역에서 치즈, 와인, 올리브를 맛보면서 식사를 즐기고, 코트 다쥐르Côte d'Azur의 여름은 햇살이 좋고 뜨거우며 겨울은 온화하다. 하지만 봄에는 프랑스 남부의 매혹적인 춥고 거센 바람을 만날 수 있다. 알프스 – 드 – 오트 – 프로방스Alpes-de-Haute-Provence는 고도가 높아 여름에는 폭풍우가 오고 겨울은 춥다.

프로방스 – 알프스 – 코트 다쥐르는 해변, 스키 리조트, 유서 깊은 장소가 있는 예스러운 마을이 완벽하게 조화를 이루고 있다. 그림 같은 남 프랑스는 론강Rhône River 서쪽과 지중해에서 프렌치 알프스까지 이탈리아 국경과 마주하고 있다. 니스 코트 다쥐르 국제공항Nice Côte d'Azur International Airport, 마르세유 프로방스 공항Marseille Provence Airport까지 비행기를 타고 렌터카나 기차를 타면 남 프랑스에 닿을 수 있다.

▨ 남프랑스를 일컫는 2가지 단어

남프랑스를 이야기하면서 떠오르거나 들었던 단어들은 무엇이 있을까? 프로방스Provence와 코트 다쥐르Côte d'Azur라는 단어일 것이다. 여름은 햇살이 좋고 뜨거우며 겨울은 온화한 남 프랑스는 론강Rhône River 서쪽과 지중해에서 프랑스 알프스까지 이탈리아 국경과 마주하고 있다. 장렬하는 남프랑스는 휴양지로 유명하여 많은 유명인들이 겨울을 보내는 프로방스 지방이기도 하다.

프로방스(Provence)

프로방스는 론^{Rhone} 강 양쪽을 따라 발달된 지역으로 이전에 리구리안, 켈트족, 그리스인들이 정착한 지역이다. 하지만 이 지역이 본격적으로 발전되기 시작한 것은 1세기 중반에 카이사르가 점령한 후부터로 로마 시대의 유명한 건축양식들은 아를^{Srles}, 님^{Nimes} 지역에서 볼 수 있다. 14세기에는 프랑스 출신 교황으로 인해 가톨릭교회가 로마에서 남프랑스의 아비뇽^{Avignon}으로 옮겨온 적이 있었는데, 그 때가 아비뇽의 전성기였다.

코트 다쥐르(Côte d'Azur)
남프랑스로 기차를 타고 이동하면 지중해 해안을 끼고 달리며 마르세유를 거쳐 니스, 모나코, 칸느 등의 해변 휴양도시를 지난다. 여름이면 '코트 다쥐르Côte d'Azur'라고 불리는 지중해에 접한 휴양지에는 프로방스 – 알프스 – 코트 다쥐르Provence-Alpes-Côte d'Azur이다.

코트 다쥐르Côte d'Azur는 유명인들과 일광욕을 즐기는 사람이 모이는 고급 관광지로, 유명한 칸 영화제Cannes Film Festival, 고급 리조트 타운, 전통적인 역사 센터가 유명하다.

프랑스의 역사

선사 시대

프랑스 지역에 거주의 흔적이 나타난 것은 9~4만 년 전, 구석기 시대 중반이며, 기원전 25,000년 경 석기 시대 크로마뇽인들은 동굴벽화와 조각품들로 그들의 존재를 알렸다. 또한 신석기 시대가 존재했었다는 것을 입증해 주는 것으로는 기원전 4,000~2,500년 경의 거석과 고인돌이다. 청동기 시대가 시작하면서 고리와 주석의 수요로 기원전 2,000경에는 프랑스와 그 외 유럽 국가들이 발전하기 시작했다.

고대 시대

프랑스 원주민은 원래 리구리아 인으로, 켈트족 고울 인들이 기원전 1,500~500년에 이주해 와 그들을 정복하고 동화시켰다. 기원전 600년 경에는 마르세유를 중심으로 한 지중해 연안에 식민지를 경영하던 그리스와 무역을 하기도 했지만 여전히 그 당시 서양 문명의 중심인 그리스 입장에서 볼 때는 변두리의 매기 지역이었을 뿐이다.

로마시대에는 북쪽으로 진출하려는 로마인들을 맞아 고울 족이 몇 백년 동안에 걸쳐 싸웠다. 그러나 결국 카이사르가 고울 족을 지배하게 되었고 그에 항거해 기원전 52년에 고울 족 대장 베르생 제토리가 폭동을 일으켰으나 실패했다. 그 후, 로마의 지배를 받으며 로마 문화를 흡수하고 2세기에 기독교가 도입된다. 게르만 인들이 로마 영역 밖에

서 침략을 일삼고 있을 때인 5세기까지도 프랑스는 로마 통치하에 있었다.

현대의 프랑스를 이야기하려면 먼저 유럽의 전체적인 역사를 알아야한다. 서양 문명의 시작은 지중해를 중심으로 발전한 그리스, 로마 문화이다. 그런데 이 문명권 밖에서 살고 있던 종족이 바로 게르만 인이었다. 로마의 지배를 받지 않고 유럽 북동쪽에 살고 있던 게르만 인들은 문화 수준은 낮았지만 착실하고 개척 정신이 강했다. 게르만 인들은 크게 북, 동, 서부의 3개 지역으로 나누어 살았는데 북게르만 인은 덴마크, 스웨덴, 노르웨이의 조상이 되고 동게르만 인은 후일 프랑스, 이탈리아 지역으로 진출하고 로마 제국을 멸망시키면서 라틴 족과 섞이게 된다. 서게르만 인은 지금의 앵글로 색슨, 독일, 네덜란드인의 조상이 된다. 게르만의 대이동은 동양에서 온 훈족의 침입 때문이었고 이로 인해 전 유럽은 격동기에 들어선다. 이런 이동과 통합 과정에서 유럽 지역은 로마인과 게르만 인이 융합되고 기독교를 바탕으로 한 독특한 사회, 문화가 형성된다.

이런 대통합의 왕국이 바로 프랑크 왕국이었다. 라인 강 북쪽에 살던 프랑크족은 5세기 경 전 유럽을 통합하여 프랑크 왕국을 세웠고 약 400년 동안 로마 교황과 손을 잡고 통치했다. 프랑크 왕국의 주요 구성원은 독일 지방을 중심으로 한 게르만족, 프랑스 지역을 중심으로 한 고울 족, 로마 문화를 계승한 이탈리아 지역의 라틴족이었는데, 이들은 각각 인종, 문화, 전통이 달라서 갈등을 겪다가 결국 동 프랑크(현재의 독일), 서 프랑크(현재의 프랑스), 남 프랑크(현재의 이탈리아)로 3등분된다.

서 프랑스의 지배자는 게르만 인이었지만 소수였고 그전부터 이곳에 정착했던 고울 인이 대다수였다. 언어와 문화는 로마의 영향을 받아 라틴계였는데 이것이 혼합되어 특유의 프랑스인, 프랑스 문화가 형성되었다. 지금의 프랑스적인 요소는 고울 족의 특성에서 비롯되고 있다고 말한다.

새로운 질서 속에서 안정을 되찾은 유럽은 다시 한 번 격동에 휩싸이게 되는 데 8∼9세기에 사라센이 동남쪽에서 침입하고 마자르 인(현재의 헝가리)이 동쪽에서 침입하고 게르만의 일파인 노르만 인이 침입한 것이다. 노르만 인은 스칸디나비아 반도에 살고 있었는데 우리가 말하는 바이킹 족이 이들이다. 노르만 족에게 시달리던 서프랑크 왕국은 융화정책으로 현재의 세느강 주변에 땅을 주어 살게 한 장소가 바로 노르망디 지역이다. 이들은 프랑스에 동화되었으나 후에 노르망디 공국을 세우게 된다.

987년, 귀족들이 휴 카페Hugh Capet를 왕으로 선출하면서 카페 왕조가 들어서는데, 왕권도 약했고 왕의 영토는 파리 근교와 오를레앙 정도였다. 후일 프랑스의 역대 왕조는 이 카페 가문에서 비롯되었으므로 현재 프랑스의 국가적 기원이라 할 수 있다.

한편 노르망디를 지배하고 있던 윌리암은 1066년 영국을 점령하고 영국에 프랑스의 제도를 이식한다. 12세기 중엽 노르만 왕가가 끊어진 뒤 프랑스의 대영주인 앙주Anjou가 왕위를 계승하여 헨리 2세라고 부르며

영국과 노르망디를 모두 지배했다. 이때부터 영국 국왕은 노르망디 공국도 지배하면서 영국의 귀족들은 양국의 국적을 모두 가지게 되는데 문화적으로 프랑스의 영향권 안에 있던 노르망디 공국에서 온 지배층들은 제도, 문화, 언어에서 프랑스의 영향을 받게 되고, 피지배, 계층이 쓴 영어는 지배 계층의 프랑스어와 혼합되어 중세 영어가 된다.

현대 프랑스의 모체라고 할 수 있는 카페 왕조는 영국과 노르망디 공국을 지배하는 이 왕조에 대해 강력한 라이벌 의식을 느끼게 된다. 1154년, 아키텐느의 엘리노어가 영국의 헨리 2세와 결혼하면서 현재 프랑스 영토의 1/3이 영국의 지배하에 놓인다. 그 후 이 프랑스 영토에 대한 지배권을 두고 프랑스와 영국은 300년 동안 계속 갈등을 겪는다.

영국 왕 에드워드 3세는 즉위하자 자신의 어머니가 프랑스 카페 왕조의 왕 필립 4세의 딸이라는 점을 강조하며 그 당시 프랑스 왕인 필립 6세가 아닌 자신이 프랑스 왕위를 계승해야 한다고 주장한다. 즉 에드워드 3세는 영국과 프랑스의 왕을 자신이 겸해야 한다고 주장한 것이다. 이와 같이 프랑스와 영국의 관계는 매우 복잡했다. 그러나 프랑스로서는 그런 주장을 받아들일 수 없었고 급기야 백년 전쟁(1337~1453년)으로 이어지는데 이 전쟁은 1348년 흑사병이 온 나라를 휩쓸었을 때만 잠시 중단되었다.

이 지루한 전쟁이 드디어 플랜타주넷Plantagenet 왕가 쪽으로 기울고 있을 때, 그 유명한 17세 소녀, '잔다르크'가 등장한다. 그녀는 오를레앙에서 군대에 합류해 영국군을 무찌르며 전세를 역전시키나 영국군에 체포되었다. 그녀는 이교도로 판결을 받고 2년 뒤 화형을 당하게 되지만 이미 그녀에 의해 역전된 전세는 돌이킬 수 없었고, 전쟁은 프랑스의 승리로 끝나 1443년 칼레를 제외한 프랑스의 모든 영토에서 영국인들은 추방당하게 되었다.

1530년대 유럽을 휩쓸던 종교 개혁의 바람은 프랑스에서도 강하게 일었다. 프랑스에 종교개혁을 일으킨 사람은 제노바로 망명한 존 캘빈 John Calvin이었다. 1562~1598년 사이의 종교 전쟁은 3개 집단이 관련되면서 더욱 복잡해진다. 프랑스 신교도인 '위그노', 기즈당이 이끄는 구교도, 군주 중심의 구교도로 갈라진 전쟁은 왕권을 약화시키고 프랑스를 분열시켰다. 가장 끔찍한 학살이 1572년 8월 24일에 벌어졌다. 결혼 축하를 위해 파리에 갔던 3,000명의 위그노들을 구교도가 학살한 것이다. 이것을 '성 바톨로뮤 학살'이라고 한다.

이 학살은 지방에까지 확산되었는데, 이 사건 이후로 프랑스에서 신교도 세력은 급격히 약화되고, 지금도 프랑스에서는 구교도가 대부분이다. 그 후, 실권을 잡은 구교도들의 내분에 의해 앙리 3세는 암살당했고, 위그노였던 나바르의 왕 앙리는 구교도 개종을 한 후 앙리 4세가 된다. 그는 1598년 위그노의 종교적 자유와 시민권 보장의 내용을 담은 '낭트 칙령'을 선포하지만 1685년 루이 14세에 의해 폐지된다.

태양왕 루이 14세는 1643년 5살의 나이에 왕위에 올라 1715년까지 통치했다. 긴 통치 기간에 프랑스 군주의 권력을 옹호하는 왕권신수설을 내세우며 강력한 왕권을 확립했다. 그는 국제적으로 프랑스의 권위를 높이고, 프랑스의 문화 예술이 국제적으로 인정을 받게 하여 다른 나라들도 모방을 할 정도로 만든다. 그러나 영토를 조금 확장시키긴 했지만 전쟁을 많이 일으켰고, 지금은 관광 수익이 되고 있지만, 베르사유 궁전과 같은 사치스러운 건물을 짓느라 엄청난 국고를 낭비해 그의 후계자들에게 고통을 안겨 줬다. 그의 후계자 루이 15세와 16세는 무능했다.

18세기에 나타난 새로운 경제적, 사회적 분위기는 구제도를 흔들고 있었다. 계몽주의는 교황과 군주의 권위에 대해 도전하며 반체제 사상으로 구제도를 흔들고 있었다. 볼테르, 루소, 몽테스키외 등이 계몽주의를 이끌고 있었는데, 사람들 마음에 깊숙이 자리잡은 사리사욕 풍조와 복잡한 권력 구조, 왕조의 부패가 개혁을 지연시키기도 했다.

루이 15세는 미국의 독립을 지원하기도 했고 오스트리아와 연합하여 영국, 프러시아에 패해 프랑스는 서인도 제도의 식민지와 인도를 영국에게 빼앗긴다. 영국으로서는 미국 독립 전쟁에서 개척민을 지지한 프랑스에 대한 일종의 복수였다. 영국과 프랑스의 7년 전쟁의 결과는 군주에게는 끔찍했지만, 어떤 면에서는 행운이었다. 세계를 주목시킨 미국 혁명이 몰고 온 급진적 민주 사상이 프랑스에 유포된 계기가 되었던 것이다.

프랑스 대혁명

1780년대까지도 무능하고 결단력 없는 루이 16세와 사치스러운 그의 아내 마리 앙투와네트는 개화파에서 보수파에 이르는 사회 모든 계층을 멀리한 채 지냈다. 1789년 루이 16세가 삼부회에서 개혁파들의 세력을 약화시켜 보려했지만 거리에는 파리의 시민들이 쏟아져 나와 시위를 하였고 드디어 그 해 7월 14일 구제도 붕괴의 상징인 바스티유 감옥이 붕괴되고 말았다.

처음 혁명은 온건 개혁파에 의해 추진되었다. 입헌 군주제 선언, 인권 선언 채택 등의 다양한 개혁을 시행했다. 혁명을 위협하는 외부 세력에 대해 스스로 무장했던 군중들은 프러시아, 오스트리아와 망명한 프랑스 귀족들에 대한 분노가 일었고, 애국주의와 민족주의로 결합하여 혁명 열기는 더욱 뜨거워졌다. 이런 열기에 의해 혁명은 대중적이고 급진적으로 변화하였다.

온건 개혁파인 지롱드 당은 로비스피에르 당과 마레가 이끄는 급진 개혁파 자코뱅당에게 권력을 뺏기고 자코방 당은 국민 공회를 세운다. 1793년 1월 루이 16세는 지금의 파리 콩코드 광장 단두대 위에서 급진파와 시민들에 의해 처형되는데, 1794년 중반까지 참수형으로 무려 17,000명이나 처형되었다. 말기에는 아이러니하게도 로비스피에르를 포함한 초기 혁명 지도자들이 단두대에서 처형되기도 했다.

나폴레옹

나라는 더욱 혼란해졌고 이를 틈타 프랑스 군인 지도자들은 사회에 염증을 내기 시작했다. 군인들은 더욱 부패하고 악랄해지는 집정 내각의 지시를 무시하며 자신들의 야망을 키우기 시작했다. 이 때 나폴레옹이 역사에 등장한다. 나폴레옹 바나파르트가 '불가능은 없다'며 알프스를 넘어 오스트리아를 격파하자, 국민적 인기를 얻게 되고 그는 이 힘을 몰아 독립적 정치 세력을 키운다. 1799년 자코뱅 당이 의회에서 다시 우위를 차지하게 되자, 나폴레옹은 평판이 좋지 않은 집정 내각을 폐지하고 자신이 권력을 장악한다.

처음에는 나폴레옹이 제1제정을 맡았으나, 1802년, 국민투표로 종신 제정을 선포하고 그의 생일은 국경일이 되었다. 교황 피우스 7세로부터 노트르담 성당에서 황제 작위를 받으며, 황제로 즉위한 나폴레옹은 더 많은 지지와 세력 확보를 위해 많은 전쟁을 일으켰다. 이로 인해 프랑스는 유럽 대부분을 정복하고, 1812년 대륙의 마지막 라이벌인 러시아의 차르를 정복하러 러시아로 향한다. 나폴레옹 대군이 모스크바를 포위했지만 러시아의 혹독한 추위에 물러서고 말았고, 이를 틈타 프러시아를 비롯한 나폴레옹 적들은 봉기해 파리로 쳐들어간다. 결국 나폴레옹은 쫓겨나고 지중해의 작은 섬 엘바로 유배된다.

비엔나 회의(1814~1815년)에서 동맹국들은 프랑스를 혁명 전으로 돌리고자 부르봉 왕조를 부활시키고 루이 18세를 왕으로 추대한다. 1815년 3월 나폴레옹은 엘바 섬을 탈출하고 남프랑스에서 군대를 모아 파리를 다시 탈환했으나 워털루 전투에서 패배함으로써 '백일 천하'로 끝나게 된다. 결국 나폴레옹은 남태평양의 외딴 섬 세인트 헬레나 섬에서 1821년으로 생을 마감한다.

식민 시대의 유산인 노예제도를 부활시킨 점에서 나폴레옹은 보수주의자이지만 법 체계를 정비하고 나폴레옹 법전을 선포하는 등 중요한 개혁을 실시했다. 나폴레옹 법전은 지금까지 프랑스는 물론 다른 유럽 국가 법체계의 근간이 되고 있다. 그의 더 중요한 역할은 나폴레옹 혁명이 변화의 요소를 내포하고 있었다는 것이다. 그래서 나폴레옹은 프랑스인들이 기억하는 가장 위대한 영웅인 것은 당연할 수도 있다.

19세기

19세기는 프랑스 혼돈의 시기이다. 루이 18세이 통치 기간(1815~1824년) 동안은 구 제도의 복귀를 원하는 군주제 옹호자들과 혁명의 변화를 바라는 군중들의 투쟁으로 가득 차 있다. 샤를 10세(1824~1848년)는 보수주의자들과 자유주의자들의 싸움에서 고민하다가 1830년 7월 혁명으로 쫓겨나게 된다. 그 뒤를 이은 루이 필립(1830~1848년)은 상류층이 옹호하는 입헌군주제 옹호자였다. 루이 필립은 그 당시 의회 대표로 선출되었으나, 1848년 2월 혁명으로 물러나고 제2공화정이 들어선다. (제 1공화정은 루이 16세가 부적절한 입헌 군주라고 판명된 후인 1792년에 세워졌다) 그 해 대통령 선거가 행해졌고 나폴레옹의 알려지지 않았던 조카 루이 나폴레옹 보나파르트가 선출된다. 대통령이 된

그는 1851년 쿠데타를 일으켜 프랑스 황제인 나폴레옹 3세가 된다.

제 2제정은 1852~1879년까지 지속되었다. 이 기간에 프랑스는 약간의 경제 성장을 했지만 그의 삼촌처럼 루이 나폴레옹은 크림 전쟁 (1853~1856년)을 포함한 많은 전쟁에 개입해 재정적으로 피해를 입었다. 제 2제정은 프러시아에 의해 끝이 났다. 1870년 프러시아의 제상 비스마르크는 나폴레옹 3세를 유인해 프랑스가 프러시아에 대해 전쟁을 선포하게 만든다. 이를 기다리던 비스마르크는 준비도 없던 프랑스 군을 무찌르고 항복을 받았다.

패주의 소식이 파리에 퍼지자 시민들은 거리로 나와 공화정의 부활을 요구했고, 다시 시작된 제 3공화정은 국가 방위 준비 정부로 출발했다. 당시 프러시아는 프랑스로 쳐들어오는 중이었고 진군을 계속해 4달 동안 파리를 포위했다. 프랑스에서는 평화 협상을 원하는 입헌 군주자들과 저항을 하자는 공화주의자들의 의견 대립이 있었으나 결국 1871년 입헌 군주자들이 주도하는 국민 의회는 프랑크푸르트 조약을 체결한다. 거래 조건은 5,000억 프랑 배상금과 알사스, 로렌 지역의 양도였다. 또한 프러시아의 빌헬름 1세는 베르사유 궁전에서 독일 황제임을 선포한다. 이 순간부터 독일 제국이 탄생하는 시점이다.

이는 파리 시민들을 분노하게 하였고 결국 폭동을 일으킨다. 혁명 정부 지지자들은 파리를 점령했지만 수많은 군중들이 폭동에 희생되고, 대부분 노동자 출신인 혁명 정부 지지자들은 2만 명 이상 처형당했다. 결국 프랑스는 전쟁에 패하면서 다시 공화정으로 돌아간다. 이 시기를 제 3공화정이라고 한다.

1894년에 발생한 드레퓌스 사건은 제 3공화정에 도덕적, 정치적으로 타격을 입힌다. 유태인 육군 대위인 알프레드 드레퓌스가 독일 첩보원으로 군법회의에 회부되어 종신형을 선고받으면서 이 사건은 시작된다.

군부, 우익 정치가들, 구교도들의 극심한 반대에도 불구하고 이 사건은 다시 심의되어 결국 드레퓌스의 결백이 증명되었다. 이 사건은 군대와 교회의 불신감을 더욱 심화시켰다. 결과적으로 군대의 시민 통제가 더 심해졌고 1905년에 교회와 정부가 법적으로 분리되었다.

제1차 세계대전의 패배로 독일은 프랑스 알사스, 로렌 지역을 반환한
다. 이 전쟁을 통해 800만 프랑스인들이 군대에 소집되어 130만 명이
죽었고, 100만 명 정도가 부상을 당했다. 전쟁은 공식적으로 베르사유
조약을 체결하면서 끝났다. 독일은 전쟁 보상으로 프랑스에게 330억
달러를 지불했다.

1930년대 프랑스는 영국과 마찬가지로 히틀러를 진정시키려고 애썼
다. 그러나 1939년 독일의 폴란드 침공이 있고 2달 후 두 나라는 독일
을 향해 전쟁을 선포한다. 그러나 난공불락으로 여겨졌던 마지노선이
무너지자 다음해 6월 프랑스는 항복한다.

독일은 북부 지방과 서해안을 직접 통치하고 나머지 지역은 허수아비
괴뢰 정권을 수립했다. 괴뢰 정권의 수뇌는 제 1차 세계대전 프랑스 노
장인 필립 페탕이었다. 페탕 정권은 나치가 유럽의 새 주인임을 인정
했다. 한편 독일군 점령 지역의 프랑스 경찰은 프랑스의 유태인들을
아우슈비츠나 다른 죽음의 수용소로 보내도록 차출하는 일을 도왔다.

한편 프랑스가 항복하자 전쟁 당시 프랑스의 부 차관이었던 샤를 드골
은 런던으로 건너가 프랑스 망명 정부를 세웠다. 레지스탕스로 알려진
지하 운동도 있었으나 적극적으로 가담한 것은 인구의 약 5%정도였으
며 나머지 95%는 소극적으로 도와주거나 아니면 방관했다. 레지스탕
스들은 철도 파업, 연합군을 위한 정보 수집, 연합군 공군 돕기, 반독일
전단 인쇄 등 많은 일을 했다.
프랑스의 해방은 미국, 영국, 캐나다가 함께 노르망디 상륙 작전(1944
년 6월6일)을 개시하면서 시작되었다. 결국 파리는 르끌레르 장군이
이끄는 프랑스 자유 연합군의 선봉대와 연합군에 의해 8월 25일 해방
되었다.

드골은 전쟁이 끝나자 곧 파리로 돌아와 임시 정부를 세웠다. 1946년 1
월 대통령직을 사임하지만 그의 복귀를 원하는 대중들의 요구가 거세
졌다. 몇 달 후 국민 투표로 새 헌법이 승인되었으나 제 4공화국은 불
안정한 연립 내각이었다. 강력한 미국의 원조로 프랑스 경제는 서서히
회복되었다. 인도차이나 식민 통치의 재시도는 실패했고 100만 프랑스
인이 거주하고 있는 알제리에서 아랍 민족주의자들의 폭동이 있었다.

제4공화국은 1958년에 끝났다. 알제리의 폭동을 다루는 패배주의에 분

노한 극우파들은 정부를 전복시키려는 음모를 꾸몄다. 이런 국가적인 위기를 맞아 군사 쿠데타, 시민 폭동을 저지하기 위해 드골이 다시 복귀했다. 그는 국민 의회의 반대에도 불구하고 대통령에게 상당한 권한을 부여하는 헌법을 만들었다. 오늘까지 이어져 오는 제 5공화국은 1961년 알제리에서 일어난 우익 군인들의 쿠데타로 잠시 흔들렸으나 당시에 알제리에 거주하던 프랑스인들과 테러리즘 반대주의자들은 드골을 도왔다. 전쟁은 1962년 알제리 협상으로 끝났는데 75만의 피에 느와르Pieds Noirs(검은 발이라는 뜻으로 알제리 태생의 프랑스 인들을 일컫는 말이다)가 이 때 프랑스로 들어왔다. 다른 프랑스 식민지와 아프리카 국가들도 독립을 찾기 시작했다. 왜소해지는 프랑스의 국제적 비중을 만회하기 위해 프랑스는 이전 식민지 국가들을 돕기 위한 군사, 경제적 지원 계획을 만들기 시작한다.

정부와 온 나라에 전면적인 변혁을 가져온 것은 1968년 5월 혁명이었다. 데모하는 대학생들과 경찰이 부딪친 사소한 이 사건은 파리 시민들을 격분하게 했다. 학생들은 소르본느를 점령했고, 대학가에는 바리케이트를 쳤다. 다른 학교로 분위기가 퍼지게 되고 노동자들도 항거에 참여하였다. 900만 파리 시민들은 파업에 동참했고, 전국이 거의 마비 상태가 되었다. 드골은 무정부 상태의 위험성을 국민들에게 호소함으로써 위기를 넘기게 된다. 안정이 되어 갈 즈음 정부는 고등교육제도 개혁을 포함한 중요한 개혁을 단행한다.

1969년 드골은 드골파인 조르쥬 퐁피두에게 대통령 자리를 넘긴다. 1974년 발레리 쥐스카르 데스텡이, 1981년에는 사회당인 프랑소와 미테랑이 대통령에 오른다. 미테랑은 1988년 재선에 당선되지만 1986년 의회 선거에서 자크 시락이 이끄는 우파가 다수당이 된다. 마지막 2년 동안 미테랑 대통령은 반대당 내각과 일을 해서 전례가 없는 개혁이 시행된다.

프랑스 요리

프랑스 식사의 순서는 불에 조리하지 않은 '오브되브르Ovdevre에서 시작해 전채인 앙트레Entree로 시작한다. 생선 요리인 푸아송Poissons과 고기 요리인 비앙드Viandes 샐러드, 치즈(프로마주)를 메인요리로 먹는다. 디저트도 후식, 과일, 커피를 마시고 마지막으로 코냑까지 마신다. 그래서 프랑스 코스 요리는 식사 시간이 길다. 간혹 정식의 식사에서 20가지 이상의 음식이 나오기도 한다.

전채

앙트레(Entree)

코스요리를 먹기 위해 레스토랑에 간다면 전식, 메인요리, 후식으로 나눌 수 있다. 이때 전식을 '앙트레^Entree'라고 부른다. 전채이지만 메인요리와 다르지 않게 나오는 레스토랑도 많다. 우리가 프랑스 요리의 특이하다고 알고 있는 달팽이 요리인 에스카르고^Escargots도 전채에 해당한다. 생굴요리인 위트르^Huitres와 거위 간 요리인 푸아그라^Foie Gras, 훈제 연어 요리인 사몽 퓨미^Saumon Fume 등이 주로 주문하는 전식요리이다.

메인

푸아송(Poissons)

생선요리는 보통 푸아송^Poissons이라고 말하는데, 프랑스요리에서는 해산물까지 포함한다. 생선은 주로 대구, 송어, 연어, 광어 등이고, 해산물은 굴, 새우, 홍합이 주로 포함된다. 셰프는 이 재료들로 소스를 곁들여 요리를 하는데, 그릴에 굽고 레몬, 야채 등을 넣어 접시에 먹음직스럽게 만들어낸다.

비앙드(Viandes)

고기요리를 말하는 프랑스어로 쇠고기, 돼지고기, 닭고기 등의 기본적으로 많이 사용하는 고기 외에는 양고기인 무통^Mouton, 토끼고기인 라팽^Lapin 등이 추가적으로 사용된다. 가끔은 사냥에서 잡은 사슴고기도 사용한다고 알려져 있다. 프랑스인들은 토끼고기와 오리고기를 좋아한다. 동양인들이 완전 구운 고기를 좋아한다면 육즙이 배어나오고 레몬이 첨가된 소스를 넣어 고기를 굽거나 와인을 첨가해 고기를 굽기도 한다. 버섯이나 이티초크 등의 야

채를 추가로 구워 요리를 완성한다. 고기의 메인 요리를 플라 프린시펄^{Plat Principal}이라고 부른다.

후식

마카롱(Macaron)

1533년 프랑스에 온 이탈리아 셰프가 만들어 냈다고도 하고 1791년 수도원에서 만들어졌다고도 전해진다. 1830년대에 지금의 마카롱 모양이 산업혁명 이후 부를 축적한 중산층을 통해 확산되었다.

작고 동그란 전 정도의 크기인 마카롱은 다양한 색으로 마지막 식욕을 만들어낸다. 계란, 설탕 아몬드 가루를 주재료로 버터크림이나

잼을 안에 넣고 2개의 쿠키를 붙여 탄생한다. 특히 대한민국에서 마카롱은 특히 인기가 높다. 하지만 마카롱을 어디에나 팔지는 않으므로 프랑스의 마카롱을 자주 맛볼 수 있는 것은 아니다.

크레페(Crepe)

이제는 프랑스보다 다른 유럽국가에서 더 많이 맛볼 수 있는 디저트 이상의 음식으로 자리잡았지만 크레페Crepe는 엄연히 프라스 전통 디저트이다.

크레페리Creperie라고도 부르는 크레페는 브로타뉴 지방에서 만들어진 요리로 버터와 계란을 이용해 얇게 만들어 빵 위에 생크림과 잼 등을 얹고 삼각형 모양으로 접어 먹는다. 치즈, 햄, 바나나 등이 추가로 들어가고 초코시럽 등을 마지막으로 입혀 먹음직스럽게 보이게 된다.

와인의 기초 상식, 와인을 느껴보자!

바디감(Body)

와인을 입에 머금고 잠깐 멈추면 입안에서 느껴지는 와인만의 묵직한 느낌이 다가온다.

Light Body

알코올 12.5% 이하의 와인은 일반적으로 라이트-바디 와인이라고 부른다. 화이트 와인이 대부분 산뜻한 맛을 느끼게 해준다.

Mdeium Body

알코올 12.5~13.5%의 와인은 일반적으로 미디엄-바디 와인이라고 부른다. 로제, 프렌치 버건디, 피놋 그리지오, 쇼비뇽 플라 등이 중간 정도의 느낌을 준다.

Full Body

알코올 13.5% 이상의 와인은 풀-바디 와인으로 말한다. 대부분의 레드 와인이 이에 속한다. 샤도네이 와인만 풀-바디의 화이트 와인이다.

탄닌(Tanni)

와인 맛에서 가장 뼈대를 이루는 중요한 부분으로, 와인을 마실 때 쌉싸름하게 느끼는 맛의 정체가 탄닌^{Tannin}이다. 식물의 씨앗, 나무껍질, 목재, 잎, 과일의 껍질에는 자연적으로 생겨나는 폴리페놀이 있는데, 우리는 쓴맛으로 느끼게 된다.

일반적으로 와인의 탄닌은 포도껍질과 씨앗에서 나오게 되며 오크통 안에서 숙성을 거치면서 오크통에서도 약간의 탄닌이 나오게 된다. 와인을 안정시켜주며 산화를 막아주는 가장 기본적인 성분이다.

산도(Acidty)
와인의 맛에 살아있는 느낌을 준다고 이야기하는 부분으로 와인이 장기 숙성을 할 수 있는 요소이다.

주석산(Tartaric Acid)
와인의 맛과 숙성에 가장 큰 역할을 하는 중요한 산으로 포도가 익어가는 과정에서 변하지 않고 양이 그대로 존재하게 된다.

사과산(Malic Acid)
다양한 과일에 함유된 산으로 포도가 익기 전에는 사과산 수치가 높지만 점점 익어가면서 수치가 낮아지게 된다.

구연산(Crtric Acid)
감귤류에 함유된 산으로 와인에는 주석산의 약 10% 정도만 발견되는 가장 적은 양의 산이다.

라벨 읽는 방법
→ 와이너리 이름
→ 생산지역
→ 포도 수확 연도

프랑스 여행 계획하는 방법

프랑스는 육각형 형태의 국토를 가지고 있고 수도인 파리Paris는 위로 치우쳐 있는 특징이 있다. 프랑스의 대표적인 여행지인 수도 파리Paris과 큰 도시인 레옹Lyon, 마르세유, 프랑스의 작은 마을이 몰려 있는 남프랑스까지 여행을 하려면 '일정 배정'을 잘해야 한다.

예전에는 수도인 파리Paris를 여행하는 것을 선호했다면 지금은 동부, 서부, 남부로 나누어서 여행하는 것을 선호한다. 특히 코트다쥐르와 프로방스로 대변되는 남프랑스는 대한민국 사람들이 가장 좋아하는 여행지로 각광을 받고 있다. 특히 남프랑스의 칸, 아비뇽, 니스, 몽펠리에 등을 천천히 즐기는 한 달 살기나 자동차여행으로 트렌드가 바뀌고 있다.

1. 일정 배정

프랑스가 수도인 파리Paris를 제외하면 볼거리가 별로 없다는 생각을 가진 여행자가 의외로 많다는 사실에 놀라기도 한다. 프랑스는 일정 배정을 잘못하면 짧게 4박 5일 정도의 여행은 수도만 둘러보면 끝이 나 버린다. 그래서 프랑스 여행은 어디로 여행을 할 계획이든 여행일정을 1주일은 배정해야 한다.

예를 들어, 처음 프랑스 여행을 시작하는 여행자들은 수도인 파리Paris에서 파리인근의 2시간 정도 소요되는 몽생미셸, 오베르쉬르우아즈, 지베르니 같은 도시를 당일치기로 여행하면 1주일의 여행일정은 쉽게 만들 수 있다.

하지만 남프랑스를 여행하려면 여유롭게 즐길 수 있는 마음가짐이 중요하다. 매일 몇 개 도시를 봐야겠다고 생각한다면 여행의 피로만 쌓일 수 있다. 또한 여행 계획을 세우고 니스를 본 다음날에 앙티브Antibes로 이동하고 칸Khan으로 이동하여 도시를 본다고 여행 일정을 세우지만 일정이 생각하는 것만큼 맞아 떨어지지 않는다.

2. 도시 이동 간 여유 시간 배정

프랑스 여행에서 파리^{Paris}을 떠나 리옹^{Lyon}이나 마르세유^{Marseille}로 이동하는 데 3~5시간이
소요된다. 오전에 출발해서 다른 도시를 이동한다고 해도 오후까지 이동하는 시간으로 생
각하고 그 이후 일정을 비워두는 것이 현명하다. 왜냐하면 버스로 이동할 때 버스시간을
맞춰서 미리 도착해야 하고 버스를 타고 이동하여 숙소로 다시 이동하는 시간사이에 어떤
일이 일어날지 모른다.
여행에서는 변수가 발생하기 때문에 항상 변화무쌍하다고 생각해야 한다. 자동차로 여행
을 떠나도 도로에서 막히는 시간과 식사시간도 고려해야 하기 때문이다. 우리는 기계가 아
니기 때문에 여행에서 둘러보는 여유와 여행의 감정이 중요하다.

3. 마지막 날 공항 이동은 여유롭게 미리 이동하자.

대중교통이 대한민국처럼 발달되어 정확하고 다양한 방법으로 공항으로 이동할 수 있다고 이해하면 안 된다. 특히 마지막 날, 오후 비행기라고 촉박하게 시간을 맞춰 이동했다가 비행기를 놓치는 경우가 발생한다. 그래서 마지막 날은 일정을 비우거나, 넉넉하게 계획하고 마지막에는 쇼핑으로 즐기고 여유롭게 프랑스 파리 드골 국제공항으로 이동하는 것이 편하게 여행을 마무리할 수 있다.

4. 숙박 오류 확인

프랑스만의 문제는 아닐 수 있으나 최근의 자유여행을 가는 여행자가 많아지면서 프랑스에도 숙박의 오버부킹이나 예약이 안 된 오류가 발생할 수 있다. 분명히 호텔 예약을 했으나 오버부킹이 되어 미안하다고 다른 호텔이나 숙소를 알아보라며 거부당하기도 하고, 부킹닷컴이나 에어비엔비 자체 시스템의 오류가 생기는 경우도 발생하고 있으니 사전에 숙소에 메일을 보내 확인하는 것이 중요하다.

특히 아파트를 숙소로 예약했다면 호텔처럼 직원이 대기를 하고 있는 것이 아니므로 열쇠를 받지 못해 체크인을 할 수 없는 경우가 많다. 아파트는 사전에 체크인 시간을 따로 두기도 하고 열쇠를 받는 방법이나 만나는 시간과 장소를 정확하게 알고 있어야 한다.

여행 추천 일정

4박 5일

파리(2일) → 몽생미셸(1일) → 오베르쉬르우아즈(1일) → 파리(1일)

5박 6일

① 파리(2일) → 몽생미셸(1일) → 지베르니(1일) → 파리(2일)
② 파리(2일) → 몽생미셸(1일) → 오베르쉬르우아즈(1일) → 파리(2일)

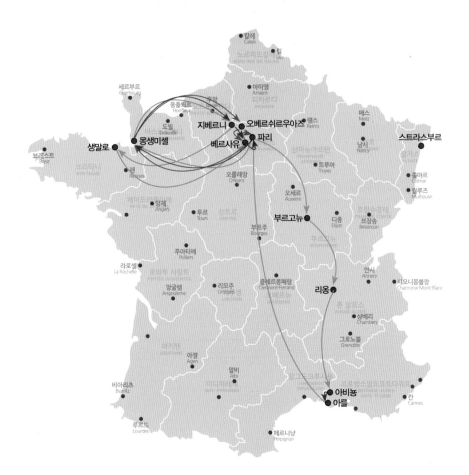

① 6박 7일

파리(2일) → 몽생미셸(1일) → 지베르니(1일) → 베르사유(1일) → 파리(2일)

② 6박 7일

파리(2일) → 몽생미셸(1일) → 오베르쉬르우아즈(1일) → 베르사유(1일) → 파리(2일)

③ 6박 7일

파리(2일) → 몽생미셸(1일) → 지베르니(1일) → 생말로(1일) → 베르사유(1일) → 파리(1일)

④ 6박 7일

파리(2일) → 부르고뉴(1일) → 리옹(1일) → 아비뇽(1일) → 아를(1일) → 파리(1일)

① 7박 8일

파리(2일) → 스트라스부르(1일) → 부르고뉴(1일) → 리옹(1일) → 아비뇽(1일) → 아를(1일)
→ 파리(1일)

② 7박 8일

파리(2일) → 부르고뉴(1일) → 리옹(1일) → 아비뇽(1일) → 아를(1일) → 마르세유(1일)
→ 파리(1일)

③ 7박 8일

파리(2일) → 리옹(1일) → 아비뇽(1일) → 아를(1일) → 마르세유(1일) → 니스(1일)
→ 파리(1일)

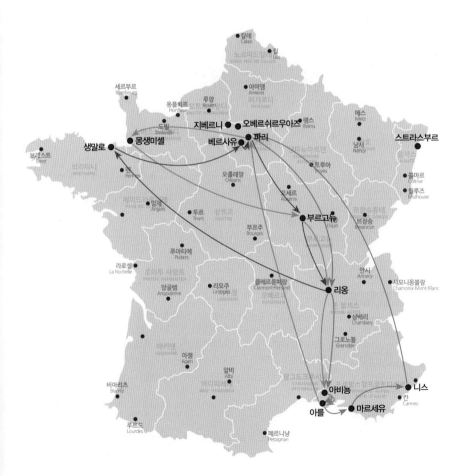

① 8박 9일
파리(2일) → 낭트(1일) → 보르도(1일) → 툴루즈(1일) → 몽펠리에(1일) ﾠ,리옹(1일)
→ 파리(2일)

② 8박 9일
파리(2일) → 리옹(1일) → 아비뇽(1일) → 마르세유(1일) → 니스(1일) – 모나코(1일)
→ 파리(1일)

③ 8박 9일
파리(2일) → 부르고뉴(1일) → 리옹(1일) → 아비뇽(1일) → 아를(1일) → 마르세유(1일) →
니스(1일) → 파리(1일)

13박 14일

파리(2일) → 낭트(1일) → 보르도(1일) → 툴루즈(1일) → 몽펠리에(1일) → 리옹(1일)
→ 아비뇽(1일) → 아를(1일) → 마르세유(1일) → 니스(1일) → 모나코(1일) → 파리(2일)

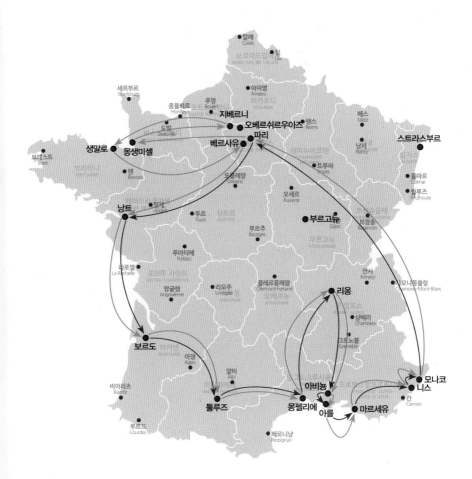

17박 18일

파리(2일) → 몽생미셸(1일) → 지베르니(1일) → 생말로(1일) → 베르사유(1일) → 낭트(1일)
→ 보르도(1일) → 툴루즈(1일) → 몽펠리에(1일) → 리옹(1일) → 아비뇽(1일) → 아를(1일)
→ 마르세유(1일) → 니스(1일) → 모나코(1일) → 파리(2일)

남프랑스 집중 코스

파리(2일) → 보르도(1일) → 툴루즈(1일) → 몽펠리에(1일) → 아를(1일) → 아비뇽(1일) → 마르세유(1일) → 액상프로방스(1일) → 그라스(1일) → 니스(1일) → 모나코(1일) → 리옹(1일) → 부르고뉴(1일) → 베르사유(1일) → 파리(2일)

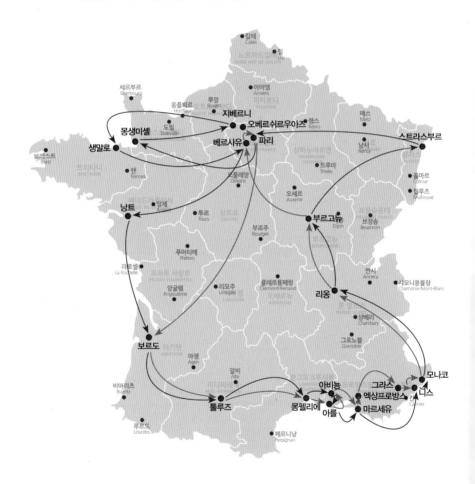

20박 21일

파리(2일) → 몽생미셸(1일) → 지베르니(1일) → 생말로(1일) → 베르사유(1일) → 낭트(1일) → 보르도(1일) → 툴루즈(1일) → 몽펠리에(1일) → 아비뇽(1일) → 아를(1일) → 마르세유(1일) → 니스(1일) → 모나코(1일) → 리옹(1일) → 부르고뉴(1일) → 스트라스부르(1일) → 파리(3일)

PARIS

파리

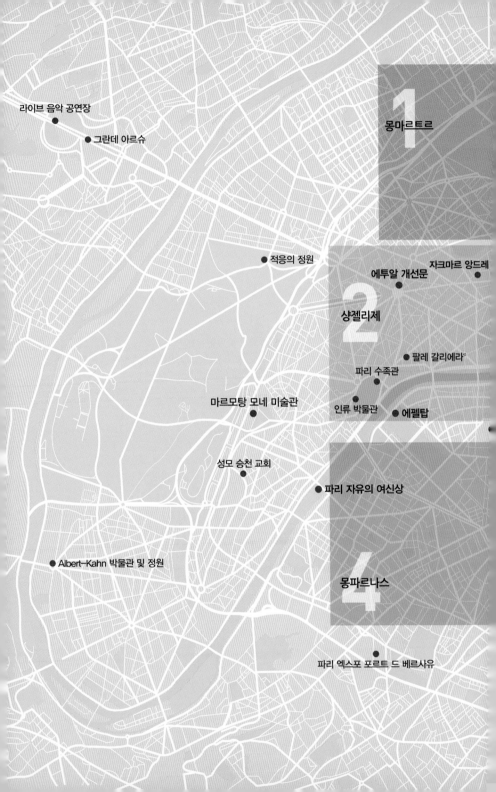

라이브 음악 공연장

그란데 아르슈

1
몽마르트르

적응의 정원

에투알 개선문
자크마르 앙드레

2
샹젤리제

팔레 갈리에라

파리 수족관

마르모탕 모네 미술관

인류 박물관
에펠탑

성모 승천 교회

파리 자유의 여신상

Albert-Kahn 박물관 및 정원

4
몽파르나스

파리 엑스포 포르트 드 베르사유

파리 행정구역 개념도

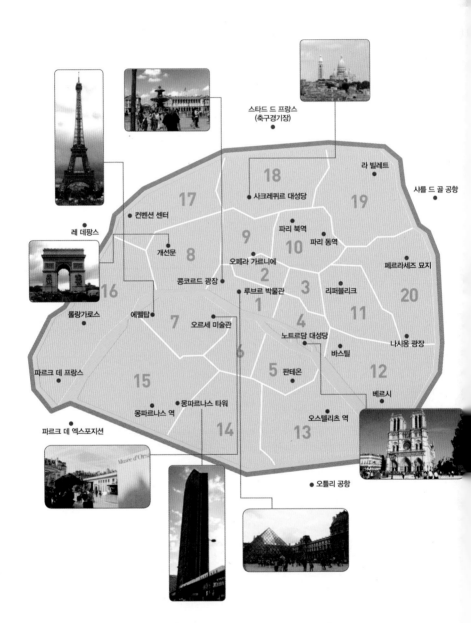

스타드 드 프랑스
(축구경기장)

라 빌레트

샤를 드 골 공항

18

17

19

컨벤션 센터

레 데팡스

사크레쿼르 대성당

파리 북역

개선문

8

9

오페라 가르니에

10

파리 동역

페르라셰즈 묘지

콩코르드 광장

2

16

루브르 박물관

3

리퍼블리크

롤랑가로스

1

20

에펠탑

7

오르세 미술관

4

11

파르크 데 프랑스

6

노트르담 대성당

바스틸

나시옹 광장

15

5

판테온

12

몽파르나스 타워

베르시

파르크 데 엑스포지션

몽파르나스 역

14

오스텔리츠 역

13

오틀리 공항

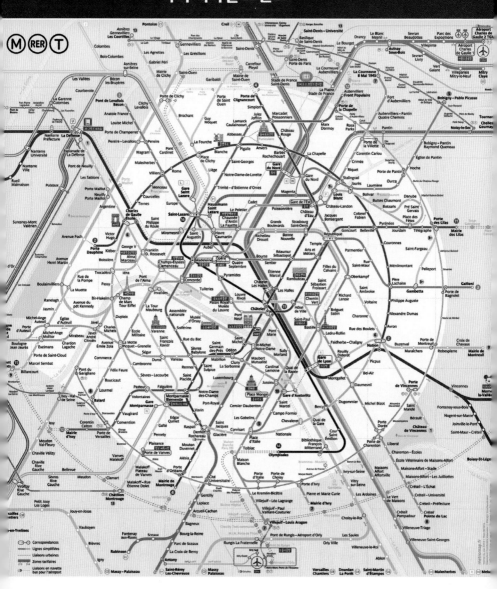

예술의 나라,
프랑스 & 루브르 박물관

독일에는 바흐, 베토벤이 유명하고 스페인은 피카소와 고야 등이 유명하다. 이탈리아에도 르네상스 3대 거장인 미켈란젤로, 레오나르도 다빈치, 라파엘로 등 수많은 예술가들이 있다. 하지만 우리는 왜 프랑스를 예술의 나라라고 부르는 것일까? 프랑스의 문화가 더 뛰어날까? 또 프랑스의 예술가들이 다른 나라의 예술가보다 부유하게 살지도 않는다. 르노아르, 모네, 마네 등 많은 유명한 예술가들이 다 부유하게 살지는 않았다.

18세기 루이14세는 절대왕정의 최고 절정기를 누리면서 베르사유궁전을 만들고 많은 예술작품을 만들도록 명령했다. 18세기 중반에 루이15세는 퐁파두르 후작 부인을 후원하면서 미술품을 구입해 예술가를 우대하는 많은 정책을 펼치면서 프랑스를 예술의 국가로 홍보하게 되었다. 프랑스 국민들도 예술의 아름다움을 알게 되는 계기가 되었다.
지속적인 예술 우대정책을 펼치면서 지금도 프랑스는 사회적인 지위와 관계없이 예술을 사랑하고 예술가들을 위한 정책을 펼친다. 예술을 하면서 굶어죽는 경우는 만들지 않는다.
프랑스는 지폐에도 음악가 드뷔시를 모델로 했을 정도로 예술에 대한 자부심이 강하다. 이러한 노력으로 지금은 '예술의 나라'라고 부르는데 어느 누구도 반대를 이야기하지 않게 되었다.

루브르 박물관

파리에 왔는데 루부르를 안 보고 간다면 겉만 보고 가는 게 된다. 루브르는 세계적인 박물관이자 미술관이다. 그리고 반드시 미리 루부르를 공부하고 보러가는 것이 좋다. 외관만 봐도 멋지고 정원을 거닐어도 좋다.

원래 요새가 있던 이 자리에 이후 16세기에 프랑소와 1세가 궁전으로 개축했다. 프랑스 혁명 이후 1793년에 미술관으로 바뀌었다. 1981년 미테랑 대통령은 그랑 루브르 계획을 하고 대대적인 보수, 확장 공사로 1997년에 세계최대의 박물관으로 다시 태어났다. 그 때 태어난 유리 피라미드는 1981년 프랑스혁명 200주년을 기념하여 설계된 것으로 603장의 유리로 이루어져 있다.

당시에 논란이 있었지만 지금은 고풍스러움에 최첨단의 만남이 조화를 이루었다는 평가다. 지금 피라미드는 단순한 장식이 아니라 복잡한 박물관 내부를 이어주는 입구의 역할을 하고 있다. 225개의 방, 30여만점의 작품들, 이 수치만 봐도 루브르는 하루에 볼 수 없다는 걸 알 수 있다. 제대로 보려면 최소한 일주일은 걸린다고 한다.

리슐리외Richelieu, 셜리Sully, 드농Denon 3개의 전시관이 거꾸로 된 디귿자 모양으로 이루어져 있고, 전체적으로는 나폴레옹 홀, 지하층, 지상층, 1층, 2층으로 구성되어 있다. 정문은 지상에 있는 유리 피라미드이다. 하지만 지하철을 타고 온 경우에는 역과 바로 연결되어 있으니 지하철을 타고 루브르를 가는게 좋다. 맨 처음 들어오면 유리 피라미드가 있다. 너무 기뻐 사진부터 찍지말고 표를 산 후에 피라미드에서 사진을 찍고 에스컬레이터를 통해 올라가면서 관람하면 된다. 안내도는 반드시 챙기자.

335

파리는 매력이 넘치는 도시다. 에펠탑이 나오는 영화를 보며 사랑을 꿈꾸게 하고, 샹들리제 거리에 들어서면 건물과 거리에 예술이 있음을 느끼게 된다. 전통과 현대를 조화시키기 위해 파리는 철저히 계획하고 실행에 옮겨 파리의 멋을 뽐내고 있다.

파리를 여행하는 방법중에 직접 걸으면서 여행하면 좋은 코스가 있다. 첫 번째가 콩코드광장부터 시테섬까지 아니면 오르세 미술관부터 시테섬까지이다. 콩코드광장은 도보여행 코스 2에 있으니 오르세 미술관부터 시테섬까지가 더 좋다.

일정
오르세미술관 → 퐁 데 자르 다리 → 콩쉬에르쥐리(여름엔 인공해변) → 노트르담성당

아침, 일찍 오르세미술관을 보고 나면 12시 정도가 될 것이다. 오르세에서 시테섬까지 걸어야 하니 오르세미술관 내에 있는 식당에서 점심을 간단히 해결하거나 먹을거리를 싸가지고 와서 먼저 배를 채우고 시작하는 것이 좋다.

오르세 미술관을 끼고 오른쪽으로 걸어나면 세느강이 나온다. 세느강을 따라 걷기만 하면 되니 길을 잃을까 걱정도 필요없다. 파리지앵이 되겠다는 생각을 가지고 출발해 보자.

걸어가다 보면 바토무쉬등을 비롯한 세느강의 유람선들이 다니고 오리들도 보인다. 강가에는 그림을 그리는 사람들과 그림을 파는 가게들이 있다. 걷다가 힘들면 세느강변에 앉아 쉬다가 가면 여유를 즐기는 파리지앵이 된 기분을 느낄 수 있다.

다리는 처음이 퐁 두 카루셀 다리가 나오고 그 다음에 보행자 전용다리인 퐁 데 자르 다리가 나오는 데 퐁 데 자르 다리는 사랑의 다리로 유명하다. 카뮈, 샤르트르, 랭보 등이 다리

위에서 세느강을 바라보며 작품을 구상해서 유명했는데 지금은 사랑의 다리로 많은 여행자들이 다리에서 사진도 찍고 자물쇠도 달며 사랑을 맹세하기도 한다. 아카데미 프랑세즈를 볼 수 있을때가 되면 많이 힘들 수도 있다.

파리 시민들은 여름의 바캉스 시즌이 되면 노르망디, 니스 등으로 떠났지만 어려운 경제난이 가중되면서 바캉스가 힘들게 되었을 때 2002년 좌파의 베르트랑 들라노에 파리시장이 계획한 파리해변이란 뜻의 '파리 플라쥬'가 7월 말부터 8월 말까지 세느강변에 펼쳐진다. 수백개의 파라솔과 목재 화분에 야자수도 임시로 설치되어 있고 음악회, 전시회, 영화시사회 등 다양한 행사가 열려 바캉스를 못가는 시민에게 위로를 주고 관광객들에게는 색다른 장면을 보여준다.

인공해변이 별거 아닐거야라고 생각하시면 오산이다. 샤워장, 파라솔, 놀이시설 등이 있어 멋진 파리의 하나로 생각된다. 직접 해변에서 쉬다가 이동하는 것도 좋은 생각이다.

인공해변이 나온 후에 조금만 걸으면 먼저 높다란 노트르담 성당이 보인다. 배고프다고 중간에 아무거나 사 먹지 말고 조금만 참아보자. 노트르담 근처에는 정말 먹을 곳이 많다. 노트르담 성당이 나오면 퐁네프다리도 나오고 시테섬으로 간다. 시테섬에는 파리경시청, 최고재판소, 콩쉬에쥐르, 노트르담성당, 생샤펠성당이 있습니다. 노트르담성당은 입장하려면 시간이 많이 걸리기 때문에 인근을 먼저 둘러보는 게 좋다.

꽃시장에 가서 아기자기한 꽃들을 보고 14세기초 왕궁으로도 사용했지만 16세기부터 감옥으로 사용되고 프랑스대혁명때 마리 앙투아네트가 갇혀 있던 방이 있는 콩쉬에쥐리도 보는게 좋다. 힘들다고 그냥 사진만 찍고 가는 사람들이 않는데 나중에 후회한다.
오른쪽으로 가면 생 미셸광장이 나오는데 여

기에는 많은 맛집들과 카르프마트도 있어 맛있는 프랑스음식들과 필요한 물건도 싸게 구입할 수 있다.

힘을 보충하고 노트르담성당을 들어가서 보면 하루일정이 끝난다. 오르세 미술관부터 노트르담성당까지 보고 저녁까지 먹으면 하루의 일정을 알차게 보낸 기분이 들게 된다. 그리고 좀 많이 피곤할테니 다음날의 일정을 위해 저녁에는 쉬는것이 좋다.

파리를 여행할 때 꼭 빼놓지 않고 입장하는 곳이 오르세미술관과 루브르박물관이다. 오르세미술관부터 시테섬까지 도보로 여행하는 코스를 소개했는데 이번에는 루브르박물관을 본 후 개선문까지 도보로 여행하는 코스를 소개하겠다.

일정
루브르박물관 → 튈르리정원 → 콩코드광장 → 샹들리제거리 → 개선문

루브르박물관은 아침에 일찍 입장해야 한다. 조금 늦는다면 많은 관광객들로 인해 기다리는 시간만 1시간이 넘을 수도 있다. 특히 여름이라면 점심 이후에는 입장하는데 2시간 정도는 기다릴수도 있으니 아침에 입장하는 일정으로 계획하는 것이 좋다.

루브르박물관과 그 옆에 있는 튈르리정원을 본다면 점심시간 정도가 되어 밖으로 나오게 된다. 여름에는 튈르리정원에 놀이공원을 꾸며 놓고 그 안에는 식사를 할 음식도 팔고 있으니 점심을 먹고 이동하는 것이 좋다. 조금 비싸게 분위기를 내고 싶으면 루브르박물관 앞에 가게들과 그 옆 코너를 돌면 음식점이 있어서 파리의 카페를 체험하며 식사를 할 수도 있다.

튈르리정원을 지나 콩코드광장의 횡단보도위에는 아이스크림과 간단한 요기거리는 팔고 있으니 요기만 하고 상들리제거리에서 식사를 해도 된다. 콩코드광장에서 사진을 찍고 나서 개선문이 보이는 거리가 나온다. 그 거리를 따라 가기만 하면 오늘의 여행코스를 끝낼 수 있다. 개선문이 보여 거리가 가깝다고 생각면 안된다. 상들리제거리에 들어서기까지 1시간 정도가 걸릴 수도 있다. 그래서 점심때가 되었다면 어떻게든 먹고 이동해야 힘들지 않다. 콩코드광장은 루이 15세의 동상을 세우기 위해 처음

만들었는데 이후 프랑스대혁명때
는 단두대가 설치되기도 했다.

피비린내 나는 피의 역사를 화합
의 역사로 바꾸기 위해 화합이라
는 뜻의 콩코드광장으로 불리워
졌고 나폴레옹이 이집트 피라미
드에서 가져온 3200년 된 조각품
인 오벨리스크가 화려한 분수 가
운데에 서 있다.

또 오벨리스크를 등지고 보면 그
리스 신전풍의 대리석 건물이 보이는데 이것이 마들렌 사원이다. 이 두 개는 꼭 보고 가야
한다. 콩코드광장에서는 시간을 두고 역사적인 의미와 휴식의 개념으로 쉬고 가는 것이 좋
다. 앞으로 많이 걸어가야 하니까 저자는 항상 콩코드광장에서 아이스크림을 먹고 물을 사
서 이동한다.

개선문을 보면서 걸어가면 간단히 오늘의 코스에 대한 걱정이 사라질 것이다. 개선문까지 걸으면서 점점 커지는 개선문을 찍는 것도 좋다. 해가 질때는 시간에 따라 개선문의 색깔이 바뀌면서 아름다운 개선문의 사진을 찍을 수도 있지만 점심때에는 파란 하늘과 구름이 함께 조화를 이루는 개선문을 볼 수 있다.

처음에 개선문까지 걸어갈 때는 시간가는 줄 모르고 중앙도로에서 개선문 사진을 찍었던 적도 있다. 걸어가다 보면 양 옆의 많은 아름다운 건축물이 있어서, 여유를 가지고 걸어가면 좋다. 상들리제거리에 들어가는 곳에는 인력거같이 탈 수 있는 자전거들이 늘어서 있는데 그걸 타는 것도 색다른 경험이 될 것이다.

상들리제거리는 많은 쇼핑거리들과 음식점들이 늘어서 있다. 상들리제거리에 도착하면 점심을 먹었더라도 배가 고프다. 여기에는 맛나는 먹을거리들이 많이 있다. 거리에는 카페들이 들어서 있어서 파리의 노천카페를 경험할 수 있는 기회도 된다. 세포라 등의 화장품가게들과 루이비통같은 명품이 들어서 있는 상들리제거리는 관광객과 파리시민이 한데 엉켜 정말 사람들이 많아서 소지품의 주의를 해야 한다.

다 구경하면 2시간 정도는 지나갈 것이다. 보통 지금의 코스로 이동하면 개선문을 올라가려고 할 때 4시 정도 지나 있다. 이제 개선문을 올라가는 마지막 이동이다. 개선문은 지하도를 따라 가면 긴 줄이 있으니 거기에서 줄을 서서 이동하면 입장권을 사서 올라가면 된다. 15세이하는 무료였는데 지금은 입장료를 내야 한다.

둥그런 계단을 따라 올라가면 올라갈때는 힘들어도 올라가면 힘들게 올라간 보람이 있다. 뻥 뚫린 계획도로들과 에펠탑을 보면 입장료도 아깝지 않다.

Champs Élysées

상젤리제

개선문
Triumphal arch

도심의 번잡한 교차로 중앙에 높이 솟아올라 사람들의 눈길을 끄는 아치형 개선문은 파리의 자랑이자 대표적인 랜드마크이다. 약 50m 높이에 달하는 개선문 위에서 내려다본 파리의 모습도 아름답지만 개선문 아래에서도 볼거리는 매우 많다. 개선문은 샹젤리제^{Champs-Élysées} 등 12개의 직선거리가 서로 교차하며 파리의 "별"을 형성하고 있는 샤를 드골^{Charles de Gaulle} 광장에 서 있다.

파리 중심에 있는 번잡한 교차로에 자리 잡고 있기는 하지만 그림처럼 아름다운 샹젤리제를 통해 도보나 차를 이용하여 개선문에 도착할 수 있다. 개선문 주변에는 안전한 거리에서 개선문의 건축 양식과 장식을 감상할 수 있는 보행자 전용 공간도 충분히 마련되어 있다.

개선문 꼭대기에 올라가면 284개에 달하는 계단을 통해 걸어 올라갈 수도 있고 엘리베이터를 이용할 수도 있다. 꼭대기에는 박물관과 기념품 가게가 있고 아래로는 샹젤리제가 내려다보인다. 파리의 여러 건물과 조경물에 불빛이 들어오기 시작하는 초저녁의 주변 거리 풍경은 특히 더 아름답다.

개선문은 4개의 거대한 기둥이 누마루를 받치고 있는 구조를 이루고 있으며, 1919년에는 한 조종사가 비행기를 몰고 통과한 적이 있을 정도로 아치 모양의 공간이 크다. 1920년에 한 무명용사의 시신이 이곳에 매장되었고 1923년에는 제1차 세계대전으로 목숨을 잃은 사람들을 추모하며 영원히 꺼지지 않는 불꽃을 만들어 매일 오후 6시 30분마다 점화하고 있다.

개선문의 간략한 역사와 의미

개선문은 조국을 위해 싸우다 죽은 사람, 특히 나폴레옹 전쟁에서 전사한 사람들을 기리기 위한 기념물이다. 안쪽과 꼭대기에는 여러 전투와 이러한 전투에 참전한 558명의 장군에 대한 자세한 내용이 새겨져 있다. 4개의 기둥 각각은 양각으로 장식되어 있다. 그중 가장 유명한 것은 프랑수아 뤼드Francois Rude의 1792년 의용군의 출발The Departure of the Volunteers of 1792이다. 이 작품에는 자유라는 이름 아래 조국을 지킬 준비가 되어 있는 일반적인 프랑스 국민들의 모습이 묘사되어 있다. 여기에는 애국심이 너무나도 압축적으로 표현되어 있어 프랑스의 국가를 인용하여 '라 마르세예즈La Marseillaise'라고도 부른다.

개선문은 나폴레옹 1세가 1806년 아우스터리츠에서 승리한 기념으로 세운 것이다. 나폴레옹 1세는 군사들에게 "승리의 문을 통해 고국으로 돌아오게 될 것이다"라고 약속했지만 1836년에 개선문이 완공되기 전 세상을 떠났다.
개선문은 파리 우안 16구에 위치해 있다. 개선문은 매일 문을 열지만 구경거리가 가장 많은 날은 바로 7월 14일 프랑스 혁명 기념일이다. 프랑스 혁명 기념일 행진이 샹젤리제를 가득 채우고, 개선문에 거대한 깃발도 게양되므로 멋진 사진도 찍을 수 있다.

🏠 Place de l'Etoile(메트로 1, 2, 6,RER A선 Charles de Gaulle–Etoile역 하차)
€ 13€ (샹젤리제 거리 오른쪽 인도의 지하 도로로진입)
⏱ 4~9월 : 10~23시(10~다음해 3월까지 22시30분 / 폐장 45분 전까지 전망대 입장 가능)
📞 01-55-37-73-77

라데팡스
La Defense

파리의 정중앙에 개선문이 있고 개선문Arc de Triomphe을 중심으로 남쪽으로 일직선을 그어가면서 따라가면 콩코드 광장Place de la Concorde의 오벨리스크Obeliscos와 만나고 카루젤 개선문Arc de Triomphe du Carrousel, 루브르 박물관Le Musée du Louvre으로 이어진다. 이번에는 개선문에서 북쪽으로 이어지면 신도시 라데팡스La Defense가 있는 신개선문인 그랑 아르셰Grande Arche가 있다.

개선문을 중심으로 일직선으로 남쪽으로 기원전 12세기의 건축물인 오벨리스크와 기원 후 16게기 건축물인 루브르 박물관이 있고, 북쪽으로 기원 후 20세기 건축물인 신 개선문이 이어지면서 과거부터 현재에 이르는 아름다운 파리를 만들어준다. 멀리 화려하게 비추는 에펠 탑Tour Eiffel이 밤하늘에 거대한 레이저 광선을 쏘며 이어주며, 파리의 밤을 수놓는다는 이야기를 파리의 친구가 이야기를 해주었다. 위대하고 아름다운 파리처럼 현실에 실현하는 도시는 없다는 것이다.

루브르 박물관을 처음 방문하는 사람들은 의아하게 생각한다. 왜 고전적인 아름다움을 가

진 루브르 박물관의 입구를 차가운 유리로 된 피라미드 모양으로 만들었을까? 이유는 콩코드 광장 중앙에 있는 오벨리스크 때문이다. 루브르 박물관에서 튈르리 정원을 지나면 콩코드 광장이 나오는데, 이 광장 중앙에 오벨리스크가 서 있다.

기원 전 고대 이집트인들은 피라미드 신전 앞에 반드시 태양의 신인 오벨리스크를 두었는데 이에 착안해 피라미드 형상으로 루브르 박물관 입구를 만들었다. 현대적인 재료인 유리를 사용한 루브르 박물관 입구는 20세기를 대표하는 건축물 중에 하나로 손꼽히게 되었다. 루브르 박물관을 나와 19세기 양식이 그대로 보존되어 있는 파리 시내를 돌아본 여행자에게 파리는 과거의 역사와 미래 문명이 공존하는 도시가 되었다.

라데팡스La Defense는 '국방'이라는 뜻으로 1958년 지역 개발 공공사업단이 미래의 도시 개념으로 개발하기 시작한 지역이다. 지하철역을 나오면 바로 보이는 거대한 그랑 아르쉐Grande Arche는 다른 개선문과 마찬가지로 중간 부분이 크게 뚫려 있고 그 공간에 텐트들이 쳐 있다.

프랑스 혁명 200주년을 기념하는 세련되면서 웅장한 그랑 아르쉐Grande Arche를 만들면서 하늘에는 구름을 형상화해 빈 공간의 둥근 물체를 만들 정도로 신경을 썼다는 것이다. 중앙은 비워져 있지만 양쪽으로 수많은 사무실이 있는 신 개선문을 오르면 멀리 개선문과 샹젤리제 거리를 직선으로 연결된 것을 알 수 있다. 반 원구 모양의 CNIT, 46층의 피아트사 등 세계적인 기업들의 기형학적인 건물들이 자리를 잡았다.

🏠 Place de la Concorde(메트로 1, 8, 12호선 콩코르드 지하철 역 하차)

콩코르드 광장
Place de la Concorde

콩코르드 광장은 파리에서 가장 큰 광장이다. 프랑스의 잔혹했던 공포 정치 시대에 루이 16세와 마리 앙투아네트를 비롯한 1,300명 이상의 사람들이 처형당했던 아이러니한 광장으로 아름다운 광장으로 유명하다. 장식이 인상적인 2개의 분수대와 중앙에 서 있는 거대한 이집트 오벨리스크를 갖춘 매력적인 광장은 사진 촬영 장소로 많은 사랑을 받고 있다.

원래 이곳은 '루이 15세 광장'이라는 이름으로 불렸으며 루이 15세의 기마상이 서 있었다. 하지만 프랑스 혁명으로 인해 동상은 철거되었고 광장 이름은 '혁명 광장'Place de la Révolution'으로 바뀌었으며, 혁명 이후로 루이 16세, 마리 앙투아네트, 로베스피에르를 비롯한 1,300명의 사람들이 이곳에서 단두대의 이슬로 사라졌다. 1795년에는 과거의 혼란을 정리하기 위한 노력의 일환으로 광장 이름을 콩코르드 광장으로 새롭게 바꾸었다.

광장 중앙에 서 있는 23m 높이의 이집트 오벨리스크를 찾아볼 수 있다. 오벨리스크 꼭대기의 황금 피라미드를 올려다보면 3,000년 이상의 세월을 간직한 구조물이 상형문자로 꾸며져 있다. 이러한 상형문자는 람세스 2세와 람세스 3세의 재위 시절에 일어났던 사건들을 묘사하고 있다. 장식물은 고대에 도난당한 것으로 알려진 원래의 황금 장식을 대체하기 위해 1998년에 새롭게 추가되었다.

콩코르드 분수
Fontaines de la Concorde

광장의 북쪽 끝과 남쪽 끝에 위치한 2개의 분수
대가 있다. 두 분수대 모두 독일 태생의 건축가
인 쟈콥 이냐즈 히토르프^{Jakob Ignaz Hittorff}가 설계
를 담당했다. 라인 강과 론 강을 나타내는 조각
상이 있는 북쪽 분수대는 강을, 지중해와 대서
양을 나타내는 조각상이 있는 남쪽 분수대는 바
다를 상징한다. 광장 언저리 곳곳에 서 있는 조
각상들은 리옹, 보르도와 낭트를 비롯한 프랑스
의 대도시를 상징한다.

분수대 주변에 앉아 오가는 행인들을 구경하거
나 웅장한 건물들을 배경으로 사진을 찍어 보는
관광객은 어디서나 볼 수 있다. 광장의 가장 매
력적인 건축물로는 같은 모양의 호텔 드 크릴런
과 호텔 드 라 마린^{Hôtel de la Marine} 등이 있다. 특히 호텔 드 라 마린은 프랑스 해군의 본부이
기도 하다. 로얄 거리를 사이에 두고 있는 이 두 건물은 원래 루이 15세가 궁전으로 이용하
기 위해 건축을 명했던 것이다.

샹젤리제 거리
Avenue des Champs-Élysées

길이 2㎞, 넓이 70m의 샹젤리제는 프랑스의 수도를 동쪽에서 서쪽까지 구경할 수 있도록 설계되어 있다. 원래 17세기에 세워진 것으로, 그리스 신들의 천상 쉼터인 엘리시안 필즈Elysian Fields를 따서 이름을 지었다. 파리 최고의 조형적인 장소이자 쇼핑 거리인 샹젤리제 거리Avenue des Champs-Élysées라면 하루나 이틀 시간을 내어 여행해도 아깝지 않다.

대로를 따라 걸으면서 길을 따라 늘어선 디자이너 매장에서 쇼핑도 즐겨보면서 샹젤리제 거리Avenue des Champs-Élysées를 산책하고 위풍당당한 개선문Arc de Triomphe을 보면 외부의 정교한 조각 장식 속에서 역사를 배우게 될 수도 있다.
샹젤리제의 상징인 개선문에 먼저 들러보자. 나폴레옹이 1806년 의뢰해 지었지만 50m 높이의 아치형 건물이 완성되기까지 30년이 걸려 나폴레옹은 생전에 완성된 모습을 보지 못했다. 아치형 건축물은 여러 도로가 지나가는 로터리 중앙에 섬처럼 서 있다. 지하도를 통해 개선문으로 입장이 가능하다. 프랑스 황제의 무용을 기념하는 내용의 조각 장식을 가까이서 살펴보고 꼭대기에 올라가면 멋진 전망도 즐길 수 있다.

길을 따라 동쪽으로 걸어가 패션 부티크에서 유명 브랜드의 의류와 보석을 구경해 보는 것도 좋다. 커피를 마시며 사람들이 길을 따라 바쁘게 걸어가는 모습을 여유롭게 바라볼 수도 있고, 맛있는 음식을 찾고 있다면 점심 무렵부터 저녁때까지 음식을 판매하는 여러 레스토랑 중 한 곳에서 맛있는 프랑스 요리나 전통 서양 음식을 맛볼 수 있다.

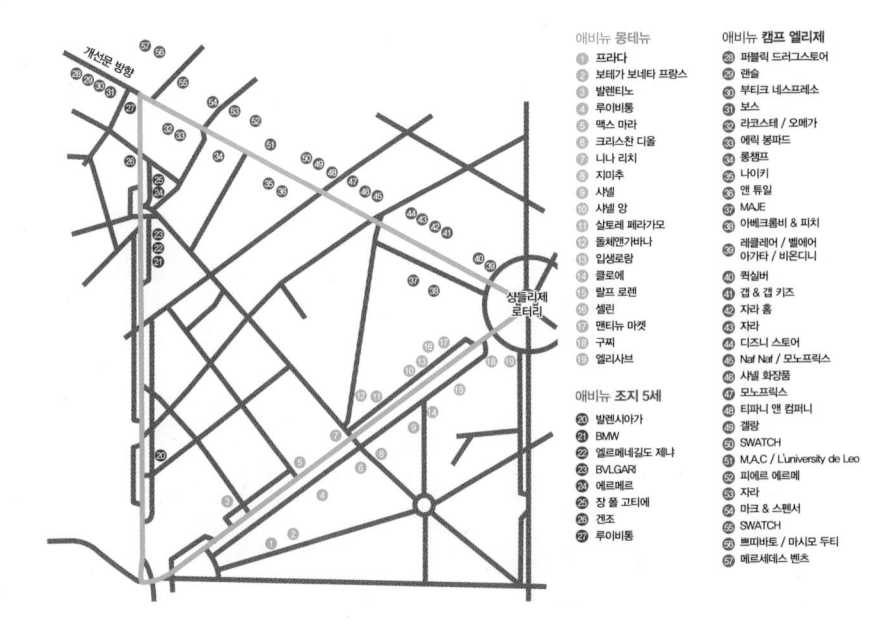

30분 정도 걸으면 샹젤리제 동쪽 끝에 있는 콩코르드 광장Place de la Concorde에 닿을 수 있다. 그래서 콩코르드 광장에서 샹젤리제 거리로 걸어오는 관광객이 많다. 파리 시민들을 이 긴 대로에 모여 중요한 행사를 기념한다. 새해 전야나 중요한 축구 경기가 있는 날 이곳에서 생기 넘치는 분위기를 만끽할 수 있다.

🏠 Avenue Winston–Churchill, 76008

프티팔레
Musée du Petit Palais

프티팔레에서 걸어가면 고급 레스토랑과 카페, 명품들이 즐비한 샹젤리제 거리가 나온다. 그만큼 프티팔레^{Musée du Petit Palais}는 파리에서 쉽게 볼 수 있는 박물관이지만 실제 방문하는 관광객은 많지 않다. 느껴지는 건물이 예술의 궁전이라고 부르는 프티팔레^{Musée du Petit Palais}이다. 상설 전시실은 르네상스 시대부터 1925년 사이의 회화, 미술품, 조각 작품을 전시하는데 그중 르네상스 전시실인 뒤튀 컬렉션, 18세기 장식 미술을 전시하는 튀르크 컬렉션이 대표적이다.

파리 시가 수집한 근대 미술 전시실에는 밀레를 비롯해 바르비종파의 작품과 들라쿠르아, 쿠르베, 앵그르, 기타 인상파의 작품들이 전시되어 있다. 19세기 말 파리 연극계를 주름 잡았던 전설적인 여배우 사라 베른하르트의 초상화도 이곳에서 볼 수 있다.

356

그랑팔레
Grand Palais

1900년 만국박람회 때 전시관으로 사용하기 위해 지어진 그랑팔레는 송곳처럼 튀어 나온 지붕이 인상적으로 다가온다. 고전주의적 건축 양식을 기본으로, 내부를 아르누보 스타일로 꾸민 웅장한 건물이다.
지붕을 유리로 만들어 실내에 빛이 풍부하게 들어오도록 설계되었다. 해마다 2~3명 정도의 뛰어난 예술가를 선정해 이들의 작품을 중점적으로 전시하고 다양한 문화행사가 같이 곁들여진다.

Louvre

루브르

루브르 박물관

Musée du Louvre

엄청나게 긴 거리에 달하는 복도와 6만㎡에 달하는 전시 공간을 갖춘 파리 최대의 박물관
은 세계에서 가장 큰 박물관 중 하나이다. 원래 요새가 있던 이 자리에 16세기에 궁전으로
개축했다. 프랑스 혁명 이후 1793년에 미술관으로 바뀌었다. 공식 명칭은 '무제 두 루브르

Musée du Louvre'이지만 파리 사람들은 그냥 "루브르"라고 부른다. 유리 피라미드만 보아도 쉽게 알아볼 수 있는 모나리자의 집, 루브르 박물관은 엄청나게 많은 프랑스와 전 세계의 유명한 작품이 보유하고 있다.

파리에 왔는데 루브르 박물관을 안 보고 간다면 겉만 보고 가는 것과 같다. 루브르는 세계적인 박물관이자 미술관이다. 외관만 봐도 멋지고 정원을 거닐어도 좋지만 너무 광범위한 작품들이 전시되어 있어 사전에 공부를 하고 가는 것이 유익하다.

구성

세계 최고의 박물관은 드농Denon, 슐리Sully, 리슐리Richelieu라는 3개의 관으로 구성되어 있다. 여기에 전시된 그림, 조각품, 장식품, 근동 지역 유물, 이집트 유물, 이슬람 예술품, 판화, 그림, 그리스, 에트루리아, 로마 유물 등을 모두 둘러보면 하루도 부족하다. 기원전 5,000년부터 19세기까지의 작품이 전시되어 있다.

가장 사랑받는 작품

항상 많은 사람들의 사랑을 받는 작품으로는 청동상 사모트라케의 니케Winged Victory of Samothrace, 밀로의 비너스Venus de Milo, 모나리자Mona Lisa 등이 있다. 이 걸작품을 보려면 길게 줄을 서야 할 수도 있지만, 기다리는 동안 구경할 수 있는 여러 가지 예술품이나 사람들도 많

기 때문에 시간이 아깝지는 않을 것이다.

루브르에 전시품이 너무나 많아 어디부터 돌아보아야 할지 망설여질 수도 있지만 미리 조금만 계획을 세우면 더 많은 전시품들을 효율적으로 관람할 수 있다. 우선 보고 싶은 주요 작품을 간단하게 정리해 봐야 한다.

들어가는 입구
루브르 박물관은 파리 중심인 1군에 위치해 있다. 피라미드가 있는 정문, 지하 카루젤 두 루브르Carrousel du Louvre 쇼핑몰과 연결된 입구, 사자문Porte des Lions, 드농관 서쪽 끝 근처 등 3개의 입구가 있다.

가이드 투어
미리 한국인 가이드 투어를 신청하여 설명을 들을 수도 있고, 박물관에 들어간 후에 박물관과 주요 작품에 관한 설명을 들을 수 있는 90분짜리 가이드 투어도 있다. 오디오 가이드를 빌리거나 스마트폰 앱을 구입하여 설명을 들을 수도 있다.

🌐 www.louvre.fr
🏠 **주소_** Musée du Louvre(메트로 1호선 Palais Royal-Musée du Louvre역 하차)
€ **요금_** 17€(온라인 구매 19€는 대기줄 면제/ 오디오 가이드 6€)
🕐 **시간_** 수 9~18시, 금요일은 9~21시 45분(화요일 휴관)
📞 **전화_** 01-40-20-53-17

입장권 구매
입장권은 웹사이트나 프랑스 내 여러 상점에서 구입할 수 있다. 미리 입장권을 구입하면 줄서는 시간을 줄일 수 있다.

루브르 피라미드
Louvre pyramid

나폴레옹 안뜰^{Cour Napoléon} 중앙의 루브르 피라미드를 볼 수 있는 중앙 출입구를 통해서 입장하게 된다. 에펠탑, 퐁피두 센터^{Pompidou Centre}와 마찬가지로 중국계 미국인 건축가 I.M. 페이^{I.M. Pei}의 작품인 루브르 피라미드^{Louvre Pyramid}도 처음에는 지나치게 현대적이라는 비판을 받았다.

역대 프랑스 대통령 중에서 가장 예술에 조예가 깊다고 알려진 1981년 프랑수아 미테랑 대통령이 루브르 박물관을 세계 최고의 박물관으로 만들기 위해 대대적인 프로젝트를 추진하면서 만들어졌다. 미테랑 대통령은 국제 공쿠르 과정을 생략하고 건축가를 직접 선정해 논란도 있었지만 그 자체로 화제가 되었다. 현재, 나폴레옹 뜰의 중앙에 세워진 루브르 피라미드는 파리의 상징이 되었다.

1989년에 완공되었으며 강철과 유리로 지어진 건축물인 루브르 피라미드는 날마다 몰려드는 수천 명 이상의 관람객들에게 더 나은 편의를 제공하기 위해 설계된 새 출입의 일부로 만들어진 것이다. 피라미드는 꼭짓점부터 피라미드까지 높이가 21.64m, 정사각형 바닥면은 35.42m에 이르고 전체를 95ton에 딜하는 철근이 시뱅하고 사이에는 603개의 마름모와 70개의 삼각유리로 구성되어 있다. 꼭지각이 땅을 향하기 때문에 빗물이 고일 수 있어서 상부에 자연조건을 견딜 수 있는 견고한 유리판으로 덮어서 대비한 것도 유명하다.

루브르 박물관
Musée du Louvre

파리여행에서 빼놓을 수 없는 곳이 루브르박물관이다. 루브르박물관을 다 보기도 힘들지만 핵심만 보기도 쉽지 않으며 설명을 제대로 듣기도 힘들다. 그래서 요즈음은 현지의 투어로 해결을 하기도 하는데 루브르박물관을 제대로 보는 방법과 작품들을 설명해 본다.

순서
드농관 1층 → 16세기 이탈리아 조각 → 시모트라케의 승리의 날개(니케상) 통과 → 드농관 2층 16, 17세기 이탈리아 회화 → 77,75번방 → 드농관나오기 → 리슐리외관 1층 메소포타미아관 (함무라비 법전) → 리슐리외관 3층 17세기 플랑드르 회화 (루벤스, 램브란트)

루브르박물관은 아침 일찍 가야 한다. 특히 성수기때에 조금 늦게 가면 정말 오래동안 기다려 입장해야하기 때문에 제대로 보기 힘들다. 오전 9시에 열리니까 9시가 가장 좋다. 루브르박물관은 지하철 M-1, 7 Palais Royal – Musee du Louvre로 도착하는 것이 가장 좋다. 박물관과 지하철로 연결되는 통로를 따라 가면 사진의 유리피라미드가 보인다.

엑스레이 보안 검사를 지나가야하기 때문에 물건은 다 가방에 넣는 것이 빨리 통과하는 방법이다. 유리 피라미드에서 사진을 찍으시고 왼쪽으로 보면 드농관을 제일 먼저 입장해서 보는 것이 가장 좋다. 물론 입장권은 사서 입장해야 하는데, 18세이하는 무료이니 고등학생까지는 무료로 입장가능하다고 생각하면 된다.

먼저 드농관을 올라가서 1층의 미켈란젤로의 작품이 있는 16세기 이탈리아 조각을 감상하고 시모트라케의 승리의 날개를 거쳐 2층으로 올라가 모나리장 등의 16, 17세기 이탈리아 회화를 감상하자.

77, 75번방에서 나폴레옹 황제 대관식등이 있는 프랑스 회화를 감상하고 비너스를 보고 나오면 된다. 이때 중요한 것은 드농관으로 입장했다면 드농관으로 나와야 한다. 루브르박물관은 ㄷ자 구조이기 때문에 들어간 곳으로 나와야 헤매지 않는다.

사진처럼 드농관은 에스컬레이터를 타고 입장하면 다시 에스컬레이터가 나온다. 이 때 에스컬레이터를 타지말고 오른쪽 옆 계단으로 올라가면 1번방이 나오는데 가로질러서 끝까지 걸어가야 한다.

방 끝의 4개의 계단을 올라가면 휘어져 있는 계단을 올라가 1층의 4번방으로 들어가면 한 손이 머리위로 올라가 있는 미켈란젤로의 '죽어가는 노예'상과 한손은 허리뒤로 있는 '반항하는 노예'상이 보인다.

앞으로 더 직진하면 4번방의 끝, 오른쪽에 '프시케와 큐피드'를 볼 수 있다.

죽어가는 노예

1520년부터 7년간의 작업 끝에 완성한 이 작품은 해부학에 정통해 있던 미켈란젤로가 아름다운 육체미를 느끼게 해주는 작품이다.
죽어가고 있는 노예상을 표현하고 있지만 편안한 표정을 보이는 것은 고단한 현실의 삶을 살아가는 노예에게 죽음은 편안한 안식과 평화를 제공하고 새로운 삶의 세계로 나아가는 의미를 담은 것이다.
이 작품에서 노예는 지상이라는 감옥에서 살아가는 모든 인간들을 의미한다고 한다.

반항하는 노예

죽어가는 노예상 옆에 있는 반항하는 노예상은 교황 율리우스 2세가 영묘를 장식하기 위해 조각한 작품으로 그리스 헬레니즘의 영향을 받아 이상적인 미를 돋보이도록 조각하였으며 두 손은 뒤로 결박당했으나 왼쪽 어깨를 구부려 자신을 묶은 밧줄을 끌어당기는 노예의 모습에서 당시 교회의 억압으로 작업했던 미켈란젤로 자신의 모습을 은유적으로 표현했다고 한다.

카노바의 '프시케와 큐피드'상

카노바는 우리에게는 잘 알려져 있지 않지만 신고전주의를 대표하는 조각가이다. 그리스 신화를 소재로 한 작품으로 프시케는 왕국의 공주로서 미모가 아름다워 질투가 난 아프로디테가 큐피드에게 힘든 사랑에 빠지도록 화살을 쏘려고 한다. 하지만 큐피드는 프시케를 본 순간 사랑에 빠지게 되어 부부가 된다.
큐피드는 그녀를 지키기 위해 어둠속에서만 만날 수 있고 이를 어기면 영원히 헤어질 수 밖에 없다고 하였으나 프시케는 등불을 밝혀 잠자는 큐피드를 보고 만다. 화가 난 큐피드는 그녀를 떠나보내지만 큐피드를 찾아 나선 프시케는 아프로디테의 까다롭고 힘든 사랑을 이기고 마지막 실험으로 지하 세계의 여황인 페르세포네의 집으로 가서 아름다움이 담긴 상자를 가져오라고 시키게 된다. 상자를 손에 넣었지만 프시케는 상자를 열어보다 죽음에 이르게 된다. 이때 큐피드가 프시케를 구하고 제우스에게 간청하며 프시케와 큐피드는 사랑을 완성하게 되는 이야기를 조각으로 만든 작품이다. 정적이고 조화로운 모습의 정신적인 사랑을 표현하고 있다. 하얀 대리석을 완벽히 조각해 낸 순결함이 빛나는 작품이다.

4번방을 나가면 멀리 계단위의 시모트라케의 승리의 날개인 니케상을 볼 수 있다. 사진처럼 점점 다가가면 많은 사람들로 둘러싸인 멋진 날개를 볼 수 있다. 유명한 '나이키'라는 기업이 승리의 여신인 니케상에서 커다란 날개를 옆에서 보고 형상화했다고 한다.
니케상 앞에서 오른쪽으로 돌아 올라가면 2층의 1, 2번 방이 나온다. 들어가면 왼쪽에 보티첼리의 벽화들이 보일것이다.

**시모트라케의 승리의 날개
'니케'상**

승리의 여신을 뜻하는 니케상은 그리스 선단의 뱃머리 부분에 장식된 조각품이다. 두 날개를 펴고 하늘을 나는 듯한 자세를 취하고 있는데 배의 조각품이 무겁게 앞머리를 눌러주어 배의 속도를 높이고 그리스의 우수성을 나타내기 위해 만들어졌다고 한다.
기원전 196년 시리와와의 해전을 승리한 것을 기념하기 위해 만들어진 조각품이다. 복원당시 오른쪽 날개밖에 없어 왼쪽부분의 날개는 오른쪽 날개를 본떠 만들었다고 한다. 영어식 발음은 '나이키'여서 유명한 미국 기업 나이키가 날개를 본 뜬 나이키 로고가 나왔다고 한다.

보티첼리의 '소녀에게 선물을 주는 비너스와 삼미신'

비너스는 여인에게 천지창조를 선물하고 있는 이 작품은 프레스코화이다. 오른쪽 밑의 어린 소년은 지상의 존재를 나타내며 비너스 주위에 있는 삼미신은 제우스와 바다의 요정 사이에 태어난 신으로 기쁨과 윤택한 삶, 쾌락과 우아한 미를 상징한다. 보티첼리는 자신이 경경하던 추기경이 이단으로 몰려 처형된 후로는 그리스신화를 주로 그려 신화에 대한 그림이 상대적으로 많이 있는데 이 그림도 그 중에 하나이다.

3번방을 지나 5번방으로 들어가서 쭉 직진하면 왼쪽에 레오나르도 다빈치가 그린 '성안나와 성모자'를 만난다. 그 옆에는 유명한 '암굴의 성모'를 보게 된다. 암굴의 성모는 내셔널 갤러리에도 같은 주제의 다른 그림이 있으니 비교를 하면 재미있을 거 같다.

레오나르도 다빈치의 '성 안나와 성 모자'

작품을 보시면 성모가 그녀의 어머니인 성 안나의 무릎에 앉아, 양을 끌어올리는 아기 예수를 떼어놓으려는 장면을 보게 된다. 아기 예수가 어린 양을 안으려는 것은 다가오는 고난과 수난을 암시하며 그런 예수를 바라보는 성모의 눈에는 애처로운 슬픔이 담겨 있다.
레오나르도 다빈치는 성모와 세례 요한을 응시하는 성 안나의 미소에는 모나리자의 미소와 같은 신비로움이 담겨 있도록 마지막으로 혼신의 심혈을 기울여 그린 작품이다. 대기 원근법과 신비로운 색감으로 처리한 색을 직접 보면서 확인해 보면 좋은 감상이 될것이다. 3명의 인물은 피라미드 구도가 성모와 그의 어머니가 뒤엉켜 있지만 안정감이 느껴져 다빈치의 천재성이 나타나기도 한다.

레오나르도 다빈치의 '암굴의 성모'

런던의 내셔널 갤러리에 있는 암굴의 성모와 같은 이름을 가진 작품이다. 그림은 런던의 내셔널갤러리와 다른 그림이니 비교를 해보기 바란다. 무릎기를 먹은 듯한 암굴 속에서 천사의 시중을 받고 있는 청록색의 옷을 입은 성모 마리아가 풀 위에 앉아 있는 아기 예수에게 예수의 사촌 요한을 인사시키는 장면이다. 예수는 두 손가락으로 요한에게 축복을 내리고 있으며 요한은 무릎을 굽히고 두 손을 모으고 경배하며 빨강색 망토를 걸친 천사는 요한을 가리키고 있다. 무성한 식물들에 담겨진 물의 존재는 청정함을 나타내며, 그리스도의 요한의 세례를 암시하고 있다. 특히 이 그림은 목탄을 사용해 윤곽선을 지우는 스푸마토 기법으로 신비스러운 모습을 나타내며, 성모와 아기 예수, 세례 요환에게서 경건함과 영원한 묵상함을 느끼게 하는 걸작이다.

5번방에서 오른쪽으로 6번방을 들어가면 루브르 박물관에서 꼭 봐야하는 '모나리자'를 볼 수 있다. 모나리자는 여름과 겨울에 한해 사진을 찍도록 허락하기 때문에 정말 많은 사람들에 둘러싸여 있어 보기가 쉽지가 않다. 먼저 중앙으로 가지말고 왼쪽으로 가서 허용하는 위치의 제일 처음선까지 가신 다음에 가운데로 옮기면서 작품을 보기 좋다. 혼자보다는 둘이 가서 서로 사진을 찍어주면서 그림을 감상하고 미리 중점적으로 봐야할 지식을 공부하고 봐야 모나리자를 잘 감상할 수 있다. 혼자서 천천히 감상하는 것을 상상했다면 인파를 헤치고 봐야겠다고 생각하고 보기 바란다.

레오나르도 다빈치의 '모나리자'

모나리자의 모나는 귀부인에게 붙이는 존칭이고 리자는 지오콘다 부인의 애칭이다. 그러니까 '리자 여사'라는 의미이다. 모나리자는 구도와 원근법의 측면에서도 수수께끼같은 작품이다. 손가락으로 윤곽을 지워서 마무리하는 스푸마토 기법으로 숭고하고 유혹적이며, 상스러운 냉정한 신비의 미소가 나타난다고 한다.

구도적인 면에서는 배경 처리를 모델을 보는 시점보다 높은 위치에서 내려다 보는 다시점 구도로 처리하고 있다. 공기 원근법을 사용해 계곡 사이의 길과 다리의 푸르스름한 빛에 싸여 모델과 상당한 거리감도 나타내고 있다. 정밀하게 그려진 사실주의 작품인 모나리자는 다빈치가 한 인간을 바라보면서 그 내면의 영혼까지 담고 있는 듯한 작품이다.

1911년 8월 21일, 모나리자가 사라지는 사건도 발생하여 범인을 찾던 중, 피카소까지 범인으로 몰릴 정도로 발칵뒤집혔지만 2년 후에 빈센트 페루지아라는 이태리사람이 범인으로 판명되었다고 한다. 또한 모나리자의 오른쪽 얼굴에는 다빈치의 얼굴이 있다는 소문도 있다. 좌우의 대칭이 완벽한 모나리자는 다빈치가 거울로 반을 대고 그린 다음에 다시 보고 다시 대칭을 맞추어 그렸다는 소문이 있기도 한 그림이다.

들어왔던 6번방을 지나면 76번방이 나오고 오른쪽에 77번방이 나온다. 큰 그림으로 많은 사람들이 보고 있는 들라크루아의 '민중을 이끄는 자유의 여신'과 옆에 제리코의 '메듀사의 뗏목'을 이어서 비교하면서 감상하는 것이 좋다.

들라크루아의 '민중을 이끄는 자유의 여신'

나폴레옹이 황제에서 축출된 후에 샤를 10세가 복귀해 왕정을 복구시키지만 시민들은 시민후보에게 힘을 주려고 했다. 샤를 10세는 의회를 해산하고 언론의 자유를 금지하자 이에 대항해 시민들은 싸우기 시작한다. 이 사건을 그린 작품으로 3일간 2천명이 넘는 죽음이 있은 후, 샤를 10세는 축출된다. 이를 1830년의 7월 혁명이라고 하는 사건이다. 들라크루아는 감동을 받고 그린 작품이다. 그래서 저희가 광고에서도 봤던 작품이기도 하다.
정부군의 바리케이트를 넘으며 진군하는 시민군의 승리를 묘사하고 있고 커다란 베레를 쓰고 칼을 들고 있는 사람은 시민군을 묘사하고, 삼각형의 모자를 쓰고 있는 사람은 당시 파리의 공대생을 나타내고 있다.
왕실 수비대에게서 빼앗은 권총2자루를 쥐고 있는 소년 뒤로 왕실 수비대가 사격하는 모습을 나타내고 있고 그림 뒤에는 연기에 휩싸여 있는 노트르담 성당을 표현하여 구원을 상징으로 나타내고 있다. 들라크루아는 깃발을 들고 있는 여인의 모습을 통해 자유, 박애, 평등을 표현하고 있다.

제리코의 '메듀사의 뗏목'

1816년 여름, 아프리카 식민지 개척을 위해 프랑스에서 대서양을 통해 세네갈로 향하는 배가 도중에 침몰하면서 일어나는 진혹한 사건을 소재로 그린 작품이다.
제리코는 25세에 이 작품을 그리기 위해 실제 뗏목을 제작해, 시체 몇 구를 그대로 배치해 그렸다고 전해진다. 이 작품에서 주목할 내용은 본격적으로 태동하는 낭만주의 화풍을 살펴보는 것이다. 그림의 왼쪽에는 거대한 파도의 형상을 표현하고, 오른쪽에는 평온한 수평선을 그리고 있으며, 이는 고난과 희망의 순간을 극적 대비효과로 나타내기 위해 하늘 또한 희망의 빛과 절망을 상징하는 어둠의 빛을 대비시키고 있다.
오른쪽에 다리가 나무사이에 끼어 떠내려가지도 못하고 걸쳐 있는 죽은 사람과 죽은 아들의 시체를 안고 망연자실한 아비의 얼굴에서 삶에 대한 모든 희망을 버리고 미쳐 있는 상황을 표현한다. 파묻은 도끼는 굶주림 속에 동료를 살해한 상징으로 나타내고 있다.
돛에는 수평선 너머로 보이는 배를 가리키며 희망을 외치고 가운데의 사람은 두 손을 모아 간절한 기도로 희망의 끈을 놓지 않고 있는 장면을 볼 수 있다. 죽음과 절망 속에서 삶의 희망을 찾으려는 인간의 역동성을 그림 전체에서 느낄 수 있다. 하지만 전체적으로 인간에 대한 존중과 휴머니즘, 도덕성도 없는 광기 어린 인간을 그대로 표현한 작품이기도 하다. 들라크루아의 민중을 이끄는 자유의 여신과 구도적으로 비슷하게 비교해 보는 맛도 있는 두 작품이다.

76번방을 지나 75번방 입구에는 앵그르의 '그랑 오달리스크'를 볼 수 있습니다.

앵그르의 '그랑 오달리스크'

출품했을 때는 형편없는 소모실력이라고 엄청난 비난을 받은 오달리스크는 '큰 노예'라는 뜻을 가지고 있다. 해부학적으로 너무나 엉터리같았다. 허리는 심하게 휘어져 있고 긴 허리를 가지고 있으며 팔도 너무 길었기 때문이다. 한쪽 다리위에 올려진 다른 다리는 너무 어색했다. 발도 오른쪽과 왼쪽을 그린 것이 아니라 왼발만 그린 것같은 데생실력이 나오는 그림이다. 앵그르는 해부학적으로 문제가 있지만 여인의 관능적인 우아함을 나타내기 위해서는 신체의 강조부분을 일부러 볼륨감 있게 표현했다고 한다.
그림은 풍부한 양감으로 빛나는 피부결과 윤곽선이 분명하고 단순한 형태를 보면 대가의 그림이라는 것을 알 수 있다.
커튼과 침대의 주름틀, 여인이 두르고 있는 터번, 진주로 된 여인의 머리장식, 들고 있는 공작꼬리 부채와 팔찌를 유심히 봐야하는데 그 부분을 보면 정말 자세한 소묘의 모습을 볼 수 있다.

뒤를 돌아서 직진하면 왼편에 큰 그림이 보입니다. 이 그림이 유명한 다비드의 '나폴레옹 황제 대관식'그림입니다.

다비드의 '나폴레옹 황제 대관식'

이 그림은 베르사유 궁전에서도 볼 수 있다. 1804년 12월 2일 노틀담 사원에서 거행된 나폴레옹의 황제 대관식장면을 그린 작품이다. 대관식의 역사화를 의뢰받은 다비드는 준비로 2년여의 시간을 소비하였으며 1년간 작품에 매달렸다고 한다. 가로가 10m가 넘고 세로가 7m가 넘는 아주 큰 그림이다. 그림에서 교황 비오 7세가 나폴레옹에게 왕관을 씌여주려고 하는데 나폴레옹이 왕관을 빼앗아 자신의 부인 조세핀에게 수여하는 장면을 나타내면서 황제에게 왕관을 수여하는 이는 자신만이 가능하다는 것을 나타내 나폴레옹의 위대함을 나타내려는 그림이다.

대관식에 참여한 인물들의 다각적인 얼굴 표정을 나타낸 묘사는 시대를 거슬러 현장에 직접 있는 듯한 사실감을 느낄 수 있다.

교황 비오 7세가 지팡이를 짚고 앉아 침통한 얼굴로 성호를 긋게 표현하여 시큰둥한 교황의 심리도 알 수 있습니다. 교황주위에는 이태리에서 초대받은 성직자들이 있고 나폴레옹 오른쪽에는 성직자와 관료들이 있다.

작품정면에 보이는 별실 같은 곳에 나란히 앉은 3명의 여인은 나폴레옹의 어머니와 가족들로 실제로 대관식에 참석한 모든 인물들이 거짓 없이 나타나 있어 집단 초상화이기도 하며 역사적인 장면을 그린 역사화이기도 하다.

대관식 그림 옆에는 '사비니 여인의 중재'와 맞은 편에는 '레카미에 여인의 초상' 작품을 볼 수 있다.

다비드의 '사비니 여인의 중재'

로마 건국의 왕 로물루스가 인구를 늘리려는 계략으로 이웃 사비니의 남자들을 축제에 초대해 놓고 그 사이에 사비니 여인을 납치하는 로마 건국신화와 관련된 그림이다. 계략에 속은 사비니군들이 자신들의 여동생과 딸을 찾기 위해 로마에 쳐들어오지만 그들을 막고 선 이들은 어린아이들을 품에 안은 사비니의 여인들이다.

양쪽 군인들 사이에 선 사비니 여인들이 사비니 군대에 있는 아버지와 오빠를 향해 부부의 연을 맺고 있는 로마 병사와 싸우지 말라고 애원하는 장면을 그린 작품이다. 그림에서 왼쪽은 사비니 군사들이고 오른쪽은 커다란 방패를 들고 있는 로마군이다. 방패의 가운데에는 로마라고 씌여 있고 로물루스 형제의 모습도 그려져 있다. 군사들 사이에서 애원하는 여인을 통해 남성의 영웅심 뒤에 숨겨져 있는 여성으로서의 슬픈 운명도 볼 수 있다. 수평선위에 창과 건물을 수직으로 만나게 하여 균형감과 안정감을 가지게 그렸다. 다비드는 프랑스혁명 과정에서 벌어진 동족상잔의 슬픔을 나타내고자 그렸다고 한다.

다비드의 '레카미에 여인의 초상'

다비드가 죽을 때쯤, 화실에서 발견된 미완성작품으로 유명하다. 신고전주의 특징이 아닌 연필자국을 지우지 않고 흔적을 남겨 생동감을 느낄 수 있는 작품이다. 1800년에 23세의 레카미에 부인은 파리 사교계에서 유명한 여인이었는데 수직선과 수평선을 강조하여 그리스풍의 의상과 차림새가 잘 나타나있어 신고전주의 양식의 교과서라고 불리운다.

75번방을 나가면 정면에 니케상이 보이고 양쪽에 있는 계단으로 내려가면 4, 5번방이 나오는데 계속 앞으로 직진하면 밀로의 비너스가 보인다.

밀로의 비너스

인간 중심의 그리스인들은 비너스의 육체에 수학적인 질서의 황금비율을 적용해 실제 인간을 초월한 영원하고 이상적인 미를 보여주고 있다. 비너스의 풍만하고 육감적인 육체의 묘사와 나신을 드러낸 관능적인 묘사는 헬레니즘 조각 전통을 그대로 따르고 있다.

특히 성숙한 하반신에서 흘러내리고 있는 주름잡힌 옷의 묘사는 머리에서 목을 거쳐 가슴과 둔부에 이르는 몸의 중앙선을 지그재그로 비틀고 있는 육체의 묘사와 함께 관능적 아름다움을 그대로 보여주고 있어 밀로의 비너스는 작자 미상의 이 조각에 열광하고 있는거다.

오르세 미술관
Musée d'Orsay

튈트리 정원 아래로 강을 따라 서쪽으로 걷다 보면 강 건너편에 우아하고 아름다운 건축물이 등장한다. 루브르 미술관, 퐁피두 센터와 더불어 파리의 3대 미술관으로 꼽히는 오르세 미술관이다.

이 일대는 1900년 7월 14일 세계 만국 박람회를 기념해 완공한 기차역인데, 파리에서 최초로 전동차가 드나들던 곳으로 유명하다. 이곳에 세워졌던 오르세 궁전이 파리 코뮌 때 불타 없어지자 국립 미술학교의 교수인 빅토르 랄루Victor Laloux가 당시로서는 최첨단 소재였던 강철과 유리를 사용해 주변의 루브르 미술과느 튈트리 정원과 조화를 이루는 아름다운 기차역을 만들었고, 역 옆에 만국 박람회에 참가하는 명사들을 위한 호텔을 세웠다.

화가 데타이는 이 아름다운 건물을 국립 미술학교 건물과 바꾸면 좋겠다고 농담을 했다고 한다. 그런데 지어진 지 90여년이 지난 후 그 말처럼 이 역사는 미술관으로 바뀌게 된다. 장거리 노선이 개발되고 인근의 몽파르나스 역의 역할을 커지면서 입지 조건이나 시설 면에서 장거리 기차역으로서의 역할을 수행할 수 없게 된 이 기차역은 영화 촬영장이나 전시장으로 사용되다가 1977년 지스카르 데스탱 대통령이 이곳을 근현대 미술관으로 활용하겠다고 발표하면서 재건축 작업 끝에 1986년 12월 1일 새로운 미술관으로서의 모습을 선보이게 되었다.

특징

이곳에는 주로 1814~1914년 동안 서양 미술계를 대표했던 작품들이 전시되고 있다. 오르세 미술관의 등장으로 루브르 미술관은 중세와 르네상스 시대 예술품을 주로 전시하게 되었고 죄드폼 미술관은 현대 작가의 특별 전시장으로, 퐁피두센터의 국립 현대미술관은 현대 작가의 작품을 소개하는 공간으로 자리 잡았다. 유명세를 고려하자면 루브르 미술관이 첫손에 꼽히겠지만 일반인들에게 친숙한 인상파 작품을 주로 전시하는 오르세 미술관은 프랑스는 물론 세계에서 가장 많은 관람객이 다녀가는 미술관이다.

이탈리아 건축가인 아울렌티Aulenti가 설계한 아름다운 정문을 통해 안으로 돌아서면 높은 천장이 눈에 들어오는 데 예전에 플랫폼으로 사용되던 곳은 이제 조각 전시실로 바뀌었다. 작품 수도 많고 친숙한 작품이 많기 때문에 관람 시간을 넉넉하게 잡는 것이 좋다.

전시 작품들은 크게 회화, 조각, 장식 미술품 등으로 구분된다. 로댕, 부르델, 마이욜 등 대표적 조각가는 물론 엑토르 기마르를 포함해 아르누

보 작가의 장식미술도 두루 관람할 수 있지만 역시 오르세를 대표하는 것은 화사한 구상 회화, 자연 조명을 최대한 활용한 전시실이기 때문에 원화의 아름다움을 그대로 감상할 수 있는 것이 큰 장점이다.

관람하는 방법

작품은 그라운드층 – 2층 – 1층의 순서로 연대별로 배치되어 있으니 그라운드 층을 본 후 2층으로 올라가 인상파 그림을 본 후 1층으로 내려와 나머지 작품을 관람하는 것이 좋다. 시간이 부족해 인상파의 대표작만 보고 싶다면 2층을 둘러보는 것이 좋다.

그라운드 층의 한가운데 부분은 옛날에 철도가 지나던 곳으로, 지금은 1840~1875년 사이에 제작된 조각 작품이 전시되어 있다. 그 양 옆으로 1870년대 전후로 활약한 앵그로, 들라크루아, 드가, 마네 등의 작품이 있다. 2층의 인상파 전시실은 연대별로 번호가 붙어 있어 관람하기 편하다.

전시 작품

제 1 전시실의 대표적 작품은 뭐니 뭐니 해도 아름다운 소녀가 물동이를 들고 있는 '샘', 앵그로^{Ingres}의 대표작인 이 그림은 무려 36년간에 걸쳐 그린 것이라고 한다. 섬세하고 부드러운 곡선과 자연스럽고 은근한 빛의 처리가 완벽한 아름다움을 전해준다. 조각 같은 몸매의 소녀를 밝게 그리고 배경은 어둡게 처리해서 고전적인 바로크 양식을 느낄 수 있다. 그 옆 전시실에는 앵그로와 동시대에 활동했던 들라크루아의 작품이 걸려 있는데, 루브르에 소장된 '민중을 이끄는 자유의 여신'처럼 역동적이고 강렬한 느낌을 주는 것이 많다. 복도를 가로질러 제 4전시실에 가면 오노레 도미에^{Honore Daumier}의 그림을 만나게 된다.

동시대 다른 화가들이 꿈속에서나 볼 수 있는 아름다움을 그렸다면 그는 피와 살이 있는 사람, 살아 움직이는 사람들의 모습을 코믹하고 사실적으로 표현했다. 당시 프랑스 국회의원을 묘사한 작은 조각상은 진흙을 대충 만져 놓은 듯하지만 가만히 살려보면 진지하고 엄숙하고 신경질적인 다양한 표정이 압권이다.

제 5전시실의 주인공은 평화롭지만 생활의 무게가 느껴지는 농가의 그림으로 많은 사랑을 받은 밀레Jean Francoise Millet라 할 수 있다. 이곳에서는 바르비종파를 대표하는 밀레의 평범하고 소박하지만 건강한 농민들의 생활과 애환을 맛볼 수 있다. 해질 무렵 들판에서 일하던 부부가 기도를 올리는 모습을 그린 '만종'은 시간과 공간을 초월해 수많은 사람들의 가슴을 울렸다. 고된 노동 끝에 겸손한 모습으로 기도를 드리는 이 부부의 모습은 당시 프랑스 농촌의 미덕이자 상징이었다. 밀레의 또 다른 대표작으로는 '이삭줍기'를 빼놓을 수 없다. 추수가 끝난 가을 들판에서 아낙데들이 허리를 구부리고 떨어진 이삭을 줍고 있는 이 그림을 당시 힘든 농촌 생활을 있는 그대로 그린 '민중 회화'라고 보는 의견도 있다.

제 14전시실은 마네의 대표작을 선보이는 공간이다. 벌거벗은 젊은 여인이 비스듬히 누워있고, 그 옆에서 흑인 하녀가 꽃다발을 전해주는 모습을 그린 '올랭피아'는 살롱 전 출품 당시 부도덕하다는 이유로 많은 비난을 받은 작품이었다.

그림에 관심이 많은 사람이라면 이 작품이 이탈리아 피렌체의 우피치 미술관에 걸린 티치아노의 '우르비노의 비너스'와 비슷한 느낌을 준다는 사실을 알아차릴 수 있을 것이다. 여신도 요정도 아닌 파리의 고급 매춘부가 벌거벗고도 이렇게 당당한 자태를 취했다는 것이 당시 부르주아 층의 심기를 건드리는 바람에 문제가 된 것인데, 그런 일화 때문에 더욱 유명해져서 많은 관람객들의 방문을 받으며 당당하게 걸려 있다.

마네의 또 다른 대표작은 '피리 부는 소년'이다. 검은 색과 붉은 색 옷을 입고 있는 이 소년 그림 역

시 살롱 전에서 거부당한 경력이 있다. '올랭피아'가 도발적이고 풍자적이어서 문제가 된데 비해 이 그림은 서양 회화의 가장 중요한 요소인 원근법을 무시했다는 점에서 논란거리가 되었다.

대부분 풍경에 관심을 부였던 인상파 동료들과 달리 오귀스트 르누아르August Renoir는 아름답고 행복한 여성들의 모습을 즐겨 그렸다. '물랭 드라 갈라트의 무도회', '클로드 모네의 초상' 등 르누아르의 대표작을 걸어놓은 전시실에서는 화사하고 생기 넘치는 분위기를 충분히 맛볼 수 있다.

오르세 미술관에서 가장 많은 사람들의 발길이 이어지는 전시실은 빈센트 반 고흐를 만날수 있는 35전시실과 40전시실이다. 시대를 앞서 갔던 이 불행한 천재가 자신의 마지막을 보냈던 오베르 쉬르 와즈 시기의 대표작들이 이곳에 전시되어 있다. '화가의 초상'은 그가 세상을 떠나기 직전에 그린 것으로 강렬하면서도 비관적인 분위기가 짙게 풍긴다. 평화로운 작은 마을 언덕에 자리 잡은 유서 깊은 성당을 그린 '오베르 쉬르 와즈 성당', 남프랑스의 따뜻한 햇살이 가득 스며들어 있으면서 왠지 모를 쓸쓸한 분위기가 느껴지는 '반고흐의 방' 등도 빼놓아서는 안 될 명작들이다.

그 외에도 개성적인 정물화로 후대에 큰 영향을 준 세잔Cezanne, 포스터에 가까운 필체로 환락가의 눈물과 한숨, 노래와 춤을 그렸던 툴루즈 로트레크Toulouse Lautrec, 유화와 수채뿐 아니라 파스텔화에도 능했던 드가Degas의 발레리나 연작 그밖에 루소Henry Rousseau, 고갱Paul Gauguin의 대표작이 연이어 등장한다.

인상파 화가들이 그림을 실컷 감상한 후 1층으로 내려오면 조각과 장식미술 작품이 펼쳐진다. 빠듯한 시간 때문에 조각미술관을 찾지 못하는 사람들의 아쉬움을 달래주기에 충분한 작품들이 전시되는데 오귀스트 로댕Auguste Rodin의 '지옥의 문', 로댕의 연인으로 알려지는 바람에 오히려 빼어난 재능이 가려지고 말았던 카미유 클로델의 '중년', 부르델Antoine Bourdelle의 '활을 쏘는 헤라클레스', 마이욜Aristide Maillol의 '지중해' 등 수많은 걸작을 감상할 수 있다.

오랑주리 미술관
Muse´e de l'Orangerie

프랑스 파리에 있는 오랑주리 미술관은 콩코드 광장 근처의 튈트리 정원에 위치하고 있는데, 인상파 작품부터 후기 인상주의 작품이 전시되어 있는 미술관이다. 오랑주리Orangerie는 프랑스어로 오렌지 나무를 뜻하는 단어로 1852년 나폴레옹 3세의 명령으로 왕실에 오렌지 나무가 재배되던 온실로 만들어졌다가 제 1차 세계대전 이후에 모네가 수련 작품을 기증하면서 지금의 공간으로 개조되었다.

특징
우리가 미술 교과서에서 보았던 인상주의 작품들을 감상하고 싶다면 추천하는 미술관 중하나이다. 예술품 수집가인 진 월터&폴 구일라우메Jean Walter&Paul Guillaume가 평생 동안 수집했던 예술품들이 전시되어 있다. 파리의 번잡한 일상과 동떨어진 동화 같은 공간을 소재로 그린 그림들이어서 편안한 교외로 나가 아름다운 여행을 다녀온 느낌을 받게 된다.

세잔, 르누아르, 아메데오 모딜리아니, 카임 수틴의 147개의 인상주의, 후기 인상주의 작품들이 전시되어 있는데, 특히 모네의 유명한 작품인 '수련' 벽화로 유명하여 전시장 안의 중심에 앉아 천천히 전시장을 둘러보며 '수련' 작품을 감상하면서 모네의 작품 세계를 느낄수 있다.

모네의 '수련'연작이 1층에 전시되어 수련 작품을 보기위해서 찾는 관광객도 상당히 많다고 전해진다. 인상주의 작품들이 전시되어 있는 오르세 미술관보다 규모가 작지만 '수련' 연작과 오랑주리만이 가진 인상주의 작품들이 전시되어 차별성이 있다. 19~20세기 초까지 인상주의 작품들의 흐름을 볼 수 있기도 하다.

전시 작품
제1차 세계대전 이후 클로드 모네Claude Monet로부터 기증받은 8개의 '수련Water Lilies' 회화 작품들을 오랑주리 미술관 내 2개의 대형 타원형 전시실에서 볼 수 있다. 작품은 높이 2m, 넓이 91m로 전시실에서 실제 수련을 보듯이 풍경을 감상하는 느낌을 받게 된다.

모네가 주택을 구입해 노년에 살았던 동네인 지베르니의 연못을 보는 듯하다. 8개의 작품이 모두 같은 연못을 그렸지만 분위기는 조금씩 다르다. 말년의 모네는 계절, 일출, 일몰 등에 따라 변하는 연못의 모습을 보면서 수련 작품에 상당한 공을 들여 자신만의 회화 기법으로 수련 작품을 완성시켰다.

제1차 세계대전이 끝나면서 '수련' 그림을 본격적으로 그리기 시작한 모네는 자신을 둘러싼 많은 사람들이 전쟁으로 죽거나 다치면서 영원한 햇빛에 관심이 많았다. 검은 그림자와 수면에 비치는 잠잠한 하늘에서 평화와 평온함을 느끼며 자신만의 철학적인 느낌을 그림에 녹여냈다.

모네는 특히 원근법은 사용하지 않고 잔잔한 연못의 물결, 꽃, 하늘, 나무에 생동감을 불어넣으면서 자연의 영원한 감정을 사랑했다. 그래서 캔버스에 색칠을 하고 다른 색을 겹쳐발라가면서 입체감을 느끼게 그려냈다. 마치 자연과 사회가 다른 파장을 일으키면서 사건과 사고가 만들어지는 파장을 수련을 통해 만들어냈던 것 같다.

야수파인 앙리 마티스Henri Matisse는 인간의 욕망이 내면에 숨겨진 순수성을 찾고자 했다. 인상주의 아버지인 마네는 오르세 미술관에 전시되어 있는 '올랭피아'로 유명세를 타기 시작했고 20세기의 예술가들에게 감명을 준 화가이다. 앙리 마티스 역시 마네 작품에 영향을 받았던 것이 작품에서 드러난다.

오귀스트 르누아르August Renoir는 여성 인물화를 그렸던 화가로 대표작품은 누가 뭐라고 해도 '피아노를 연주하는 소녀들'이다. 르느아르에게 흰색 드레스는 여성의 아름다움을 상징적으로 드러내는 중요한 요소여서 흰 드레스를 입은 여성을 많이 그렸다. 부드러우면서 섬세한 터치로 드러나는 2명의 소녀들의 백미를 표현하였다.

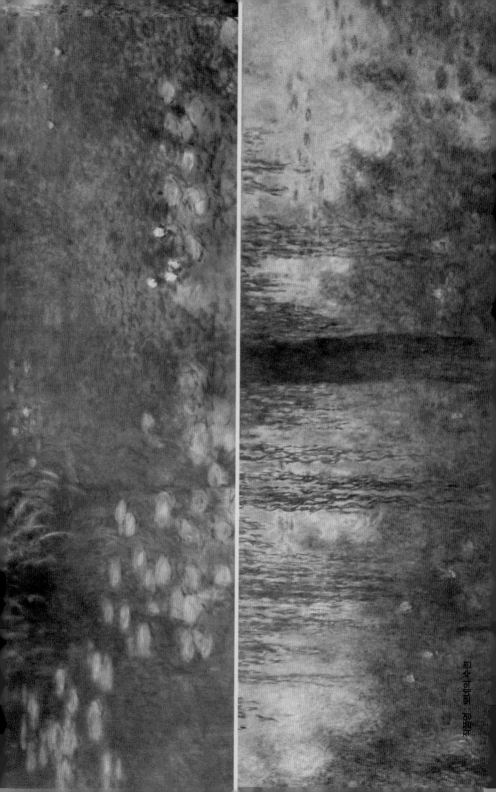

클로드 : 부두의배들

Lotre Dame

노트르담

4구(4th Arrondissement)

노트르담 대성당이 있는 시테섬으로 대변되는 4구^{4th Arrondissement}는 파리의 중세 중심지이다. 4구의 자유로운 분위기는 파리 중심의 중세의 모습과 대비를 이룬다. 고개를 돌리면 볼 수 있는 거리의 교회, 오래된 주택, 박물관들에서 역사를 발견할 수 있다. 역사적으로 중요한 이 중심지는 '르 마레^{Le Marais}'로 알려져 있다. 이 지역을 산책하면 세계에서 가장 상징적인 건물들을 보면서 기억에 남는 시간을 보낼 수 있다.

시청 근처에는 동성애 문화가 담긴 바, 레스토랑, 상점들이 있다. 이 지역은 애정을 담아 '게이 파리^{Gay Paris}'라고 부른다. 저녁에 이성애자 또는 성소수자 디스코 파티에 참가하여 자유로운 분위기를 알 수 있다.

4구의 관람 포인트는 세계적으로 유명한 노트르담 대성당^{Cathédrale Notre Dame de Paris}으로, 12세기에 건축이 시작되었다. 넓은 광장에서 가까이 다가가면서 매혹적인 고딕 양식의 외관을 감상하고, 지하실을 자세히 살펴보면 강가 쪽에서 로마 시대의 주춧돌도 볼 수 있다.
또 다른 건축학적 보석은 화려한 장식과 하얀색 석조 외관으로 아름다운 파리 시청^{Hôtel de Ville}이다. 동일한 이름의 지하철역을 통해 바스티유^{La Bastille}도 방문할 수 있다. 역사적으로 중요한 요새이자 교도소 건물의 석조 잔해를 살펴보자.

파리의 현대 예술을 감상하고 싶다면 조지 퐁피두 센터^{Centre Georges Pompidou}를 방문하면 된다. 독특하고 흥미로운 건물로, 기계 공학적인 관과 사다리가 있는 건설 현장을 연상시킨다. 박물관 외부의 생기 넘치는 광장에 있는 카페에서 휴식을 취해 보자. 우아한 스트라빈스키 분수^{Stravinsky Fountain} 주변에서 거리 공연과 문화 행사가 열리고 있을 것이다.

쾌적한 보쥬 광장^{Place des Vosges}의 정원도 웅장한 분수와 잘 다듬어진 울타리가 있어 휴식하기 좋은 곳이다. 파리에서 가장 오래된 계획 광장 중 하나로, 역사가 1605년까지 거슬러 올라간다.

직사각형의 지역은 세느 강^{Seine River}과 시테 섬^{Île de la Cité}을 포함하는 도심에 있다. 지하철을 타고 생폴^{Saint-Paul} 또는 퐁 마리^{Pont Marie} 역에서 내리면 이곳의 중심에 닿을 수 있다. 지하철 1, 4, 7, 11호선이 이 지역을 통과한다.

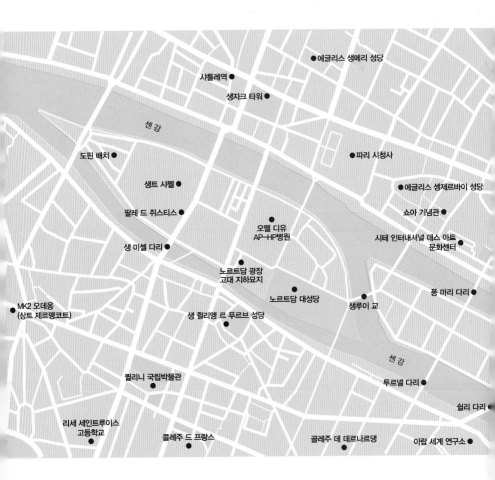

●에글리스 생메리 성당

샤틀레역 ●

생자크 타워 ●

센 강

파리 시청사 ●

도핀 배치 ●

●에글리스 셍제르바이 성당

생트 샤펠 ●

팔레 드 쥐스티스 ●

소아 기념관 ●

오뗄 디유
AP-HP병원

시테 인터내셔널 데스 아트
문화센터

생 미셸 다리 ●

노르트담 광장
고대 지하묘지

폿 마리 다리 ●

노르트담 대성당

생루이 교

MK2 오데옹
(상트 제르맹코트) ●

생 쥘리앙 르 푸르브 성당

센 강

퀼리니 국립박물관 ●

투르넬 다리 ●

쉴리 다리 ●

리세 세인트루이스
고등학교

콜레주 드 프랑스

꼴레주 데 데르나르댕

아랍 세계 연구소 ●

노트르담 대성당
Cathédrale Notre-Dame de Paris

노트르담 대성당Cathédrale Notre-Dame de Paris은 '일드라시테Île de la Cité'라고 불리는 자연 섬 위에 자리 잡고 있다. 이곳은 파리에서 프랑스 다른 지역까지의 거리를 측정할 때 기준이 되는 파리의 중심점이기도 하다. 지금은 안타깝게 화재로 복구 중이지만 노트르담 대성당의 외부는 프랑스 고딕 양식 건축의 기념비적인 작품으로, 내부는 종교와 예술을 사랑하는 사람들의 평화로운 숭배지로 꾸며져 있다.

노트르담 대성당Cathédrale Notre-Dame de Paris은 1163년에 공사가 시작되어 14세기 중반이 되어서야 완공되었을 만큼 엄청난 노력의 산물이다. 대규모 복원 프로젝트가 1845년에 시작되어 20년 동안 계속되었다. 빅토르 위고Victor Hugo의 고전 소설인 노트르담의 꼽추를 통해 세계적으로 유명해진 노트르담 탑은 역사적으로 중요한 보물이다.

대성당을 제대로 보려면 대성당 광장 쪽으로 가는 것이 좋다. 이곳에서 성당을 바라보면 정교한 종교적 장식이 새겨진 3개의 출입구가 있으며 웅장한 분위기를 풍기는 대성당의 서쪽 면을 볼 수 있다. 남쪽의 요한 23세 광장과 대성당 동쪽 면에서는 거대한 플라잉 버트레스flying buttress의 모습이 가장 잘 보인다. 세느강Seine River 역시 대성당의 모습을 감상하기에 아주 좋은 장소이며 파리 보트 투어에 참여하면 바로 이 옆을 지나갈 수 있다.

🌐 www.notredamedeparis.fr
🏠 6 Place du Parvis Notre-Dame (메트로 4호선 Cité역 하차)
€ 무료(성유물관 10~12€)
🕐 8~18시 45분(주말 8~19시 15분)
📞 01-55-42-50-10

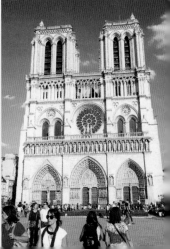

노트르담 대성당

노트르담의 꼽추라는 프랑스 뮤지컬을 본 적이 있다. 빅토르 위고라는 작가가 쓴 유명한 소설을 토대로 만든 뮤지컬이다. 주인공 '카지모도'가 문지기로 일하던 곳이 바로 노트르 담 대성당^{Cathédrale Notre-Dame de Paris}이다.

오랜 시간 동안 꾸준히 만든 성당

노트르담 대성당^{Cathédrale Notre-Dame de Paris}은 전체 길이가 130m, 탑의 높이는 69m나 되는 큰 건물이다. 그런데 이렇게 큰 건물이 무려 700년도 더 전에 만들어졌다는 사실이 대단하다. 파리의 대주교 모리스 드 쉴리라는 사람이 건축 계획을 세워 1240년에 완공했다. 그 뒤로도 건물을 보수하고 늘리는

작업이 계속되었고 지금의 모습을 갖춘 것은 1700년대 초였다. 프랑스 혁명 때는 크게 부서지기도 했지만, 1800년대에 다시 보수하였다.

내부

성당 서관의 위층에서 괴물 석상과 13톤이 넘는 에마뉘엘 종mmanuel bell과 13세기에 제작된 북쪽 창을 비롯한 세 개의 오래된 스테인드글라스 창과 인상적인 그랜드 오르간이 있다. 성당의 아래쪽에도 흥미진진한 세상이 펼쳐져 있다. 노트르담 아래쪽으로 79m를 내려가면 으스스한 고대 지하실이 있다. 여기에는 로마 시대 파리를 가리키는 이름인 뤼테스Lutèce의 유물 등 대단히 흥미로운 갈로로만Gallo-Roman 시대의 유물이 있다.

나폴레옹의 대관식을 치른 성당

여러 가지 색깔로 칠한 꽃 모양의 둥근 창문을 장미창이라고 한다. 노트르담 대성당은 아름다운 장미창으로 유명하다. 북쪽 정면에 있는 큰 장미창은 대성당을 처음 지을 때 만든 것으로, 길이가 무려 10m나 된다. 그 밖의 장미창들은 그 뒤에 만든 것으로, 크리스트교 역사의 유명한 장면들을 표현하고 있다.

우리에게 잘 알려진 나폴레옹은 원래 시민들이 나라의 주인인 프랑스 공화국의 장군이었다. 그러다 전쟁 영웅이 되어 스스로를 황제라 부르고, 프랑스를 황제가 다스리는 나라로 바꾸었다. 나폴레옹이 황제가 되는 대관식을 치른 곳도 바로 노트르담 대성당이었다.

노트르담의 꼽추

노트르담 대성당은 사라질 뻔한 적도 있다. 1800년대에 이 성당이 너무나 황폐해서 도시 계획가들이 성당을 헐어 버리려고 했다. 그런데 프랑스의 작가 빅토르 위고는 이 성당을 무척이나 사랑했다. 그래서 다른 사람들에게 성당에 대한 애정을 불러일으키려고 '노트르담의 꼽추'라는 소설을 발표했다.

첨탑 전망대

422개의 계단을 올라가야 하는 전망대는 힘들게 올라가야 해서 싫기도 하지만 여름에는 땀범벅이 된다. 올라가면 괴물 얼굴을 한 노트르담의 곱추의 배경이 되기도 했다고 전해지는 얼굴이 보인다. 건축가 비올레르뒤크의 재능이 20년간 지속된 지원에 되살아났지만 지난번 화재에 역사속으로 사라졌다. 다시 찾아올 전망대의 모습을 기대한다.

퐁네프 다리
Pont Neuf

퐁네프 다리Pont Neuf는 파리 도심의 센 강 위를 가로지르고 있으며 노트르담 대성당이 서 있는 시테 섬으로 이어져 있다. 퐁네프는 프랑스어로 '새 다리'를 의미하지만 실제로는 매우 오래된 다리이다. 퐁네프 다리Pont Neuf의 건축 공사는 앙리 3세의 명에 따라 1578년에 착수되었지만 막상 다리가 공개된 시기는 앙리 4세의 재위 기간이었던 1607년이다. 높이가 232m, 너비가 22m에 달하는 퐁네프 다리Pont Neuf는 인도를 갖춘 파리 최초의 다리였다.

파리에서 가장 오랜 역사를 자랑하는 매력적인 흰색 돌다리 위에서 산책을 즐겨보자. 4백년이 넘도록 파리에서 가장 유명하고 아름다운 다리 중 하나인 퐁네프 다리Pont Neuf는 도시의 상징물로 사랑받고 있다. 다리에는 관광객과 산책을 즐기는 현지인들의 발길이 끊이지 않는다.

다리 위를 산책하며 루브르 박물관, 튈르리 궁전과 옛 사마리텐La Samaritaine 백화점의 탁 트인 전망을 즐길 수 있고, 다리와 시테 섬이 만나는 지점에 도착한 후에는 앙리 4세의 청동 기마상을 찾을 수 있다. 이 기마상은 프랑스 혁명 당시에 철거되었던 기존의 조각상의 모습을 재현해 놓은 것이다. 베르갈랑 광장Square du Vert-Galant이라 불리는 도심의 작은 공원에 들러 휴식이나 피크닉을 즐겨보는 것도 좋다.

퐁네프의 가장 아름다운 전망을 즐기고 싶다면?
난간에 걸린 연인들의 자물쇠로 유명한 예술의 다리인 퐁데자르 인도교로 향해 보자. 이 다리는 루브르 박물관 근처에 위치해 있다. 이 다리에서 12개의 아치로 이루어진 퐁네프의 환상적인 자태를 볼 수 있다. 따로 놓여 있는 두 경간을 살펴보면 하나는 시테 섬 왼쪽 기슭과 연결되어 있으며 나머지 하나는 시테 섬에서 센 강 오른쪽 기슭으로 이어져 있다.

부조물
아치에는 기괴한 형상과 괴물 석상으로 이루어진 다수의 부조물이 새겨져 있다. 혹자는 이러한 형상들이 강의 신들을 나타낸다고 주장하는 한편 어떤 이들은 다리 위를 자주 서성대던 일반 사람들을 우스꽝스럽게 묘사한 것이라고도 말한다.

괴물 석상을 자세히 살펴보고 싶다면 센 강을 따라 이동하는 유람선 위에 올라 아치 아래를 통과해 볼 수 있다.

시테 섬
Île de la Cité

파리 안에 있는 두 개의 섬 중 하나인 시테 섬은 프랑스에서 역사적으로 가장 의미가 있으며 빼어난 아름다움을 자랑한다. 작은 배 모양의 시테 섬Île de la Cité에서 세계적으로 유명한 고딕 건축 양식과 스테인드글라스를 감상할 수 있다. 작은 배들이 도시에서 가장 오래된 다리 밑을 지나가는 모습과 마리 앙투아네트Marie Antoinette가 처형되기 전까지 감금되어 있던 위협적인 모습의 궁전도 볼 수 있다.

섬의 유일한 역까지 지하철을 타고 갔다가 육지랑 연결된 섬 왼쪽 끝의 퐁네프 다리를 건너 보는 것도 좋다. 1607년 앙리 4세 때 개통한 하얀색의 석조 다리는 아름다운 단순함이 특징이며 아래로 유유히 흘러가는 강물을 바라볼 수 있다. 다리 위의 청동 기마상은 프랑스 혁명 동안 도난 및 파손 당한 동상을 복제하여 만든 것이다.

동쪽으로 조금만 걸어가면 프랑스 대법원이 있는 최고재판소Palais de Justice가 있다. 강을 따라 길게 늘어서 있는 망루와 탑은 정치범 수용소로 사용되었다. 1793~1795년 사이 라 콩시에르제리La Conciergerie에 감금되어 있던 2,600명 이상이 단두대에서 처형되었다.

궁전 부지에 있는 아름다운 건물은 생 샤펠 성당Sainte-Chapelle이다. 13세기 중반에 완공된 이곳에는 아름다운 스테인드글라스 작품이 있다. 맑은 날 안으로 들어가서 빨간색과 파란색의 유리로 빛이 통과하면서 나타나는 기독교의 탄생부터 십자가 수난까지의 이야기가 담긴 작품을 감상할 수 있다.

성당의 훌륭한 디자인과 함께 최고의 관람 포인트는 섬 동쪽 끝에 있는 노트르담 대성당 Notre-Dame Cathedral이다. 1163년과 1345년 사이에 지어진 대성당은 고딕 건축양식으로 유명하다. 서쪽 외관에 있는 여러 왕들의 동상 그리고 93m 높이의 중앙 첨탑을 구경하고 미사를 진행하는 모습도 추천한다.

예술의 다리
Ponde Jare

파리 심장부에 위치한 아름다운 예술의 다리를 향해 산책하며 웅장한 프랑스 학사원Institut de France과 에펠탑을 바라보거나 센느 강의 풍경을 감상하며 여유를 즐길 수 있다. 벤치에 앉아 거리 공연을 즐기거나 연인과 함께 피크닉과 와인을 즐기며 낭만적인 파리의 저녁노을을 감상하는 시민들도 많다.

원래의 예술의 다리는 1800년대 초반에 건축된 파리 최초의 철교였다. 하지만 제1, 2차 세계대전의 공습으로 인해 심한 피해를 입고 나서 1979년에 바지선과 충돌하여 거의 붕괴되다시피 했다. 다행히 몇 년 후에 다리가 다시 복원되었으며 9개의 철제 아치는 새로운 7개의 아치로 바뀌었다. 루브르 박물관에서 강 맞은편의 프랑스 학사원까지 넓은 인도교를 건너 걸어갈 경우 10분 정도가 소요되는 짧은 다리이다.

나무데크를 따라 산책하며 유유히 흐르는 센 강을 내려다보면서 강 위를 천천히 가르는 유람선을 구경하거나 혼잡한 도시 경관 속에서 가장 좋아하는 랜드마크를 찾는 것도 좋다. 프랑스 학사원의 커다란 돔 지붕과 서쪽에 우뚝 솟은 에펠탑은 쉽게 눈에 띈다. 강 양 옆으로 늘어선 가판대에서 기념품을 구입하거나 예술가들의 활기 넘치는 공연도 구경거리이다.

날이 저물고 인적이 뜸해지면 근처 카페에서 와인을 곁들인 코스 요리를 즐기며 강의 다채로운 빛깔과 거리 예술가의 바이올린 연주를 즐기며 휴식을 취하며 하루를 마무리하는 것도 좋을 것이다.

자물쇠의 운명

몇 년 간 연인들이 영원한 사랑의 징표로 다리 난간에 자물쇠를 매달아 놓기도 했다. 하지만 20마리의 코끼리에 버금가는 추가적인 중량에 우려를 느낀 시장부에서는 철제 난간을 유리 난간으로 교체했다. 이제 자물쇠를 매달 수는 없지만 대신 연인과 함께 낭만적인 장소를 찾아 함께 셀카를 찍어보는 것도 나쁘지 않다.

394

🌐 www.paris.fr
🏠 Place de l'Hôtel de Ville(메트로 1, 11호선 Hôtel de Ville 하차)
📞 01-42-76-40-40

파리 시청
Hôtel de Ville

건축적으로 경이로운 시청은 파리의 풍부한 역사를 간직하고 있다. 파리 시청 외벽을 둘러보며 정교한 조각상과 어둡고 웅장한 시계탑을 구경해 보자. 시청 안으로 들어가 화려한 샹들리에 아래를 거닐어 보면 천장의 아름다운 그림과 프랑스 유명 화가들의 작품을 볼 수 있다.

원래 16세기 프랑수아 1세^{King Francois I}의 명으로 건축된 파리 시청은 1871년의 파리 코뮌으로 인해 상당 부분이 파괴되었다. 건축가 테오도르 발뤼^{Theodore Ballu}와 에두아르 듀펠트^{Edouard Deperthes}는 몇 년 후에 이 건축물을 예전의 찬란한 모습을 복원해 내었으며 신 르네상스 양식으로 장식했다. 지금은 시의회 건물과 현지 전시회를 위한 공간으로 사용되고 있다.

시청 앞의 광장에 서서 길게 늘어선 정면을 살펴보면 크림색 외벽을 따라 아치형 입구들 위로 사각의 창문들이 나란히 나 있다. 좀 더 가까이 다가가 파리의 역사적인 유명 인사들을 묘사한 108개의 석상들을 구경해 보자. 그 위로는 검은색의 상징적인 시계탑이 솟아 있고, 시계 주변에 배치된 여러 개의 여성상은 센 강과 파리 시를 상징한다.

시청 안에서 넓은 계단을 따라 위로 올라가면 연회장이 나온다. 베르사유 궁전에 있는 거울의 전당을 재현한 연회장에는 커다란 크리스털 샹들리에가 걸려 있다. 연중 내내 열리는 정기 전시회에서는 프랑스와 세계 각지의 미술품과 만날 수 있다.

시청 광장 활용
겨울에는 시청 정면의 광장에서 아이스링크를 이용할 수 있으며 여름에는 인공 해변에서 일광욕, 발리볼과 축구를 즐길 수 있다.

퐁피두 국립현대미술관
Centre National d'Art et de Culture Georges-Pompidou

전 세계의 작품이 모여 있는 조르주 퐁피두 박물관은 세계에서 2번째로 큰 현대 예술관이다. 파리 4군에 위치한 퐁피두 국립현대미술관(MOMA)에는 1905년부터 현재까지의 60,000점 넘는 예술품이 소장되어 있다. 야수파, 입체파, 초현실주의, 추상표현주의 등 미술 사조를 대표하는 현대 작품이 한데 모여 있는 유럽 최고의 미술관이다.

보부르 광장^{Beaubourg Square}의 흥미로운 건축물인 퐁피두 센터^{Pompidou Centre} 안에 있어 한층 더 많은 사람들이 찾는다. 이 유명한 광장에서는 마임, 음악 등의 무료 공연이 종종 벌어진다. 렌조 피아노^{Renzo Piano}와 리차드 로저스^{Richard Rodgers}가 설계한 퐁피두 센터^{Pompidou Centre}는 역사적으로 유명한 루브르의 석조 외관과 달리 강철과 유리로 만들어진 포스트모던 양식의 건축물이다. 1977년 처음 문을 열었을 때에는 많은 비판을 받았다. 파리 사람들은 퐁피두 센터^{Pompidou Centre}의 "안과 밖이 뒤바뀐" 외관을 마음에 들어 하지 않았다. 건물 내부의 공간을 확보하기 위해 에스컬레이터 등의 시설이나 수도관, 에어컨 등은 모두 건물 외관에 설치한 뒤 각기 색을 칠했다. 오늘날 퐁피두 센터^{Pompidou Centre}는 새로운 것을 수용하는 문화 중심지 파리의 상징이 되었다.

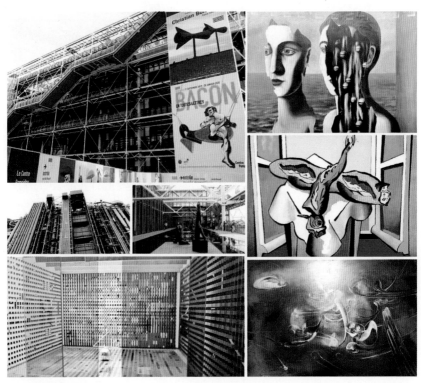

🌐 www.centrepompidou.fr
🏠 Place Georges Pompidou(메트로 4, 11호선 Châte-Les-Halles 역 하차)
🕐 11~21시(목요일 23시까지 / 화요일, 5/1일 휴무) / 브랑쿠시 아틀리에 14~18시(도서관 12~22시)
€ 11~15€(도서관 무료 / 전망대 3€ / 매달 첫째 일요일 무료) 📞 01-44-78-12-33

퐁피두 센터Pompidou Centre 1층부터 3층까지는 도서관이고 4층과 5층은 국립현대미술관이 운영되고 있다. 마티스, 달리, 미로, 칸딘스키, 피카소, 폴락 등 1905년부터 1965년까지의 근대 작품은 5층에 전시되어 있으며, 4층에는 60년대 중반부터 현재까지의 현대 작품이 있다. 1년에 30회 정도 진행되는 임시 전시회가 박물관 전체 일정의 주된 부분이다. 오직 850여 점 정도만 계속 전시되며 6개월마다 교체된다.

계속 전시되는 작품으로는 피카소의 작품 65점이 있으며, 이 작품들을 통해 국립현대미술관이 파리에 있는 국립피카소박물관과 어깨를 나란히 할 수 있다. 전설적인 사진작가 맨 레이Man Ray의 밀착 인화와 사진 원판이 대규모로 소장되어 있으며, 이전에 발표되지 않은 맨 레이의 작품도 포함되어 있다.

퐁피두 센터Pompidou Centre에는 어린이 전용 전시 공간뿐만 아니라 공공 도서관, IRCAM(음향/음악 연구 센터), 극장, 공연장이 마련되어 있고, 6층에서는 파노라마처럼 펼쳐진 파리의 모습을 감상할 수 있다.

퐁피두센터
(Muse'e National d'Art Moderne)

퐁피두센터는 미술, 음악, 영화 등 현대 예술에 조예가 깊었던 퐁피두 대통령의 제안으로 만든 초현대식 건물이다. 세계적인 건축가인 리처드 로저스와 렌조 피아노가 설계한 이 건물이 1977년 모습을 드러내기 전까지 파리의 중심인 포럼 데 알과 마레 지구 사이에 위치한 보부르 지역은 그저 센 강변의 작은 동네에 지나지 않았다. 우아하고 고색창연한 파리의 고전적인 건축물 사이로 짓다 만 공장 같은 건물이 모습을 드러내자 파리 시민들은 놀라움을 넘어서 충격을 받을 정도였다.

이 건물은 문화부장관을 역임한 앙드레 말로가 주창한 '문화의 집'에 그 기원을 두고 있지만, 규모나 현대 예술에 대한 신뢰, 국제적인 위상, 건축 등 거의 모든 분야에서 '문화의 집' 구상을 훨씬 뛰어넘는다.
1층 한쪽 구석에는 일반 개봉관에서 접하기 힘든 세계 각국의 영화가 상영되고 도서관에서는 남녀노소 누구나 다양한 인종의 사람들이 독서를 할 수 있다. 지금까지 서로 분리되어 있던 조형 예술, 독서, 디자인과 음악 등의 예술 활동을 연계시킬 수 있는 '총체적 문화 공간'이 되도록 극장, 전시장, 서점, 영사실과 컨퍼런스 룸, 미술관 전망대, 식당 등을 골고루 갖추고 있다.

특징

퐁피두센터가 유명한 것은 건물 자체의 특별한 매력 때문이기도 하다. 한마디로 '안과 밖이 바뀐' 모습을 하고 있기 때문이다. 엘리베이터와 에스컬레이터는 물론 가능한 한 눈에 보이지 않게 감추는 수도관, 가스관, 환기 관과 대들보가 모두 바깥으로 드러나 있다. 멀리서 보면 마치 고철더미 같기도 하고 공장처럼 보이기도 한다. 안과 밖은 명확하게 구분되어야 한다는 기존 건축의 상식을 파괴한 이 건물은 20세기 현대 건축을 대표하는 빼놓을 수 없는 사례로 꼽힌다. 방문객이나 관광객의 70%는 건물 자체를 보기 위해 찾기도 할 정도이다.

미술관 뒤로 돌아가면 바깥으로 노출된 파이프에 알록달록한 색이 칠해져 있다. 이는 미적인 측면을 고려한 것은 물론 기능상 구분이 가능하도록 해놓은 것이다. 노란색은 승강기를, 녹색은 수도관을, 푸른색은 환기구를 의미한다. 에스컬레이터의 경사면은 붉은색으로 칠해져 있다. 건물 안에 자리 잡아야 할 것들이 모두 밖으로 드러나게 설계한 덕분에 퐁피두센터 내의 전시 공간은 다른 미술관보다 더 넓다. 그 진가를 확인하려면 건물 안으로 들어가 보아야 한다. 시선을 가로막는 기둥이나 배관이 없기 때문에 대작이 많은 현대 미술 전시에는 더할 나위 없이 적절한 공간이다.

이렇게 넉넉한 면적이지만 관람객이 폭증하고 수장품과 기능이 확대되면서 협소하다는 지적이 나왔고 2001년 1월 1일까지 2년간 개조 공사가 계속되었다. 그 덕에 창고에서 잠자고 있던 퐁피두센터의 현대 미술품들이 빛을 보게 되었다. 루브르 미술관이 고대, 중세, 르네상스 미술품으로 유명하고 오르세 미술관이 인상파 작품으로 유명하다면 이곳은 가장 최근의 작품이 전시된다.

퐁피두센터가 다른 미술관과 구분되는 점은 뛰어난 기획력과 문화 행정이다. 이곳 현대미술관에서 전시가 열리면 그 기간 동안 도서관 한쪽 구석에 위치한 컨퍼런스 룸에서는 관련 전문가들을 초청해 강연회를 열고 영사실에는 관련 영화를 상영한다. 또 직접 작가의 도록을 발간하고 다양한 매체로 홍보를 해준다.

전시 작품

퐁피두센터에서 가장 유명한 국립현대미술관Musèe National d'art Moderne은 4~5층을 차지하고 있다. 칸딘스키의 작품 200여점, 마티스 작품 250여점, 피카소 작품 150여점을 비롯해 루오, 샤갈, 브라크, 브랑쿠시, 레제, 만 레이 등의 작품 45,000여점을 보유하고 있다. 특히 이곳에는 피카소가 발레 메르퀴어Merkure를 위해 1924년에 제작한 대형 극장 커튼도 전시되고 있다.

이외에도 퐁피두센터는 외부로부터 많은 작품들을 선사받았다. 초현실주의 작가 앙드레 브레통의 작품들도 영구 임대형식으로 이곳에 전시 중이고 한 개인이 소장하고 있던 막스 에른스트의 작품 40여 점도 기증되었다. 4층에서는 좀 더 혁명적인 미술 작품과 현대 미술의 총아로 떠오르고 있는 사진 작품들이 전시된다.

퐁피두센터 본관을 뒤로 하고 오른쪽으로 돌아가면 '아틀리에 브랑쿠시'가 자리잡고 있다. 이 특별 전시실은 1876년 루마니아에서 태어나 1904년 프랑스로 건너온 이래 죽을 때까지 파리에 머물며 20세기를 대표하는 조각가로 인정받은 브랑쿠시의 작업실을 원래 모습 그대로 복원해 놓았다. 그가 작업하는 모습을 담은 사진과 작업에 사용하던 도구들이 함께 전시되는데 전시실 안으로는 들어갈 수 없고 투명한 유리로 만들어진 벽을 통해 복도에서 안쪽을 들여다보는 식으로 관람하게 된다. 이 아틀리에도 렌조 피아노가 설계하였다.

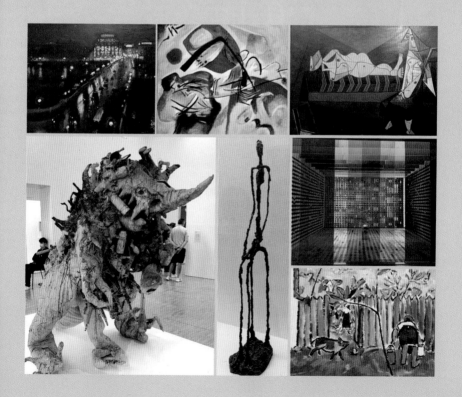

Eiffel Tower

에펠탑

7구(7th Arrondissement)

아름다운 예술품과 디자인 그리고 다양하고 맛있는 음식과 음료가 있는 7구^{7th Arrondissement}에서 파리의 정수를 경험할 수 있다. 유명한 관광명소인 상징적인 에펠탑과 그 밖의 훌륭한 역사적인 건축물, 박물관을 방문할 수 있는 지구이다. 유럽에서 가장 재능 있는 화가들의 작품들을 감상하고 세느 강^{Seine River}의 고요한 물가에서 도시의 새로운 모습을 발견할 수 있다.

7구 서쪽에서 에펠탑을 만나보자. 1층과 2층을 연결하는 엘리베이터를 타고 풍경을 감상한 뒤 꼭대기까지 엘리베이터를 타거나 걸어 올라가면 된다. 줄은 상당히 길 수 있다는 점을 생각해야 한다. 해가 진 후 매시간 몇 분간 빛이 깜박거리며 장식되는 에펠탑의 모습은 항상 설레인다.

1층으로 내려와 동쪽으로 20분 거리에 있는 앵 발리드^{Hôtel National des Invalides}를 방문해 보자. 거대한 공원 단지는 상이용사들을 수용하기 위해 17세기 루이 14세 때 건설되었다. 파리 군사 박물관^{Musée de l'Armee}에서 여러 군사 유물들의 살펴보고 반짝이는 둥근 황금 지붕 아래 나

과학박물관

오랑주리 미술관

케 브랑리 박물관

레지옹 도뇌르

Maison de la Chimie

오르세 박물

어셈블리 내셔널
Assemblee Nationale

에펠탑

라 투르-마우부르그
La Tour-Maubourg

솔페리노
Solferino

바렌느
Varenne

상드마르스 공원

군사박물관
입체모형 박물관

앵발리드

루이데쟁빌리드 교회당

로댕 미술관

나롱레옹 1세 묘

M 비르-하킴
Bir-Hakeim

에콜 밀리테어
Ecole Militaire

M 생프랑수아자비에르
Saint-Francois-Xavier

라 모테-피켓 그레넬
La Motte-Picquet Grenelle

M 바네오
Vaneau

M 메트로 세구르
Metro Segur

M 캠브론
Cambronne

M 듀로크
Duroc

M 세브르-레쿠르베
Sevres-Lecourbe

폴레옹의 무덤이 조성되어 있는 돔 교회Église du Dôme를 둘러보면 좋다.

근처의 매력적인 여러 미술관 중에 특히 중요한 미술관은 동쪽에 있는 로댕 미술관Musée Rodin으로, 조각가 오귀스트 로댕Auguste Rodin의 작품들이 소장되어 있다. 튈르리 정원Jardin des Tuileries 건너편 강둑에 있는 오르세 미술관Musée d'Orsay에는 모네와 반 고흐의 작품들이 있으며 콰이 브랜리 박물관Musée du Quai Branly에는 프랑스의 영토였거나 현재 영토인 오세아니아와 아프리카 대륙에서 나온 부족 미술을 전시하고 있다.

강기슭을 따라 에펠탑, 오르세 미술관, 그 밖의 여러 장소에서 자유롭게 승하차할 수 있는 유람선을 타고 강변을 유람하며 다양한 파리의 모습을 느낄 수 있는 최고의 장소가 있다.

에펠탑
La Tour Eiffel

격자 모양의 철제 탑인 에펠탑은 빛의 도시인 파리를 상징하는 가장 유명한 건축물이다. 높이가 323m에 달하는 에펠탑은 샹드마르스 공원^{Champ de Mars park} 내의 세느 강^{Seine River} 근처에 위치해 있으며, 매년 7백만 명이 넘는 관광객이 몰려들고 있다. 귀스타브 에펠^{Gustave Eiffel}의 설계로 1889년 만국박람회 때 세워진 에펠탑은 실험을 통해 무선 송신에 적합하다는 것이 입증되면서 철거 위기를 넘겼다.

그림처럼 아름다운 정원에 앉아 에펠탑을 올려다보는 것으로는 만족할 수 없다면 입장권을 구입하여 탑 내부에 들어가 보자. 탑에는 총 3개의 관람 층이 있으며, 2층에는 그 유명한 르 쥘 베른^{Le Jules Verne}을 포함하여 2개의 레스토랑이 있다.

아름다운 에펠탑 관람하기

강풍, 폭우, 폭설 등의 날씨가 아주 좋지 않을 때를 제외하고 매일 문을 열지만 성수기에는 혼잡 상황이 해소될 때까지 일부 층 이용이 일시 중단되기도 한다. 줄이 길어 늦게 올라갈 수 있으므로 에펠탑을 다 둘러보는 데 최소한 3시간은 계획해야 한다.

에펠탑에 올라가든 안 올라가든 밤에 펼쳐지는 빛의 쇼는 장관이다. 20,000개의 전구에 불이 들어오면서 에펠탑이 반짝이는 아름다운 모습은 환상적인 파리를 연상시키는 동의어

🌐 www.toureiffel.paris/en.html
🏠 Champ-de-Mars € 17€(2층 / 계단이용 10€), 26€(3층 / 계단 2층+승강기 3층 20€)
🕐 9~24시 45분(폐장 45분 전까지 입장 가능, 전망대는 23시 / 9~다음해 6월 23시45분까지)
📞 08-92-70-12-39

나 마찬가지이다. 레이저 빛 쇼는 해가 질 무렵에 시작되며 밤새도록 5분 간격으로 불빛이 들어온다.

에펠탑 구경하기
엘리베이터와 계단을 이용할 수 있으며 2층에 가려면 704개의 계단을 올라가야 한다. 입장권 가격은 방문하려는 층과 이동 방법에 따라 달라진다. 1층은 엘리베이터를 타거나 지상에서 300개의 계단을 올라가야 하는데, 1층에는 에펠탑 관련 정보 전시관, 에펠탑의 역사에 대한 영상물을 볼 수 있는 상영관, 에펠탑에서 영감을 받은 예술품들을 볼 수 있는 전시관 등이 있다.

2층에 올라가려면 계단을 더 올라가거나 엘리베이터를 타야 한다. 2층에는 기념품 가게도 있고 에펠탑의 건설과 구식 유압 승강기에 관한 '스토리 창' 등이 있으며, 아찔한 경치를 즐길 수 있는 전망 통로도 있다.

전망대
약 275m의 꼭대기 전망대는 엘리베이터로만 올라갈 수 있는데, 이곳에서 파리의 경치를 360도로 감상할 수 있다. 샴페인 바에서 샴페인 한 잔을 즐기며 에펠탑 관광을 마무리하는 연인들도 볼 수 있다. 처음에는 임시 건물로 지어졌던 상징적인 건축물에 사용된 공학 기술을 살펴보고 주변 경치도 감상할 수 있다.

파리의 상징,
에펠탑 & 에펠탑을 보는 5가지 방법

1889년은 프랑스 대혁명이 일어난 지 백주년이 되는 해로 만국박람회까지 열린 프랑스에서는 뜻 깊은 한해였다. 프랑스는 특별히 기념할 수 있는 기념물을 공모했다. 알다시피 에펠이 제출한 철탑이 선정되었고 1만 2천개의 쇠를 이어 붙여 조립한 300미터의 거대한 철탑이 세워졌다.
에펠탑이 세워진 초창기에 비판하는 목소리가 많았다. 특히 저런 쇳조각을 세워서 어떻게 하냐는 비판이 가장 많았다. 소설가인 모파상은 에펠탑이 보기 싫어 안 보이는 1층 식당에서 식사를 한다고 이야기했다고도 한다.

에펠탑을 보는 5가지 방법
에펠탑 인기는 높았고 특히 높은 에펠탑에서 파리의 시내를 내려다볼 수 있다는 장점이 그 당시의 파리시민들을 에펠탑으로 올라가게 만들었다고 한다.
처음에는 만국박람회가 끝나면 철거하기로 했지만 인기가 많아 파리시는 에펠탑을 그대로 두기로 했고 지금도 에펠탑은 파리의 상징이 되었다.

1. 샤이요궁에서 바라보는 해질녘부터 밤 늦게까지 보기

처음 유럽여행으로 파리에 갔다면 누구나 샤이요궁에서 에펠탑을 볼 것이다. 해질녘부터 밤 늦은 11시 넘어 레이져쇼를 보고 지하철을 많은 관광객들과 힘들게 타고 숙소로 가던지 아니면 샤이요궁부터 에펠탑까지 걸어가면서 에펠탑을 보며 사진을 찍는 모습이 일반적인 에펠탑을 보는 모습이다. 샤이요 궁은 에펠탑을 가장 아름답게 볼 수 있는 곳이다.

2. 에펠탑 밑에서 위로 바라보기 / 탑에 올라가서 파리 시내보기

아름다운 에펠탑을 보면 올라가고 싶은 생각이 들게 한다. 샤이요 궁부터 보고 에펠탑을 밑에서부터 올라가 보기에는 시간이 촉박하기도 하니 시간을 2일에 나누어 샤이요궁에서 보고 에펠탑은 다른 날에 올라가는 게 피로가 덜하다. 올라가면 여름에도 의외로 추우니까 긴옷을 가지고 가자.

 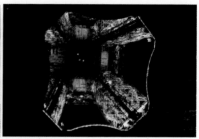

3. 해질녘에 몽빠르나스 타워 전망대에서 에펠탑 보기

파리의 남부역인 몽빠르나스역에서 내린 후 파리에서 제일 높은 빌딩인 몽빠르나스에서 볼 수도 있다. 몽빠르나스에서 보는 에펠탑은 편안히 볼 수 있는 장점이 있다. 이정도로 에펠탑을 보면 지겨울 수도 있지만 "나중에 언제 보겠니?"하고 아름다운 에펠탑을 실컷 보는 것도 좋을 것이다.
커피 한 잔을 마시면서 보는 에펠탑은 연인과 같이 본다면 더욱 좋다. 하지만 처음 파리를 방문한다면 일정이 빠듯해 못 볼 수도 있을 거 같다.

4. 개선문에서 화창한 낮에 에펠탑 보기

상들리제 거리에 도착하면 제일 위쪽에 개
선문이 보인다. 개선문을 올라가면 여기에
서도 에펠탑을 볼 수 있다. 개선문은 걸어서
올라가는 데 올라갈 때 힘이 들기도 하지만
올라가면 시원하니 조금 참고 올라가자. 햇
빛이 창창한 날에는 햇빛을 피할 곳이 없고
더워서 오래 있기는 힘들것이다. 해가 없는
날이 더 보기는 좋지만 사진은 잘 찍을 수
없다는 단점이 있다.

5. 라데팡스(신 개선문)에서 에펠탑 보기

신개선문인 라데팡스 위에서도 에펠탑을 볼 수 있다. 다른 장소에 비해서는 멋진 장면은
아닌 것 같다. 하지만 모든 파리의 흐름을 에펠탑에 맞추어 낭만이 흐르는 파리라는 도시
를 평생 간직하게 하는 에펠탑은 꼭 가봐야 하는 파리의 필수코스인 것 같다.

앵발리드
Hôtel National des Invalides

앵발리드는 여러 박물관, 기념물과 성당이 포함되어 있는 역사적인 군사 건물 단지이다. 3개의 박물관을 둘러보며 프랑스의 군대사에 대해 알아보거나, 앵발리드 산책로의 넓은 정원을 따라 거닐면서, 프랑스의 유명한 나폴레옹 보나파르트의 호사스러운 묘지를 볼 수 있다.

루이 14세의 명으로 1670~1676년 사이에 건축된 건물은 원래 군사 병원의 용도로 세워졌다. 프랑스 혁명 당시 성난 군중들은 바스티유로 향하는 길에 이곳에 들러 무기를 약탈했다. 오늘날에도 건물 일부에 프랑스 전쟁 참전 용사를 위한 병원과 퇴역 군인 거주지가 마련되어 있다. 앵발리드 안으로 들어가기 전에 정문 앞쪽으로 500m에 걸쳐 펼쳐진 앵발리드 산책로의 정원을 따라 거닐어보자. 이 공간은 피크닉과 일광욕 장소로 인기가 많다.

나폴레옹 보나파르트의 무덤을 비롯한 여러 박물관과 군사 기념물이 모여 있는 바로크 건물에서 프랑스의 군대 역사에 대해 알 수 있다. 건물 안에는 독자적으로 운영되는 3개의 박물관인 프랑스 육군 박물관Musée de l'Armée, 군사 입체모형 박물관Musée des Plans-Reliefs, 근대사

박물관^{Musée d'Histoire Contemporain}이 있다. 특히 셋 중에서 가장 크고 포괄적인 프랑스 육군 박물관을 위주로 둘러본다. 나폴레옹의 화려한 권총과 조제프 파로셀^{Joseph Parrocel}이 그린 카셀전투^{Battle of Cassel}를 비롯한 과거와 현재의 군사 관련 장비와 미술품을 구경할 수 있다.

시간을 내어 건물 뒤편에 위치한 돔 성당^{Église du Dôme}에도 들러보자. 이곳의 화려한 금색 돔 지붕은 미국국회의사당의 모태가 되었다. 성당 안에 있는 나폴레옹 보나파르트의 화려한 묘지인 황제의 유해는 녹색 화강암 바닥에 놓인 빨간색의 규암 석관 안의 러시아 인형의 관에 안치되어 있다.
앵발리드는 7구에 위치해 있으며 드 라 투르 모부르^{La Tour Maubourg}, 앵발리드^{Invalides}, 바렌^{Varenne}, 세인트-프랑시스 사비에르^{Saint-Françoise-Xavier} 지하철 역에서 내려 조금만 걸으면 도착할 수 있다.

🌐 www.musee-armee.fr/accueil.html 🏠 129 Rue de Grenelle
€ 13€(군사 박물관, 돔 포함), 전망대는 23시 / 9~다음해 6월 23시 45분까지) 📞 01-44-42-38-77

앵발리드(Hotel national des Invalides)

1670년 루이 14세는 갈 곳 없는 전쟁 부상자들을 위한 요양원을 세웠다. 1676년 완성된 앵발리드Hôtel national des Invalides는 파리를 상징하는 가장 대표적인 기념물 중 하나로 꼽힌다. 특히 앵발리드Hôtel national des Invalides의 황금빛 돔은 에펠탑만큼이나 인상적이다. 건물 앞에 넓게 펼쳐진 앵발리드 기념관 광장Esplanade des Invalides은 1900년 세계박람회 당시 전시장으로 쓰이기도 하였으며 같은 해 개통된 알렉산드르 3세 다리와 이어지며 멋진 풍경을 만들어낸다.

오늘날 프랑스 국방부 산하 건물인 앵발리드Hôtel national des Invalides에는 국방부 외에도 여러 정부 기관들이 밀집되어 있으며 군사병원, 다양한 박물관, 성당과 돔 교회 등이 자리하고 있다. 군사 입체 모형 박물관le musée des plans-reliefs, 해방훈장 박물관le musée de l'Ordre de la Libération과 더불어 앵발리드Hôtel national des Invalides에 위치한 군사 박물관le Musée de l'Armée은 옛 포병 박물관과 군 역사박물관이 통합된 기관으로 잘 보존된 유물과 다양한 전시를 통해 프랑스를 비롯한 전 세계의 군 역사와 군 정신에 대해 알리는 역할을 수행하고 있다.

생 루이 데 앵발리드 성당Cathédrale Saint Louis des Invalides과 돔 교회église du Dôme는 거대한 프랜치 바로크 양식 건축물에 아름다움을 더한다. 1861년, 돔 교회의 지하 중앙에 마련된 묘지에는 세인트 헬레나 섬에서 삶을 마감한 나폴레옹 1세의 시신이 안치되었다. 이외에도 1차, 2차 세계대전에 참전했던 군사령관들이나 프랑스의 군역사상 중요한 인물들이 이곳에 잠들어 있다.

샹드 마르 공원
Parc du Champs-de-Mars

에펠탑의 그늘이 드리워진 녹색 공원은 파리에서 가장 평화로운 분위기 느껴볼 수 있는 곳에 속한다. 샹드 마르 공원Parc du Champs-de-Mars의 잔디밭에 누워 프랑스의 대표적인 랜드마크인 에펠탑의 멋진 모습을 감상할 수 있다. 공원 끝자락에 서 있는 평화의 벽이 품고 있는 사연에 대해 알아보는 것도 좋다.

프랑스의 수도, 파리에는 수많은 박물관과 아름다운 건축물들이 많이 있지만 드넓은 녹지 공간은 특히 더 아름답다. 관광에 지친 몸을 이끌고 공원에 들러 잠시 휴식을 취하는 관광객도 쉽게 볼 수 있다. 1780년에 문을 연 이곳은 원래 사관생도들을 위한 연병장으로 이용되었지만 지금은 파리 시민들이 즐겨 찾는 일광욕 장소가 되었다.

도시락을 챙겨 가 맛있는 현지 치즈와 와인을 즐기며 경이로운 에펠탑의 자태를 감상해 보고, 멋진 풍경을 사진에 담아 보거나 근처 가판대에서 엽서를 구입해 보는 것도 좋다. 에펠탑의 전경을 배경으로 셀카를 찍는 사람들이 어디에나 있다. 날이 저물면 에펠탑 전체가 찬란한 조명으로 뒤덮인다.

공원 저쪽 끝을 향해 걷다 보면 평화의 탑과 마주하게 된다. 예루살렘의 통곡의 벽에서 영감을 얻어 2000년에 지어진 이곳은 '클라라 알테르Clara Halter'라는 예술가가 설계를 하고 건축가 장 미셸 빌모트Jean-Michel Wilmotte가 건축했다. 평화의 벽은 3개로 이루어진 트리오 기념물 중 하나로, 비슷한 나머지 두 기념물은 상트페테르부르크와 히로시마에 위치해 있다. 높은 철강 구조물의 정면에 사용된 유리판에는 '평화'라는 단어가 49개의 언어와 18개의 알파벳으로 새겨져 있다. 유리판 앞에서 자리를 바꾸면 반투명 단어도 찾아볼 수 있다.

샹드 마르 공원은 에펠탑 바로 앞에 위치해 있어 쉽게 찾아갈 수 있다. 세느 강Seine River 부두를 따라 이곳으로 걸어오거나 RER을 타고 샹드 마르 공원Champ de Mars 역에서 하차해 걸어온다.

🏠 2 Allée Adrienne-Lecouvreur

집중 탐구 | 세느 강(Seine River)

아마도 세계에서 가장 유명한 강인 파리의 세느 강^{Seine River}은 전 세계 관광객이 가고 싶은 곳 중 하나이다. 파리의 세느 강은 에펠 탑 근처의 퐁 드 랄마, 퐁 데 아트, 퐁네프를 포함하여 총 37개의 다리로 연결되어 있다.

파리시를 왼쪽과 오른쪽 강둑으로 나누고 있는 세느 강^{Seine River}은 기원전 3세기에 켈트족 어부들이 처음으로 정착하였다. 나중에 로마인에 의해 루테티아^{Lutetia}로 명명 된 초기 정착지는 결국 파리로 성장하게 되었다.

19세기 초부터 개선작업이 이루어진 세느 강^{Seine River}은 항해를 개선하기 위해 댐과 강 유역의 저수지를 통해 수위를 높여 홍수를 줄이고 지속적인 물 공급을 보장할 수 있었다. 1991년에 유네스코 세계 문화유산으로 지정되어 문화 유적지로 인정받고 있다.

바캉스 & 파리 플라쥬

프랑스인들은 내용을 중시하는 실용적인 사람들로 남에게 자신이 어떻게 보일까를 신경쓰지 않고 자신의 개성을 표현하며 사는 생활을 좋아한다고 한다. 파리시민들이 멋쟁이이기는 하지만 남들을 따라하는 유행이 아니고 자신의 개성을 살리는 수수한 옷차림이 많다. 평상시에는 매우 검소하게 생활하지만 휴가비용을 마련하기 위해 저축을 할 정도로 마음의 여유를 가지고 살려고 노력하고 있다.

프랑스 사람들의 여유가 여름철 바캉스 휴가기간에 폭발하면서 남부해안이 바캉스를 즐기는 사람들로 북적이게 된다. '바캉스'라는 뜻은 피서나 휴양을 가기 위한 휴가의 프랑스어이다. 대부분 1~2개월씩 장기 휴가를 즐기고 와서 다시 열심히 일하며 내년의 바캉스를 즐기는 것이 프랑스 사람들의 일상이다.

지금도 여름에는 남부 해안의 니스같은 휴양지에는 바캉스를 즐기는 프랑스인들이 많다. 하지만 2008년 금융위기 이후에는 많은 프랑스인들이 경제적인 사정으로 바캉스를 즐기지 못하게 되어 우울해지기도 했다.

파리 플라쥬(인공해변)

세계에서 가장 아름다운 도시인 파리에는 7월에서 8월사이, 한달동안 여름마다 파리 플라쥬(파리해변)이 열린다. 올해로 15회째인데 해변으로 바캉스를 즐기지 못하는 파리 시민들을 위한 행사로, 파리를 여행간다면 이제는 꼭 인공해변에서 즐기고 와야 할 것 같다.

너무나 더운 날씨에 걷기가 힘든 파리를 가다가 시테섬 근처 인공해변에서 쉬는데 햇빛이 너무 강렬해 모래에는 조금밖에 있지 못했다. 오히려 약간 구름이 있을때가 즐기기에는 더 좋다. 하지만 현지 시민들은 구름이 낀 날씨를 좋아하지 않는다.

퐁뇌프다리에서 파리시청을 지나는 3.5㎞ 거리정도에 약 6,000톤의 모래와 1,500개의 비치체어, 잔디와 야자수를 만들어 놓은 인공해변이다. 수영장, 피크닉 공간, 콘서트 등등 다양하게 즐길 수 있다.

인공해변이 좋기는 하지만 인공해변을 만든 취지는 좀 서글프다. 프랑스의 경기가 좋지않아 바캉스를 가지 못하는 시민이 많아 부득이하게 세느강에  만든거라 파리의 경제가 안좋다는 사실을 알려준다고 할 수 있다. 해가 갈수록 인공해변은 더욱 화려해지고 있으니 경제가 안좋을 때 여자들의 립스틱색깔이 짙어진다는 속설과도 닮아 있다고 생각이 든다.

간단한 요기거리를 할 수 있는 카페와 스낵바도 있지만 시민들도 잘 사용하지 않는다. 파리의 인공해변이 성공하면서 유럽 내 베를린, 프라하 등의 다른 도시들도 인공해변을 선보인다고 한다. 시테섬 밑에서 인공해변을 즐기며 아이스커피를 마시고 즐겨보자.

파리 세느 강변 공원(le Parc Rives de Seine)

총 7km 길이에 10ha 가량의 면적을 자랑하는 세느 강변 공원le Parc Rives de Seine은 다양한 친환경적 시설을 제공하며 시민들의 사랑을 받고 있다. 자동차 전용도로로 인해 걸어서 다가가기 힘든 점을 바꾸기 위해 나무와 잔디를 심어 보행자와 자전거 전용 산책로로 탈바꿈시켰다. 또한 아이들을 위한 놀이터와 성인들을 위한 쉼터, 암벽등반을 위한 인공 벽, 간단한 운동시설 등이 제공되고 있다.

루브르 박물관, 에펠탑, 콩코드 광장과, 그랑팔레, 노트르담 대성당, 파리의 주요 관광 명소가 한눈에 들어오는 세느 강변은 1991년 유엔(UN) 산하 교육문화과학 전문기구인 유네스코(UNESCO)에 의해 세계 유산으로 지정되었다. 파리의 중심을 가로지르며 트루와, 르아브르, 루앙 등 여러 도시를 거쳐 영국해협에 흘러드는 세느 강Rives de Seine의 길이는 총 776km을 말한다.

시민을 위한 서비스 강화
카페, 레스토랑, 상점은 유기농 식재료를 사용하거나, 헌 자전거를 수리하거나 팔고 중고 자전거도 구입할 수 있는 친환경주의 서비스를 제공하고, 소외 계층의 일자리를 창출하는 사회적 경제활동 위주의 운영 등 파리시의 취지에 맞게 공간을 가꾸어 나가고 있다. 세느 강변 공원의 향후 계획은 더 많은 양의 꽃과 식물을 심어 도심 지역에 부족한 녹지를 더 생성하는 것이라고 한다.

세계문화유산 지정

세느 강Rives de Seine을 수놓는 아름다운 다리들과 일렬로 늘어선 부키니스트Bouquiniste들, 강 주변 오스만 양식의 옛 건물들은 산책을 즐기는 사람들에게 프랑스의 문화와 역사를 대표하는 다양한 볼거리를 선사하며 세느 강Rives de Seine의 낭만적인 풍경을 만들어낸다. 유네스코는 세느 강을 비롯해 주변 건축물, 강 위로 지어진 다리들, 생루이섬과 시테섬까지 세계 유산으로 지정하였다.

공원화를 통한 산책로 확대

파리시는 파리를 친환경적인 도시로 만들겠다는 목표를 가지고 좌안Rive gauche과 우안Rive droite으로 나누어진 세느 강Rives de Seine의 강변도로의 차량 통행을 영구적으로 폐쇄하고 보행자 전용으로 지정하였다. 프로젝트를 통해 강변도로를 시민들을 위한 친환경적 공간으로 만드는 것이 취지였다.

반대를 환호로

파리시의 프로젝트는 교통체증을 심화시킨다는 이유로 진행과정에서 수많은 자동차운전자협회가 반대하기도 했다. 그러나 파리시는 2010년부터 2013년까지는 오르세 박물관부터 알마 다리까지 이어지는 총 2.3km 길이의 세느 강Rives de Seine 좌안을 개조하자 반대는 인기로 바뀌어 퐁뇌프 다리에서 시작해 노트르담 대성당을 지나 쉴리 다리까지 이어지는 세느 강 우안도로도 산책로로 변화시켰다. 2017년 4월, 개조된 세느Rives de Seine강의 좌안과 우안을 통틀어 하나의 공원으로 지정하며 '세느 강변 공원Parc Rives de Seine'이 탄생하였다.

파리 세느강 유람선,
바토무슈에서 추억 남기기

파리를 여행하면서 세느강 유람선을 안 타보는 사람은 아마 별로 없을 것이다. 그만큼 세느강 유람선은 멋진 추억을 남기는데, 세느강 유람선은 바토무슈, 바토파리지앵, 바토뷔스의 3가지 종류가 있다. 그 중에서 우리나라 관광객은 압도적으로 바토무슈 유람선을 탄다. 한국어 음성서비스를 제공하기 때문이다.

운항경로 : 알마교 → 알렉산더 3세교 → 루브르박물관 → 노트르담성당
→ 퐁네프다리 →오르세미술관 → 에펠탑 → 샤이요궁

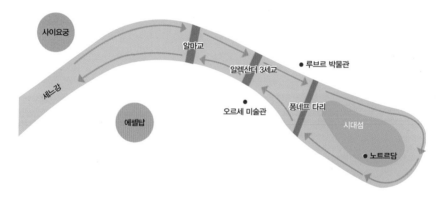

바토무슈 유람선은 에펠탑 바로 옆에 있는 세느강의 두 번째 다리인 알마 다리(Pont de l'Alma)에 승선장이 있다. 타면 오른편에 자리를 잡는 게 좋다. 에펠탑부터 사진을 찍고 옆의 건물들을 열심히 찍다보면 내가 무엇을 찍는지도 모르고 찍기는 하지만, 찍어놓으면 나중에 좋은 추억이 된다. 유람선이 지나가는 순서를 알면 옆의 건축물을 볼 때 어떤 건축물인지 알 수 있다.

해질 때와 야간에 많이 탑승하는데, 해질 때가 더 멋진 풍경을 보게 해준다. 겨울에는 추워서 일찍 도착해 1층의 안에 자리를 잡는 게 춥지 않게 타는 방법이다. 바깥은 겨울바람 때문에 엄청 춥다. 파리에서 유럽여행일정을 마치는 경우가 많은데 마지막 날에 타면 파리의 멋진 추억을 안고 돌아갈 수 있어 추천한다.

바토무슈 유람선 운행시간
(바토무슈 유람선 소요시간 1시간 10분)

성수기 4/1~9/30	비수기 10/1~3/31
10:15	10:15
11:00, 11:30	11:00
13:00, 13:45	12:00
14:30	13:30, 13:45
15:00, 15:30	14:30
16:00, 16:30	15:15
18:00, 18:30	16:00, 16:45
19:20	18:15
20:20	19:00, 9:45
21:20	20:30
22:20	21:30
23:00	비고 : 빨간색 주말운행 시작

Montmartre

몽마르트르

9구(9th Arrondissement)

궁전, 박물관, 보헤미안 스타일의 골목이 있는 9구는 도심과 몽마르트 언덕 사이의 훌륭한 다리 역할을 해왔다. 바로크 궁전에서 발레를 관람하고 밀랍인형 박물관을 구경하고 보헤미안 홍등가였던 곳에 펼쳐진 가판들을 살펴보면 넓은 대로가 호텔, 쇼핑 갤러리와 백화점을 갖춘 9구9th Arrondissement를 가로지른다. 1구와 2구를 지나는 지하철을 타고 시청에서 북쪽으로 이동해 도착할 수 있다. 오페라Opéra 그랑 블루바르와 같은 여러 역 중 하나에서 내리면 된다.

파리 오페라Paris Opera는 업무 및 부유층 지역인 이곳의 문화 관람 포인트이다. 갤러리 라파예트Galeries Lafayette와 쁘렝땅 백화점Printemps의 지붕으로 올라가 에펠탑이 보이는 파리의 탁 트인 전망을 즐겨볼 수도 있다.

이 지역은 예전에 홍등가였다. 서쪽으로 가면 귀스타브 모로 국립 박물관National Museum of Gustave Moreau이 있으며 이곳에서 19세기 상징주의 화가였던 귀스타브 모로의 작품들을 볼 수 있다.

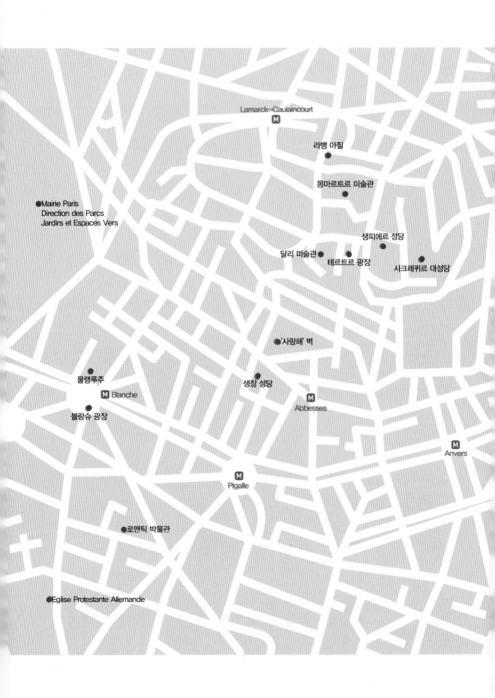

Lamarck—Caulaincourt
M

라뱅 아질

몽마르트르 미술관

●Mairie Paris
  Direction des Parcs
  Jardirs et Espaces Vers

생피에르 성당

달리 미술관
테르트르 광장

사크레퀴르 대성당

'사랑해' 벽

물랭루주

M Blanche

생장 성당

M
Abbesses

블랑슈 광장

M
Anvers

M
Pigalle

로맨틱 박물관

●Eglise Protestante Allemande

남쪽 구역에는 여러 즐길 거리가 있다. 파리 오페라가 있는 우아한 19세기 팰리스 가르니에Palace Garnier를 올려다 보면 1,979석 규모의 홀에서 발레 공연을 볼 수 있다. 파리 오페라 도서 박물관Paris Opera Library and Museum에서 오페라의 역사와 관련된 수천 부의 문서, 프로그램, 디자인을 살펴보자. 조금 떨어진 곳에는 사람들이 콘서트를 보게 유혹하는 커다란 네온사인이 있는 또 다른 유명 극장, 올림피아 홀Olympia Hall이 있다.

남동쪽의 그랑 블루바르Grands Boulevards를 따라 걸으면 19세기 건축물 앞으로 백화점들이 있는 거리를 만날 수 있다. 쇼핑을 하면서 비를 피할 수 있는 지붕이 있는 통로를 여유 있게 걸어보자. 근처의 그레빈 뮤지엄Musée Grévin에는 실물과 똑같은 밀랍 동상이 있다.

북북은 사우스 피갈South Pigalle 지역으로, 편안하면서 보헤미안 같은 분위기의 레스토랑과 바가 있다. 유명한 뤼 데 마르티르Rue des Martyrs를 따라 즐비한 베이커리와 케이크 전문점에서 바게트와 여러 프랑스 빵, 패스트리를 구입해 보는 것도 좋다.

북쪽 경계 지역으로 계속 가면 여러 프랑스 영화에 나와 유명해진 예술가의 거리인 몽마르트르Montmartre 지역이 있다. 예술가들이 눈앞에서 인상적인 작품들을 완성하고 있는 시장을 산책하고, 언덕 위로 올라가 상징적인 사크레쾨르 대성당Sacré Coeur Cathedral을 방문해 보자.

18구
18th Arrondissement

18구의 매혹적인 기념물과 독특한 예술 시장 덕분에 파리가 세계에서 가장 매력적인 관광지가 되었다. 파리 북부에 있는 예술품 상점 언덕 위로 우뚝 솟아 있는 프랑스의 가장 상징적인 대성당을 볼 수 있다. 18구^{18th Arrondissement}의 언덕 위에 있는 몽마르트르^{Montmartre}의 예술가 공동체를 방문해 보자. 정치적인 봉기가 일어났던 지역이기도 했던 이곳인 20세기 초 피카소, 달리와 같은 예술가들이 모이면서 창조적인 공간이 되었다.

언덕 아래에서 꼭대기까지 몽마르트르 케이블카^{Montmartre Funicular}를 타면 2분 안에 샤크레쾨르 대성당^{Sacré-Coeur Basilica}에 도착할 수 있다. 좀 더 도전적인 여행을 원한다면 근처 뤼 포야티어^{Rue Foyatier}의 220개 계단을 걸어 올라가 다양한 외부 계단을 통해 파리의 언덕 아래에서 몽마르트까지 닿게 된다.

꼭대기에서 도시 전체를 볼 수 있는 하얀색 샤크레쾨르 대성당^{Sacré-Coeur Basilica}을 찾아보면, 교

회지만 이슬람 사원을 닮은 양파형 돔과 탑이 특징으로, 19세기 말 로마—비잔틴 양식으로 건축되었다. 파리의 가장 높은 지점인 이곳에서 파리의 전경을 감상할 수 있다. 안쪽에 들어가면 거대한 장엄한 그리스도Christ in Glory 모자이크, 명상의 정원, 대형 오르간 등을 볼 수 있다.
성당 바로 서쪽에는 "예술가들의 광장"으로 알려진 테르트르 광장Place du Tertre이 있다. 길가에 있는 화가들이 눈앞에서 완성하는 모습을 구경할 수 있다. 비 오는 날에도 우산 속이라도 개의치 않고 그림을 그리는 모습을 보면 예술을 향한 그들의 열정을 느낄 수 있다. 훌륭한 여행 기념품으로 예술가의 고유한 스타일로 완성한 초상화를 가져가는 것도 좋은 경험이다.

2001년 상영된 영화로 인기를 얻게 된 물랑 루즈Moulin Rouge만큼 상징적인 장소도 세계에 그리 많지 않다. 훌륭한 안무, 코미디언, 마술사들이 참여하는 익살스러운 댄스 공연을 관람하면서 식사도 같이 즐길 수 있다. 유명한 풍차와 네온사인이 있는 외부에 서서 가족사진을 남기는 것도 좋다.
예전에는 홍등가였지만 지금은 사라졌다. 피갈 광장Place Pigalle을 걸으며 스트립 클럽이 가득한 광장에서 파리의 또 다른 면을 발견할 수 있다. 지하철 2, 4, 12호선을 타면 이 지역 근처의 역 중 한 곳에 닿을 수 있다. 파리의 중앙 북쪽 지역으로, 9구와 10구 바로 북쪽이다.

몽마르트르
Montmartre

몽마르트르는 파리 북단에 위치한 약 130m 높이의 언덕 꼭대기에 자리 잡고 있다. 가파른 언덕을 계단으로 걸어 올라갈 수도 있고, 차를 이용해도 좋다. 이곳은 길을 잃기가 쉬우므로, 방문하는 동안 지도를 휴대하고 다니면서 좁은 자갈길 등을 눈에 익혀두는 것이 좋다. 사크레쾨르 성당의 관할인 이곳은 세계에서 가장 위대한 예술가들이 살았던 시절의 모습을 여전히 그대로 간직하고 있는 매력적이고도 아름다운 곳이다.

아멜리에Amelie, 물랑 루즈Moulin Rouge, 에디트 피아프Édith Piaf의 생애를 다룬 '라 비 앙 로즈La Vie En Rose' 등 많은 영화들의 영감이 되었던 순교자의 언덕이라는 뜻의 몽마르트르는 오래전부터 파리 예술계와 깊은 관련을 맺고 있는 곳이다. 원래 파리의 공식적인 경계선 밖에 위치한 몽마르트르 마을은 19세기 중반 달리, 모딜리아니, 툴루즈 로트렉, 모네, 피카소, 반 고흐 등 많은 예술가들이 창조적 활동을 위한 안식처로서 머물던 곳이다.
유명한 예술가들이 자주 찾던 수많은 곳들이 지금도 그대로 보존되고 있기에 더욱 관광객들의 사랑을 받고 있다. 몽마르트르 박물관은 르누아르가 살면서 작업을 했던 곳으로, 지금은 역사적인 원고, 편지, 포스터, 사진, 고고학 유물 등이 전시되어 있다.

1889년 문을 연 물랑 루즈Moulin Rouge가 있는 이 지역에는 나이트클럽, 카바레, 사창가 등도 자리를 잡게 되었는데, 지금도 클리쉬 대로Boulevard de Clichy를 따라 시설이 남아 있으며 지금 보면 약간 조잡한 분위기가 느껴지기도 한다. 오늘날에도 매일 밤 정교한 의상, 드라마틱한 음악, 예전의 캉캉 춤 등을 볼 수 있는 두 차례의 쇼가 펼쳐진다.

몽마르트르에서 가장 유명한 건축물은 사크레쾨르 성당Basilique du Sacré-Cœur(성심 성당이라고도 함)이다. 이 성당은 파리에서 가장 높은 언덕인 몽마르트르 언덕 꼭대기에 자리 잡고 있다. 성당 안에는 세계에서 가장 큰 모자이크 중 하나인 '우주의 지배자이신 그리스도Christ in Majesty'가 있다. 성당에 있는 웅장한 파이프 오르간은 노트르담의 오르간 설계자이기도 한 아리스티드 카바이예 콜Aristide Cavaille-Coll의 작품이다.

예술을 사랑하는 사람이라면 성당에서 서쪽으로 불과 몇 블록 떨어진 곳에 위치한 달리 미술관Espace Dali에 들러보자. 이곳은 살바도르 달리Salvador Dali의 작품을 전시하기 위한 미술관으로, 조각품을 비롯하여 300여 점에 달하는 달리의 작품이 전시되어 있어 프랑스에서는 달리의 작품을 모아 둔 전시회 중 단연 최고라고 평가받고 있다.

몽마르트르는 보통 사람들이 덜 붐비는 평일, 낮에 방문하는 것이 좋다. 그러나 10월에는 오히려 사람이 많을 때 방문하는 것이 더 좋을 때도 있다. 이른바 포도 수확 축제Fetes de Vendanges라고 불리는 행사 기간에 몽마르트르에서는 작은 포도밭의 수확을 축하하는 행사가 열리는데, 이때만큼은 붐비는 사람들 속에서 마음껏 축제를 즐겨볼 수 있어 관광객으로 꽉 차게 된다. 며칠 동안 춤과 음악의 퍼레이드가 이어지고, 지역 농산물을 판매하기 위한 시장이 펼쳐지며 밤에는 불꽃놀이도 벌어진다.

작은 기차(Little Train)

경사가 너무 심해 이동하기 힘들다면 몽마르트르의 '작은 기차(Little Train)'를 이용해보자. 이 기차는 마을의 주요 장소들을 지나간다. 왕복하는 데 약 35분이 걸리며 승차권을 구입해야 탑승이 가능하다. 하루 종일 운행되며 블랑슈 광장(Place Blanche)에서 정기적으로 출발한다.

사크레쾨르 성당
Basilique du Sacré-Coeur

1919년에 헌정된 사크레쾨르 성당이 서 있는 비탈진 공원의 잔디밭에 앉아 중앙의 돔 지붕을 올려다보자. 순백색 성당은 파리에서 가장 아름다운 건축물 중 하나로 손꼽힌다. 앙베르Anvers로 향하는 지하철을 이용하여 여기서 걸어가거나 케이블카를 타고 몽마르트르 언덕 정상으로 올라가면 성당이 나온다. 사크레쾨르 성당에서는 거대한 돔 지붕, 시계탑과 세계에서 가장 큰 모자이크화 중 하나를 만날 수 있다.

성당 외관이 은은하게 빛나는 이유는 건축 당시 사용된 트래버틴석 때문이다. 비가 내리면 돌에서 방해석이 침출되고, 이로 인해 하얀 외관이 계속해서 유지되는 것이다. 안으로 들어가기 전에 성당 한쪽에 위치한 높이가 83m에 달하는 이 시계탑은 1884년에 사망한 원래의 건축가 폴 아바Paul Abadie의 뒤를 이어 뤼시앙 마뉴Lucien Magne가 증축했다.

금고와 십여 개의 작은 예배당이 있는 지하실로 내려가면 그리스도의 청동 와상, 성모 마리아상과 제1, 2차 세계대전에서 목숨을 잃은 사제들의 기념비를 비롯한 흥미로운 종교 예

432

술품을 구경할 수 있다.

2개의 청동 기마상이 위로 보이는 성당의 아치형 정문 아래를 지나가면 애프스 천장을 덮고 있는 '영광의 그리스도Christ in Glory'라는 이름의 황금빛 모자이크화를 볼 수 있다. 총면적이 475㎡에 달하는 영광의 그리스도는 세계에서 가장 큰 모자이크화 중 하나이다. 비록 크기는 작지만 이에 못지않은 깊은 인상을 주는 파란색과 빨간색의 두 조각상도 있다. 이 조각상들은 잔 다르크와 대천사 미카엘을 묘사하고 있다.

나선형 계단을 따라 돔 꼭대기까지 올라가면 여기서는 파리의 가장 환상적인 전망을 감상할 수 있다. 머리 바로 위로 보이는 종은 프랑스에서 가장 큰 종 중 하나로, 무게가 19톤에 달한다.

🌐 www.sacre-coeur-momtmartre.fr 🏠35 Rue du Chevalier de la Barre (2호선 Anvers 역 하차)
€ 전망대 8€(지하 예배당 4€, 동시 구입 10€) ⊙6~22시 30분(연중 무휴) 📞01-53-41-89-00

피갈
Pigalle

활기 넘치는 이 지역은 파리의 유흥 중심지로 알려져 있으며 유명한 카바레 스타일의 식당들과 에로티시즘 박물관이 있다. 피갈Pigalle에서 물랭 루즈Moulin Rouge를 방문하고 프랑스 정통 카바레 쇼를 관람하려고 찾는 관광객이 많다. 지하철을 타고 피갈 역Pigalle Station에서 내리면 생기 넘치는 중심가가 보인다. 피갈 남쪽에서 맛있는 음식과 쇼핑을 즐기고, 유흥을 위한 저녁 외출로 바, 나이트클럽, 음악 클럽에 방문하는 것도 좋다.

바Bar나 음악 클럽에서 휴식을 취하거나 파리의 활기찬 홍등가 지역을 구경하는 것도 재미가 있다. 한때 있었던 좋지 못한 평판이 사라진 현재의 피갈은 카바레 쇼를 관람하고 파리의 생동감 있는 분위기를 느낄 수 있는 인기 높은 밤 관광명소이다.

고대부터 현대까지 성에 초점을 맞춘 예술품들을 소장하고 있는 에로티시즘 박물관Museum of Eroticism의 전시를 감상할 수 있다. 컨템퍼러리 미술관에는 매혹적인 현대 조각과 그림이 전시되어 있다. 인간 생명의 정수를 기념하는 고대 종교 유물들을 주의 깊게 살펴봐도 된다. 7층 규모인 이 박물관의 2층에서는 19세기와 20세기의 윤락업소와 관련된 사진, 그림, 희귀 문서들을 전시하고 있다.

유명한 물랭 루즈에서 프랑스 전통 카바레식 식당을 체험하면서 댄서들이 프랑스의 캉캉 춤을 공연하는 모습을 볼 수 있다. 건물 지붕에 있는 특징적인 빨간 풍차의 사진을 찍어보고 퇴폐적인 장식의 원조인 내부를 감상한다. 물랭 루즈는 19세기말에 개장한 이후 영화, 다큐멘터리 소설 등 여러 작품의 소재가 되었다.

피갈 남쪽^{South Pigalle}의 멋진 레스토랑에서 훌륭한 식사를 즐기는 파리지앵이 많다. 원래는 파리에서 조용한 지역이었으나 커피 전문점과 우아한 식당, 소매점들이 들어서며 활기를 찾았다. 피갈 메트로^{Pigalle Metro} 역에서 5분 정도 걸어가면 뤼 데 마르티르^{Rue des Martyrs}에 닿을 수 있다. 번화한 거리에는 훌륭한 와인, 치즈, 맛있는 패스트리를 파는 가게들이 즐비하다.

유명한 블루바르 드 클리시^{Boulevard de Clichy} 거리에는 파블로 피카소^{Pablo Picasso}, 장 레옹 제롬^{Jean-Léon Gérôme}과 같은 유명한 예술가들이 살았던 유서 깊은 건물 등 유명한 건축물들이 많이 있다.

435

생 마르탱 운하(Canal Saint-Martin)

파리 북동쪽 19구에 위치한 빌레트 유역Bassin de la Villette으로부터 중심부의 세느강Seine까지 이어지는 생 마르탱 운하Canal Saint-Martin는 파리지앵들이 사랑하는 산책 코스 중 하나로 손꼽히는 장소이다. 4.5km 길이의 운하를 따라 심어진 마로니에와 단풍나무, 이와 함께 어우러지는 꾸밈없는 육교는 영화 '아멜리에Le Fabuleux Destin d'AméliePoulain'에 등장했던 운하의 모습 그대로 아기자기하면서 로맨틱한 특유의 분위기를 연출한다. 이외에도 생 마르탱 운하에는 9개의 수문과 2개의 가동교가 있어 시민들과 관광객들을 태운 배가 드나들게 한다.

프랑스 대혁명이 일어나기 전 파리에는 깨끗한 물과 안전한 식수가 부족하여 전염병이 잦았다. 대혁명 이후 나폴레옹 황제는 생 마르탱 운하Canal Saint-Martin, 생드니 운하Canal Saint-Denis, 우르크 운하Canal de l'Ourq를 개설하며 파리의 운하Les caneaux parisiens을 구축하였다. 이미 완성된 도시에 운하를 개설하는 작업이 쉽지 않았기에, 1802년 시공된 생 마르탱 운하는 1825년에야 완공되었다. 개설된 생 마르탱 운하 주변으로는 19세기 산업혁명의 영향으로 공장지대

가 들어섰다.

같은 시기 운하 주변에는 오스만 도시개발계획Travauxhaussmaniens의 일환으로 넓은 대로도 생겨났는데, 리샤르 르누아르 대로Boulevard Richard Lenoir와 쥘 페리 대로Boulevard Jules Ferry를 건설하기 위해 생 마르탱 운하의 일부 부분을 덮어버렸다. 세월이 흘러 생 마르탱 운하와 운하 주변의 풍경이 변하고 현재의 모습으로 거듭나게 되었다. 긴 역사를 지닌 생 마르탱 운하는 없어서는 안 될 파리의 유산이다. 그리고 이런 유산을 보존하는 것은 어렵고도 중요한 일이다.

2016년 1월부터 4월까지 생 마르탱 운하는 정비를 시작했다. 운하를 비운 뒤 정화된 물로 다시 채우고, 운하에 사는 물고기들을 옮겼다가 다시 가져오고, 전체적인 외관도 수리하는 등 총체적인 관리를 하고 다시 운하 운행을 시작했다. 휴식 기간 동안에는 운하의 양 옆으로 벽을 세워 생 마르탱 운하의 역사와 수리 후의 모습에 대해 사진 전시회를 열었다. 오늘날 재정비된 생 마르탱 운하에는 시민과 관광객의 발길이 끊이지 않고 있다. 운하 주변으로 늘어진 아늑한 분위기의 카페와 레스토랑, 다양한 상점과 편집샵은 생 마르탱 운하의 매력을 더 돋보이게 한다.

베르사유 궁전

태양왕 루이14세의 절대권력을 상징하는 베르샤유 궁전은 아버지 루이 13세의 사냥터가 있던 곳에 궁전을 지었다. 파리의 권력다툼이 싫었던 루이14세는 사냥터인 성을 화려하게 개조해 2만명이 머무를 수 있는 유럽 최대의 궁정을 만들었다.
1676년 망사르가 궁전 건축에 참여하면서 2개의 거대한 건물을 남과 북에 추가로 짓고 루이르보가 테라스를 거울의 방으로 개조하기도 했다. 1710년에 왕실 예배당을 완성하고 1770년에 오페라 극장을 지어 마무리되었다. 루이16세와 마리 앙투아네트의 결혼식 때문에 새롭게 완공한 오페라 극장과 베르사유 조약으로 유명한 거울의 방을 꼭 자세히 보자.

베르사유 궁전 앞 전경

베르사유 궁전 정문 안의 전경

베르사유 궁전 제대로 보는 방법

여름에 늦게 베르사유 궁전에 도착하면 1시간 이상을 기다려야 들어갈 수 있기 때문에 9시 정도에는 궁전앞에 도착하여 기다리는 것이 가장 빨리 기다리지 않고 관람할 수 있다. 베르사유 궁전안에는 화장실이 없기 때문에 미리 화장실에 다녀오고 점심때가 되었다면 안에는 먹을 수 있는 장소가 없으니 간단한 요기거리를 미리 준비하는 것이 좋다.

보통 1~2시간사이로 관람하고 대정원을 보러간다. 대정원은 매우 커서 코끼리 열차로 둘러보는 것이 일반적이다. 여러명이 관람을 한다면 한명은 줄을 서서 기다리고 다른 인원은 티켓을 구입하여 기다리는 시간을 줄여야 빨리 입장할 수 있다.

왕실 예배당

루이 14세가 베르사유 궁전에 마지막으로 만들라고 지시한 왕실 예배당은 바로크 양식의 2층으로 이루어져 있다. 내부가 하얀 대리석으로 호화롭게 장식되어 있어 더 아름답다.

왕의 거처

2층으로 올라오면 헤라클레스의 방이 나온다. 이어서 북쪽 정원 쪽으로 풍요의 방, 비너스의 방, 다이애나의 방, 마르스의 방, 머큐리의 방, 아폴로의 방, 전쟁의 방의 7개가 이어서 나온다.

현재의 모습은 1671년부터 10년 동안 샤를 르 브렝이 그리스 로마 신화에서 태양을 상징하는 아폴론을 중심으로 회전하는 태양을 태양왕 루이 14세를 상징하는 방으로 꾸며놓았다. 왕의 궁정 연회 시 식사, 놀이, 춤, 당구 등 각각 다른 용도로 사용하였다. 1684년부터 왕의 거처는 국왕의 행사에만 사용하고 있다.

헤라클레스의 방

루이 14세는 프랑소와즈 룸완느에게 헤라클레스가 신의 모습에 다가가는 모습으로 자신을 상징하는 모습을 이탈리아 회화적인 작품으로 그려지길 바라고 만든 방이다.

다이애나의 방

루이 14세의 동상과 8개의 흉상이 있는 방으로 베르니니가 만들었다. 벽화는 찰스 드 라 포세가 제물로 바쳐진 이피제니아를 그렸다. 천장은 블랑샤르가 항해와 사냥의 여신인 다이애나의 하루를 묘사해 놓았다.

군신의 방

다윗 왕이 하프를 켜는 모습과 루이 15세와 왕비인 마리 레진스카가 양쪽 벽에 그려져 있는데 군신인 마르스에게 바쳐진 방이다.

마큐리의 방

왕의 침실 중 하나로 사용하였으나 상업의 신 머큐리에게 바쳐진 방이다. 천장화는 샴파이그네의 작품으로 새벽별과 함께 수레에 오른 머큐리의 모습이 그려져 있고 찰스 드 라 포세가 태양 수레를 끄는 아폴로 신으로 그렸다. 벽화는 대관식 복장의 루이 15세를 그린 작품이다.

아폴로의 방

화려하고 장엄하게 장식된 방으로 절대 권력을 반영하여 라포세의 천장화와 리고의 루이 14세 그림이 있다.

전쟁의 방

1837년 루이 필립은 루브르의 회화 전시실을 기초로 만들었다. 루이 14세가 승리를 향해 말을 달리는 모습을 전쟁이라는 주제로 극적인 모습을 연출한 작품이다. 프랑스 군대의 승전을 축하하기 위해 496년 톨비악 전투부터 와그램 전투까지를 묘사한 33개의 작품이 전시되어 있다.

"나폴레옹 황제 대관식"이 가장 인기 있는 그림으로 루브르 박물관 회화 전시실에 있는 동일한 작품이 있어 비교해 보는 것도 좋다. 가끔 루브르박물관에 있는 작품과 베르사유 궁전에 있는 작품 중 어느 것이 가짜 작품인지를 이야기하는 관광객도 가끔 있기도 하다. 또한 1830년 부르봉 왕조의 후예 루이 필립이 권좌에 오르는 7월 혁명을 그린 "영광의 3일"도 유명하다. 82점의 왕족 출신으로 대원수 이상의 지위를 가진 군인 흉상과 프랑스를 위해 죽어간 영웅에게 경의를 표하는 16개의 청동 각관이 전시되어 있다.

거울의 방

수많은 거울로 70m를 장식해 놓은 방으로 국가의 주요 행사가 열린 방으로 베르사유 궁전 내에서 가장 유명한 방이다. 제1차 세계대전이 끝났다는 베르사유 조약도 이곳에서 체결되었다. 둥근 천장의 그림이 루이 14세가 아니라 어머니인 마리로부터 권력을 되찾아 1661년부터 니베르 평화조약이 체결된 1678년까지의 상황을 묘사하는 그림으로 이루어져 있다. 거울의 방은 왕이 예배당으로 향하거나 왕과 왕비의 거처를 연결하는 통로, 궁중 연회와 왕의 결혼식 등으로 사용하였다. 화려한 거울의 방을 보다가 창문으로 아름다운 대정원을 보면서 감상하면 좋다.

왕비의 거처

4개의 방으로 마리 앙투아네트가 마지막으로 사용한 방으로 유명하다. 왕비들은 공개적인 생활을 하고 대침실에서 많은 사람들이 지켜보는 상황에서 아이를 분만했다는 사실이 놀랍기도 하다. 이것은 왕손이 바뀌는 것을 막기 위해 많은 이들이 지켜보도록 했다고 한다. 하지만 나중에는 사생활을 간섭받아 빛이 잘 드는 정원 방향으로 소규모 방을 새로 만들었다.

오페라 극장

21개월에 걸쳐 루이 15세가 만들어 미래의 왕인 루이 16세에게 기증한 방이다. 천장화와 기둥 장식 등이 모두 화려하게 만들어졌고 공연이 이루어질 때는 3천 개 정도의 촛불을 켜서 공연을 했다고 한다.

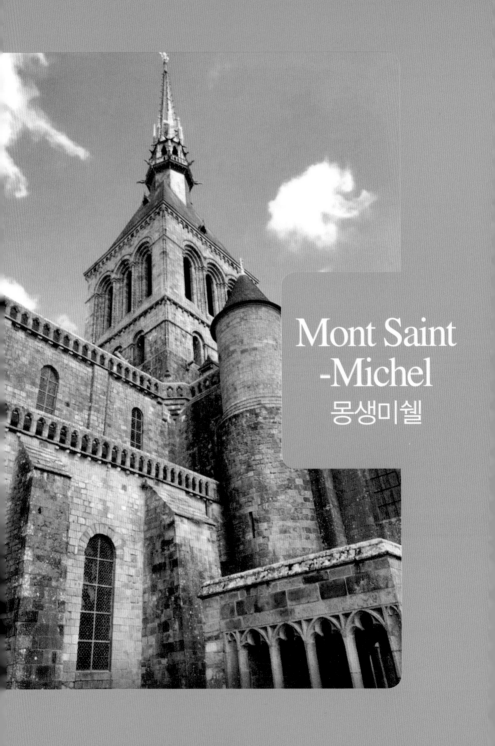

Mont Saint
-Michel

몽생미쉘

켈트족 신화에는 죽은 자의 영혼이 전달되는 바다 무덤이라는 뜻의 몽생미쉘Mont Saint-Michel은 708년, 주교 오베르Aubert에게 성 미셸Saint-Michel이 나타나 산꼭대기에 성당을 지으라고 전했다는 이야기에서 기원한다. 966년 노르망디의 공작인 리차드 1세가 몽생미쉘Mont Saint-Michel을 베네딕트 수도원에 넘겨주면서 베네딕트수교의 중심지가 되었으나 11세기에는 군대의 강력한 요새로 쓰이기도 했다.

15세기 초 100년 전쟁 동안 영국군은 몽생미쉘Mont Saint-Michel을 3번이나 포위했지만 사원은 어떤 공격에도 끄떡없었고, 영국 통치하에 넘어가지 않은 북서 프랑스의 유일한 지역이기도 했다. 프랑스 혁명 이후는 감옥으로도 쓰였으나 1966년 베네딕트수도회에 환원되었다. 몽생미쉘Mont Saint-Michel을 처음 방문하는 사람들은 그 분위기에 반하게 된다. 아래지역은 고대 성벽과 아직도 100여명 정도 살고 있는 혼잡한 건물들로 둘러져 있고, 꼭대기 부분은 거대한 사원지구가 장악하고 있다.

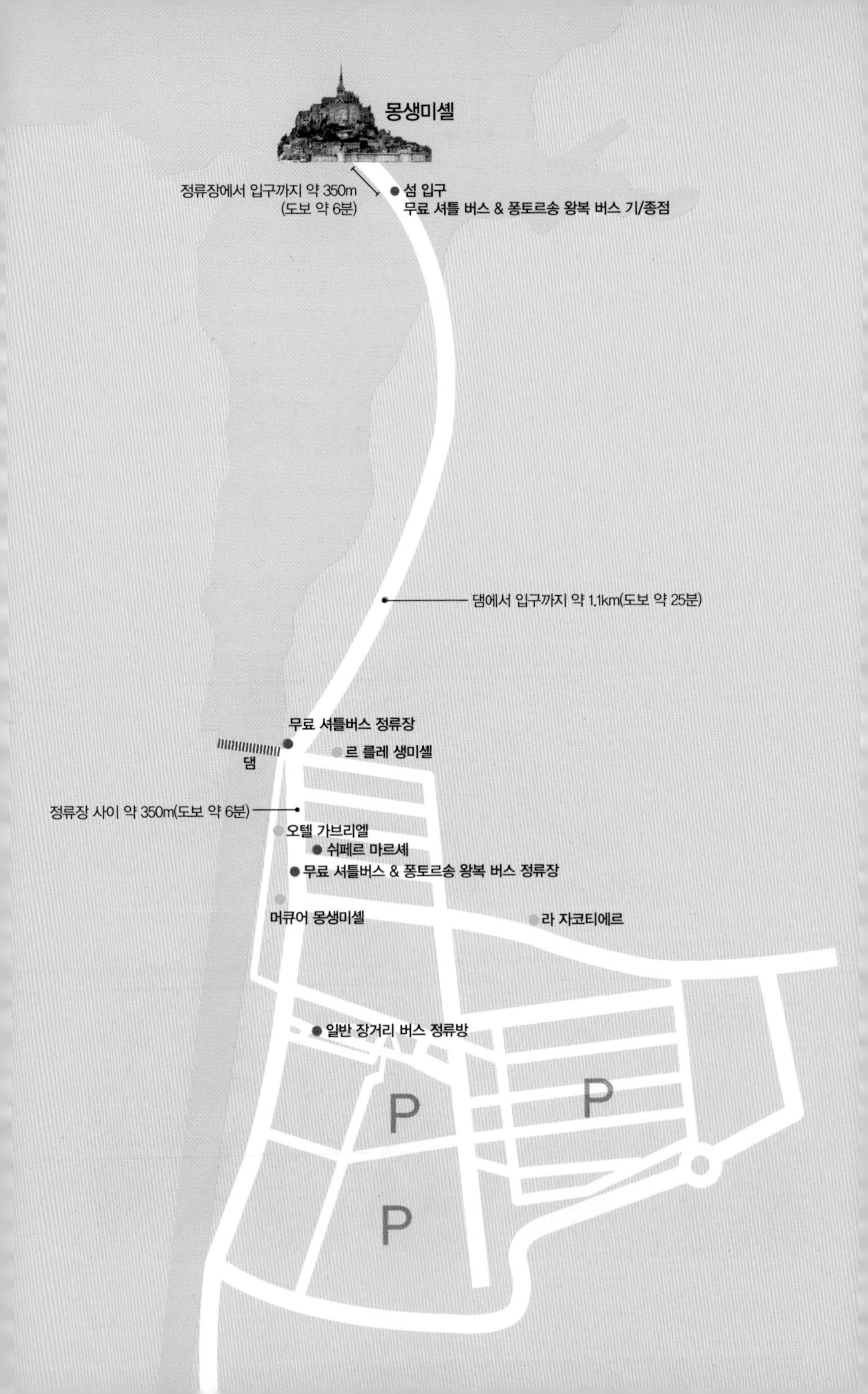

몽생미셸

정류장에서 입구까지 약 350m ● 섬 입구
(도보 약 6분)　　　　　무료 셔틀 버스 & 퐁토르송 왕복 버스 기/종점

댐에서 입구까지 약 1.1km(도보 약 25분)

● 무료 셔틀버스 정류장

● 르 를레 생미셸

댐

정류장 사이 약 350m(도보 약 6분)

● 오텔 가브리엘
● 쉬페르 마르셰
● 무료 셔틀버스 & 퐁토르송 왕복 버스 정류장

● 머큐어 몽생미셸　　　　　　　● 라 자코티에르

● 일반 장거리 버스 정류방

P

P

P

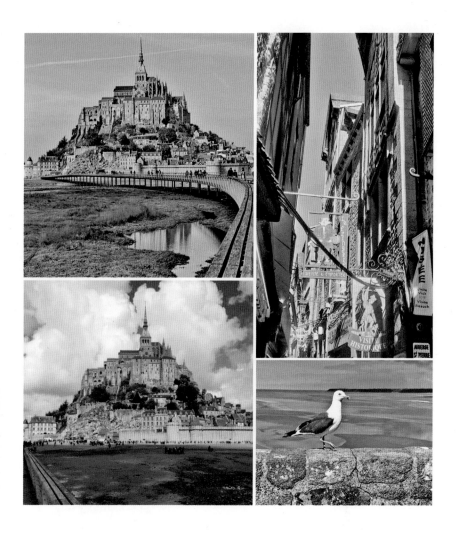

몽생미쉘Mont Saint-Michel은 조수간만의 차가 큰 것으로도 유명한데, 밀물과 썰물 때 해수면의 차이가 15m까지 생긴다. 썰물 때는 수킬로미터까지 펼쳐진 모래 바닥을 볼 수 있지만 약 6시간 정도 지나 밀물 때가 되면 주변이 모두 물에 잠기므로 조심해야 한다. 아주 심할 때는 섬과 본토를 잇는 900m 도로가 모두 물에 잠기기도 한다고 한다.

언덕에서 가장 볼만한 몽생미쉘 사원Abbaye du Mont Saint-Michel은 계단으로 되어 있는 그랑데 루Grande Rue 꼭대기에 있다.

몽생미셸 수도원(Abbaye du Mont Saint-Michel)

멀리서 해안선에 거대하게 보이는 몽생미셸 수도원^{Abbaye du Mont Saint-Michel}은 지하, 중간, 상
층의 3개 층으로 이루어져 있다. 상층의 입구에 들어가면 본당이 나오는데, 높은 천장과 기
하학적인 무늬로 장식되어 있는 본당의 첨탑 꼭대기를 장식하고 있는 주인공은 대천사 미
카엘이다.

본당을 나와 회랑을 들어서면 큰 식당이 보이고 계
단을 따라 내려가면 손님의 방에 도달한다. 손님의
방 옆에는 고딕 양식으로 지어진 기사의 방이 있는
데, 필사본의 방으로 들어가는 인원은 정해져 있었
다고 한다.

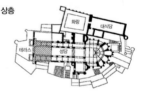

상층

중간층

하층

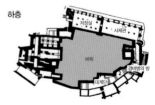

계단을 따라가면 지하층에는 자선의 방이 있다. 이 방에는 걸인들이 있었는데 방 한쪽에 두레박을 설치해 상층에 있는 식당에서 음식을 내리면 받아서 먹도록 되어 있었다.

몽생미셸은 섬 자체만으로 사람들의 상상을 자극하여 많은 이야기가 만들어져 내려오고 있다. 커다란 용이 밤에 마을에 나타나 마을 사람들을 잡아먹는 이야기도 있다.
마을 사람들은 두려움에 왕에게 용을 잡거나 죽여 달라고 간청했고, 왕은 몽생미셸에 군대를 보냈지만 용은 이미 죽어있었다. 이 소식을 들은 사람들은 천사 미카엘이 용을 죽였다고 하면서 몽생미셸의 가장 높은 곳에 천사 미카엘의 동상을 세우고 발밑에 죽은 용의 잔해를 놓았다고 전해진다. 칼과 방패를 들고 있는 미카엘 천사 밑에 용이 있는 동상을 누구나 볼 수 있다.

수도원 뒷문에는 지평선 아래에 하얀 모래밭에 맑은 물이 흐르는 백사장이 나오는데, 먼 수평선을 보면서 쉬어가는 휴식 장소이자 멋진 방면을 볼 수 있는 뷰 포인트[View Point]이기도 하다.

Loire

루아르 고성

프랑스 중앙부를 가로지르는 루아르Loire강은 프랑스에서 가장 긴 강으로, 그 길이는 1,006 km에 이른다. 루아르 지방의 주요 도시는 오를레앙Orléans, 블루아Blois, 앙제Angers, 투르Tours 이다. 발 드 루아르Val de Loire 지역 일대는 유네스코의 세계유산으로 지정된 강변을 따라 14~16세기에 세워진 수많은 고성들과 다양한 역사유적지, 아름다운 포도밭을 볼 수 있다.

루아르Loire 고성은 중세시대의 요새와 이탈리아에서부터 발달한 르네상스 양식의 고성은 프랑스의 역사를 한눈에 보여준다. 루아르 계곡에 고성이 많은 이유는 먼저, 루아르 계곡 은 예로부터 중요한 요지 역할을 하였는데, 1337~1453년에 영국과 프랑스 사이에 벌어진 백년전쟁이 주요 전선이 되었다.

프랑스의 정원
Jardin de la France

'프랑스의 정원Jardin de la France'이라고 불리우는 루아르 강 주변의 고성 중에는 당시 귀족들이 만들었던 큰 규모의 요새들이 많다. 루아르 지방은 기후가 온화하고 비옥한 토양에 평지로 이루어져 있어 강을 통해 무역과 문화의 교류가 활발했다. 당연히 국왕과 영주들은 많은 성을 짓고 자신들의 세력을 과시하기 위해 거대한 요새를 만들기 시작했던 것이다.

절대 왕정이 시작되기 전에 프랑스 왕족은 왕실의 주거지가 불안정하여 따로 두지 않고 침대와 식기 등 성안의 살림을 전부 수레에 싣고 성을 옮겨 다녔다. 그래서 온화한 기후에 거대한 성이 많은 루아르 지방에서 많은 시간을 보냈다고 한다.

루아르 고성 중 세계적으로 잘 알려진 곳은 20여 개인데, 왕족들이 임시 거처로 사용하였던 블루아Château de Blois 고성, 화가 레오나르도 다빈치가 머무르다 생애를 마감한 앙부와즈 끌로 뤼세Château du Clos Lucé 고성, 프랑수와 1세의 사냥터 별장이자 가장 큰 규모를 자랑하는 샹보르Château de Chambord 고성, 탐정 만화 틴틴Tintin을 그린 에르제Hergé가 캐릭터를 구상하는 데 영감을 받았다고 하는 슈베르니Château de Cheverny 고성, 신의 계시를 받은 잔 다르크가 황태자 샤를 7세를 찾아와 호소했던 시농Château de Chinon 고성, 물 위에 떠있는 듯한 다제 르리도Château d'Azay-le-rideau 고성 등을 예로 들 수 있다. 경이로운 역사 유적지와 멋진 자연 풍경, 맛있기로 알려진 음식과 지역 특유의 와인은 매년 수많은 관광객을 사로잡는다.

Giverny

지베르니

클로드 모네Claud Monet를 들어본 적이 없어서 망설일 수도 있지만 지베르니Giverny에 있는 모네의 정원을 본다면 아름다움에 놀라고 친숙함에 넋을 잃을 수도 있다. 관광객들은 7~8월 수련이 핀 장면을 보기 위해 가장 많이 찾는다. 19세기의 걸작으로 일컬어지는 모네의 작품들이 있는 수련 연못에서 영감을 받아 탄생한 실제의 모네 작품을 볼 수 있기 때문이다. 단순한 연못을 소재로 보는 사람의 마음을 진정하게 하는 작품을 본 적이 없다.

개인적으로 삶이 힘들 때 바라본 오랑주리 미술관의 수련 작품은 멍 때리면서 오랜 시간을 서서, 의자에 앉아서 본 적이 있다. 그래서 더욱 실제로 보고 싶었다. 이 작품은 실제로 보는 모습만 옮긴 것이라 정원이 위대한지, 모네가 재해석해 모네가 위대한지 알고 싶었다. 결론은 둘 다 위대하다는 것이었다. 자연을 본 따 정원을 만들 사람들도, 그것을 작품으로 승화시킨 모네도 위대했다. 달리 다른 말로 표현하기 힘들다.

모네는 기차를 타고 지나가다 유리창 너머로 지베르니Giverny를 보았다고 전해진다. 1883년 모네는 지베르니로 이사를 했고 정원을 만들었다. 모네는 지베르니의 정원이 자신이 만든 최고의 작품이라고 했으니 정원이나 수련 작품이나 모네의 것이다.

모네의 정원에는 빛과 그림자가 있는 공간이다. 노르망디의 변덕스러운 날씨 때문에 지속적으로 흔들리면서 변화하는 빛과 그 물 위에 떠 있는 수련 꽃과 잎사귀들은 반사되면서 묘하게 변화한다. 이 변화는 자연이 만들었다.

정원에는 서로 교차하는 많은 자갈길이 놓였는데, 전체적으로 수련 연못을 향해 완만하게 기울어져 있다. 수련 연못은 작지만 분위기가 있다. 정원을 둘러싼 길은 걸어가면 갈수록 빛 속에서 변화하는 다양한 정원의 풍경을 관찰할 수 있다. 눈에서 보이는 느낌이 잘 보이기도 하지만 버드나무에 가려져 보이지 않는 곳도 있다.

지베르니에 있는 모네의 집은 넓은 정원이 있는 저택이다. 관광객들은 집을 둘러보면서 모네에게 강렬한 영감을 주었던 풍경을 느껴볼 수 있다. 모네는 아침 일찍 침대에서 일어나 정원을 바라보면서 하루를 시작했다고 한다. 정원을 보면서 계절에 따라 변화하는 다양한 빛깔을 관찰할 수 있었다.

정원의 넓은 길은 집에서 연못 위에 있는 일본식 다리까지 이어져 있다. 모네의 작품에 자주 등장해서 유명해진 다리는 길을 사이에 두고 나누어 있지만, 터널을 통해 연결해 놓았다. 모네는 그림을 그리던 초창기부터 작업실보다 열린 공간인 야외에서 작업을 했고, 빛의 변화를 포착해 자신의 작품 속에 담으려고 순간적으로 눈에 들어오는 느낌을 빠르게 그려냈다.

지베르니에 있는 동안 세잔Cezanne, 르누아르Renoir, 마티스Matisse, 피사로Pissarro 등 동시대의 유명한 화가들이 이곳에 방문하기도 했다. 이들은 평생 동안 교류를 지속하지는 않았다. 웬만하면 모이기가 힘들었던 쟁쟁한 화가들이 작은 집에 함께 모이기는 힘들었기 때문일 것이다.

Normandy
노르망디

노르망디

NORMANDY

70년이 지났지만 제2차 세계대전을 종식시키기 위해 당시 아이젠하워가 이끄는 연합군이 상륙작전을 감행한 역사적인 상소이다. 노르망디 해안은 수도인 파리에서 기차로 약 2시간이면 도착할 수 있다.

여름에는 휴양지들이 해변을 따라 늘어서 있는 것을 볼 수 있는 마을이다. 프랑스 북부 해안은 여름인 6~9월까지가 가장 여행하기가 좋다.

에트르타(Étretat)나 페캉(Fécamp) 중에 한 곳을 보고 몽생미셸로 이동해 1박을 하고 파리로 이동하는 것이 가장 일반적인 여행 루트이다.

간략한
역사적 의미

노르망디Normandy라는 지명은 10세기 초, 이곳에 바이킹의 한 종족인 노르만 족이 이주하여 노르망디 공국을 세운 데에서 유래한 이름이다. 후에 노르망디 공국은 영국으로 진출하고 프랑스와 영국의 영토 분쟁에 휘말리기도 했으나, 지금은 완전히 프랑스로 변했다. 현재 노르망디는 산림지대로 보호받고 있다.

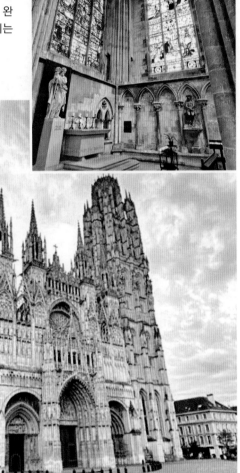

노르망디 개념잡기

노르망디의 수도인 루앙Rouen에는 성당 건물을 비롯해 중세 건축물들이 많이 남아 있고, 바이유Bayeux는 11세기부터 번창한 마을이지만 2차 세계대전, 노르망디 상륙작전에서 연합군이 상륙한 해변에서 가장 가까운 마을로 인기를 끌고 있다.

유타 해변Utah Beach 뒤쪽에 위치한 생-메르-에글리즈Ste-Mère-Église에 있는 교회의 스테인드글라스 유리창 중에 교회의 첨탑에 착륙한 낙하산병 존 스틸John Steele을 기념하고 있다. 영화 지상 최대의 작전The Longest Day은 이 사건을 기초로 만든 영화이다.

노르망디 상륙작전

평화로운 노르망디 해안을 거닐다보면 핏 비린내 나는 전투가 발발했다는 사실을 알기가 어렵다. 1944년 6월 6일에 히틀러의 제3제국이 세웠던 '대서양 방벽'의 무너진 콘크리트 벙커와 대포를 쏘는 설치물에서부터 많은 연합군 병사들의 묘에 이르기까지 '노르망디 상륙작전'의 흔적이 남아 있다.

미군 3개 사단, 영국군 2개 사단, 캐나다군 1개 사단의 연합군 대부분은 영국의 포츠머스Portsmouth에서 배로 항해하여 쉘부르Cherbourg와 르 아브르Le Haavre사이에 위치한 지금의 칼바도스 해안Côte du Calvados이라고 불리는 해변에 상륙했다.

연합군은 유타, 오마하, 골드, 주노, 스워드 등의 교두보에서 출발하여 노르망디를 지나 내륙으로 파리까지 진격할 계획이었다. 칼바도스 해안 중간 정도에 위치한 작은 마을 아로망셰Arromanches에서는 가장 격렬한 전투가 벌어졌다.

이곳에는 지금 노르망디 전투를 기념하는 박물관이 2곳에 있다. 아로망셰 박물관은 연합군이 교두보들로부터 돌파해 나오는 데 결정적인 역할을 한 2개의 멀베리 항구Mulberry Harbors 가운데 하나가 있던 자리 옆에 세워져 있다. 그러나 상륙작전 당일의 진정한 의미를 알기 위해서는 콜빌-쉬르-메르Colleville-sur-Mer에 위치한 미군 묘지를 방문해야 한다. 이곳에 잠들어 있는 병사들은 거의 모두 젊은 나이였고, 많은 수가 십대였다. 그들은 해방된 파리에서 샴페인을 들며 축배를 나누지 못한 채 어린 나이에 죽어갔다.

노르망디의
작은 마을들

루앙(Rouen)

노르망디 공국의 수도인 루앙^{Rouen}은 1431년 잔다르크가 화형을 당하기도 한 곳으로 역사적인 도시이다. 19세의 나이로 프랑스를 구원했지만 마녀로 화형을 당한 곳에 지어진 잔 다르크 교회$^{Eglisa\ St.\ Jeanne}$는 올드 타운 중앙에 박물관과 함께 있다.

그녀가 죽임을 당하고 25년이 지난 후에 교황청은 성인으로 추대하면서 광장 중앙에 십자가를 세우며 교회의 건설이 시작되었다고 알려져 있다. 파리의 생 라자르$^{St.\ Lazar}$ 역에서 기차를 타고 70분 정도면 도착할 수 있다.

노트르담 대성당 (Cathedrale Notre Dame)

역사적인 도시인만큼 노트르담 대성당^{Cathedrale} ^{Notre Dame}이 도시 중앙에 하늘 높이 솟아있다. 12세기 중반에 로마 시대의 교회 터에 짓기 시작했지만 화재로 소실된 후 잊혀져갔다. 영국의 왕이었던 존의 기부로 다시 성당이 건설되어 지금의 형태를 이루었다.

노르망디 상륙작전으로 훼손이 심했지만 다시 복구한 상태이다. 성당은 서쪽의 파사드가 가장 아름답다. 그래서 모네도 루앙 성당을 30점 넘도록 연작으로 그리기도 했나보다.

바이유(Bayeux)

인구 약 15,000명의 작은 마을인 바이유^{Bayeux}는 2가지 전장으로 유명하다. 1066년 노르망디 공국의 윌리엄이 이곳을 거쳐 영국을 점령했고, 1944년 6월6일, 연합군의 노르망디 상륙작전 당시 가장 먼저 이곳으로 들어왔기에 나치 점령하의 프랑스에서 가장 먼저 해방된 도시이기도 하기 때문이다.

현재는 너무 관광지화가 되기는 했지만 그만큼 매력이 있는 곳으로 아직까지 관광객이 많이 찾고 있다. 세계적으로 유명한 '바이유 데피스트'는 거친 린넨으로 길이 70m나 되고 순모로 수놓아져 있다.

지베르니(Giverny)

지베르니^{Giverny}에 있는 모네가 살던 집과 정원은 미국 미술관이 개관하는 4~10월 사이에 가장 관광하기에 좋다. 봄과 초여름에 꽃이 가장 아름답다고 알려져 있다. 지베르니^{Giverny}에 있는 미국 미술관은 메리 카사트, 윈슬로우 호머, 제임스 맥닐 휘슬러 등 1750년부터 현재까지의 미국 화가들의 작품을 전시하고 있다.

옹플뢰르에서 르아브르를 경유하여 디에프 해안을 지나 파리까지 322km를 다니는 하루 투어가 진행 중이다. 하지만 프랑스 사람들은 3~5일 정도를 여행하는 것이 일반적이다. 지베르니를 제대로 감상하려면 카페이자 B&B인 르 봉 마레샬^{Le Bon Maréchal}에 찾아가도록 하자. 모네와 친구들이 모여서 이야기를 나누던 곳으로 방은 3개뿐이다.

혼자 여행하는 사람은 센 강 계곡을 따라 기차나 자동차로 이 루트를 다니는 것을 추천한다. 루앙이나 파리에서 지베르니^{Giverny}로 기차를 타고 가려면 베르농^{Vernon}에서 내려 갈아타야 한다. 노르망디의 센마리팀^{Seine-Maritime} 행정구에서는 해안을 따라 인상주의를 주제로 한 여행을 홍보하고 있다.

인상파 찾아가기

인상주의 화가들은 클로드 모네의 그림을 통해 '인상주의'라는 이름을 얻게 되었다. 그림의 제목은 인상, 해돋이Impression, Sunrise로 노르망디 해안의 르아브르Le Havre시의 안개 긴 풍경을 묘사한 것이었다. 모네는 르아브르Le Havre에서 화가, 외젠 부댕과 함께 야외에서 그림을 그리면서 빛과 대기를 화폭에 잡아내는 재능을 찾아낼 수 있었다. 바로 이 루아브르Le Havre에서 프랑스 인상주의 화가들의 자취를 찾아 떠나는 여행을 시작한다.

르아브르에서 출발하여 도빌Deauville 해안과 트루빌Trouville 해안, 옹플로르Honfleur 어촌을 둘러본다. 그 다음 이름처럼 하얀 석고 해안Alabaster Coast을 따라 동쪽으로 디에프Dieppe로 가서 에트르타Étretat와 페캉Fécamp의 절벽을 찾는다.

모두 모네의 동료인 피사로, 마네, 드가, 르누아르, 베르트 모리조 등의 인상주의 화가들을 매혹시킨 장소이다. 다음으로 이곳을 떠나 내륙의 루앙Rouen으로 이동한다. 루앙에서 모네는 성당 정면의 풍경을 담은 연작을 그렸다. 강을 따라 올라가면 센 강 동쪽에 지베르니Giverny가 있다. 지베르니는 모네가 인생의 후반기를 보낸 곳으로 모네의 수련 시리즈에 영감을 준 아름다운 정원을 방문할 수 있다.

파리에 도착하면 인상주의 화가들이 도시와 관련한 주제들을 좋아했음을 생각해볼 수 있다. 당시 파리는 현대화가 진행 중이었기 때문에, 르누아르의 퐁네프Pont Neuf나 드가의 콩코르드 광장Place de lu Concorde 등 인상주의 화가들이 그렸던 파리는 지금과 거의 비슷한 모습이다.

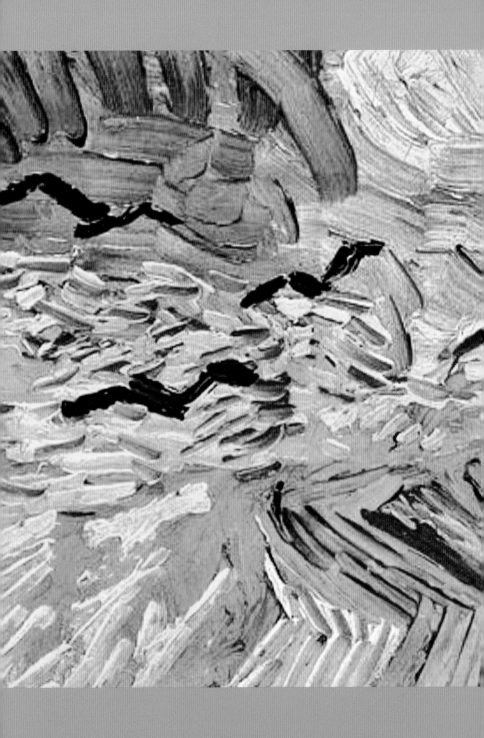

Auvers-Sur-Oise

오베르 쉬르 우아즈

오베르 쉬르 우아즈

AUVERS-SUR-OISE

의외로 파리와 같은 대도시에서 여행을 하다보면 많은 사람과 차량에서 나오는 소음으로 지치게 되기도 한다. 우아즈 강에 있는 오베르라는 뜻의 작은 마을은 대부분 빈센트 빈 고흐 때문에 방문하는 마을이다. 오베르 쉬르 우아즈(Auvers-Sur-Oise)는 역장도 역무원도 없는 작은 마을이지만 여행자의 마음을 훔칠 수도 있을 것이다. 그만큼 오베르 쉬르 우아즈(Auvers-Sur-Oise)는 누구도 관심을 가질만한 마을은 아니다.

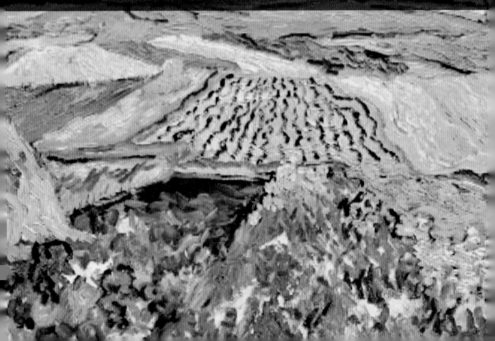

빈센트 반 고흐 느껴보기

고흐는 자신의 마지막 70일 정도를 머물면서 70점이 넘는 그림을 그렸다. 특히 가을이 깊어가는 어두운 날에 방문하면 우울한 고흐의 심정을 느껴볼 수도 있을 것이다. 그는 라부 여관에 지내면서 여관부터 교회, 시청, 까마귀가 날아다니는 밀밭을 그려냈다. 자신의 인생을 비관하고 나아지지 않았던 그의 삶은 이곳에서 아무리 그림을 그려도 좋아지지 않았다. 역설적이게도 그의 그림은 죽은 이후 동생 테오에 의해 알려지기 시작해 이제는 천재라는 평가를 받고 있다.

깨끗하고 조용한 마을은 역에도 사람이 없고 역을 지나가는 차량이 보일 뿐이지만 관광객들은 오베르의 교회를 보기 위해 찾아온다. 고흐가 그린 그림과 같은지, 어떤 느낌일지 100년이 지났지만 알고 싶은 여행자의 관심을 자아낸다.

가는 방법
파리의 북역 30~36번 플랫폼에서 출발하는 퐁투아즈^Pontoise 행 기차를 타고 1시간 정도 타고 내려서 다시 오베르 쉬르 우아즈^Auvers-Sur-Oise 행 기차를 11번 플랫폼에서 갈아타고 20분 정도 가면 도착한다.

오베르 쉬르 우아즈(Auvers-Sur-Oise) 투어

고흐는 고요하고 목가적인 이 마을을 좋아했던 것 같다. 교회와 시청, 정원, 밀밭의 짚더미도 그림을 그려 작품을 만들었다. 덕분에 지금은 오베르 쉬르 우아즈Auvers-Sur-Oise 마을 전체가 미술관이나 마찬가지이다.

역을 나와 오른쪽으로 돌아 걸어가면 작은 횡단보도가 있다. 조금 고개를 올리면 언덕길이 나오는 데, 누구나 그 길을 따라 올라가고 얼마 있으면 작은 오베르 교회를 볼 수 있다. 시골의 교회이기에 단촐한 교회이지만 정면에는 정원이 보이고 그 정원 안에 교회가 서 있다. 관광지에서 보이는 웅장한 교회가 아닌 소박한 교회는 교회의 경건함보다는 관광객의 소리로 관광지화 되는 것이 안타깝기는 하지만 고흐의 그림이 그려진 안내판이 보이고 누구나 사진을 찍으면서 각자의 느낌을 가진다. 다행히 너무 많지 않은 관광객이기에 각자의 오베르 교회에 대한 느낌은 나쁘지 않다.

고흐의 작품을 직접 보면 그리지 않고 끌고 긁으면서 두껍고 얇은 물감이 입체감을 느끼게 만들어서 생동감이 느껴진다. 화려한 색상으로 그려진 그림은 오르세 미술관에서 볼 수 있다. 사람들은 고흐의 천재성을 느낄 수 있다고 말하는 데, 마치 실제 오베르 교회에서도 그

느낌을 그대로 받으려고 노력한다. 고흐가 아니었다면 평범했을 교회가 새로운 생명을 부여받아 살아 숨 쉬는 듯, 눈으로 받아들여 온 몸에 느낌을 받으면 생동감이 넘칠 수 있다.

오베르 교회를 지나 작은 오솔길을 따라가면 고흐가 마지막으로 그린 '밀밭 위의 길가마귀 떼'의 장면이 있는 밀밭을 볼 수 있다. 마지막 그의 대표작 '까마귀가 있는 밀밭'은 자살 직전인 7월에 그린 그림이다. 어두워 낮게 보이는 하늘을 짙게 표현하고 아래에는 대조적인 황금빛 밀밭을 그리고 밀밭만 있다면 단조로웠을 밑부분에 까마귀 떼로 3부분으로 나누어져 있다. 마지막 작품은 고흐의 불안한 심리를 반영했을 것 같다.

그림의 상황과 같으려면 가을이 좋겠지만 여름도 나쁘지는 않다. 밀밭 길을 걸어가면 고흐가 그린 장소에 안내판이 있다. 고흐의 죽음을 알 수 있을 것 같은 코발트 색상의 하늘에 길가마귀 떼가 나는 밀밭을 볼 수 있다.

흐린 날에는 죽음을 앞둔 아픈 고흐의 심정을 느낄 수 있을 것 같다. 밀밭을 지나가면 마을의 공동묘지가 나오는 데, 묘지 안에 들어가면 고흐와 그의 동생 테오의 무덤, 작은 무덤 2개가 나온다. 초라한 무덤, 누구에게도 인정받지 못한 자신의 인생을 슬퍼했을지, 그런 세상에서 외로움에 지쳐 세상에 울분이 쌓여 있었을 수도 있겠지만 죽고 난 후에 고흐는 천재성을 인정받고 그림은 사람들에게 영감을 주고 있다.

오베르 시청사
La Mairie of Auvers

고흐가 죽기 마지막 1년, 그가 그린 작품 중에서 가장 밝은 분위기의 작품이다. 오베르 시청을 배경으로 그린 작품은 지금도 그대로 서 있다. 그는 라부 여관의 주인에게 선물로 주었고 주인은 그림을 전혀 모르는 인물이었다. 안타깝게도 고흐가 죽고 나서 다른 화가들이 그 그림을 팔라고 설득하는 와중에 그림을 헐값에 파는 실수를 저지른다.

가세 박사의 초상화 (Portrait du Dr Gacher)

빈센트 반 고흐가 죽기 전 완성한 마지막 초상화이다. 정신과 의사였던 가세 박사를 만나고 마음의 안정은 이루어졌는지 고흐는 마지막 7개월 정도 많은 작품을 남겼다. 가세 박사는 그림을 그리도록 도와주었던 인물이지만 자신은 아내와 사별하고 우울증에 시달렸다고 알려진다. 손에 있는 식물은 디기탈리스라는 정신병에 사용된 약초라고 전해진다. 이 작품은 고흐가 죽고 그 이후 무려 13명의 소장자를 전전하며 여러 나라를 떠돌았다고 한다.

라부 여관(반 고흐의 집)
Auberge Ravoux

라부 여관과 고흐가 머문 방이 그대로 보존돼있다. 고흐가 2층에서 하숙을 하면서 많은 작품들을 남겼지만 자신의 상황을 비관해 권총 자살한 장소이다.

1층은 레스토랑으로, 고흐가 마지막 삶과 가셰 박사의 도움으로 안식을 얻고 죽음의 강을 건넜던 2층 방은 박물관으로 운영되고 있다. 박물관으로 사용되는 고흐의 방에는 고흐가 사용했던 철제 침대만 놓여 있다. 라부 여관 1층에 있는 식당에는 고흐, 세잔 등 많은 예술가들이 드나들던 때인 19세기 말의 분위기를 그대로 유지하고 있기도 하다. 생전 고흐가 자주 먹었다고 하는 음식이 메뉴로 있어 관광객이 식사를 하는 레스토랑이다.

반 고흐 공원
Le Parc Van Gogh

라부 여관을 나와 왼쪽으로 돌아가면 자트킨이
제작한 고흐 동상이 서 있는 반 고흐 공원Le Parc Van
Gogh이 있다. 공원의 정면에는 작은 빵집이 있어
서 크루아상과 바게트를 먹으면서 이전의 느낌
을 받을 수 있다.

오베르 쉬르 우아즈Auvers-Sur-Oise에 레스토랑이 별
로 없기 때문에 관광객은 대부분 이곳에서 빵과
크루아상을 구입해 점심을 먹게 된다. 공원에서
식사나 간단하게 먹으면서 여유롭게 공원에서 즐
기면 기분이 좋아질 것이다.

아들린 라부의 초상화 (Portrait du Adeline Ravoux)

아들린 라부의 초상화는 빈센트 반 고흐의 1890년도 작
품이다. 여관 주인의 딸, 아들린(Adeline)을 그린 그림
은 3개이다. 푸른색 드레스를 입고 다소곳하게 앉아 있
는 그림이다. 아들린(Adeline)은 13세였다고 알려져 있
는데, 그림은 상당히 성숙한 여인의 그림으로 묘사되어
있다. 그래서 당사자 아들린은 좋아하지 않았다고 알려
져 있다.

About 빈센트 반 고흐(Vincent van Gogh)

빈센트 반 고흐는 풍경화와 초상화를 그린 네덜란드의 후기 인상주의 화가이다. 아마도 전 세계에서 가장 유명한 화가 중 한 명일 것이다. '불멸의 예술가', '태양의 화가'로 불리는 그는 아트 딜러, 교사, 전도사 등의 직업을 거쳐 다소 늦은 나이인 28살부터 그림을 그리기 시작했다. 손이 부지런한 화가였던 그는 약 9년간 879점의 작품을 남겼다. 그러나 살아생전 판매된 그림은 '아를의 붉은 포도밭'이 유일했다.

세상이 몰라주는 화가였던 고흐는 가난했고, 불운했다. 죽어서야 명성을 떨친 데다 생애 말기 정신 질환으로 기행을 일삼는 등 파격적인 스토리까지 더해져 그의 일대기는 수차례 영화로 만들어졌다.

Germany

독일

Frankfurt | 프랑크푸르트
Munich | 뮌헨
Fussen | 퓌센
Heidelberg | 하이델베르크
Rothenburg | 로덴부르크

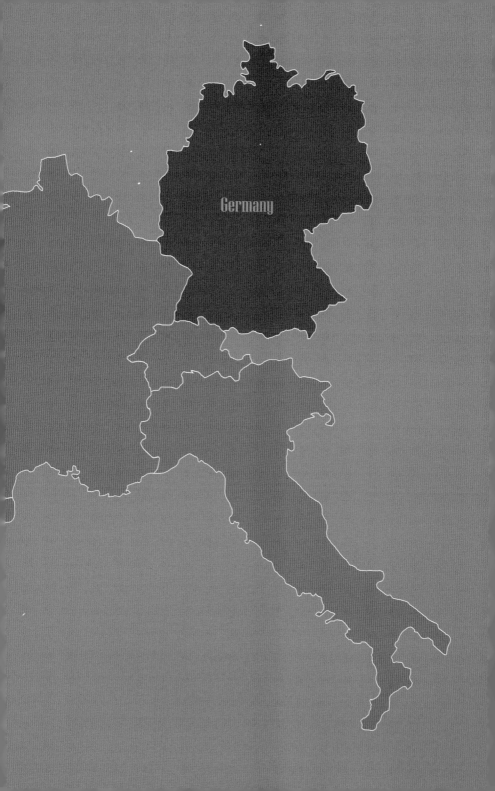

한눈에 보는 독일

▶ **국명** | 독일 연방 공화국(Republic of Germany)
▶ **수도** | 베를린
▶ **언어** | 독일어
▶ **면적** | 3,575만㎢
▶ **인구** | 약 8,378만 명
▶ **GDP** | 46,259달러
▶ **종교** | 개신교 30.8%, 구교 31.5%,
　　　　 이슬람교 4%
▶ **시차** | 8시간이 늦다.
　　　　 (서머타임 기간인 3월 말~10월말까지는
　　　　 7시간 늦다.)

국기
위에서부터 검정 · 빨강 · 노랑(금색)인 3색기이다. 공식명칭은 '연방기'라는 뜻의 'Bundesflagge'이며, 독일인들은 일반적으로 간단히 독일 국기라는 뜻으로 'Deutschlandfahne' 라고 부른다. 검정은 인권 억압에 대한 비참과 분노를, 빨강은 자유를 동경하는 정신을, 노랑 은 진리를 상징한다. 3색의 유래에 대해서는 1813~1815년에 걸친 나폴레옹 전쟁시 옛 프러시 아군 의용병의 복장색이라는 설과 다른 여러 설이 있다.

지형
독일의 중부 고원지역은 북부와 남부 독일을 가르며 독일의 주임지역은 라인란트 산악지 역, 블랙포레스트, 바바리아 포레스트, 오레 산맥, 하르츠 산맥으로 분리되면서 뻗어나온 낮은 구릉지역이다. 라인강과 마인 강이 이 중심지역을 남서로 가르고 있다. 독일 알프스 인 바바리아는 서부 콘스탄체 호수에서 독일 남동부 베르흐테스가덴까지 뻗어 있다. 대부 분 산봉우리가 2,000m이상이며 가장 높은 곳이 축슈피체(2,966m)이다.

예의
큰소리를 내며 맥주를 마시는 독일인의 이미지는 찾아보기 힘들다. 시간과 규율에 철저한 독일인의 인상도 많이 희석되고 있다. 상식적인 예의를 중요하게 생각한다.

독일 역사

<table>
<tr><td>프랑크
왕국</td><td>라인 강 서쪽과 마인 강 남쪽에 위치한 독일은 원래 로마제국의 일부였다. 그러나 로마제국이 붕괴되면서 이 지역 여러 종족들이 유럽전역에 퍼져나가 작은 왕국을 세우게 되는데, 이 중 아헨지방에 근거한 샤를마뉴 대제가 대부분의 서유럽 지역을 정복하면서 거대한 프랑크 왕국을 세우게 된다. 그 후 962년에 프랑크제국 동부지역은 오토 1세가 세운 신성로마제국이 된다.</td></tr>
<tr><td>13세기</td><td>빈을 통치하던 합스부르크 왕가가 제국을 통치하게 된다. 그리고 뤼벡을 중심으로 한 발티 해 국가들과 독일 연합인 한자동맹으로 북부 독일의 외형적인 통합은 유지해 나갔다.</td></tr>
<tr><td>16세기</td><td>1517년 에어푸르트 수도원 출신 학자인 마틴 루터가 비텐베르그 교회 문에 '95조 조항'을 내건 이후로 유럽은 더 이상 예전과 같은 유럽이 아니었다. 루터는 죄인들의 벌을 사해준다는 면죄부를 판매하는 등 가톨릭교회의 사기행위에 대해 반박하게 된다. 교회를 개혁하려는 루터의 노력은 막대한 지지를 얻게 되며 신교운동과 종교개혁으로 절정에 이르게 된다. 유럽 전역에 퍼진 신, 구교 국가 간의 긴장으로 비극적인 30년 전쟁이 일어나게 된다. 독일은 유럽 거대세력간의 전쟁터가 되어 인구의 1/3을 잃게 되며 수많은 도시와 마을은 폐허가 된다. 베를린에 수도를 둔 프로이센 제국이 유럽에서 가장 강력한 세력으로</td></tr>
</table>

18세기

성장한다. 프리드리히 빌헬름 1세와 그의 아들 프리드리히 2세의 조직력으로 프로이센은 폴란드, 리투아니아, 러시아를 침략하여 점차 동쪽으로 확장해 나갔다.

19세기

19세기 초에 분열되었던 독일은 나폴레옹의 쉬운 정복대상이 된다. 그러나 프랑스는 강인한 도일의 주요 저항무대인 프러시아까지는 결코 정복할 수 없었다. 나폴레옹이 러시아에서 무참히 패배한 후 독일은 1813년 라이프치히 전투에서 그의 독일에 대한 야망을 산산이 부셔버렸다.
1815년 빈 의회는 35개국의 독일 연방으로 된 신성로마제국으로 바뀌게 되었다. 그리고 신성로마제국 의회가 프랑크푸르트에 형성되어 오스트리아 재상인 클레멘스 폰 메터니히가 이끌게 된다.

1866년

프로이센의 오토 폰 비스마르크가 오스트리아를 침략하면서 깨지게 되고 그는 재빨리 독일 북부를 통합해 나가게 된다. 1870~1871년 프로이센은 프랑스를 패배시키고 전투에서 승리하여 알사스, 로렌지방을 차지하게 된다. 그래서 프로이센 왕인 빌헬름 1세는 독일황제인 카이저가 되기에 이른다.

**1914년
1차
세계대전**

독일의 동맹국은 약소국인 오스트리아-헝가리 뿐이었다. 양쪽 전선에서의 힘겨운 전투로 국가자원은 약화되고 1918년 말까지 독일은 화해를 청하지 않을 수 없게 된다. 빌헬름 1세는 왕권을 버리고 네덜란드로 도망쳤으며, 바이마르 공화국이 들어서게 되었다.

**1919년
~1932년**

전쟁 후 독일은 1차 세계대전 당시의 적국에 막대한 배상금을 지불하지 않을 수 없게 된다. 그에 따라 발생한 엄청난 인플레이션과 비참한 경제 상황이 계속되면서 정치적인 극단주의자들이 생겨나게 되었다. 그 중 한 명이 바로 오스트리아의 유랑노동자이자 독일의 퇴역군인인 '아돌프 히틀러'였다. 히틀러의 국가 사외주의 독일 노동당(나치)은 1923년 뮌헨에서 쿠데타를 일으키지만 실패하고 만다. 이로 인해 히틀러는 9개월 동안 감옥에 투옥되며 이때 그는 자신의 과대망상적인 이야기, 나의 투쟁을 쓰게 된다.

**1933
~1945년**

2차 세계대전
나치는 총선에서 세력을 늘리게 되고 사회민주당을 대신하여 1933년 라이히스타에서 가장 큰 정당이 된다. 이에 따라 히틀러가 수상으로 임명되고 1년 후 지도자로 자리를 굳히게 된다. 히틀러는 1936년 라인란트를 다시 점령하고 1938년 오스트리아와 체코의 일부 지방을 합병하게 된다. 스탈린과 히틀러가 동유럽에 대한 자유 재량권을 허용하는 조약에 서명한 후 1939년 9월 히틀러는 마침내 폴란드를 침략하게 되고 영국, 프랑스와의 전쟁을 일으키게 된다. 독일은 재빨리 유럽 대부분 지역을 침략하였지만 1942년 이후로 점점 엄청난 손실을 입게 된다. 1945년 5월 독일은 무조건적인 항복을 하게 되고 히틀러는 자살을 하게 된다.

2차 세계대전의 참상에서 가장 끔찍한 것은 나치가 운영하는 포로수용소에서 6백만 이상의 유대인, 집시, 공산주의자, 기타 나치에게 대항하는 사람들을 죽였다는 것이다. 이 대학살은 국가적인 수치였으며 지금도 그 악명은 깨끗이 떨쳐지지 않게 되었다.

얄타회담과 포츠담 회담에서 승리한 연하국은 독일 국경을 다시 그리게 된다. 소련 점령지역에서는 공산주의 통일당이 1946년 선거에서 승리하게 되고 습진적으로 산업을 국영화하기 시작한다. 1948년 6월 소련은 독일의 서방국 점령지역 및 베를린 간의 모든 육상 교통을 차단하게 된다. 이로 인해 서방 연합국은 베를린 공수작전이라고 알려진 군사작전을 시작하여 비행기로 서베를린에 식량과 기타 물자를 공급하게 된다.

 1949년 9월 독일 연방공화국은 3곳의 서방구역을 만들게 되고 그 다음 달 이에 대응하여 독일 민주공화국은 베를린을 수도로 한 소비에트 구역을 만들게 된다. 공산주의에 반대하는 서방의 보호에 따라 서독에는 전후 수년동안 미국 자본이 엄청나게 유입된다. 서독지역에서의 좀 더 낳은 생활은 숙련된 노동자들을 점차 끌어들이게 되고, 동독은 손실을 받지 않을 수 없게 된다. 그리하여 1961년 서베를린 주변에 장벽이 세워지고 서독과의 국경이 봉쇄된다.

미하일 고르바초프가 1985년 소련에서 권력을 장악한 후 동독의 공산정권은 점차 소련의 지원을 받지 못하게 된다. 헝가리는 1989년 5월 국경 통제를 완화하게 되고 동독인들은 서쪽으로 몰려들기 시작한다. 1989년 11월 9일 서쪽으로의 직접 허용한다는 공산당국의 갑작스런 결정은 동.서독의 모든 국경이 즉각적으로 개방된다는 것으로 오인되기에 이르며, 그날 밤 수천 명의 사람들이 아연실색한 국경경비대를 지나 서쪽으로 몰려든다. 그 후 며칠간 수 백 만 명이 몰려들게 된 베를린 장벽은 해체되기에 이른다.

몇 달 후 동, 서독과 2차 세계대전 당시의 연합군은 2+4 조약에 서명하게 되고 전후 점령지 체제를 종결짓게 된다. 독일은 동쪽 국경을 인정하여 1945년 이후로 폴란드와 소련이 합병한 영토를 공식 인정한다. 그리고 1990년 10월 3일 통일조약에 기초하여 독일 민주 공화국은 독일 연방공화국으로 통합된다.

통일 독일의 경제 사회적 비용은 엄청난 것으로 입증되었다. 정부는 서독지역과 간은 수준으로 만들기 위해 막대한 금액의 자금을 동독 지역의 사회기반사업, 주택건설, 환경보호시설에 쏟아 부었다. 1991년 독일 의회인 분데스탁은 독일 수도를 본에서 베를린으로 이전할 것을 결정하였으며 의회와 각국 대사관은 현재 베를린에 소재하고 있다.

독일 여행 전 알고 떠나자!

■ 대표적인 유럽 맥주 여행의 양대 산맥

와인이 역사적으로 가장 오래된 술이라면 전 세계의 서민들이 가장 많이 먹는 술은 맥주일 것이다. 마실 때에도 와인은 혀를 굴려 향을 음미하며 먹지만 맥주는 단숨에 들이키면서 목구멍에서 느끼는 상쾌한 맛으로 시원한 맛을 즐기는 술이다.

맥주는 보리와 기타 녹말 성분을 갖고 있는 곡류에 물을 넣어 발효시켜 만들기 때문에 곡류, 물, 제법 등 여러 가지 요인으로 품질이 좌우된다. 맥주는 포도의 재배가 안 되었던 독일, 덴마크 등에서 발달되어 전 세계로 퍼져 나갔다.

13세기 후반 호프를 이용하면서 질이 올라가면서 인기를 끌게 되었다. 쓴맛과 특유의 향을 내는 호프는 맥주를 맑게 하고 살균 작용하기 때문에 호프의 사용은 맥주의 질을 한 단계 더 높이는 획기적인 사건이었다. 맥주의 거품은 탄산가스의 방출을 방지해주어 신선한 맛을 유지시켜 준다. 맥주는 각 나라마다 특색 있게 발전해 왔으며 종류 또한 수도 없이 많아 새로운 경험을 할 수 있다.

독일
맥주 양조장만 1,800여개가 되는 맥주의 본고장이라고 할 수 있다. 2,000년이 넘는 역사와 전통을 자랑하는 독일은 전통에 걸맞는 호프를 처음 만들고 완성되었다. 역사적으로 독일의 맥주 명성을 가장 중요한 역할은 1516년의 맥주 순수령이었다. 바바리아의 맥주는 첨가물을 일제 사용하지 않으며 하젤 타우산 호프와 알프스의 맑은 물, 맥아와 효모만 사용한다는 것을 규정한 것이다.

매년 10월에 열리는 옥토버페스트 맥주 축제 때는 맥주를 마시면서 어울려 높고 노래 부르고 건배를 외치면 즐기는 모습은 뮌헨 여행의 백미이다. 뮌헨의 맥주는 강한 뒨켈, 부드러운 크리스탈 맥주이다. 뒤셀도르프에는 알트비어, 쾰른에는 쾰슈비어, 베를린에는 베를리너바이세가 있다.

체코

황금색의 옅은 맥주 빛깔과 맥아향이 약하고 맛이 담백한 필젠 타입 맥주의 본고장으로 맥주의 맛과 소비량이 독일과 비슷할 정도로 유명하다. 맥주로 유명한 체코의 지명을 따 온 맥주로 세계 맥주시장을 장악해 버린 버드와이저도 체코의 지명을 따온 것이다. 맥주를 좋아하는 체코인들과 관광객까지 가세해 국민 1인당 맥주 소비량은 독일과 항상 1등을 달린다. 체코의 대표적인 맥주인 필스^{Pils}는 체코 여행에서 반드시 마셔야 하는 맥주이다.

덴마크

독일의 위에 있는 북유럽의 덴마크에는 유명한 칼스버그(Carlsberg)가 있다. 덴마크의 수도 코펜하겐은 칼스버그와 동화작가 안드르센과 함께 코펜하겐의 대표적인 자랑거리이다. 설립자 야곱슨이 덴마크 교외의 물 좋은 산기슭에 맥주 공장을 세우고 자신의 아들 칼(Carl)의 산(Berg)이라는 뜻으로 칼스버그(Carlsberg)라는 이름을 붙였다.

■ 활판 인쇄술 & 종교개혁

중국에서 2세기경 한나라에서 종이가 발명되고 7세기 당나라 대부터 목판 인쇄로 책을 대량으로 찍을 수 있었지만 유럽에서는 값비싼 양피지나 파피루스를 종이로 사용하고 있었다. 이슬람 세계를 거쳐 유럽에 종이가 전해진 뒤에서야 활판 인쇄가 시작되었다.

1454년 독일의 구텐베르크가 자신이 발명한 활판 인쇄기로 첫 번째 책인 라틴어 성서를 인쇄하였다. 이전에는 모든 글을 손으로 써서 책으로 만들 수 있었기에 하루 종일 쓰고 써도 많이 쓰지를 못했다. 하지만 활판 인쇄기 덕분에 똑같은 글씨체로 하루에 300장 정도를 깨끗하게 찍어낼 수 있었다. 그것은 대단한 발명품이었다. 활판 인쇄술 덕분에 책값이 저렴해져서 많은 사람들이 쉽게 책을 접할 수 있었기 때문이다. 루터에 의해 시작된 종교 개혁이 유럽 전체로 퍼지게 된 데에는 새로운 인쇄술의 보급이 큰 역할을 하였다.

16세기에 독일에서는 7명의 제후들이 선거를 통해 황제를 뽑아서 그 중 3명은 로마 교황으로 임명하였다. 그러므로 독일에서는 교황의 영향력이 매우 강력했다. 하지만 독일인들은 교황의 간섭을 싫어했고 교회에 바치는 세금이 로마 교황에게 들어가는 것에 불만이 많았다. 레오 10세 교황은 성 베드로 성당을 다시 증축하려는 비용을 마련하기 위해 돈을 주고 죄를 면해준다는 증서인 면죄부를 판매하였다. 유럽의 다른 나라에서도 팔렸지만 독일에서 특히 심하게 판매를 강행하였다. 이에 비텐베르크 대학의 신학 교수였던 마르틴 루터는 1517년, 카톨릭 교회가 면죄부를 판매하면 안 되는 이유 95가지를 들어 반박문을 비텐베르크 성당에 내걸었다.

교황의 권위를 완전히 부정하는 루터를 지지하는 반박문은 당시에 발명된 활판 인쇄술 덕분에 독일 전역으로 빠르게 퍼져 나갔고 루터는 대단한 지지를 받게 되었다. 교황은 루터의 주장이 이단이라고 선언하고 그를 교회에서 쫓아냈지만 루터는 자신의 주장을 따르는 무리들 중심으로 루터파를 조직하고 새로운 교회를 세웠다.

점차 제후들에게까지 큰 지지를 받으면서 독일 전역으로 루터파는 퍼졌고 덴마크와 스웨덴 등의 북유럽까지 루터파 신교가 전파되어 지금까지 신교를 믿고 있다. 종교개혁도 활판 인쇄술이 아니었다면 성공하지 못했을 것이다. 활판인쇄술은 지금의 인터넷시대에 SNS같은 역할을 하며 새로운 시대를 이끌어 낼 수 있었다.

노이슈반슈타인 성 & 디즈니랜드 성

20세기 중엽, 미국의 만화영화 제작자인 월트 디즈니는 대규모 오락 시설인 '디즈니랜드'를 짓기로 결심하고 고민에 빠졌다. 어른과 아이 모두에게 환상과 낭만적 느낌을 줄 수 있는 상징적 건물을 결정하는 것에 난감했다. 그러던 어느 날, 디즈니는 유럽의 여러 성들을 사진으로 살펴보다가 한 성을 발견하였다.

1955년 완성된 신데렐라 성은 디즈니랜드의 상징이 되면서 월트 디즈니 만화영화사의 로고로도 쓰였다. 월트 디즈니의 고민을 해결해 준 성은 무엇일까? 독일의 퓌센지역에 있는 노이슈반슈타인 성이다. '새로운 돌 위에 앉은 백조'라는 뜻의 노이슈반슈타인 성은 19세기 바이에른의 국왕인 루트비히 2세가 권력과 재력을 이용해 만든 아름다운 성이다. 루트비히 2세는 직접 성을 설계하고 1869년부터 공사를 시작했지만, 1886년 온공된 성에 들어간 지 불과 102일 만에 세상을 떠났다.

독일 바이에른에 위치한 이 성은 세 방향으로 호수를 낀 채, 성 뒤쪽으로는 다리를 놓아 뒷산 계곡까지 이어져 있으며, 산 위에 세워져 기품 있는 모습을 보이고 있다. 성이 세워지기 이전인 어린 시절의 루트비히 2세는 환상의 세계를 꿈꾸곤 했다고 한다. 루트비히 2세는 왕이 된 후 정치보다는 음악을 좋아했고, 세상을 다스리기보다는 산과 호수가 있는 곳에서 지내길 좋아했다. 그리하여 그는 나라 일을 뒤로 하고 노이슈반슈타인 성을 짓는 데 몰두했다. 루트비히는 1867년에 방문한 발트부르크 성채와 베르사유 궁전 등을 참고하여 독특하고도 낭만적인 느낌을 주는 성을 생각했다.   사진은 밝게 넣어주세요

루트비히 2세는 평소 독일 음악가 바그너의 오페라를 사랑했는데 그 중에서도 특히 "로엔그린"을 좋아했기에 그런 마음을 적극적으로 성에 담았다. 노이슈반슈타인 성 자체를 로엔그린에 등장하는 중세 기사 성보다 훨씬 멋지게 표현한 것이나, 성 안을 온통 바그너 오페라의 등장인물로 장식한 이유가 있다. 주변의 반대에도 불구하고 엄청난 돈을 투자하고 많은 사람들이 매달린 끝에 노이슈반슈타인 성은 1886년 마침내 완공되었다.

■ '부르크'라는 이름의 도시들

독일의 도시들 중에서 아우크스부르크, 룩셈부르크, 함부르크 등 유서 깊은 도시에는 부르크라는 단어가 나오는데 이것은 '성곽'이라는 뜻이다. 중세의 유럽도시들은 성곽으로 둘러싸여 있는 경우가 많았다. 외부로부터 적들이 많이 침입하기 때문에 방어를 위해 성벽을 높이 쌓았다.

중세 도시에 사는 시민들은 국왕, 영주의 권력으로부터 자유로울 수 있었다. 누구든지 도시에서 1년 이상만 거주하면 이전의 신분에 상관없이 자유를 얻게 되었다. 그래서 도시는 곧 자유를 의미하게 되었고 12세기 무렵에는 인구가 1,000~5,000명 정도의 자치 도시가 많이 만들어졌고 자치도시들은 황제의 군대나 교황의 외교사절이라 해도 시장의 허락 없이는 함부로 들어올 수도 없었다.

성곽으로 만들어진 '부르크'이름의 도시들은 지금도 그 형태를 그대로 가지고 있어서 유럽의 도시들은 작은 아름다운 도시들이 많이 있다. 특히 중세의 분위기를 그대로 간직한 독일 남부의 도시들은 "로맨틱 가도"라는 이름으로 새롭게 이어져 독일로 관광객들이 여름에 모이고 있다.

독일 음식

독일은 유럽 대륙의 한 가운데에 있어서 중부유럽이라고 부르곤 했다. 최근에는 독일 남부를 동유럽에 포함시키기도 하는데, 서유럽보다는 음식이 동유럽에 가깝기 때문일지도 모른다는 생각을 했을 때가 있다. 독일은 유럽에서는 낙후된 지역이었던 시기가 길어 음식문화가 발달하지 못한 면이 있다. 음식도 역사처럼 해외 식문화의 영향을 많이 받았지만 독일에도 독일 특유의 음식은 얼마든지 있다.

슈바인스학세 (Schweinshaxe)

우리에게 가장 잘 알려진 돼지고기 독일 요리로 지역에 따라 하스펠Haspel, 슈바인스학슨Schweinshaxn 등 다양하게 불리고 있다. 독일식 족발로 우리에게 알려져 있는데, 돼지의 무릎과 발목 사이의 고기를 사용하기에 두꺼운 지방층이 있다.
그릴에 구워 기름기가 빠져야 겉은 바삭하고 안은 부드러운 슈바인스학세 Schweinshaxe가 만들어진다. 대체로 굽거나 익혀서 뼈에서 고기가 잘 떨어지도록 요리한다.

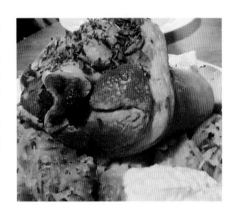

브뢰첼(Brezen)

독일 남부의 바이에른 지방에서는 빵 반죽을 길게 늘여 꼬이게 만든다. 우리는 프레첼Prezel이라고 알고 있는 빵이다. 겉에는 굵은 소금을 뿌려 빵을 씹으면 굵은 소금 맛이 입안에 확 들어오는 것이 특징이다.

■ 아이스바인(Eisbein)

소금에 절인 요리인데도 '얼음Eis'이란 단어가 들어간 이유는 과거 사냥꾼이나 약사가 해당 고기 부위를 이스벤Isben이라고 불러 파생됐다는 설이 있다.
지역마다 조리 방식이 다르지만, 북부에서는 굽기 전에 소금을 뿌리고 남부에서는 소금 없이 곧바로 굽는다는 차이점이다.

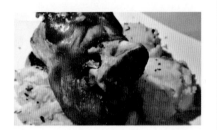

■ 슈패츨레(Spatzle)

독일 남부의 국수요리로 길고 가는 면이 아니고 짧게 끊어진 굵은 면으로 만든다. 버터에 볶거나 삶아서 소소와 치즈를 얹어서 먹는다.

■ 부르스트(Wurst)

바이스부르스트Weisswurst는 뮌헨 사람들이 하얀 소시지와 송아지 고기를 뜨거운 물에 잠기게 한 후 도자기 그릇에 담겨 나오는 요리로 삶은 요리로 생각하면 된다. 브랏부르스트는 그길에 구운 소시지를 먹는 것으로 구운 요리이다. 바이스 부르스트나 브랏부르스트나 소시지로 먹는 요리이다.

■ 브라텐(Braten)

이름은 '신선한 고기' 혹은 '부드러운 고기'라는 단어에서 유래한 것처럼 고기구이라고 생각하면 이해가 쉽다.
아무런 고기나 구우면 대체로 '브라텐'으로 부를 정도이다. 한식에서 볼 수 있는 불고기와는 다른 느낌의 음식으로, 못살던 옛 독일에서는 일요일에 손님을 초대할 때만 식탁에 올라오는 잔치용 요리였다고 전해진다. 지금도 가족이 모이는 크리스마스에 브라텐을 먹는 경우가 많다.

프랑크푸르트 중심

여행 일정

프랑크푸르트는 독일의 관문이기도 하지만 유럽의 관문이기도한 유럽 교통의 중심지이다. 어느 공항으로 입국해 여행을 시작하느냐가 고민이 되는데 독일에서 중소도시라도 프랑크푸르트와 연결이 될 정도로 독일에서 가장 많은 연결망을 가지고 있다.

프랑크푸르트를 거점으로 주변 도시들을 당일치기도 다녀와도 되며, 프랑크푸르트에서 시작해 도시들을 여행하면서 뮌헨으로 이동해 알프스와 인근 도시들을 여행하고 슈트트가르트로 이동하면서 동그라미처럼 여행을 해도 된다. 유럽에서 가장 많은 항공기가 취항하고 있는 독일의 프랑크푸르트로 입국하거나 출국하는 것도 좋은 방법이다.

`7일`

프랑크푸르트 중심
프랑크푸르트(2) → 하이델베르크 → 로텐부르크 → 뮌헨 → 퓌센 → 뮌헨

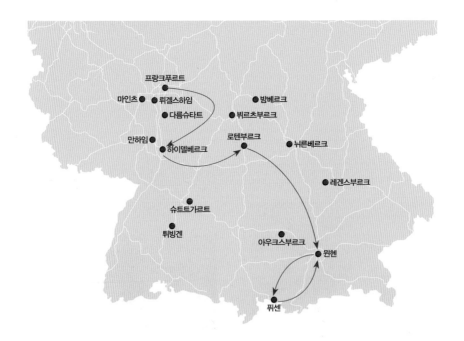

프랑크푸르트 & 남부

프랑크푸르트 → 하이델베르크 → 만하임 → 다름슈타트 → 마인츠 → 뤼겔스하임 → 프랑크푸르트

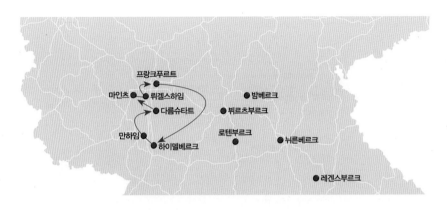

프랑크푸르트 & 남동부

프랑크푸르트 → 뷔르츠부르크 → 밤베르크 → 뉘른베르크 → 로텐부르크 → 하이델베르크 → 프랑크푸르트

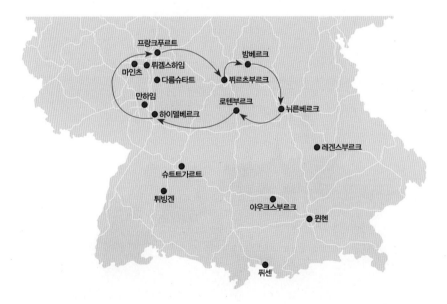

독일 남부
프랑크푸르트(2) → 다름슈타트 → 만하임 → 하이델베르크 → 로텐부르크 → 뮌헨 → 퓌
센 → 슈투트가르트 → 프랑크푸르트

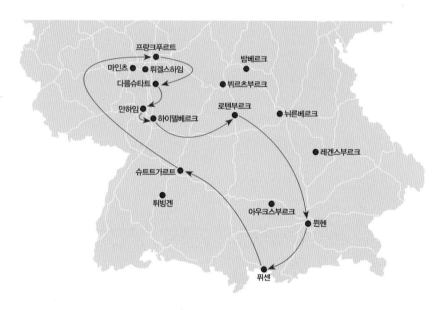

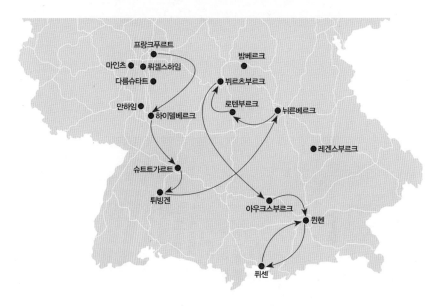

프랑크푸르트(2) → 하이델베르크 → 슈트트가르트 → 튀빙겐 → 뉘른베르크 → 로텐부르크 → 뷔르츠부르크 → 아우크스부르크 → 뮌헨 → 퓌센 → 뮌헨(2)

프랑크푸르트 & 남동부

프랑크푸르트 → 뷔르츠부르크 → 밤베르크 → 뉘른베르크 → 로텐부르크 → 레겐스부르크 → 뮌헨(2) → 퓌센 → 아우크스부르크 → 다름슈타트 → 하이델베르크 → 프랑크푸르트

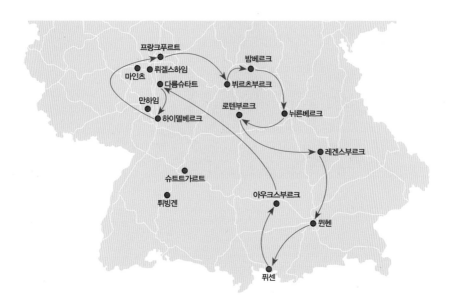

독일 도로와 운전의 특징

▌ 험하게 운전한다.

독일의 고속도로는 120㎞/h가 최대속도이지만 대부분의 차들은 140~150을 넘나들며 운전하고 느리게 가는 차들에게는 깜박이를 켜면서 차선을 내어주라고 한다. 그리고 반드시 1차선으로 운전하고 추월할 때만 2차선으로 이동하여 추월하고 다시 1차선으로 돌아오는 도로의 운전방법을 철저히 지키므로 추월할 때도 조심해야 한다.

▌ 고속도로

독일에서 인접한 나라인 오스트리아, 체코로 이동하려면 고속도로가 빠르고 편리하다. 또한 일부 구간은 이동하려면 반드시 고속도로를 이용해야 자동차로 갈 수 있다. 그런데 독일은 고속도로 통행료가 비싸므로 사전에 비용을 확인해야 한다. 하지만 고속도로를 이용하면 빠르게 이동할 수 있으므로 국도보다 편리하다. 바르샤바에서 독일의 베를린과 서부의 브로츠와프를 지나 독일의 프랑크푸르트를 갈 때는 고속도로가 이어져 편리하게 나라와 나라사이를 이동할 수 있다.

▌ 국도를 이용한다.

독일의 많은 도로는 국도이다. 어느 도시를 가든 국도를 이용하여 가게 된다. 그러므로 사전에 몇 번 도로를 이용해 갈지 확인하고 이동하는 것이 좋다.

▌ 도시 내에서 주차는 쉽지 않다.

독일 도시 내에서 주차하는 것은 골칫거리 중 하나이다. 도심 주차장에 세워둔다면 요금이 상당히 비싸다. 그래서 무료 주차가 가능한 호텔이나 숙소를 찾아 주차를 하고 여행을 해야 마음도 편하고 주차 요금도 줄어들 수 있다.

독일 도로사정

독일의 도로 상태는 전 세계에서 가장 좋다고 자부할 정도로 도로 상태와 전국을 잇는 고속도로와 국도가 전국을 잇고 있다. 독일의 도로는 대한민국과 차이가 거의 없어서 운전을 하는 데에 불편함은 크지 않다. 수도인 베를린, 프랑크푸르트, 뮌헨 등의 대도시 내에서는 일방통행 도로가 많고 트램도 있어서 운전을 하는 데 조심해야 하지만 고속도로는 도로 상태가 좋고 차량이 적어서 운전을 하기는 비교적 쉽다.

도로 표지판도 대한민국에서 보는 것과 차이가 거의 없다. 또한 주차를 시내에서 할 때 주차료를 아까워하면 안 된다. 반드시 정해진 주차장에서 시간에 맞추어 주차를 해야 견인을 막을 수 있다. 숙소에서 사전에 주차가 되는 지 확인하고 숙소에 차량을 두고 시내관광을 하는 것이 주차의 고민을 해결하는 방법이기도 하다.

국도

제한속도가 시속 90㎞이고 작은 마을로 들어가면 시속 50km로 바뀌므로 반드시 작은 도시나 마을로 진입하면 속도를 줄이도록 인식하고 운전하는 것이 감시카메라에 잡히지 않는다. 최근에는 렌트 기간이 지나 감시카메라에 확인되면 신용카드를 통해 추후에 벌금이 청구된다.

독일 고속도로

수도인 베를린. 남부의 최대 도시 프랑크푸르트를 기점으로 전국으로 연결하는 고속도로가 잘 구축되어 있다. 자동차를 렌트하여 다니는 관광객의 입장에서 무료와 유료 도로가 있다는 점이 차이가 있다. 대부분의 고속도로가 무료이지만 최근에 건설되는 고속도로는 유료로 개통하고 있다. 무료 고속도로는 Auto Via, 유료는 Auto Pasta로 구분한다.

유로 고속도로에서 톨게이트를 지나가려면 티켓을 뽑아 나가는 톨게이트에서 현금으로 지급하면 된다. 대한민국의 하이패스 같은 시스템도 있지만 관광객의 경우에는 하이패스를 구입할 필요는 없다. 짧은 구간의 유로 고속도로는 바로 현금을 지급하도록 되어 있다. 톨게이트에 진입 시 사전에 차량이 대기하고 있는 통로가 후불식이므로 확인하고 진입하는 것이 편리하다.

Frankfurt am Main

프랑크푸르트

프랑크푸르트

FRANKFURT AM MAIN

마인 강 유역에 위치한 프랑크푸르트는 유럽의 경제 수도로 유럽 중앙은행이 위치해 있다. 유럽의 경제 중심지인 프랑크푸르트는 독일에서 가장 부유한 도시 중 하나로서, 세계적인 박물관과 독일 유일의 마천루로 유명하다. 이곳에는 독일에서 유일하게 초고층 건물들이 있는 프랑크푸르트의 스카이라인은 무척 유명하지만 세계적인 박물관과 애플 와인으로도 명성이 높다.

프랑크푸르트의
매력

구시가지Altstadt를 방문하여 프랑크푸르트가 유럽연합의 경제 수도가 되기 전에는 어떤 모습이었는지 살펴볼 수 있다. 제2차 세계대전 중 연합국의 폭격으로 도시의 대부분이 파괴되었지만 구시가지 건물은 폭격에서 남아있거나 복원되었다. 15세기부터 시청사로 사용된 뢰머는 게이블지붕으로 된 주택으로 이루어져 있고, 인근에는 프랑크푸르트 성당의 오래된 고딕 시계탑이 머리 위에 보인다.

프랑크푸르트에는 세계 최상급의 박물관이 많이 있다. 이중 10여 곳이 작센하우젠 지역의 마인 강 남쪽을 따라서 뮤제움 스우퍼에 몰려 있다. 독일 건축 박물관, 자연사 박물관인 셍켄베르크 박물관, 700년을 아우르는 예술품을 감상할 수 있는 스타에델 박물관이 특히 유명하다. 프랑크푸르트 현대미술관을 방문하여 2차 사계대전 이후의 현대 미술을 확인할 수 있다.

독일의 주요 맥주와 소시지 외에 프랑크푸르트만의 먹거리 또한 풍성하다. 음악을 들으며 양파를 곁들인 타르트 치즈, 한트캐제Handkäse, 계란과 감자 요리와 함께 나오는 톡 쏘는 그린소스Grüne Soße를 즐겨 보고, 애플 와인Ebbelwoi을 곁들여 마시면 좋다. 작센하우젠에도 프랑크푸르트 음식을 맛볼 수 있는 전통 바와 식당이 많다.

● 알테오페르

명품 상

괴테 광장 ●

괴테아우스 ●

유로 타워 ●

중앙역

독일 영

건축 박물관 ●

통신 박물관 ●

슈테델 미술관 ●

● 장크트 파울 교회

● 뢰어 광장

● 대성당

● 역사 박물관

● 보행자 전용 다리

● 수공예 박물관

프랑크푸르트의
핵심 도보 여행

프랑크푸르트는 독일 최대의 상공업도시로서 독일내의 교통요충지라서 프랑크푸르트를 매우 큰 도시로 생각하는 분들이 많으신데 여행할 때는 작은 도시로 생각하시면 됩니다. 그래서 프랑크푸르트는 역에서 가까운 호텔을 잡는 것이 중요합니다.

간혹 여행사에서 호텔을 외곽의 시설이 좋은데로 정하면 쓸데없이 교통비만 나가게 됩니다. 프랑크푸르트역에서 1블럭을 지나면 근처에 호텔이 많아서 좋은 시설보다는 위치로 호텔을 정하시는 것이 여행경비도 아끼는 것이 됩니다. 또한 프랑크푸르트공항을 가려고 해도 역을 이용해야 하기 때문에 반드시 숙소는 역에서 가까운 편이 좋습니다.

일정
괴테광장 → 괴테하우스 → 뢰머광장 → 파울교회 → 대성당 → 현대미술관 → 자일거리

역에서 나와 횡단보도를 건너, 직진을 해서 6블럭 정도를 가면 괴테광장이 나옵니다. 괴테하우스는 다른 곳이니 착각하지는 마시고요. 괴테광장에는 여름에 시장이 펼쳐집니다. 독일의 소세지부터 프랑크푸르트의 유명한 사과와인인 아페바인도 이 곳에서 마실 수 있습니다. 직접 사과를 갈아서 만드는 과정을 보면서 먹을 수 있어 더욱 신뢰가 갑니다.

괴테광장에서 오른쪽으로 돌아가면 괴테하우스가 나옵니다. 독일이 자랑하는 세계적인 문호 괴테가 젊은 시절까지 지냈던 집이 지금은 괴테박물관이 되었습니다. 젊은 베르테르의 슬픔과 파우스트를 여기에서 영감을 받아 썼다고 합니다. 이 박물관은 당시 살던 모습 그대로 보존되어 있습니다.

괴테하우스에서 왼쪽으로 돌아 브라우바흐Braubach street를 찾으면 이 거리를 따라 위로 쭉 올라오세요. 장크트파울교회가 나옵니다. 파울교회를 끼고 오른쪽으로 돌면 뢰머 광장이 나옵니다. 프랑크푸르트 도시를 나타내는 여행책자는 거의 다 뢰머광장의 사진이나와 있어서 광장에 가시면 쉽게 알 수 있습니다. 주말에는 결

혼식도 많이 열리기 때문에 피로연같은 장면도 볼 수도 있으니 주말에 가 보시면 색다른 경험을 하실 수 있습니다.

뢰머광장에는 기념품가게도 많아서 1시간 정도 소요됩니다. 때문에 점심도 근처에서 드시는 게 나중에 배고프지 않습니다. 프랑크푸르트의 기념품들은 광장근처의 기념품가게에서 사야 하기 때문에 넉넉히 시간을 두고 쇼핑을 하십시오.

뢰머광장 근처에는 모차르트 카페가 있는데 케이크가 맛있어 점심을 먹기에 좋고, 다른 세련된 음식점들이 많이 있으니 점심을 해결하고 이동하는 편이 좋습니다. 뢰머광장을 보고 대성당으로 이동하면 됩니다. 가끔 파울교회와 대성당을 착각하시는 경우가 있는데 파울교회는 주황색이고 대성당은 흙갈색입니다.

대성당은 신성로마제국의 황제들이 대관식을 거행하던 곳으로 고딕식의 탑에 오르면 시내를 한눈에 볼 수 있습니다. 성당내부에는 십자가에 달린 예수와 목조성가대를 볼 수 있고 입장료는 없습니다.
대성당까지 보면 프랑크푸르트의 70%정도는 다 본 거에요. 대성당에서 현대미술관을 거쳐 클라인 마르크트 홀을 찾아 그 거리로 들어가면 자일거리를 찾을 수 있을거에요. 가다보면 배가 고프고 저녁먹을 시간이 될 겁니다.

자일거리가는 중간에 'Heininger'라는 독일식 소세지와 음식을 파는 곳이 있는데 여기가 맛
집입니다.
맛좋은 음식들이 많이 있어서 물어보고 드시면 아무거나 다 맛있을 겁니다. 'Heininger' 왼
쪽으로 조금 더 가면 우리나라에서 많이 팔리는 쌍둥이칼을 50%정도 할인해서 파는 가게
가 있으니 들려보셔도 좋을 거 같습니다.
지금부터는 자일거리로 이동해서 쇼핑을 하시면 됩니다. 자일거리가 프랑크푸르트의 번화
가로 모든 유명 브랜드 가게는 이곳에 다 몰려 있습니다.

파울 교회
Paulskirche

최초의 독일 의회가 개최된 파울 교회^{Paulskirche}는 널찍한 홀과 역사적 예술적 감각을 갖춘 다채로운 색상의 교회이다. 19세기의 루터파 교회인 파울 교회^{Paulskirche}에서는 1848년 최초의 민주적인 의회가 개최되었다. 파울 교회는 수 세기 동안 신성 로마 제국의 즉위가 거행된 프랑크푸르트 성당 바로 서쪽에 위치하고 있다.

파울 교회^{Paulskirche}는 커다란 타원형 홀과 암적색 사암 시계탑으로 이루어져 있다. 밝고 커다란 중앙 홀에서는 한때 뜨거운 정치적 공방이 이루어지곤 했다. 홀은 오늘날 더 이상 교회로 사용되지 않으며, 이곳에서는 각종 행사가 열린다. 3년마다 한 번씩 파울 교회 주최 하에 독일어 문학상 중 가장 권위 있는 괴테 문학상이 시상식이 열리는 장소이기도 하다.

파울 교회의 역사적 의미

'민주적 자유와 통일된 국가의 상징St.Paul's Church:
Symbol of Democratic Freedom and National Unity'이라는 제목의
상설전은 독일이 어떻게 통일을 하게 되었는지 보
여준다. 1848년에 느슨했던 독일주의 연합이 민중
혁명으로 와해된 후 사람들은 보다 민주적인 정부
를 요구했고, 또한 하나의 국가가 독일어권 지역
을 통일시키기를 원했다.

이 문제를 해결하기 위해, 민주적 절차를 통해 선발된 의회가 세인트 폴 교회에서 개회되
었다. 의견의 차이와 프로이센의 미진한 태도로 인해 구체적인 정책을 수립하지는 못했지
만 의회의 개회는 독일의 통일과 민주주의를 향한 커다란 한 걸음을 내디뎠다.

파울 교회Paulskirche의 지하에서는 베를린 출신 화가 요하네스 그뤼츠케Johannes Grützke가 그린
벽화를 볼 수 있는데, 벽화는 최초의 독일 의회가 파울 교회로 향하는 모습을 그리고 있다.
정치인들이 전진하는 방향 앞에서 나체의 남자들이 서로를 맞잡고 싸우고 있는 모습이다.

🏠 Paulplatz 11, 60311   🕐 10~17시   📞 069-212-34-920

탄식의 다리 (Seuzerbrücke)
19세기 말, 프랑크푸르트가 발
전하면서 건물과 건물을 연결
하면서 다리가 만들어졌는데
시민들은 이탈리아 베니스의
유명한 다리인 탄식의 다리를
본 따 '탄식의 다리'라는 이름
을 붙였다.

뢰머 광장
Römerplatz

3개의 박공 구조로 된 프랑크푸르트의 거대한 시청사인 뢰머는 6세기를 거슬러 올라가는 유구한 역사를 지니고 있다. 뢰머Römer는 6세기 동안 시청사로 운영되었으며, 1405년부터 정기적으로 시의회가 개회된 곳이다. 뢰머는 오랫동안 옛 주거지 한 블록 전체를 포함하여 복합 의회 단지로 발전하였다.

뢰머Römer의 박공지붕 3개는 프랑크푸르트의 주요 랜드 마크이다. 중간에 있는 건물은 '춤 뢰머'라고 불리며 여기에서 '뢰머'라는 이름이 비롯되었다. 이는 프랑크푸르트가 세워지기 전 이곳에 건설되었던 로마 주거지를 가리키는 말이다. 뢰머 광장을 산책하며 12세기부터 무역 거래가 이루어진 프랑크푸르트의 역사를 눈으로 확인할 수 있다. 이것이 현재 프랑크푸르트에서 개최되는 국제 무역 박람회로 서서히 발전했기 때문이다.

황제의 홀 (Kaisersaal)

뢰머Römer 2층에 있는 황제의 홀Kaisersaal은 신성 로마 제국 역대 황제의 대관 연회가 개최되었던 곳이다. 나무 패널로 된 기다란 황제의 홀에는 현재 지난 세월 동안 그려진 52명의 황제의 초상화가 전시되어 있다. 1806년 황제의 자리에서 퇴위하여 신성 로마 제국의 종말을 초래한 프란츠 2세를 찾아보는 것도 좋다.

오스트차일레 (Ostzeile)

뢰머에서 광장을 사이에 두고 맞은편에 있는 오스트차일레Ostzeile는 고전 독일 양식으로 지어진 반 목조 건물이다. 15세기와 16세기에 걸쳐 지어진 오스트차일레는 2차 대전 당시 폭격으로 파괴된 후, 1980년대에 설계도에 따라 재건되었다.

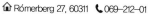 Römerberg 27, 60311 📞 069-212-01

괴테 하우스
Goethehaus & Museum

프랑크푸르트 올드 시티 중심에 위치한 마인 리버에서 조금만 걸으면 요한 볼프강 폰 괴테의 생가가 나온다. 역사적 가치를 고려해 세심하게 관리되고 있는 곳이다. 이 집에는 독일의 가장 존경받는 작가의 삶뿐만 아니라 18세기 프랑크푸르트 사람들의 생활 모습까지도 엿볼 수 있다. 시대적 정취가 묻어나는 3층의 방들은 모형 가구와 일상 속 물건들로 가득차 있다. 옆의 괴테 박물관으로 이동하기 전에 이 집의 역사에 대한 전시물도 살펴보자.

문을 지나 계단을 올라가기 전부터 괴테 하우스만의 분위기를 느낄 수 있다. 노란색 파스텔톤의 집 외부와 고풍스럽게 경사진 지붕이 멋진 사진 한 장면과 같은 느낌을 준다. 집에 들어가면 가족들이 사용하던 가구 모형이 있고, 각 공간이 어떻게 사용되었는지 볼 수 있다.

음악실에는 좀처럼 보기 힘든 수직형의 피라미드 피아노가 있고, 벽에는 고전적 의상을 입고 있는 가족들의 그림이 걸려 있다. 서재에는 무려 2,000개가 넘는 책이 있고, 요한 볼프강의 작품 세계에 영향을 미친 책들도 구경할 수 있다. 같은 층에 괴테가 태어난 방이 있다. 창문을 통해 건물 아래의 멋진 거리 풍경을 보면 괴테가 생각했을 시선에 대해 공감할 수도 있을 것이다.

1746년 빌헬름 프리드리히 휴스겐의 설계로 만들어진 천문 시계는 지금도 정확한 시간과 날짜, 태양과 달의 움직임도 알려준다고 한다. 세계에서 가장 비싼 시계로 알려져 있다.

집에 대한 개괄적인 역사를 보여주는 3층 전시실로 올라가면 어린 요한과 여동생 코넬리아에 대한 일화도 확인할 수 있다. 옆에는 괴테 박물관이 있는데, 괴테가 살았던 시기의 방대한 자료를 소장하고 있다.
박물관은 작가로서의 괴테에 초점을 맞추고 있지는 않지만 그림을 통해 그의 세계관을 확인할 수 있다. 그림은 괴테 하우스에서 가장 중요한 볼거리이다.

🌐 www.goethehaus-frankfurt.de
🏠 23 Grosser Hirschgraben
　(빌리 브란트 플라츠 역까지 기차를 이용하면, 역에서 내려 몇 분만 걸으면 괴테 하우스 도착)
🕐 10~18시(일, 공휴일 17시30분까지)
ⓔ 9€(학생 4€ / 한국어 오디오 가이드 4€)
📞 069-138-800

대성당
Kaiser Dom

신성 로마 제국의 의식을 거행하던 프랑크푸르트 성당은 프랑크푸르트의 고대 유적지 중 가장 잘 보존된 곳이다. 성당에는 보물이 전시되어 있으며 도시의 전경을 조망할 수도 있다. 프랑크푸르트 성당 내부를 무료로 관람하며 유럽에서 가장 강력한 권력을 지녔던 황제들의 발자취를 따라가 보자.

1562~1792년까지 신성 로마 제국의 황제들은 이곳에서 선출되고 즉위했다. 1806년에 제국이 망하면서 성당이나 의식이 거행되는 곳으로서의 역할을 상실했다.

이곳의 원래 이름은 성 바르톨로뮤 대성당St. Bartholomew's Cathedral이다. 852년에 이곳에 성 바르톨로뮤 성당이 건립된 후 수차례의 개조와 재건을 거쳤고, 15세기에 이르러 오늘날의 모습을 대부분 갖추었다.

2차 대전 중 연합군의 폭격으로 프랑크푸르트의 구시가지 대부분이 파괴되었다. 성당은 파괴되지 않았으나 내부는 폭발로 인한 화재가 있었다. 1950년대까지 폐허로 남아 있다가 1970년대에 보수되었다. 스테인드글라스 창문의 추상적인 무늬는 성당이 최근에 재건되었다는 것을 확실히 알려준다.

1960년대에 헤닝거 투름 곡물 저장탑이 건설되기 전까지는 프랑크푸르트 성당 첨탑이 도시에서 가장 높은 건축물이었다. 4~10월 사이에 입장료를 내면 첨탑에 올라 구시가지의 전경과 북서쪽의 스카이라인을 감상할 수 있다.

정문 왼쪽의 성당 박물관에는 신성 로마 제국의 대관식에 사용된 갖가지 색상의 의복과 보석으로 장식된 왕관을 볼 수 있다. 19세기 대화재로 심한 손상을 입고 재건된 사실을 비롯하여 성당의 긴 역사에 대해 알아볼 수 있다.

🌐 www.dom-frankfurt.de 🏠 Domplatz 1, 60311
🕐 성당 : 월~금요일 09:00~12:00, 14:30~18:00, 일요일 14:30~17:00
　　박물관 : 화~금요일 10:00~17:00, 토요일, 일요일, 공휴일 11:00~17:00
　　미사시간 : 월~금요일 08:00, 토요일 18:00, 일요일 10:00, 18:00에는 성당내부 입장불가
📞 069-297-0320

자일 거리
Zeilstrasse

보행자 전용도로이고 프랑크푸르트의 최대의 번화가이다. 각종 상점이 길 양편에 늘어서 있고 거리 곳곳에 노천식당들도 많이 볼 수 있다. 아마추어 예술가들의 공연이 특히 많이 열린다. 거리에서 공연을 즐기거나 쇼핑을 즐기기에도 좋은 거리이다.

하우프트바헤 광장 한편에는 카우프호프 kaufhof 백화점이 있는데 이곳 지하에 싼 가격의 대형 슈퍼마켓이 있다. 필요한 물건을 미리 사 두는 편이 좋다.

에셴하이머 탑
Eschenheimer Turm

1346년, 루드비히 황제 시절부터 짓기 시작했지만 미완성인 채로 남아 있었다. 1426년 다시 건축되기 시작하여 1428년에 현재의 모습으로 완성되었다.

다섯 개의 첨탑이 인상적이다. 프랑크푸르트에서 뢰머 광장과 함께 중세시대의 모습을 가장 잘 간직한 건축물이다.

마인 타워
Main Tower

프랑크푸르트 시내에는 옛날식 건축 요소와 함께 높이 솟은 현대식 건물이 잘 조화되어 있어 멋진 도시 풍경을 만들어낸다. 이곳에서 가장 높은 건물 중 하나에 속하는 마인타워에 올라 금융 지구의 아름다운 전망을 감상할 수 있다.

거의 200m 높이에 달하는 마인타워는 프랑크푸르트와 독일에서 4번째로 높은 건물이다. 전망 포인트가 두 곳인 마인타워는 프랑크푸르트에서 전망대가 있는 유일한 건물이다. 도시를 카메라에 담아보고, 전망대 레스토랑에서 아름다운 거리를 내려다보며 저녁을 즐기는 연인들을 볼 수 있다.

1999년에 완공된 마인타워는 혁신적인 느낌의 현대적 건물이다. 2개의 타워로 구성되어 있지만, 앞면이 유리로 된 더 높은 건물의 원형 타워가 더 유명하다. 건축 당시 마인타워는 프랑크푸르트에서 건물 외부가 모두 유리로 된 유일한 건물이었다.

🌐 www.maintower.de
🏠 Neue Mainzerstrasse 52~58, 60311
🕐 10~21시(여름 / 금, 토요일 23시까지)
　 10~19시(겨울 / 금, 토요일 21시까지)
📞 069-365-04 878

로비의 예술품
헬라바 은행이 있는 마인타워에는 다양한 현대 예술 작품을 볼 수 있고, 로비에는 미국 비디오작가인 빌 비올라의 비디오 작품과 슈테판 후버의 프랑크푸르트 계단(Frankfurt Steps)이라 불리는 거대한 모자이크 작품도 있다.

전망대
타워 맨 꼭대기에서 아래를 내려다보며 얼굴을 스치는 바람을 느낄 수 있다. 엘리베이터를 타고 53층에서 내리면 약 187m 높이에서 도시의 멋진 거리 풍경을 내려다보며 레스토랑과 라운지에서 식사를 할 수 있다. 저녁 식사는 미리 예약하는 것이 좋지만 라운지에서 음료만 즐기는 경우에는 예약이 필요 없다.

유로 타워
Euro Tower

유럽 중앙은행(ECB)가 있는 건물로 마인 타워와 함께 프랑크푸르트를 대표하는 148m 높이의 40층 건물이다. 유로화 조형물이 보이기 때문에 쉽게 찾을 수 있다.

조형물 앞에서 사진을 찍으면 부자가 된다는 이야기가 돌면서 관광객은 누구나 포즈를 취한다. 2015년 3월에 개관해 2016년부터는 일반에 개방하고 있어서 입장이 가능하지만 최근에 테러 때문에 경비가 삼엄하다.

박물관 지구
Museumsufer

마인 강 남쪽의 박물관 지구는 작센하우젠 등의 여러 박물관이 밀집해 있다. 박물관을 둘러보는 데에는 최소 2시간 이상이 소요된다. 스타에델 박물관에서 전통적인 순수 미술을 관람하거나 다양한 전문 박물관에서 흥미로운 분야의 전시를 감상할 수 있다.

성상 박물관에서는 15세기부터 20세기까지의 전 세계의 종교적 성상을 전시하고 있다. 통신 박물관을 방문하여 우표 컬렉션을 비롯한 전화와 우편물 관련 전시를 관람해보자. 아이젤너 다리를 건너면서 마인 강의 유람선이나 아름다운 강변을 보는 즐거움도 같이 경험할 수 있다.

독일 영화 박물관(Deutsches filmmuseum)

영화박물관을 유럽내에서 볼 수 있는 기회는 거의 없다. 하지만 유리하게 여기서는 볼 수 있다. 독일 유일의 영화 박물관이니 영화에 관심이 있다면 꼭 가보자.

민저 2층 선시실에 가보자. 시각적 착각을 이용한 여러 영화기구들을 직접 조작해볼 수 있는 기회가 있다. 최초 카메라의 원리인 '카메라 옵스큐라의 원리를 이해할 수 있다. 3층 전시실에는 각종 영화의 세트 모형들이 있고, 각종 영상기기, 편집, 사운드 트랙, 특수효과, 애니메이션 창작에 대해 전시해 놓았다. 극장내의 소극장에서 영화도 상영한다.

🏠 U-1, 2, 3 Schweizerplatz
🕐 화, 목~일 10:00~18:00, 수 10:00~20:00 / 월요일, 12월 31일 휴무
ⓒ 상설전시 일반 5€, 학생 2,50€, 특별전시 일반 8€, 학생 6€
　통합티켓 Kombiticket(상설전시 + 특별전시), 일반 1€1, 학생 7€, 박물관 카드 소지자 무료

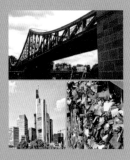

아이젤너 다리 (Eiserner Steg)
잘츠부르크 성당(Dom Zu Salzburg)은 전형적인 17세기 바로크 건축 양식을 가지고 있다. 성당의 역사는 비르길리우스 주교가 774년에 로마의 정착지 주바붐에 세워진 성당을 축성(祝聖)하였지만, 건립 후 8차례의 화재를 겪었다. 1598년의 화재로 인해 성당의 상당 부분이 불에 탔다. 오늘날의 성당은 이탈리아의 건축가 '산티노 솔라리'에 의해 설계되었다.

박물관 티켓 (Museumsufer Ticket)
프랑크푸르트에 있는 34개의 박물관을 2일 동안 사용할 수 있는 티켓이다.
■ www.museumsufer.de　■ 20€ (학생 10€)

통신 박물관(Museum fur kommunikation frankfurt)

독일의 통신과 우편의 역사를 전시해 놓은 곳. 전화기의 다양한 모습을 볼 수 있다. 박물관 입구에 한국이 낳은 세계적 예술가, 백남준의 작품이 전시되어 있으니 꼭 보자.

🏠 U-1, 2, 3, Schweizerplatz
🕐 화~금요일 09:00~18:00,
　　주말 11:00~19:00(월요일 휴무)
ⓒ 3~6세 이하 1.50€

슈테델 미술관(Staedel Museum)

독일에서는 유명한 미술관으로 르네상스부터 20세기까지의 미술을 전시해 놓았다. 규모는 크지 않지만 알찬 전시물들을 자랑한다. 드가, 마티즈, 피카소, 마네, 렘브란트, 르느와르, 보티첼리 등 당대에 이름을 날리던 유명 화가들의 작품이 망라되어 있다.

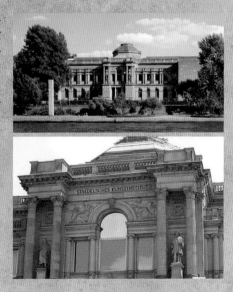

작센하우젠
Sachsenhausen

마인 강 남쪽의 작센하우젠Sachsenhausen에서 프랑크푸르트의 다채로운 요리를 맛보고 좁은 자갈길을 거닐다 미술관을 볼 수 있다. 마인 강 북쪽의 프랑크푸르트가 백화점에서 쇼핑을 하고 관광을 하기에 좋은 곳이라면, 작센하우젠에서 그 외의 모든 것을 즐길 수 있다.

낮에는 거리를 거닐며 건축물을 감상하고, 밤에는 유흥도 즐길 수 있다. 프랑크푸르트에서 가장 아름다운 이곳에서 미술관 관람을 즐기고 탑에 오르고 저녁을 하고, 술집을 돌아다니며 긴긴 밤을 즐기는 사람들이 많다. 이곳에서 프랑크푸르트가 자랑하는 모든 요리를 맛볼 수 있다. 작센하우젠 북동쪽에 있는 아펜토플라츠Affentorplatz에서는 거리가 좁아지며 자갈길이 나타난다. 몇 블록에 걸쳐 있는 바와 레스토랑은 여름이면 매일 밤 사람들로 넘쳐난다.

작센하우젠 남쪽 끝까지 가면 괴테의 탑에서 멋진 경관을 볼 수 있다. 도시 남단의 농지 가장자리 숲에 위치한 괴테의 탑은 높이가 43m에 달한다. 북쪽을 향하면 도심의 스카이라인이 파노라마로 보이고, 남쪽을 향하면 도시 외곽의 드넓은 삼림과 아름다운 전원 풍경을 볼 수 있다.

Munich

뮌헨

뮌헨

MUNiCH

뮌헨은 세계에서 가장 살기 좋은 도시 중 하나로 알려졌다. 튼튼
한 경제력으로 거대 기업들의 관심이 모이는 곳일 뿐만 아니라,
아름다운 건축, 오래된 전통, 바이에른 알프스에 인접한 위치 등
으로 매년 수백만 명의 관광객들이 모여든다. 아늑한 맥주 집에
서부터 화려한 궁전, 여기저기 뻗어있는 정원 및 최첨단 박물관
까지, 바이에른 주의 수도 뮌헨은 전통과 현대의 다양한 매력이
공존하는 곳이다.

뮌헨의
매력

다양한 건축 스타일

고딕 양식의 성 피터 교회에서부터 로코코의 매력이 넘치는 아잠교회까지 다양한 건축 스타일을 걸어서 구경할 수 있는 곳이 바로 뮌헨이다. 제2차 세계대전 동안 뮌헨은 크게 훼손된 역사를 갖고 있지만 대부분 건물이 원래 스타일대로 그대로 복원되기도 했다. 좀 더 현대적인 뮌헨의 건축을 만나고 싶다면 올림픽 타워나 뮌헨 현대미술관을 방문하면 된다.

맥주 축제

세계에서 가장 큰 맥주 축제인 옥토버 페스트의 본고장인 뮌헨은 세계 최고로 여겨지는 양조장과 열정적인 맥주 문화를 보유하고 있다. 세계에서 온 수많은 애주가가 뮌헨의 "6대 맥주 양조장"을 찾는다.

여기에는 궁정 맥주 양조장으로 설립된 호프 브로이하우스를 비롯해 세계적으로 유명한 뢰벤 브로이 등이 포함된다. 여름에는 수 세기 동안 뮌헨 사람들이 해왔던 것처럼 맥주 정원 중 한 곳을 방문해 밤나무 아래에서 맥주를 마시며 현지인들과 어울려보는 것도 좋다.

세계적인 회사들

뮌헨은 중요한 국제적인 회사들이 모여 있기도 하다. BMW의 고향인 뮌헨에는 독일 자동차 기술의 어제와 오늘, 미래를 볼 수 있는 매력적인 단지인 BMW 월드도 있다. 영국 정원을 거닐지 않고서는 뮌헨 여행을 제대로 했다고 할 수 없다. 도심에서 가까운 오아시스와도 같은 정원에는 수풀이 우거진 평화로운 공간과 강이 흐르는 광대한 초원이 있다.

다양한 여행시스템

뮌헨의 주요 철도역에서 출발하는 관광버스를 통해 도시를 전반적으로 잘 둘러볼 수 있다. 아니면 자전거를 빌려 페달을 밟으며 주요 도로와 공원에 나 있는 자전거 전용 도로를 달려보고, 깨끗하고 효율적인 대중교통 시스템도 마련되어 있어서 뮌헨 어디라도 도달할 수 있다. 이곳저곳을 돌아다니면 세계적인 도시의 자부심 강한 매력에 금방 푹 빠질 것이다.

● 칼스 광장
  ● 칼스 문

프라

● 센드링어 문

● 가든

● 국립 극장

● 쌍둥이 칼 상점

● 신 시청사

● 마리엔 광장

● 구 시청사

●페티 교회 ● 성령 교회

● 야외 시장

뮌헨의
핵심 도보 여행

뮌헨은 동유럽을 가는 중간 기착지로 여행을 많이 합니다. 특히 여름에 배낭여행이라면 더욱 그렇다. 뮌헨은 독일내에서 가장 큰 도시중의 하나로 독일남부의 중요한 도시중의 하나이다. 여행을 할때는 1박 2일 정도면 다 볼 수 있는 도시로 생각하시면 일정을 잡기가 편하다. 대부분의 저렴한 호텔은 역 근처에 많이 있어 중앙역부터 여행하는 코스를 잡아서 설명한다.

일정
중앙역 → 칼스광장 → 노이하우저/카우핑어 거리 → 프라우엔 교회 → 마리엔 광장/신,구 시청사 → 독일 박물관 → 호프 브로이 하우스

중앙역에서 직진하여 칼스 광장으로 간다. 칼스문을 지나가면 뮌헨의 중심거리로 들어왔다고 생각할 수 있다. 칼스문을 지나 나오는 거리가 노이하우저 거리와 카우핑어 거리이다. 양쪽에 상점들이 많이 있어 쇼핑도 하면서 지나가면 좋고 저녁에 다시 올 거리이기 때문에 양 옆을 잘 보고 지나가기 바란다.

카우핑어 거리를 가다보면 앞에 큰 멋진 건물이 보이기 시작하는데 그 건물은 교회가 아니라 시청사입니다. 뮌헨을 대표하는 건물로 엽서에도 나오는 건물이다.

마리엔 광장과 신 시청사, 프라우엔 교회, 구청사는 다 모여 있기 때문에 보이는 데로 보면 된다. 칼스광장부터 마리엔 광장까지는 길지 않은 거리인데, 양 옆에는 쇼핑센터, 의류가게, 레스토랑 등 많은 상점들이 있어 들어가서 쇼핑을 하다보면 시간이 빨리 가는 번화가이다.

신 시청사는 19세기 네오 고딕양식으로 건축된 시청사로 시청사의 시계탑에는 인형극이 펼쳐지기도 한다. 시청사를 올라가면 뮌헨 시내를 다 볼 수 있는 전망대가 있다.

프라우엔 교회는 1468년에 건축이 시작되어 그 해에 쌍둥이 탑이 완성되면서 돔 모양의 교회가 탄생되었다. 돔 모양의 교회는 흔치 않아 뮌헨을 상징하는 건물로 남아있으며 역시 전망대가 있어 뮌헨 시내를 잘 볼 수 있다.

마리엔 광장에 가면 점심때가 되는 시간대인데 성령교회 오른쪽으로 돌아가면 빅투마리엔 노천 시장이 나온다. 여기가 점심을 맛나게 먹을 수 있는 좋은 장소이니 기억하고 꼭 들러 보는게 좋다.

빅투마리엔 시장에서 시간이 오후 4시가 넘었다면 호프브로이 하우스로 바로 가는 게 좋고요. 시간이 3시가 안되었다면 독일 박물관을 다녀 오는 것도 좋다. 이사르 강을 지나가면 독일 박물관이 있는데, 독일박물관까지는 5블록 정도 가야 한다. 다른 나라의 박물관은 과학을 주제로 볼 박물관이 별로 없는데 독일은 수학 박물관부터 과학을 주제로 한 박물관이 많이 있다. 과학을 중요시하는 독일의 풍토를 알 수 있어서 독일박물관은 꼭 추천 한다. 독일박물관을 둘러보면 2시간 정도 소요된다.

독일 박물관을 나왔을 때 너무 배가 고프다면 앞에 중국 음식을 파는 곳이 있다. 거기에서 드시면 저렴하게 한끼를 채울 수 있을 것이다.

이제 마지막으로 호프브로이 하우스를 가야한다. 뮌헨은 호프 보르이 하우스에서 맥주를 마실려고 오는 관광객이 많을 정도로 인기가 많다. 독일박물관에서 다시 이사르문으로 돌아가면 구청사쪽으로 가지 말고 마리엔 스트리트를 따라 가면 호프 브로이 하우스를 갈 수 있다.

매우 큰 술집이라서 마음 먹고 드실 생각으로 가셔야 하고 많은 나라의 관광객들이 술을 통해서 친해지는 장소이다. 호프 브로이에서 드시다 보면 밤늦은 시간까지 있는 경우가 많아 다음 날에 지장이 없는 정도만 드시는 것이 좋다.

카를 광장
Karlplatz

카를 광장^{Karlplatz}는 뮌헨의 고대 성문을 면하고 있는 넓은 광장이다. 18세기 바이에른의 선제후, 카를 테오도르의 이름을 따서 정식으로 명명된 광장은 지역 주민들 사이에서는 여기에 있었던 역사적인 술집을 지칭하는 스타쿠스로 더 흔하게 불리고 있다.

현대적인 백화점과 쇼핑몰 가운데에서 중세 건축물을 볼 수 있다. 카를 광장^{Karlplatz}는 1970년대의 큰 분수대로 장식된 분주한 보행자 전용 도로이자 현지인과 관광객들에게 인기 있는 만남의 장소이기도 하다.

뮌헨의 구시가지로 가는 관문에 있는 보행자 전용 광장을 산책하면서 고딕 건축물과 활기찬 상점가를 둘러볼 수 있다. 탁 트인 광장으로 걸어 들어가 주변의 건축물들을 잠시 둘러보면 네오 바로크 양식의 장엄한 유스티츠 궁과 제2차 세계대전 이후 뮌헨에서 건설된 최초의 백화점인 역사적인 카우프 호프를 눈여겨봐야 한다.

광장의 중앙 경계선에 굳건히 서 있는 중세 카를스토어는 1301년에 최초로 기록된 고대 성문으로 18세기 후반 건물과 나란히 자리해 있다. 3개의 아치형 출입구와 대칭형 탑으로 이루어진 문의 디자인을 유심히 살펴보자. 구조물은 5개의 옛 도시 성문 중 서쪽 가장자리를 표시하는 것으로, 지금은 그 중 3개의 성문만 남아 있다.

광장 중앙에 있는 큰 분수는 여름철에 물안개를 일으킨다. 아이들이 뿜어져 나오는 물줄기 사이에서 뛰노는 동안 광장 벤치에 자리를 잡아보고 쉬는 것도 좋다. 겨울에는 이 구역이 야외 아이스 스케이트장이 되어 즐거운 시간을 보내는 사람들을 볼 수 있다.

카를 광장^{Karlplatz} 아래에는 대규모 지하 쇼핑몰이 있으므로, 많은 상점과 부티크를 둘러보고 싶다면 카를스토어 문을 지나 카를 광장과 마리엔 광장 사이에 있는 번화한 보행자 전용 쇼핑가를 찾아가 보는 것도 좋다. 번화가를 따라 걸으면서 역사적인 교회와 중요한 시청사 건물들도 발견할 수 있다.

🏠 Karlplatz 10, 80335

🏠 Marienplatz 8, 80331 📞 089-233-00

마리엔 광장
Marienplatz

뮌헨의 심장부로 여겨지는 마리엔 광장Marienplatz은 언제나 보행자, 길거리 공연자, 관광객들로 활기찬 곳이다. 여기서는 평화 시위도 자주 열린다. 현지 축구팀이 승리할 때는 시끌벅적한 축하 행사도 벌어진다. 중심에 위치한 광장은 관광을 위한 베이스캠프로 삼거나 뮌헨 사람들을 구경하며 뮌헨의 유명한 카리용 연주를 감상하기에 좋다.

마리엔 광장Marienplatz의 이름은 성모 마리아에게 바치기 위해 1638년 광장에 세워진 기둥인 마리엔조일레에서 따왔다. 광장은 시장으로 사용되다가 1807년, 야외시장이 더 넓은 곳으로 옮겨지게 되면서 광장으로 조성되었다.
크리스마스 시즌이 되면 마리엔 광장Marienplatz에는 크리스마스 마켓이 들어선다. 광장 어디서든 구운 밤과 설탕을 입힌 아몬드 향기가 나며 와인도 맛볼 수 있다. 14세기까지 크리스마스 시장의 기원으로 거슬러 올라갈 수 있는데, 그때나 지금이나 예수 탄생 모습을 재현한 목재 수공예품과 유리로 만든 크리스마스 장식도 다양하게 쇼핑할 수 있다.

마리엔 광장Marienplatz이나 야외 카페에 자리를 잡고 기계 작동으로 춤을 추는 인형들을 구경할 수도 있다. 매일 오전 11시와 정오, 그리고 여름에는 오후 5시에 신기한 광경이 펼쳐진다. 구리로 만든 글로켄슈필의 32개 인형들은 뮌헨의 긴 역사를 구성하는 다양한 시간과 요소를 나타낸다. 이 인형들이 춤을 추는 동안 43개의 종이 온 광장에 크게 울려 퍼진다.

오데온 광장
Odeonsplatz

역사적인 뮌헨 중심부의 오데온 광장^{Odeonsplatz}을 거닐면서 도시의 몇 가지 랜드마크 건축물과 고대 이탈리아 지구를 살펴볼 수 있다. 우아한 바로크 양식의 교회, 피렌체 홀, 르네상스 시대 궁중 스타일의 정연한 정원이 아름답다. 뮌헨 구시가지의 북쪽 가장자리는 이탈리아 스타일의 건물과 르네상스 양식의 궁중 안뜰로 둘러싸인 이 커다란 도시 광장에 의해 특징지어진다.

오데온 광장^{Odeonsplatz}의 이름은 한때 광장을 정면으로 바라보고 있었고 이후에 정부 건물로 변신한 옛 극장에서 비롯되었다. 광장은 전통적으로 군대 행진, 장례 행렬과 같은 도시 행사에 사용되었다. 오데온 광장^{Odeonsplatz}는 1923년 맥주 홀 폭동의 현장으로도 알려져 있다.

대형 광장을 둘러보면 모여 있는 흥미로운 건축물들을 볼 수 있다. 오데온 광장^{Odeonsplatz}의 남쪽 가장자리에는 웅장한 펠트헤른할레가 있다. 3개의 아치형 입구가 있는 19세기 중반의 바이에른 군 기념관은 이탈리아 피렌체에 있는 로지아 데이 란찌를 본떴으며 바이에른 사자 조각상으로 장식되어 있다.

서쪽으로는 테아티너 교회가 보이는데, 구리 돔 지붕의 교회는 1660년대에 로마의 산 안드레아 델 발레 교회를 따라 설계된 하이 바로크 양식의 교회이다. 현재의 로코코 파사드는 1700년대에 추가되었다. 동쪽으로 걸어가면 호프가르텐의 넓은 녹지에 다다르게 되는데,

17세기 초반에 조성된 이 정원은 르네상스 궁중의 경내와 유사하게 설계되었다. 돔 구조물과 바이에른을 상징하는 청동 조각을 눈여겨보자.

정원을 마주하고 있는 대궐 같은 뮌헨 레지덴츠는 건물의 실내 장식 원형과 예술 작품을 전시하는 박물관 단지이다. 뮌헨의 주립 박물관과 황실의 금고를 볼 수 있다. 주변 거리에는 바이에른 국립 극장, 쿠빌리에 극장, 마르슈탈, 레지덴츠 극장 등 여러 역사적인 공연장이 있다.

오데온 광장Odeonsplatz은 뮌헨 역사 지구의 북쪽에 있어서 기차역에서 북동쪽으로 20분 거리를 걷거나 광장의 정류장까지 바로 지하철이나 버스를 타고 가면 된다. 매년 열리는 유명한 맥주 축제인 옥토버페스트의 전통적인 축하 행사인 퍼레이드가 오데온 광장을 지나간다.

신 시청사
Neues Rathaus

마리엔 광장Marienplatz에서는 신시청사의 정면이 전부 보이는데, 1867~1909년에 지어진 신시청사의 웅장한 외관은 네오고딕의 복고풍으로 정교하게 장식되어 있다.

뮌헨의 유명한 카리용인 글로켄슈필은 1908년에 신시청사에 지어졌다. 100m에 달하는 높은 첨탑과 정교한 조각으로 장식된 웅장한 신시청사는 바이에른 왕국의 부강함을 알리기 위해 시작되었다. 건물 안쪽에 정원이 조성되어 있고 레스토랑과 갤러리가 있어 쉬어가기에도 좋다.

교회 Best 3

성 미하엘 교회(St. Michaelskirche)

놀라운 건축물들로 둘러싸여 있는 오래된 교회는 휴식과 명상을 즐길 수 있는 평화로운 곳이다. 이곳은 바이에른의 유명 인사들이 잠들어 있기도 하다.

성 미하엘 교회^{St. Michaelskirche}는 바이에른 공작인 윌리엄 5세의 명령으로 16세기 후반에 지어졌다. 기독교 내부가 분열된 당시 천주교의 힘을 나타내는 대담한 상징을 넣어 르네상스 양식으로 설계된 예수회 교회이다. 지금은 알프스 북쪽 지역에서 가장 중요한 르네상스식 교회 중 하나로 여겨진다. 교회 정면 위에는 우아한 삼각형의 권두 삽화가 그려져 있다. 교회 정면의 아래층에 벽감으로 새겨진 대천사 성 미카엘의 전투하는 모습을 자세히 볼 수 있다. 교회 안에는 중앙 제단에 새겨진 성 미카엘의 또 다른 이미지를 볼 수 있다. 교회 내부의 여러 구역은 예수의 삶을 표현하도록 디자인되었다. 하이라이트는 내부 벽에 그려진 어린 예수의 모습이다. 신도석에 앉아 아치형의 천장은 단독으로 서 있는 아치형 천장 중 세계에서 두 번째로 크다고 한다. 놀랄 만큼 커다란 천장과 햇빛이 쏟아져 들어오는 입구의 대형 창문 때문에 교회는 밝고 바람이 잘 통한다.

성 미카엘 교회에는 비텔스바흐 왕가의 수많은 유명 인물들의 무덤이 있는 왕립 지하실도 있다. "정신병자" 왕이었던 루트비히 2세와 바이에른의 오토 왕을 비롯하여 비텔스바흐 왕가의 40명이 잠들어 있다. 음악은 성 미카엘 교회의 종교적인 삶에 있어서 아주 중요한 부분으로 요제프 라인베르거, 오를란도 디 라소, 카스파 이티트 등의 음악가들이 교회에 우아함을 더해준다. 호평을 받고 있는 교회의 성가대와 오케스트라가 정기적으로 공연을 열고 있다.

프라우엔 교회(Frauenkirche)

뮌헨의 상징인 이곳은 제2차 세계대전 당시 심각하게 파괴되었지만 지금은 녹색의 반구형 지붕 두 개가 우뚝 솟은 성당의 모습이 뮌헨 하늘을 세련되게 꾸며주고 있다. 주로 붉은 벽돌로 구성된 교회는 15세기 건축가인 요크 본 할스바흐^{Jörg von Halsbach}에 의해 독일 고딕 양식으로 설계되어 지어졌다. 르네상스 양식의 녹색 반구형 지붕은 1525년에 추가된 것이다. 원래 이 지붕은 비싼 첨탑이 건설될 때까지 임시로 타워를 덮는 용도로 지어졌지만, 사람들이 이 모습에 익숙해지면서 지금은 뮌헨 하늘의 친숙한 풍경으로 남게 되었다.

소박한 외관 뒤에는 거대한 성당이 자리하고 있는데, 성당 내부는 놀랄 만큼 넓다. 내부 공간은 8각형 기둥으로 나뉘어 있어 신도석과 2개의 긴 복도가 실제보다 훨씬 작아 보인다. 그런데 내부를 천천히 둘러보면 최대 4,000명을 수용할 수 있는 거대한 규모를 느낄 수 있다. 바이에른 왕국 황제 루트비히 4세의 무덤은 검정색 대리석과 청동으로 인상 깊게 꾸며져 있는 많은 무덤 중 하나이다. 비텔스바흐 왕가 사람들과 뮌헨 성직자들도 이곳에 묻혀 있다.

🌐 www.muenchner-dom.de 🏠 Frauenplatz 12, 80331
🕐 7시30분~20시30분(겨울은 20시까지) 📞 089-290-0820

악마의 발자국
입구 근처에는 성당에서 가장 악명 높은 볼거리가 있는데 "악마의 발자국"이라 알려진 검정색의 발자국 모양이다. 수수께끼 같은 자국의 기원에 대해서는 흥미롭지만 의심스러운 현지의 전설들이 아주 많다.

전망대
성당의 남쪽 타워에 올라가면 빨간 지붕들로 덮인 뮌헨의 풍경과 더 멀리 알프스까지 보인다. 뮌헨에서는 건물을 짓는 데 제한을 두기 때문에 타워에서 보는 시내 풍경은 인상적이다.

성 페트리 교회(St. Petrikirche)

성 페트리 교회St. Petrikirche는 뮌헨 전체에서 기록상 가장 오래된 교회로서, 1180년에 지어져 지금까지 격동의 역사를 견뎌왔다. 화재 후 1368년에 재건되었다가 제2차 세계대전 때 거의 완전히 파괴되었다가 2000년에 재건 작업이 마침내 완성되었다. 정교한 고딕 양식의 건축물, 거대한 타워, 보석이 박힌 으스스한 분위기의 해골 등이 인상적이다.

교회는 오랜 역사만큼이나 수세대에 걸쳐 여러 건축 양식이 추가되었다. 17세기와 18세기에는 교회 내부에 바로크 양식과 로코코 양식이 새로 추가되기도 했다. 교회 안으로 들어오면 중앙 제단에 에라스무스 그라서의 조각 작품인 성 피터의 모습이 눈에 띈다. 이 조각품의 성 피터는 작은 왕관을 쓰고 있는데, 전통에 따르면 작은 왕관은 교황이 돌아가신 후 새 교황이 선출될 때까지 제거되어 다른 곳에 보관된다고 한다.
성 문디치아의 유해가 보관되어 있는 측면 제단은 기독교 순교자의 유해가 백년 이상 보관되었다가 1675년 로마에서 뮌헨으로 옮겨왔다. 뼈대만 남은 여성 순교자의 유해는 금과 고가의 보석으로 덮여 성 피터 교회의 바로크 양식 사당에 전시되어 있다.

🌐 www.erzbistum-muenchen.de 🏠 Rindermarkt 1, 80331 ⓒ 4€ (전망대/학생 2€/교회는 무료)
🕐 9~18시30분(여름 / 토, 일, 공휴일 10시부터 / 겨울은 17시 30분까지) 📞 089-210-23-7760

알테 피터(Alter Peter)
뮌헨의 멋진 풍경을 감상하려면 교회의 타워로 올라가보자. 이 타워는 현지인들이 친근하게 "나이 든 피터"란 뜻의 "알테 피터Alter Peter"라고 부르고 있다. 꼭대기까지 올라가는 데 약 300개의 계단이 있으므로 편한 신발을 신는 것이 좋다. 날씨가 좋은 날에는 멀리 알프스 산맥까지 보인다.
타워 안에는 울리는 종 7개와 울리지 않는 종 1개가 있다. 타워 지하실의 빗장을 지른 창 뒤로는 가장 오래되고 가장 작은 종이 보이는데, 마리엔플라츠 광장에서 사형이 집행될 때마다 이 종이 울렸다고 한다.

Füssen

퓌센

퓌센

FÜSSEN

뮌헨 근교에서 가장 인기 있는 관광지는 퓌센(Füssen)이다. 퓌센은 알프스 끝자락에 위치한 시골이지만 중세시대의 정취를 만끽할 수 있는 로맨틱 가도에 끝자락에 있는 도시이다. 인근에는 슈방가우(Schwangau)에 있는 아름다운 백조의 성인 노이슈반슈타인 성(Neuschwanstein Castle)으로 유명하다.

퓌센 IN

이동하는 방법

뮌헨 중앙역에서 퓌센Füssen으로 가는 직행 기차를 이용할 수도 있지만 카우프베우렌Kaufbeuren이나 뷔숄로Buchloe역에서 경유편 기차를 타고 이동하면 된다. 직행과 경유편이 1시간마다 교대로 운행된다. 노이슈반슈타인 성Neuschwanstein Castle이 있는 슈방가우로 가려면 퓌센 역에서 내려 2번 정류장에서 73, 78번 버스를 타면 된다.

길을 2갈래로 나눠진다. 성으로 직접 가는 방법과 마리엔 다리Marienbrücke를 경유해 성으로 이동하는 방법이 있다. 매표소 오른쪽에 있는 호텔 옆으로 난 길을 따라 30분 정도 걸어 올라가면 숲 속으로 난 길을 따라 올라가거나 마차를 이용하면 된다.

버스(겨울 운행중지)를 타고 10분 정도 지나면 성 앞이 아니라 마리엔 다리Marienbrücke에서 내리게 된다. 마리엔 다리에서 보는 노이슈반슈타인 성Neuschwanstein Castle의 모습이 아름다워 반드시 보고 가야하는 장소이다. 마리엔 다리에서 성까지 다시 10분 정도 걸어가야 한다. 초입으로 걸어가는 길에 마리엔 다리로 이어지는 길이 있어서 그냥 걸어도 되지만 걸어가는 길을 멀어 버스를 타고 이동하는 경우가 많다.

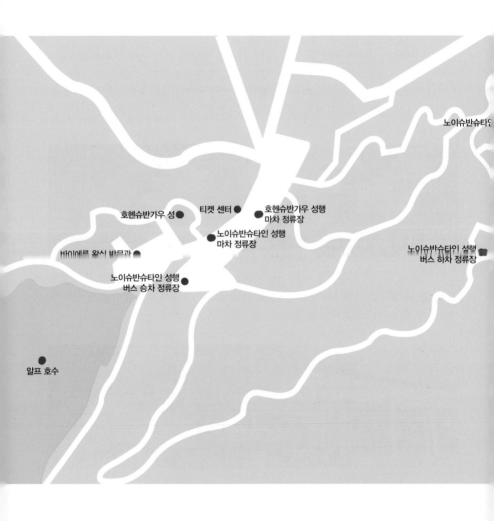

노이슈반슈타인

호헨슈반가우 성 ●

티켓 센터 ●

● 호헨슈반가우 성행
마차 정류장

● 노이슈반슈타인 성행
마차 정류장

바이에른 왕실 박물관 ●

● 노이슈반슈타인 성행
버스 하차 정류장

노이슈반슈타인 성행
버스 승차 정류장 ●

알프 호수 ●

마리엔 다리에서 본
노이슈반슈타인 성

퓌센의
핵심 도보 여행

뮌헨에서는 도시를 둘러보면 1일 정도면 다 볼 수 있기 때문에 근교를 가려고 하는데 이때 대부분의 여행자가 가는 곳이 퓌센이다. 퓌센을 가는 이유는 세계에서 가장 아름다운 성중의 하나인 노이슈반슈타인 성을 보러 가기 위함이다. 앞프스기슭에 자리잡고 주변의 호수와 어우러져 멋진 절경을 관광객들에게 제공해 준다.

일정
뮌헨 중앙역(07:51) → 퓌센역 → 버스정류장(3.5유로) → 매표소 → 마차(올라갈 때 6유로), 성 미니버스(2유로) → 노이슈반슈타인 성(13유로, 학생 8.5유로, 18세이하 무료)

뮌헨에서 퓌센까지는 약 2시간 정도 걸린다. 보통 전날에 호프브이에서 맥주를 마시기 때문에 다음날에 퓌센을 갈 때 늦게 일어나서 가려고 하는데 그러면 올 때 문제가 생기기 쉽다. 유레일패스가 있으면 무료도 탈 수 있다.

기차는 1시간에 한 대씩 있으니까 시간대별로 고르시면 된다. 퓌센을 갈 때 저는 머리도 못 감고 일어나서 정말 아슬아슬하게 07:51분 퓌센행 열차를 탔다. 갈때도 전날의 술 때문에 고생을 하긴 했어도 열차에서 잠을 잤기 때문에 성을 볼때는 다시 쌩쌩해졌다. 오전 7~8 시간대에 타시는 것을 적극 추천한다. 늦으면 많은 관광객들로 인해 다리에서 성 사진을 찍을때도 문제가 된다.

퓌센역을 내리면 버스정류장이 있는데, 2번 버스정류장에서 타시고 10분 정도를 가면 도착한다. 이 성은 특이한게 성의 입구에 매표소가 있는게 아니고 산 아래에 매표소가 있다. 성 내부를 보면서 영어가이드 투어를 하는데에 13유로가격인데 영어를 알아듣기 힘드시면 안

봐도 된다. 개인적인 취향이긴 하지만 성의 내부는 현대식으로 되어 있어 성의 아름다운 외부를 보다가 안을 보면 실망을 많이 한다.

도보로 노이슈반슈타인성을 올라가는 것은 30분정도 올라가는데 저는 마차를 타고 올라가 보라고 추천한다. 특히 여름에 가셨다면 마차를 타고 올라가면 힘이 많이 비축이 된다. 매표소옆의 뮐러호텔 앞에서 타면 성 입구까지 올라가는데 속도는 걷는 것보다 약간 빠른 정도이다. 친구들이나 가족끼리 성을 보러오셨다면 색다른 경험을 하게 된다. 비싸긴 하지만 재미는 있다.

미니버스는 리슬호텔 옆에 정류장이 있으니 타고 올라가시면 되는데 우리나라 배낭여행객들은 걸어서 많이 올라간다. 성에 올라가면 노이슈반타인 성의 사진을 찍기 위해 성 왼쪽으로 난 길을 따라가 마리엔다리에 가서 성을 보자. 정말 탄성이 나오는 아름다운 성의 모습이다. 다들 사진을 찍으며 즐거운 시간을 보내고 성 내부로 들어가서 30분 정도 영어가이드의 설명을 따라 들으며 투어를 끝내고 나오면 된다.

노이슈반슈타인 성은 '백조의 성'이라는 뜻인데 바이에른 왕국의 루드비히 2세가 음악가인 바그너를 돕던 중에 그의 오페라 '로엔그린'중의 백조의 전설에서 영감을 얻어 이름을 짓고 백조의 모양을 형상화해서 만들었다고 한다. 성은 17년만에 완공이 되었는데 루드비히 2세는 3개월 후에 의문의 죽음을 당해 3개월만 이 성에서 거주했다고 한다.

백조의 성을 보다보면 옆에 호엔슈방가우 성을 볼 수 있는데 루드비히 2세의 아버지인 막시밀리안 2세가 고딕양식으로 만든 성이다. 호엔슈방가우 성을 보러 가는 것도 좋은 방법이다. 마리엔다리 위에서 노이슈반슈타인 성을 보았다면 호엔슈바가우 성에서는 밑에서 위로 보는 백조의 성의 모습을 볼 수 있는데 이 절경도 정말 아름답다.

다 보고 나면 같은 방법으로 퓌센역을 가는 버스를 타고 10분 정도 가면 되는데 오후 4시 5분, 5시 6분, 6시 5분열차를 타야 한다. 하지만 오전에 일찍 오시면 4시 5분 기차를 타고 돌아가서 못 다한 쇼핑이나 시내구경을 하는 편이 시간을 잘 사용하시는 거라고 생각한다. 전날에 피곤하셨다면 숙소로 돌아가서 쉬는 것도 좋은 방법이다.

노이슈반슈타인 성
Neuschwanstein Castle

동화 속에 나오는 성처럼 아름다운 노이슈반슈타인 성Neuschwanstein Castle은 월트 디즈니가 성을 모태로 하여 디즈니랜드 성을 지은 것으로 유명하다. 노이슈반슈타인 성은 바이에른 왕인 루트비히 2세가 1869~1886에 지은 성으로 음악가 바그너의 오페라 작품에 나오는 주인공이 사는 성처럼 로맨틱한 세계를 구현하기 위해 지었다고 한다.

하지만 성이 완성되기까지 17년간 엄청난 비용은 들어갔다. 이 성을 짓는 중에도 린더호프 성 등 2개의 성을 더 만들기 시작하면서 빚은 더욱 늘어갔다. 결국 루트비히 2세는 미친 왕으로 불리면서 왕권을 박탈당하고 다음날 호수의 변사체로 발견되면서 완공을 보지 못하고 죽고 만다.

그는 성의 설계부터 참여해 문손잡이, 창틀 등 세부적인 부분까지 신경을 썼지만 성에는 102일만 머물고 의문의 죽음을 당했다. 당시 최고의 건축 기술을 동원해 화려하게 꾸민 화려한 내부 장식은 내부를 둘러보면 알 수 있다.

루트비히 2세L (udwigⅡ)
바이에른 왕국의 4번째 왕이었던 루트비히 2세는 오스트리아 합스부르크 가문의 황후 시시의 외사촌이기도 하다. 잘생긴 이목구비로 여자들에게 인기가 많았다. 보통의 왕과 다르게 결혼을 안 하고 독신으로 살면서 사랑한 연인도 없이 남성들과의 염문을 뿌렸다고 한다. 바그너를 너무 챙겨주면서 바그너와 동성적인 사랑을 이야기하기도 한다.

바그너의 오페라 '로엔그린'을 보고 난 후 바그너의 열렬한 팬이 되면서 후원을 아끼지 않고, 성도 오페라에서 나오는 로엔그린의 백조이야기에서 성의 건축이 시작되었다. 오페라 속 장면들로 꾸미고 문 손잡이, 벽면 등의 세부 장식도 백조 문양을 새겨 넣었다.

1883년 바그너가 죽은 후, 노이슈반슈타인 성Neuschwanstein Castle과 린더호프 성의 건축에 매진한 나머지 미친 왕으로 불리며 국고를 탕진해 국민들의 지탄을 받았다. 결과적으로 신하들에게 배신을 당하고 교외의 성에 유배된 후 호수에서 변사체로 발견되었다. 죽음의 의문이 풀리지 않고 있다.

호엔슈방가우 성
Schloss Hohenschwangau

노란색 외관이 하얀색의 노이슈반슈타인 성Neuschwanstein Castle과 대비되는 호엔슈방가우 성 Schloss Hohenschwangau은 루트비히 2세의 아버지, 막시밀리안 2세가 1832~1836년에 지은 네오 고딕 양식의 건축물이다. 바이에른 왕가의 여름 별궁으로 쓰였다가 루트비히 2세가 17세까지 사용했다고 전해진다.

성 안에는 프레스코화를 비롯해 왕가에서 수집한 보물과 19세기 중엽의 가구들이 전시되어 있다. 특히 조명에 따라 반짝이는 별 장식이 특이한 루트비히 2세의 방이 인상적이다. 3층에는 루트비히 2세가 바그너와 함께 연주한 피아노가 전시되어 있다.

Rothenburg

로텐부르크

로텐부르크

ROTHENBURG

로맨틱 가도의 여러 도시 중 가장 매력적인 로텐부르크는 중세의 보석상자라고 불리 운다. 로텐부르크의 정식 명칭은 'Rothenburg ob der Tauber'인데 '타우버 강 위의 로텐부르크'라는 뜻이다. 플렉스 버스로 프랑크푸르트에서 1시간 30분을 이동하면 도착할 수 있다. 마을 전체가 마치 중세의 박물관 같은 로텐 부르크의 구시가는 성벽으로 둘러싸여 있으며 거리와 골목사이를 걷고 있노라면 중세로 되돌아 온 기분이 든다.

로텐부르크 파악하기

유로파버스가 역 앞에 정차하면 성벽으로 둘러싸인 구시가지가 한눈에 들어온다. 중세 영화에나 나올법한 성문을 지나 곧장 가면 구시가의 중심인 마르크트광장Marktplatz에 도착한다. 성야콥교회, 시청, 관광안내소 등 대부분의 명소가 이곳에 몰려있다. 구시가지는 작아서 걷다보면 어느새 성벽과 만나게 된다.

구시가지를 돌아다니면 '슈네발렌'이라고 부르는 스노볼 과자를 볼 수 있다. 천천히 걸으면서 한입에 먹는 스노볼은 분위기를 더해 줄 것이다. 광장에서 조금 떨어진 제국도시박물관에는 로텐부르크의 역사를 바꾼 마이스터트룽크의 커다란 술잔을 볼 수 있다. 북쪽의 부르크 문에는 산책할 수 있는 부르크 공원이 보이기 때문에 한적하게 쉴 수 있다.

● 클링겐 문
● 유로파버스 타는 곳
● 슈라네 광장
● 제국도시박물관
성 야곱 교회 ●
의원연회관 ●
시청사 ●
부르크 문 ●
테디랜드 ●
뢰더 문 ●
로텐부르크
● 부르크 공원
중세범죄박물관 ●
플뢴라인 ●
도펠 다리 ●
Kohlturm ●
● Grosser Stem
● 슈피타르 문

뢰더 문
Rödertor

이중 구조로 이루어진 뢰더 문^{Rödertor}은 로텐부르크 구시가지로 들어가는 출입문이다. 주변으로 성벽이 보존되어 중세 도시의 느낌을 바로 받을 수 있다. 뢰더 문^{Rödertor}으로 들어가면 양 옆으로 성곽이 이어져 있는데 왼쪽으로 이어진 계단을 올라가 전망대로 올라가면 시가지 전경이 눈에 들어온다. 성곽 통로에는 지붕으로 덮여 있는 통로로 이루어져 옛 분위기를 느낄 수 있다.

성곽 여행

5개의 성문과 성곽으로 이루어진 로텐부르크^{Rothenburg}는 걸어서 어디든 갈 수 있다. 입구인 뢰더 문^{R□dertor}으로 들어가면 허겁지겁 빠르게 이동하는 것보다 왼쪽의 계단을 따라 올라가 성곽을 걸어볼 것을 추천한다. 의외로 아름다운 풍경을 맞이할 수 있다.

시청
Rathaus

다른 도시들과 마찬가지로 도시 한 가운데 자리 잡은 시청은 로텐부르크의 랜드마크이다. 1375에 건물 옆 고딕양식으로 지은 60m의 종루가 있는데, 지금도 쉽게 눈에 띈다. 220개의 계단을 따라 올라가면 시청사 탑에 올라 시내와 타우버 계곡의 풍경을 감상할 수 있다. 중세풍의 시청사는 중세 제국 도시의 자부심과 영혼을 반영하는 건물이다.

🏠 Marktplatz, 91541
⏰ 9시 30분~12시 30분, 13~17시 (4~10월 매일 / 11~3월 토, 일요일 12~15시
    크리스마스 시즌 10시30분~14시, 14시30분~18시)
€ 전망대 3€

의원연회관
Ratstrinkstube

시청사 옆에 붙어 있는 건물은 술을 들이키는 인형으로 유명한 의원연회관^{Ratstrinkstube}이다. 바로 옆의 시의회 라트스트링스투베^{Ratstrinkstube} 건물 벽엔 커다란 장식 벽시계가 있어 관광객들의 시선을 끈다. 10~22시까지 매시간 시계 옆 창문이 열리면서 시장과 장군 인형이 나와 술잔을 들이키는 창면이 반복된다. 체코, 프라하의 벽시계에 비하면 초라하지만 그래도 볼만하다.
관광안내소는 1층에 있다. 70년 전통을 지닌 관광안내소는 숙소 예약에서 각종 투어운영까지 하고 있다. 관광은 여기서부터 시작하는 것이 좋다.

🌐 info@rothenburg.de 🏠 Marktplatz 2 📞 09861-4-04-800

성 야콥교회
St.-Jakobs-Kirche

1311공사를 시작해 1471에 세워진 고딕양식의 건물로 틸만 리멘슈나이더의 조각상과 14세기에 만들어진 스테인드글라스와 5,500개의 파이프로 만들어진 파이프 오르간이 유명하다. 프리드리히 헤를린이 만든 중앙 제단과 중앙 제단 건너편의 조각상은 압권이다. 예수님이 만찬하는 장면을 상상하면서 5년간 나무에 조각해 만든 섬세하고 간결한 성혈 제단은 독일에서 가장 유명한 조각상이기도 하다.

🏠 Bern Kingentor   ⏰ 9~17시(4~10월 / 11, 1~3월 10~12, 14~16시 / 12월10~16시45분)   💶 2.5€(학생 1.50€)

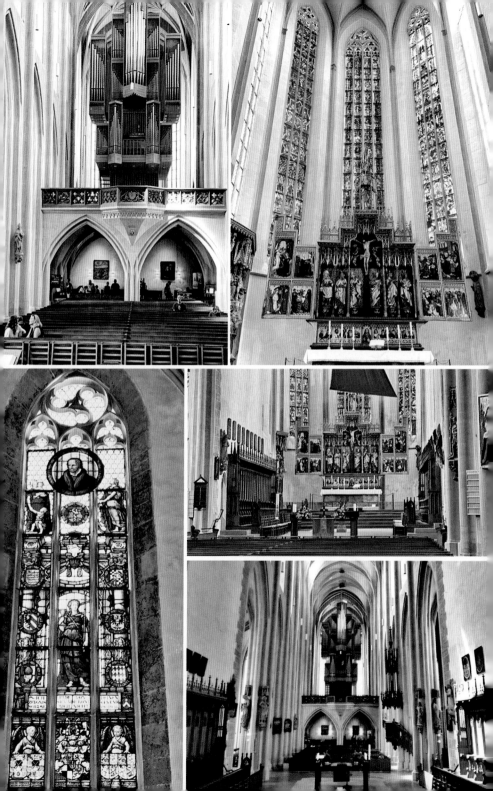

부르크 문
Burgtor

뢰더 문^{Rödertor} 정반대쪽에 있는 부르크 문은 뢰더 문과 마찬가지로 높은 감시탑과 이어진 성벽이 비슷하다. 부르크 문은 1444년 후기 고딕 양식으로 지어졌다고 한다. 중세 요새의 남아 있는 두 개의 탑이 있는 문 중 하나이다. 특히 바깥쪽으로 보이는 환상적인 부르크 공원의 한 장면으로 전망대에 오르는 관광객들이 많다.

부르크 공원
Burggarten

프란시스 교회 옆에 있는 공원에는 타우버 강이 한눈에 들어온다. 로텐부르크의 정식 명칭 'Rothenburg ob der Tauber'는 '타우버 강 위의 로텐부르크'라는 뜻인데, 여기서 그 의미를 알 수 있다. 부르크공원에서 성벽 밖으로 난 산책로 – 타우버 리비에라^{Tauber Riviera}를 따라 걷다보면 정신이 맑아진다.

플륀라인
Plönlein

라틴어에서 평평한 광장을 뜻하는 'Planum'에서 유래된 단어로 1204년 마을을 확장하면서 기존의 탑과 더 높은 지베르스 탑^{Siebers Tower}을 세웠다. 아마 이 탑과 오른쪽으로 이어진 길 갈래에서 남쪽 문을 보호하기 위해 지었다.

사진 한 장으로 로텐부르크를 환상적이라고 말하는 관광객이 많을 것이다. 로텐부르크는 맑은 날보다 약간 흐린 날, 플륀라인^{Plönlein}에 보이는 풍경이 더욱 분위기를 끌어올려준다.

Heidelberg

하이델베르크

하이델베르크

HEIDELBERG

네카어 강(River Neckar) 바로 옆에 있는 낭만적인 바로크 도시, 하이델베르크 (Heidelberg)는 인기 여행지로, 유럽에서 가장 유서 깊은 대학교 중 하나도 자리하고 있다. 오덴발트 산맥의 협곡에 자리 잡은 하이델베르크(Heidelberg)는 독일에서 가장 온화한 기후를 보이는 도시이다. 이 도시는 도시 주변의 낭만적인 자연을 즐기거나 역사를 공부하고, 네카어 강을 따라 행복한 산책을 즐기고 싶은 관광객들에게 많은 사랑을 받고 있다.

About

하이델베르크

고색창연한 도시

네카어 강이 하이델베르크 구시가지를 가로질러 흐르고 있고 언덕 위에는 고풍스런 하이델베르크 성이 시내를 굽어보고 있는 고색창연한 도시이다. 젊음의 열정이 샘솟는 낭만적인 분위기 속에서 지식을 탐구하는 학교생활의 메카로 알려져 전 세계의 유학생들이 꿈을 갖고 찾아드는 곳이기도 하다. 하이델베르크 성에서 바라보는 네카어 강변의 풍경은 가히 일품이다.

대학도시

독일에는 노벨상 수상자만 30명이상 배출해 낸 괴팅겐 대학을 비롯해 튀빙겐, 뮌스터 등
유럽을 대표하는 명문 대학 도시들이 많다. 그 중에서도 하이델베르크는 가장 눈에 띄는
전통 있는 대학 도시이다.

미군기지

도시의 고건물 중 다수가 제2차 세계대전의 엄청난 폭격을 견뎌냈지만 전쟁이 종식된 후
에 미군 주둔지가 되었다. 하이델베르크는 지금도 유럽의 미군 본부로 기능하고 있으며,
이런 이유로 도시 안에서 많은 미국인을 접할 수 있다.

하이델베르크 IN

프랑크푸르트와 슈투트가르트에서 버스와 기차로 이동하는 방법이 있다. 프랑크푸르트 중앙역에서 기차로 출발하면 직행으로 약 1시간이면 도착하지만 완행으로는 약 3시간 정도 소요된다. 버스로는 최근에 저렴한 플릭스 버스를 이용해 하이델베르크를 다녀올 수 있다. 버스는 기차보다 약 30분 정도 더 소요되지만 20€ 정도 더 저렴하기 때문에 배낭여행자들이 많이 이용한다.

하이델베르크 중앙역을 나오면 바로 앞에 인포메이션 센터가 있어, 하루 숙박하고자 한다면 이곳에서 추천을 받으면 된다. 시내버스(1일권 15€ / 1회권 2.5€)나 트램을 이용해 구시가지까지 이동할 수 있다. 별다른 짐이 없으면 중앙역에서 구시가지까지는 천천히 걸어서 가면 되고 아니면 1번 트램을 이용해도 된다.

하이델베르크의
핵심 도보 여행

하이델베레그는 뮌헨과 프랑크푸르트에서 갈 수 있다. 뮌헨보다는 프랑크푸르트가 기차가 더 많아서 쉽게 갈 수 있다. 프랑크푸르트 역에서는 매시간 기차가 다니기 때문에 시간에 관계없이 가도 좋다. 아침 일찍 가서 철학자의 길까지 가면 좋지만 너무 피곤해서 아침 일찍 가기가 힘들다면 오후에 출발해서 하이델베르그 성까지만 보고 와도 된다.

성은 여름에는 저녁 6시까지 입장(겨울에는 17:00까지 입장)할 수 있는데 운이 좋으면 1시간 전 정도에는 입장료 없이 들어갈 수도 있다.

일정

프랑크푸르트역 → 하이델베르그역 → 도보 / 버스정류장(2.5유로) → 비스마르크광장 → 하우프트 거리(구대학, 학생감옥) → 하이델베르그 성(7유로, 학생 5유로) → 구다리 → 하이델베르그역

프랑크푸르트역에서 당일날 가는 기차를 타도 되지만 전날에는 표를 구입하는 편이 시간을 알 수 있어서 전날 구입하기를 추천한다. 완행일때는 2시간 정도를 가야 도착할 수 있고 직행일때는 50분 정도면 도착할 수 있다. 하이델베르그역에 도착하면 왼쪽으로 돌아 입구로 나가야 한다. 많은 대학생들을 보면서 대학도시라는 것을 실감할 수 있다. 도착하시면 왼쪽 매표소 앞에 자전거가 많이 주차되어 있는 곳이 정문이고 왼쪽으로 돌면 트램을 타는 곳이 있다.

1번을 타시면 비스마르크 광장까지 갈 수 있지만 저는 도보로 이동하는 것을 추천한다. 20분 정도 걸어가면 비스마르크 광장에 도착하는데 맥도날드 햄버거가 있는 곳으로 가서 횡단보도를 건너 직진하면 인적이 드물지만 계속 직진하다가 사거리가 나온다. 왼쪽으로 돌아 걷다보면 다시 맥도날드햄버거가 나오면 비스마르크 광장에 거의 다 온거니 조금만 힘을 내면 된다.
비스마르크 광장에서는 다리가 아플텐데 일단 가게에서 물을 사고 이동한다. 비스마르크광장에는 많은 공연을 하고 있어서 쉬기에도 좋다. 비스마르크 광장에서 위쪽에 관광객이 많이 걷는 거리가 하우프트 거리이다.

하우프트거리 왼쪽에 선제후박물관이 있는데 그냥 지나쳐도 무방하다. 계속 걷다보면 한국식당이 있고 식당 오른쪽으로 돌면 학생감옥의 입구인 회색대문이 있는데, 벨을 누르면 문을 열어준다. 학생들의 폭력이나 술사고를 친 학생들을 처벌하기 위해 만든 감옥이다. 안으로 들어가셔도 많은 볼거리는 없다.

학생감옥 오른쪽이 대학광장으로 앞이 신대학이다. 학생감옥이 있는 건물이 구대학으로 독일에서 가장 오래된 대학이라고 한다. 이 대학은 19세기부터 노벨상 수상자를 배출하면서 유명해졌다고 한다.

대학광장에 있다보면 다리가 아프고 힘도 들어서 앞쪽에 있는 커피숍에 들어가 당분이 들어간 음료를 마시고 쉬신 후에 계속 이동하는 것이 좋다. 앞쪽에는 빵과 음료를 파는 가게들이 많이 있으니 잘 골라보면 맛나는 빵도 먹을 수 있다. 휴식을 취한 후에 계속 따라 걸으면 다시 작은 코튼 마르트 광장이 나오고 이 옆에는 성령교회가 있다.

주말에는 벼룩시장도 열려서 주말에 하이델베르그로 오면 보실 것들이 많이 있다. 광장 중앙에는 동상이 있는데 동상과 뒤의 성을 배경으로 사진을 찍으면 멋진 사진이 나온다.

이제부터 성을 올라갈건데 올라가다 보면 한글로 된 면세점이라는 간판을 보인다. 10분 정도 가파른 오르막길을 올라가면 하이델베르그 성의 입구에 도달한다. 7유로의 입장료를 내고 들어가면 하이델베르그 성을 둘러볼 수 있다. 13세기에 지어진 성이라는 느낌이 외부에서 느껴지지만 이 성은 그리스교와 카톨릭교간의 계속된 전쟁으로 파괴와 복구를 반복하다가 프랑스와의 팔츠계승전쟁으로 다시 파괴된 후 지금의 모습이 되었고 내부는 2차 세계대전 이후에 정비가 되어 있다.

성에서는 칼 테오도르 다리를 보는 전경이 펼쳐지는 곳이 가장 인기가 좋다. 이곳은 사진을 가장 많이 찍는 포토존으로 여행책자에 나온 장면은 다 여기서 찍은 사진이다. 관광객들을 따라 올라가면 15분 정도 후에 도착하기 때문에 못 찾을 일은 없다.

성을 다 보고나서는 성령교회쪽으로 가시면 교회와 시청건물 사이에 노천카페가 있다. 카페 옆길을 따라 강으로 가면 칼 테오도르다리(구다리)가 나온다. 이 다리는 위에서 볼때와 아래에서 볼때는 느낌이 많이 다르기 때문에 직접 보시길 추천한다.

다시 노천카페에서 쉬다가 성령교회로 가서 되돌아 온 비스마르크 광장을 되돌아가면 역에 도착할 수 있다. 되돌아갈 때를 대비해서 시간을 미리 체크해야 한다. 물론 표를 구입하려면 시간을 정해야 하지만 늦게 역으로 도착할때를 대비해서 반드시 시간을 확인해야 한다.

막차는 7시전에 끊기기 때문에 아무리 늦더라도 6시 정도에는 돌아와야 한다. 전체를 다 돌아다녀도 4시간 정도면 충분한 도시이기 때문에 트램을 타지 않아도 둘러볼 수 있는 곳이 하이델베르그이다.

하이델베르크 성
Heidelberg Schloss

르네상스가 낳은 걸작으로, 원래의 구조물은 화마와 전쟁에 의해 파괴된 후 여러 차례의 재건축을 거쳤다. 오늘날 하이델베르크 성은 과거 다양한 시대의 모습이 외관에 깃든 경이로운 건축물로 인정받고 있습니다. 이 성은 도시의 상징적인 랜드마크이며 세계에서 가장 중요한 낭만주의 유적지로 손꼽힌다.

성에는 쾨니히슈툴 산비탈에 걸쳐 펼쳐져 있는 아름다운 르네상스 가든도 있다. 성과 주변 지역이 파괴되기 전까지만 해도 이 정원은 '세계 8대 불가사의' 중 하나로 인정받을 정도였다. 이곳으로 올라가면 하이델베르크 시와 올드 스톤 브리지(Old Stone Bridge)가 만들어 내는 아름다운 경치를 감상할 수 있다.

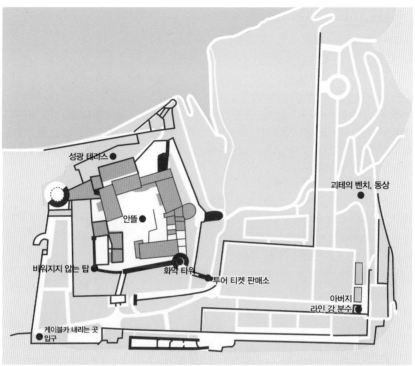

성광 테라스

괴테의 벤치, 동상

안뜰

비워지지 않는 탑

화약 타워

투어 티켓 판매소

아버지
라인 강 분수

케이블카 내리는 곳
입구

🌐 www.schloss-heidelberg.de 🏠 Schlosshof 1, 69117 🕐 8~18시 (17시30분까지 입장) 📞 062-216-58-880

하우프트 거리
Hauptstrasse

5세기에 건립된 하이델베르크는 인상 깊은 역사를 지니고 있다. 하우프트 거리^{Hauptstrasse}의 양쪽에는 기념품 가게, 레스토랑들이 줄지어 있고 언덕 위로는 하이델베르크 성도 보인다. 광장에 있는 성령 교회를 지나 하우프트 거리^{Hauptstrasse} 끝자락에는 유명한 비어 홀인 붉은 황소와 제펠 하루스가 있다. 고딕과 낭만주의 건축물로 가득한 도심 지역에는 비어 가든과 아늑한 카페들이 들어 서 있다.

성령 교회
Heiliggeistkirche

하이델베르크 성을 올라가는 시작하는 지점에 위치한 교회는 1344~1441년에 지어져 현재 헤이델베르크를 대표하는 교회가 되었다. 처음에는 가톨릭 성당이었지만 루터파의 종교 개혁 후 개신교회로 바뀌었고, 1709년, 첨탑을 바로크 양식으로 올렸다. 하이델베르크 음악대학의 연주회장으로도 자주 사용되고 있다.

🏠 Markplatz 69115 🕐 10~18시(월~토요일 / 일, 공휴일 11시30분~18시) 📞 062-212-1117

카를 테오도르 다리
Karl Theodor Brücke

옛날 다리라는 별칭으로 알려진 다리는 하이델베르크 성에서 볼 수 있는 가장 아름다운 풍경을 보여준다. 철학자의 길과 연결되어 풍경이 아름답기 때문에 연인들의 데이트 장소로도 유명하다.
목재 다리였지만 홍수와 화재로 소실되면서 선제후 카를 테오도르 가 1788년에 석조다리로 연결했다. 카오 테오도르와 아테네 여신상이 다리 입구를 지키고 있다.

카를 문 (Karls Tor)
길게 굽은 보행로를 따라 거닐며 쇼핑을 즐기다 보면 카를 테오도르를 기념하기 위해 세워진 '칼스토어(Karlstor)'라는 이름의 개선문과 마주하게 된다. 개선문에서 케이블카를 타고 도심을 굽어보고 있는 하이델베르크 성으로 올라갈 수 있다.

하이델베르크 대학
Universität Heidelberg

유럽에서 가장 유서 깊은 대학교 중 하나인 하이델베르크 대학을 가보지 않고는 하이델베르크를 여행했다고 할 수 없을 것이다.

위르겐 하버마스와 칼오토 아펠과 같은 유명한 과학자들이 대부분의 연구 시간을 보냈던 유서 깊은 홀도 돌아보자. 대학교에는 매년 신입생이 들어오므로 오래된 낭만의 도시에서는 멋진 바와 연례 음악 축제 등을 통해 젊음의 분위기도 느낄 수 있다.

아담한 중세풍의 대학 도시에 있는 하이델베르크 대학은 1386년에 건립된, 독일에서 가장 역사가 깊은 대학이다. 막스 베버는 이곳에서 사회 과학이론을 체계화했다. 하이델베르크는 그 오랜 전통과 노벨상 수상자도 수십 명을 배출한 독일의 명문대학으로 유명하다.

🌐 www.uni-heidelberg.de 🏠 Grabengasse 1, 69117(31, 32번 대학 광장 하차)
🕐 10~18시(11~다음해 3월 16시까지) 💶 4€(학생 감옥 + 옛 강당)

학생 감옥
Student Prison

유명한 학생 감옥은 학생들이 술을 마시고
싸움을 하거나 학칙에 위배되는 행동을 했
을 경우 학생 감옥에 수감하고 3일 동안 빵
과 물만을 주며 반성의 시간을 갖게 했던
곳이다. 하지만 그 당시 학생들 사이에서는
이곳을 출입하는 것이 불명예가 아니라 오
히려 하이델베르크에서만 누릴 수 있는 대
학 시절 낭만이자 통과 의례로 인식하기도
했다.

구 대학 뒤편 아우구스티너가세^{Augustinergasse}
에 있는 이 학생 감옥 안에는 갇혀 있는 동
안 학생들이 해 놓은 낙서들이 가득하다.

🏠 Augustinergasse 2, 69117
📞 062-215-43-554

철학자의 길
path of a philosopher

성을 내려와 네카어 강에 걸려 있는 테오도
르 다리를 건너면 오른쪽 언덕 위로 난 오솔
길이 보인다. 바로 철학자의 길이라고 부르
는 산책로이다. 괴테를 비롯해 헤겔, 하이데
거 등 독일의 저명한 철학자들이 사색에 잠
겨 걸었다는 길이다. 철학자의 길을 나오면
네카어 간변의 잔디밭에는 자리를 펼치고
일광욕을 즐기는 젊은이들과 가족들이 소풍
을 나온 장면을 볼 수 있다. 여유로운 하이
델베르크의 낭만이 그대로 느껴진다.

Stuttgart

슈투트가르트

슈투트가르트

STUTTGART

독일 남서쪽에 위치한 슈투트가르트(Stuttgart)는 구석구석 도심 공원이
퍼져 있으며, 주위에는 푸르른 뷔르템베르크 와인 산지로 둘러싸여 있
다. 자연과 기술, 역사와 축제, 그리고 공연 예술로 무장한 이곳은 독일
의 바덴뷔르템베르크 지역에서도 가장 찾고 싶은 도시이다.

About
슈트트가르트

자동차광이라면 다양한 체험을 할 수 있는 포르쉐 박물관과 메르세데스 벤츠 박물관을 지나칠 수 없다. 유명 자동차 회사인 포르쉐와 메르세데스 벤츠는 모두 슈투트가르트에서 창립되었다. 미술관과 자동차, 포도원과 축제까지, 슈투트가르트의 수많은 명물들은 열정으로 가득하다.

그린 U

중앙 광장인 슐로스 광장에서 한가로이 걷다 보면 바로크 양식의 노이에 슐로스^{Neue Schloss}와 수백 년 된 뷔르템베르크 주립박물관, 코니슈트라세 쇼핑 구역에 도달하게 된다. 자전거를 빌려 타고 그린 U라 불리는 도시 전역의 공원을 둘러볼 수 있다.

하늘에서 봤을 때 도시의 공원 전체가 U자처럼 보이는 까닭으로 '그린 U'라 불린다. 킬레스버그 파크의 전망대에서 도시의 전경을 한눈에 조망해 보자. 그 다음에는 슐로스 가든의 꽃밭에서 도시락을 먹고 나서 로젠슈타인 공원의 장미 정원을 산책하고, 바로 옆 빌헬마 동물원에서 이국적인 동식물을 구경하는 것도 좋다.

슈투트가르트 중앙역 ●

슈투트가르트 국립 미술관
●

슈투트가르트 국립 극장 ●

슐로스 광장
●

슈투트가르트 미술관 ●

● 신 궁전

실러 광장 ●   ● 구 궁전

● 마르크트할레

● 하겔 하우스

박물관의 밤

매년 봄 단 하룻밤 동안 진행되는 '박물관의 밤'에는 90개에 달하는 박물관과 미술관 사이를 수많은 셔틀버스가 오고 간다. 모두 다 티켓 한 장으로 입장이 가능하다. 슈투트가르트 국립극장에서는 국제적으로 명성 높은 슈수트가르트 발레단의 공연과 오페라, 극예술을 감상할 수 있다.

축제의 도시

슈투트가르트에서는 연중 다양한 축제가 펼쳐진다. 여름에 열리는 슈투트가르트 와인 축제에서 지역 와인과 음식을 맛볼 수 있다. 칸슈타터 바젠의 축제의 장에서 열리는 슈투트가르트 봄 축제 또한 놓칠 수 없다.
가을의 칸슈타터 축제에서는 재미있는 놀이기구와 맥주도 즐기고 겨울에는 슈트트가르트 크리스마스 마켓에서 화려한 크리스마스를 볼 수 있다.

쉴러 광장
Schillerplatz

슈투트가르트 구도심에 위치한 쉴러 광장^{Schillerplatz}을 거닐면 자갈로 뒤덮인 16세기의 광장에서 성, 교회, 박물관과 꽃 시장을 볼 수 있다. 원래의 건물들이 제2차 세계대전 당시의 화재로 인해 파괴되어 건물들은 대부분 재건축되었다.

먼저 뷔르템베르크 출신의 유명 인사 중 한 명인 프리드리히 폰 쉴러를 기리는 기념물부터 보게 된다. 그는 독일의 시인이자 철학가 겸 역사가였다. 광장 중앙에 서 있는 거대한 동상은 1839년에 세워졌으며 나중에 광장의 명칭도 그의 이름을 따라 바뀌었다. 16세기의 광장을 둘러보며 성, 교회와 고딕 건물을 비롯한 재건축된 옛 건축물들에 들러 보자.

10세기에 건설된 옛 성^{Old Castle} 요새 안에 위치한 뷔르템베르크 주립박물관이 있다. 고고학 유물을 살펴보거나 뷔르템베르크의 왕관 보석을 구경하다가 후기 고딕 양식의 푸루슈하텐^{Fruchkasten} 건물 안의 박물관에서 악기 컬렉션을 볼 수 있다.

13세기의 대성당과 높이가 서로 다른 두 개의 첨탑을 사진에 담는 관광객을 쉽게 볼 수 있다. 성당 안에서는 조각상, 대형 파이프 오르간과 지하실을 구경할 수 있다. 가이드 투어에 참여하여 건물의 역사, 건축 양식과 안장된 통치자들에 대해 알 수 있다.

구 수상관저Alte Kanzlei에서 마늘 스테이크, 수제 브레드 푸딩과 지역의 여러 특산 요리를 맛볼 수 있다. 한때 중요한 정부 청사였던 16세기의 건물은 현재 레스토랑으로 변해 있다. 화요일, 목요일과 토요일 아침에 광장에서 열리는 꽃 시장에 들러보면 꽃 내음을 느낄 수 있다.

슈투트가르트 와인 빌리지 (Stuttgart Wine Village)
8월 말에서 9월 초 사이에 슈투트가르트에서 열리는 유럽 최대의 와인 축제 중 하나인 슈투트가르트 와인 빌리지 기간이 되면 쉴러플라츠 광장은 지역 최고의 와인들을 판매하는 가판대들로 가득 찬다.

⌂ Schillerplatz, 70173

슐로스 광장
Schlossplatz

역사적인 건물에 둘러싸여 있고 기념물이 산재해 있고 야외 콘서트가 열리는 광장은 가장 인기 있는 만남의 장소 중 하나이다.슐로스 광장^{Schlossplatz}의 활기찬 분위기 속에서 술을 마시면서 오후 시간을 보내고, 뷔르템베르크 공작을 위해 지어진 건축학적 걸작을 방문해 보자. 푸른 잔디밭에서 오래 머물면서 사람들을 구경하고 시장을 둘러보고 라이브 음악 공연도 관람할 수 있다. 성 광장은 1800년대 중반에 바로크 양식의 공공 공원으로 변신하기 전까지 군사 연병장으로 시작했다.

슐로스 광장에는 넓은 산책로가 가로질러 나 있는 여러 개의 잔디밭이 대칭적 디자인을 이루고 있다. 광장 중앙에는 꼭대기에 금빛 콩코르디아 상이 서있는 높은 전승 기념탑이 있으며 기념탑의 양쪽에 장식용 분수가 두 개 있다. 광장의 서쪽에는 고풍스러운 야외 음악당이 있다.

광장의 잔디밭에 앉아서 지나가는 현지인과 관광객을 구경할 수 있는데, 화창한 날에는 피크닉을 하는 커플, 가족, 친구들로 가득하다. 휴식을 취하면서 아름다운 주변 환경을 만끽할 수 있는 벤치들도 늘어서 있다. 광장의 동쪽은 호화스러운 신 궁전을 마주하고 있다. 뷔르템베르크의 카를 오이겐 공작은 왕실 휴양지로 왕궁의 건설을 명했다.

연중 내내 광장과 정원에서 다양한 문화 행사가 개최된다. 8월에 방문하면 4일간의 요리와 라이브 음악 이벤트인 슈투트가르트 여름 축제는 근처 슐로스 정원까지 확산된다. 12월에는 도시 크리스마스 마켓의 일부인 음식 가판대, 수공예품 노점상, 놀이기구, 작은 동굴이 광장을 장악한다. 핑크 플로이드의 데이비드 길모어와 같은 세계적으로 유명한 음악가들도 이곳에서 공연을 했다.

🌐 www.neues-schloss-stuttgart.de 🏠 Schlosspl 4, 70173 📞 07141-182-004

신 궁전
Neues Schloss

슈투트가르트의 중심부에 우뚝 솟아 있는 시선을 사로잡는 신 궁전^{Neues Schloss}은 한때 왕족의 거주지였다. 뷔르템베르크 공작의 품위에 맞는 거주지를 짓고 싶었던 뷔르템베르크의 카를 오이겐 공작이 궁전의 건축을 의뢰했다. 파사드, 내부, 성에 붙어 있는 정원의 위풍당당한 우아함을 감상하게 된다. 18세기 왕궁의 바로크 양식 건축물을 감상하고 호화로운 방을 들여다보고 정원 광장의 잔디밭에서 휴식을 취할 수 있다.

궁전은 드넓은 안뜰에 서있는 거대한 삼면의 건물로 구성되어 있다. 장엄한 바로크 양식의 디자인은 종종 1600년대에 지어진 프랑스 궁전과 비교된다. 안뜰 입구에는 바덴-뷔르템베르크의 문장에 있는 2개의 상징인 사자와 수사슴의 조각상이 올라서 있다. 파사드의 난간 꼭대기에 죽 늘어서 있는 인물상을 눈여겨보자. 내부에는 고풍스러운 가구, 샹들리에, 웅장한 계단으로 장식된 화려한 방들이 즐비하다. 방들을 둘러보면서 뷔르템베르크 공작의 호화스러운 생활을 볼 수 있다.

궁전 앞에는 잔디밭과 넓은 산책로로 이루어진 공공 광장인 슐로스 광장^{Schlossplatz}이 있다. 광장 중앙에 우뚝 솟아 있는 것은 '콩코르디아 상'이라고 하는 전승 기념탑이다. 벤치에 앉거나 잔디밭에 누워 사람들을 구경하고 주변의 건축물이 만들어 내는 풍경을 느낄 수 있다. 슐로스 광장^{Schlossplatz}에서는 여름 야외 콘서트에서 크리스마스 마켓에 이르기까지 연중 내내 다양한 행사가 열린다.

궁전의 북쪽에는 호수 주변에 자리 잡은 드넓게 펼쳐진 공원인 슐로스 정원이 있다. 공원은 노천 맥줏집, 자전거 도로, 동물원, 식물원 등이 자리한 공원들이 U자 형태로 모여 있는 Das Grüne U(The Green U)의 남쪽 가장자리를 차지하고 있다.

자동차 박물관 Best 3

1 포르쉐 박물관(Porsche Museum)

80대 이상의 레이싱 카와 스포츠카가 전시되어 있는 포르쉐 박물관에는 명망 있는 자동차 회사의 역사에 대해 알아볼 수 있다. 포르쉐 자동차의 변천사를 살펴보거나 스포츠카 기술에 대해 알아보거나 포르쉐의 정비공들이 작업하는 모습을 구경할 수 있다.

박물관의 전시품들의 포르쉐의 자동차 디자인을 발화시킨 틀을 보여주는 것을 테마로 하고 있고, 이 중에는 경량 구조, 공기역학, 고성능 엔진 등이 포함되어 있다. 80대 이상의 자동차가 전시되어 있는 박물관에서 포르쉐에서 자랑하는 레이싱 카와 스포츠카의 강력한 힘, 기술과 아름다움을 느껴볼 수 있다.

포르쉐의 레이싱 카는 전 세계의 자동차 경주 대회에서 28,000회 이상의 승리를 거머쥐었다. 다양한 우승컵과 트로피가 진열되어 있는 커다란 트로피 캐비닛에 들러보면 현재, 전시되어 잇는 포뮬러 1 서킷용 차량을 통해 레이싱 카와 관련된 기술에 대해 알 수 있다.

포르쉐
1931년에 페르디난트 포르쉐(Ferdinand Porsche)가 설립했다. 자동차 엔지니어는 회사 설립 전에 휘발유와 전기로 동력을 공급 받는 세계 최초의 하이브리드 자동차를 개발했으며 폭스바겐 비틀의 개발 프로젝트에 참여하기도 했다. 세계 최초의 포르쉐 디자인인 1898년의 P1을 포함한 방대한 컬렉션을 둘러보고 포르쉐 1939 타입 64도 구경해 보자. 레이싱 카의 유선형 공기역학적 차체는 포르쉐의 수많은 후속 디자인에 영향을 미쳤다. 포르쉐 브랜드가 최초로 사용된 1948년의 포르쉐 356/1을 볼 수 있다.

여러 장인과 정비공이 클래식 레이싱카와 스포츠카를 정비하는 모습을 보며 포르쉐 자동차의 작동 원리를 살펴볼 수 있다. 박물관 로비에는 자동차 점검 및 수리를 위한 작업장이 보이는 커다란 창문이 있다.

🌐 www.porsche.com/museum/en
🏠 Porscheplatz 1, 70435(슈투트가르트 북부 주펜하우젠, 도심과 5.6km 정도 떨어져 있다.)
⊙ 9〜18시(월요일 휴관) ⑥ 8€(학생 4€ / 14세 이하 무료 / 17시 이후 50% 할인)
📞 0711-9112-0911

2 메르세데스 벤츠 박물관(Mercedes-Benz Museum)

세계에서 가장 유명하고 기술적으로 진보했던 최초의 자동차들을 둘러보며 100년이 넘은 자동차의 역사에 대해 알 수 있다. 이곳에는 160대 이상의 자동차와 1,500점의 전시물이 9층에 걸쳐 전시되어 있다. 전시물은 19세기 후반부터 오늘날의 기술 혁신 시대에 이르는 자동차 산업의 개발사에서 중요한 순간들을 아우르고 있다. 그리고 두가지의 투어가 있다.

1. 9층의 전시관

방문객은 시대별 또는 주제별로 마련된 2가지 관람 코스를 통해 박물관을 둘러볼 수 있다. 먼저 1886년에 카를 벤츠Karl Benz가 만든 최초의 자동차인 벤츠 파텐트 모토바겐Benz Patent Motorwagen부터 살펴보면 된다.

시대별 투어에 참여하면 메르세데스 벤츠 브랜드의 자세한 역사에 대해 자세히 알아볼 수 있다. 휘발유 차량이 발명된 과정과 유명한 자동차 브랜드가 탄생하게 된 배경을 소개하는 자동차와 전시물을 보자. 세계 최초의 디젤 엔진 차량 중 하나인 메르세데스 벤츠 260 D도 전시되어 있다.

2. 주제별 투어

유명인 갤러리Gallery of Celebrities와 영웅 갤러리Gallery of Heroes를 포함한 5개의 전시관으로 나뉘어 있다. 독일의 황제였던 빌헬름 2세, 다이애나 왕세자비와 교황 요한 바오로 2세와 같은 유명 인사들이 소유했던 자동차들을 볼 수 있다.

두 투어 코스 모두 각 층에서 합류하
므로 쉽게 다른 코스로 바꿔서 관람
할 수 있다. 두 코스는 모두 실버 애
로우 → 경주 및 기록 Silver Arrows → 레
이스와 레코드 Races and Records 전시관
에서 마무리된다.

메르세데스 벤츠가 1901년부터 자동
차 경주 분야에서 한 역할에 대해서
도 알 수 있도록 전시되어 있다.

1955년 밀레밀리아 내구 경주에서
스털링 모스에게 우승컵을 안겨 준 300 SLR을 비롯한 전설적인 경주용 자동차도 있다.

🌐 www.mercedes-benz.com
🏠 Mercedesstrasse 100, 70372
🕐 9~18시(월요일 휴관 / 티켓은 17까지 판매)
€ 10€(학생 5€ / 14세 이하 무료)
📞 0711-1730-000

3 고틀립 다임러 기념관(Gottlieb Daimler Memorial)

무료로 운영되는 다임러 자동차 박물관은 뒤뜰의 온실 안에 자리해 있다. 온실에서 19세기 자동차 산업을 개척한 두 인물이 세상에 혁신을 가져온 엔진을 발명했다. 고틀립 다임러 기념관을 둘러보며 자동차와 관련된 흥미로운 역사에 대해 알 수 있다. 1883년, 고틀립 다임러Gottlieb Daimler는 이 낡은 온실에서 그의 파트너였던 빌헬름 마이바흐Wilhelm Maybach라는 엔지니어와 함께 4행정 휘발유 엔진을 개발했다. 이 엔진은 오늘날 휘발유로 작동하는 모든 엔진의 모태가 되었다.

1882년에 다임러는 슈투트가르트의 칸슈타터 지구에 위치한 저택으로 이사한 후 온실을 작업실로 개조했다. 이곳에서 다임러와 마이바흐는 몇 년을 주야로 일하며 여러 중요한 혁신 기술을 개발하고 테스트했다. 둘은 수륙공의 차량에 공통적으로 사용할 수 있는 엔진을 만들고 싶어 했다.
다임러와 마이바흐가 엔진을 조립했던 작업대는 물론 엔지니어링과 관련된 청사진과 다임러가 사용한 도구를 볼 수 있다. 1885년에 특허를 받은 실제 크기의 괘종시계 엔진 모형은 처음에 개발했던 엔진의 향상된 버전이었다. 괘종시계 엔진으로 동력원을 공급한 세계 최초의 자동차 모형도 있다.

세계 최초의 모터사이클인 '라이딩 카'의 모형을 보면 금속을 입힌 나무 바퀴를 눈 여겨 보자. 다임러와 마이바흐는 세계 최초의 모터보트인 '넥카Neckar'에도 자신들의 모터를 장착했는데 넥카의 모형 역시 기념관에 전시되어 있다.
두 엔지니어는 비밀리에 작업을 진행했던 터라 이를 수상히 여긴 정원사가 둘을 경찰에 신고하는 해프닝도 있었다. 다임러와 마이바흐가 위조 주화 공장을 운영하고 있다고 추측했던 경찰은 온실을 급습했지만 모구와 엔진 부속품 밖에는 찾지 못했다.

현재 기념관이 있는 곳은 더 이상 개인 부지가 아니며, 도심에서 그리 멀지 않은 쿠어 공원 남쪽 언저리에 자리하고 있다.

🏠 Taubenheimstr 13 🕐 10~18시(월요일 휴관 / 티켓은 17까지 판매) 📞 711-1730-000

대표적인
슈투트가르트 박물관 Best 3

1 슈투트가르트 미술관(Kunstmuseum Stuttgart)

정육면체 형태를 한 슈투트가르트 미술관^{Kunstmuseum Stuttgart}의 유리 외관 안에는 15,000점 이상의 근대와 현대 미술품이 보관되어 있다. 워홀, 리히텐슈타인 등의 유명 예술가들의 작품과 오토 딕스^{Otto Dix}, 아돌프 횔첼^{Adolf Hölzel}과 빌리 바우마이스터^{Willi Baumeister}를 비롯한 독일 예술가들의 작품도 포함되어 있다. 미술관의 컬렉션은 1924년에 후작 실비오 델라 발레 디 카사노바^{Silvio della Valle di Casanova}가 개인적으로 수집한 인상파 작품들을 시에 기증하면서부터 시작되었다.

슈투트가르트 미술관^{Kunstmuseum Stuttgart}은 5개의 층으로 이루어져 있으며 이 중 3개의 층은 단기 전시관으로 운영되고 있지만 일부 전시 공간은 2곳의 구 교통 터널 안에 마련되어 있다. 18~19세기를 아우르는 대규모의 독일 회화 컬렉션을 감상할 수 있다. 빌리 바우마이스터^{Willi Baumeister} 컬렉션에는 20세기 초반에 활동했던 화가 겸 삽화가는 고전, 근대, 아방가르드 작품으로 잘 알려져 있다. 그가 남긴 스케치, 회화와 판화는 물론 일기, 서신과 문서에는 동시대인들과 함께 나눈 음성 인터뷰도 들을 수 있다. 미술품을 모두 둘러본 후, 옥상 테라스로 올라가 사방으로 펼쳐진 슈투트가르트의 전망을 감상해도 좋다.

바우하우스의 학생이었던 프리츠 빈터Fritz Winter의 초기 그림과 1970년대의 작품들을 비롯한 500점 이상의 다양한 작품들이 전시되어 있다. 20세기 후반기의 추상화에는 막스 빌Max Bill, 오렐리 네무흐Aurélie Nemours, 만프레드 모어Manfred Mohr 등의 구체 미술품과 네온 조형, 소재 콜라주, 음식 관련 조각품을 볼 수 있다.

슈투트가르트 미술관Kunstmuseum Stuttgart은 슈투트가르트 한가운데에 위치해 있다. 정육면체의 외관을 갖춘 이 현대적인 미술관 건물 근처로는 여러 버스, 기차, 지하철 노선이 지나가며, 박물관에서 조금만 걸으면 유료주차장이 있어서 자동차로도 여행이 쉽다. 슈투트가르트 미술관은 도시의 환경 보호 구역 안에 위치해 있으므로, 이곳에서 운전하려면 초록색의 환경 보호 스티커가 차량에 부착되어 있어야 한다.

정육면체 형태의 유리 건물 안에는 근대와 현대를 아우르는 방대한 양의 미술품이 보관되어 있다. 저녁에 박물관을 지나게 된다면 잠시 멈춰서 건물 외관을 보면 내부의 석벽에서 나오는 조명이 바깥 유리벽을 환하게 비추는 모습이 인상적이다.

🌐 www.kunstmuseum-stuttgart.de 🏠 Kleiner Schlossplatz 1, 70173 🕐 10~18시(금요일 21시까지 / 월요일 휴관)
Ⓔ 11€(학생 8€ / 무료입장 금요일 18~21시, 토, 일요일) 📞 0711-2161-9600

2 바이센호프 박물관
(Weissenhofmuseum im Haus Le Corbusier)

박물관은 1927년에 전시를 위해 지어진 모더니즘 주택단지인 바이센호프 주택단지의 건축과 역사를 보여준다. 바이센호프 박물관Weissenhofmuseum im Haus Le Corbusier을 방문하여 현대적인 건축물의 '인터내셔널 스타일'의 초기 사례로 여겨지는 주택단지에 대해 알 수 있다. 1927년에 17명의 건축가 팀이 모여 바이센호프 주택단지(바이센호프 지들룽)라는 도시 근린 지역의 원형을 설계했다. 바이센호프 박물관은 주택단지의 예외성과 창작자들의 재능을 기리고 있다.
박물관은 단지 내에 유명한 스위스 태생의 프랑스 건축가인 르 코르뷔지에가 설계한 한쪽 벽면이 옆집과 붙어 있는 형태의 주택 중 두 곳에 자리해 있다. 2002년에 원래의 영광을 되찾은 이곳은 현대 시대의 예술가들이 직면한 사회적, 기술적, 시각적 문제를 조명하고 있다.

■ 하우스 1
바이센호프 주택단지의 역사에 중점을 두며 양방향 소통형 전시는 루드비히 미스 반 데어 로에, 빅토르 부르주아 등 다양한 건축가에 대한 정보를 제공한다. 프로젝트가 완료되기까지 얼마나 시간이 걸렸는지, 누가 자금을 지원했으며 얼마나 많은 사람들이 개장식에 참석했는지 등에 대해 알아보고 주택단지 건물 33채 대부분의 모형을 구경할 수 있다.

■ 하우스 3
1927년 박람회 당시 르 꼬르뷔지에의 주택이 어떤 모습이었는지 보여주는 스냅 사진 원본이 있다. 여러 방들 중 욕실, 부엌, 식모방에서 당대의 특징을 눈여겨보고, 주택단지 관련 출판물의 재판본을 읽어보고 발코니에서 도시 전망을 감상할 수 있다.
건축학적 시도에 대해 더 깊이 파악하려면 주택단지의 나머지 부분을 산책하면 된다. 밀접해 있는 아파트 블록, 단독 주택, 두 가구 연립 주택, 테라스 하우스들을 눈여겨보자. 단순한 외관, 테라스 역할도 하는 지붕 등의 테마가 모든 주택에 반복적으로 사용되고 있다.

🌐 www.weissenhofseidlung.de 🏠 Am Weissenhof 20, 70191 🕐 11~20시(월요일 휴관) 📞 0711-2579-187

3 슈투트가르트 국립 미술관(Staatsgalerie Stuttgart)

국립 미술관에서 홀바인, 달리, 페루지노와 피카소가 활동했던 수세기에 걸친 미술사를 살펴볼 수 있다. 약 5,000점의 그림과 조각상에는 이탈리아와 독일의 르네상스, 입체주의와 초현실주의를 비롯한 주요 미술 운동과 관련 시대가 반영되어 있다.

국립 미술관은 구 주립 갤러리와 신 주립 갤러리를 포함한 3채의 건물로 이루어진 단지이다. 안으로 들어가기 전에 곡선을 이룬 유리 외관이 매력적인 건물의 건축 양식을 감상할 수 있다. 상설 컬렉션과 순환식 단기 전시관에는 항상 수백 점의 미술품이 전시되어 있다. 시대별로 정리되어 있는 전시품들이 세 건물에 걸쳐 분산되어 있다.

둘러보기
먼저 구 건물 1층으로 이동하여 1350년~1550년의 독일 초기 작품들을 감상해 보자. 예르크 라트게프^{Jerg Ratgeb}가 1519년에 그린 헤렌베르크 제단화^{Herrenberg Altarpiece}를 비롯한 여러 종교화와 1480년~1700년의 네덜란드와 플랑드르의 작품들을 볼 수 있다.

구 건물 2층으로 올라가면 이탈리아 회화로 이루어진 대규모 컬렉션을 만나볼 수 있다. 사도 요한이 쓴 묵시록의 내용을 담은 44개의 장면을 담은 작품은 주립 미술관에서 가장 중요한 전시품 중 하나로 손꼽힌다. 클로드 모네, 오귀스트 르누아르, 파블로 피카소와 폴 세잔을 포함한 유럽 거장들의 작품도 있다.

개방식 원형 홀의 야외 공간 울타리 안에 조성되어 있는 조각 정원에 들러보고 나서, 스털링 빌딩Stirling Building의 그래픽 캐비닛Graphic Cabinet으로 이동하자. 이곳의 전시품들은 400,000점 이상의 삽화, 수채화, 사진과 포스터로 이루어진 갤러리의 컬렉션에서 가져온 것들로, 앤디 워홀과 게르하르트 리히터의 작품을 비롯한 18세기부터 20세기까지의 그림과 판화들이 전시되어 있다. 신관의 전시관에서는 이전 세기의 걸작들과 만나볼 수 있다.

🌐 www.staatsgalerie.de 🏠 Konrad-Adenauer-sTRASSE 30-32, 70173
🕐 10~18시(목요일은 20시까지 / 월요일 휴관) ⓒ 7€(학생 5€ / 수요일 무료 입장) 📞 0711-470-400

조대현

63개국, 298개 도시 이상을 여행하면서 강의와 여행 컨설팅, 잡지 등의 칼럼을 쓰고 있다. KBC 토크 콘서트 화통, MBC TV 특강 2회 출연 (새로운 나를 찾아가는 여행, 자녀와 함께 하는 여행)과 꽃보다 청춘 아이슬란드에 아이슬란드 링로드가 나오면서 인기를 얻었고, 다양한 여행 강의로 인기를 높이고 있으며 "해시태그 트래블" 여행시리즈를 집필하고 있다. 저서로 하노이, 달랏, 나트랑, 푸꾸옥, 베트남, 체코, 크로아티아, 아이슬란드, 몰타, 오스트리아, 런던 등이 출간되었고 북유럽, 스페인 이탈리아 등이 발간될 예정이다.

폴라 http://naver.me/xPEdID2t

유럽 3개국 (스페인, 프랑스, 독일)

인쇄 | 2024년 9월 24일
발행 | 2024년 10월 22일

글 | 조대현
사진 | 조대현
펴낸곳 | 해시태그출판사
편집 · 교정 | 박수미
디자인 | 서희정

주소 | 서울시 강서구 허준로 175
이메일 | mlove9@naver.com

979-11-93839-76-8(03940)

※ 일러두기 : 본 도서의 지명은 현지인의 발음에 의거하여 표기하였습니다.